REFORMA PENAL
DA LEI ANTICRIME
Lei n. 13.964/2019

www.editorasaraiva.com.br/direito
Visite nossa página

Cezar Roberto
Bitencourt

REFORMA PENAL
DA LEI ANTICRIME
Lei n. 13.964/2019

Av. Paulista, 901, Edifício CYK, 3º andar
Bela Vista – SP – CEP 01310-100

SAC | sac.sets@somoseducacao.com.br

Diretoria executiva	Flávia Alves Bravin
Diretoria editorial	Ana Paula Santos Matos
Gerência editorial e de projetos	Fernando Penteado
Novos projetos	Dalila Costa de Oliveira
Gerência editorial	Isabella Sánchez de Souza
Edição	Deborah Caetano de Freitas Viadana
Produção editorial	Daniele Debora de Souza (coord.)
	Rosana Peroni Fazolari
Arte e digital	Mônica Landi (coord.)
	Camilla Felix Cianelli Chaves
	Claudirene de Moura Santos Silva
	Deborah Mattos
	Guilherme H. M. Salvador
	Tiago Dela Rosa
Projetos e serviços editoriais	Daniela Maria Chaves Carvalho
	Kelli Priscila Pinto
	Marília Cordeiro
	Nicoly Wasconcelos Razuk
Diagramação	SBNigri Artes e Textos Ltda.
Revisão	C&C Criações e Textos Ltda.
Capa	Deborah Mattos
Imagem de capa	iStock/GettyImagesPlus/-strizh-
Produção gráfica	Marli Rampim
	Sergio Luiz Pereira Lopes
Impressão e acabamento	Gráfica Eskenazi

DADOS INTERNACIONAIS DE CATALOGAÇÃO NA PUBLICAÇÃO (CIP)
ANGÉLICA ILACQUA CRB-8/7057

Bitencourt, Cezar Roberto
  Reforma penal da Lei Anticrime: Lei n. 13.964/2019 / Cezar Roberto Bitencourt. São Paulo: Saraiva Educação, 2021.
  344 p.

Bibliografia
ISBN 978-65-5559-128-6 (impresso)

1. Direito penal - Brasil. I. Título.

20-0380   CDD 340

Índice para catálogo sistemático:
1. Direito penal: Brasil 343.2(81)

Data de fechamento da edição: 18-8-2021

Dúvidas? Acesse www.editorasaraiva.com.br/direito

Nenhuma parte desta publicação poderá ser reproduzida por qualquer meio ou forma sem a prévia autorização da Saraiva Educação. A violação dos direitos autorais é crime estabelecido na Lei n. 9.610/98 e punido pelo art. 184 do Código Penal.

CL 606679   CAE 729984

Para a Vania, esposa, parceira, amiga e companheira, que me ensinou que não há felicidade sem amor!

PREFÁCIO

Marcus Vitruvius Pollio, o Vitrúvio, conhecido arquiteto romano que viveu no século I a.C., foi reencontrado no Renascimento porque sua obra em dez volumes, chamada *De Architectura*, é o único tratado europeu que chegou aos nossos dias. Desde então, foi fonte inspiradora da arquitetura, urbanismo, hidráulica e engenharia. Para ele, qualquer obra deveria se basear em três conceitos: utilidade, beleza e solidez.

Cezar Bitencourt, como já o fizera antes, exemplificativamente, em *Tratado de Direito Penal, Tratado de Direito Penal econômico e Falência da pena de prisão,* faz agora uma análise profunda da reforma penal introduzida pela Lei n. 13.694/2019 e, ainda, brinda os estudiosos com uma extensão em seus estudos da Lei n. 13.968/2019, que modifica o art. 122 do Código Penal, para alterar o crime de incitação ao suicídio, incluindo as condutas de induzir ou instigar a automutilação, bem como a de prestar auxílio a quem a pratique.

A Lei n. 13.694, sancionada no dia 24 de dezembro de 2019, é fruto do movimento político que culminou na derrocada da ex-Presidente da República Dilma Rousseff. Os escândalos de corrupção que vieram a lume pela "Operação Lava Jato" insuflaram a população, já ressentida pelo histórico senso comum de impunidade. Ampliada a pressão popular, por meio das redes sociais, possibilitaram-se o uso político e o contágio moralista da citada operação, dando contornos mais amplos ao ressentimento preexistente.

O caos instaurado pelos inúmeros problemas sociais surgidos a partir da queda do "Império da Esquerda", aliado à descrença das massas, acarretou a fragilização do Direito. Governava, então, o "lavajatismo", como ideologia "legitimada" numa suposta impunidade sistêmica, a justificar os incontáveis abusos praticados na condução dos processos. Porém, na verdade, tratava-se, nada mais, nada menos, de um ingênuo punitivismo messiânico, já conhecido da história.

Tais fatos influenciaram as eleições atípicas de 2018, quando se elegeu o atual Presidente da República, Jair Bolsonaro. A tônica era a premência da ascensão da "nova política", que, curiosamente, embora sustentasse práticas opostas, mantinha com o seu antagonista o extremismo como denominador comum. Só que na defesa de endurecimento das penas, encarceramento desmesurado e sumarização do processo como política criminal.

Concomitantemente à eclosão desse conjunto de emoções difusas que dominaram o debate público, a doutrina e os tribunais esfacelavam-se num "jurisprudencialismo" titubeante. Os livros, que deveriam auxiliar a construção do bom direito, não passavam de coletâneas de julgados sem qualquer juízo crítico profundo, num ato de sucumbência e adesão ao movimento. Não importavam mais os ensinamentos dos grandes mestres, mas apenas os fragmentários sentidos jurídicos que eram expressados pelas cortes de justiça.

A debilidade do direito, proporcionada pelo populismo penal e pela marginalização da doutrina no discurso jurídico, permitiu assanhamentos autoritários das mais variadas espécies. Tanto na interpretação dos textos pelos tribunais, deturpando-se, por exemplo, o sentido de "trânsito em julgado" com o fim de permitir a prisão após o julgamento em segunda instância, quanto na produção de textos normativos, como alguns dispositivos presentes na Lei de que trata esta obra.

A partir dessa diagnose, o presente livro que ora prefacio pode ser classificado como doutrina da *resistência*, pois em nenhum momento o seu autor sucumbe à tentação de meramente reproduzir entendimentos pretorianos sobre os diversos problemas enfrentados. De forma totalmente contrária, Cezar Bitencourt traz ao seu leitor análise substanciosa das alterações realizadas no Código Penal, produzindo exames meticulosos e precisos, sempre à luz da Constituição da República.

A obra se estrutura em dez capítulos, nos quais são abordadas todas as alterações introduzidas. Em cada parte, o autor, além das novidades legislativas, expõe exaustivamente o assunto com um relato histórico de inegável importância para a compreensão dos temas tratados.

Ilustram bem o que exponho os Capítulos III (Prisão automática decorrente de condenação pelo Tribunal do Júri), IV (Alterações no livramento condicional) e V (Confisco de bens travestido de efeito da condenação). Nesses pontos específicos, é possível perceber que Cezar Bitencourt investiga o texto sempre o submetendo ao escrutínio constitucional, como o faz ao escarafunchar o art. 91-A. A conclusão, dada já no início do Capítulo V, vem acompanhada de exposição minuciosa dos desacertos do legislador penal acerca do confisco de bens.

No mesmo sentido, repele a constitucionalidade da norma que autoriza a prisão do condenado pelo Tribunal do Júri, já em primeira instância, quando a pena aplicada pelo juiz for igual ou superior a quinze anos. Note-se que, nesse aspecto, viola-se a soberania do veredito do jurado, já que o juiz de direito passa a ter maior importância no julgamento do que o próprio corpo de sentença, em decorrência da reprimenda elevada. Preciso, como de hábito, destaca que o "'trânsito em julgado' é um instituto processual com conteúdo específico, significado próprio e conceito inquestionável, não admitindo alteração ou relativização de nenhuma natureza, e, ainda que queira alterar a sua definição, continuará sempre significando 'decisão final da qual não caiba mais recurso'".

Também fruto do "lavajatismo", o agigantamento do Ministério Público — órgão que eu e Cezar Bitencourt tivemos, por décadas, a honra de integrar — é assinalado nesta obra quando se trata do acordo de persecução penal, dentro do Capítulo VI (Causas modificadoras e novas causas suspensivas da prescrição). Constata-se o esvaziamento do Poder Judiciário a partir da transferência, em termos práticos, do exercício jurisdicional para o *Parquet*, já que magistrados deverão decidir minguados dez por cento dos delitos elencados no Código Penal.

Ademais, não se pode deixar de destacar a formação humanística do autor, exposta na obra quando se insurge à política de encarceramento, ao criticar a mudança da expressão "comportamento satisfatório" para "bom comportamento", como requisito subjetivo para o livramento condicional. Conclui acertadamente, neste ponto, que a "nova previsão legal [...], além de muito mais grave, dificilmente poderá ser cumprida pelos detentos, enquanto o sistema penitenciário permanecer nas condições sub-humanas, superlotado e sem condições de trabalho em seu interior, como é a realidade atual em mais de noventa por cento das casas prisionais deste país".

Outra acerba avaliação nesse sentido é elaborada no Capítulo VII. Nele, vaticina-se que o novo diploma, quando altera as disposições da Lei de Execução Penal e exige o cumprimento de 70% da pena nos casos como o de reincidência em crimes hediondos, vedado o livramento condicional, acaba por impedir a individualização da pena; também obsta, conforme observa o autor, o direito à progressão de regimes — "considerado pelo STF (HC 82.959) como uma das garantias asseguradas pela Constituição Federal em seu artigo 5º, inciso XLVI" — e a ressocialização do condenado. Igualmente digno de nota é o recrudescimento do regime disciplinar diferenciado, "já aberrante, cruel e degradante", transformado para pior, *mais grave e impiedoso* pela nova Lei, que aumenta sua duração máxima de um para dois anos. Dentre outras atrocidades, é destacada a submissão do detento ao "RDD" quando lhe recaírem "fundadas suspeitas de envolvimento ou participação, a qualquer título, em organização criminosa, associação criminosa ou milícia privada, independentemente da prática de falta grave", em claro flerte com o direito penal do autor, e não do fato, típico do nacional--socialismo alemão.

Não escapam do viés crítico do livro trechos em que a Lei n. 13.694 demonstra pouca técnica metodológica, como no induzimento, instigação e auxílio a suicídio ou automutilação — novo texto do art. 122 do Código Penal, tratado no Capítulo IX. Verificou-se, em seu § 6º, a "infeliz transformação de um crime tentado em outro consumado mais grave", uma vez que, conforme explica o doutrinador, "se o autor do crime de 'estimular' a vítima a suicidar-se ou se automutilar, consumando-se estará sujeito a uma pena máxima de seis anos de reclusão. No entanto, paradoxalmente, não o consumando, mas resultando a vítima com lesão grave ou gravíssima, nos termos do § 6º, estará sujeito a uma pena máxima de oito anos de reclusão (art. 129, § 2º)".

Vitrúvio ficou famoso em tempos modernos mais pelo desenho que Leonardo Da Vinci elaborou da sua descrição do homem perfeito, que, de fato, superou em beleza e harmonia os desenhos dos também renascentistas Francesco di Giorgio e Giacomo Andrea. Mas Cezar Bitencourt insistiu, com a beleza de sua escrita, na edificação útil e sólida de uma obra que servirá para o estudo de amantes do direito. Deixa, no mínimo, duas pedras fundamentais: resistir ao sepultamento da doutrina e construir uma dogmática íntegra e coerente, expurgando os fantasmas da política e do moralismo.

Dr. Demóstenes Torres

Procurador de Justiça aposentado do Ministério Público do Estado de Goiás. Foi Senador da República pelo Estado de Goiás (2003-2012). Advogado, atua com ênfase em Direito Penal, Processo Penal e Direito Constitucional.

NOTA DO AUTOR

A infeliz coincidência da publicação natalina de dois diplomas legais — Leis n. 13.964 e 13.968 —, nos dias 24 e 26 de dezembro, respectivamente, pareceu mais um "presente grego", ante tantas e grandes inconveniências, para dizer o mínimo, considerando a presença clara de algumas inconstitucionalidades, como veremos sucintamente ao longo de nossos comentários.

Antes de fazermos nossas considerações preliminares sobre o conteúdo penal-material da primeira lei mencionada, pedimos escusas, para dedicarmos algumas palavras sobre o infeliz texto produzido pela Lei n. 13.968, de 26 de dezembro de 2019 — pelo menos nesta nota de apresentação —, que altera o conteúdo original do art. 122 do Código Penal de 1940, acrescendo-lhe, inadequadamente, o "estímulo à automutilação", não que tal conduta não deva ser criminalizada, mas pela forma imprópria eleita pelo legislador para fazê-lo. Pela nova redação, a conduta descrita no *caput* do art. 122 foi transformada em crime formal, isto é, sem resultado, e a do crime material propriamente, que seria, em tese, a mesma que se encontrava no *caput*, foi deslocada para o § 2º, com o acréscimo da automutilação. O crime material do "estímulo ao suicídio" foi deslocado, pode-se afirmar, para um plano secundário, mutilando a previsão clássica do Código Penal de 1940 sobre o suicídio. Com efeito, a redação do *caput* desse dispositivo, pasmem, ficou assim: "induzir ou instigar alguém a suicidar-se ou a praticar automutilação ou prestar-lhe auxílio material para que o faça", cominando-se-lhe a pena de seis meses a dois anos de reclusão.

Mas, como essa matéria encontra-se no âmbito da parte geral do Código Penal, será examinada somente no IX capítulo destes estudos, antes apenas do crime de roubo. A rigor, nestes comentários, obedecemos a ordem natural que referida matéria surge no Código Penal, começando por aqueles temas que se encontram na parte geral, para somente ao final tratarmos de dois capítulos que se encontram na parte especial.

No primeiro capítulo, pela ordem, trabalhamos o insignificante acréscimo relativo à legítima defesa de terceiros, eis que já se encontrava recepcionada no *caput* do art. 25. No segundo capítulo nos ocupamos da definição expressa, finalmente, do juiz da vara de execução penal para, literalmente, executar a pena de multa, considerada "dívida de valor", como defendemos há décadas, liderando, até então, corrente minoritária. Destacamos, desde então, que a terminologia adotada pelo legislador ao considerar a pena de multa "dívida de valor" não transformou a sua natureza de sanção penal, apenas pretendeu evitar interpretações equivocadas que, num período sombrio do passado, transformavam o não pagamento da pena de multa em pena de prisão!

Não passaram desatentas também as pequeníssimas alterações nas condições para a obtenção do livramento condicional, tornando, desnecessariamente, bem mais gravosa sua obtenção pela simples gravidade da desumanidade que ostenta o interior das prisões brasileiras, a respeito das quais o governo não fez nenhuma melhora.

Ganhou mais destaque o inconstitucional acréscimo do art. 91-A, que cria, sub-repticiamente, a inconstitucional "pena de confisco" travestida de "efeito da condenação". No exame dessa matéria destacamos sobremodo sua absoluta inconstitucionalidade, aliás, que é objeto da ADI 6.304, por nós subscrita em representação à Abracrim, da relatoria do digno e culto relator que adotou o procedimento abreviado previsto no art. 12 da Lei n. 9.868/99, destacando: "Nesse particular, enfatizo a conveniência de que decisão venha a ser tomada em caráter definitivo, mediante a adoção do rito abreviado previsto no art. 12 da Lei federal n. 9.868/99". Aguardamos seu julgamento para breve.

Examinamos, com certa profundidade, as novas causas suspensivas da prescrição acrescidas no art. 116 no Capítulo VI, aproveitando para acrescentar também os comentários sobre as causas interruptivas da prescrição, facilitando a comparação do leitor. Aprofundamos, igualmente, o exame das alterações acrescidas no art. 112 da LEP, sobre as quais sustentamos sua inconstitucionalidade, porque, na nossa concepção, suprimem a possibilidade de "progressão nos crimes hediondos". Tecemos fundadas considerações sobre essa inconstitucionalidade, no capítulo da pena de prisão, a qual, acreditamos, acabará sendo declarada pelo STF, como já ocorreu relativamente à Lei n. 8.072 (que criou os crimes hediondos), no julgamento do HC 82.959. Os fundamentos que adotamos nessa nova argumentação são muito semelhantes aos que, na época, foram recepcionados pelo HC que acabamos de mencionar.

Os acréscimos sugeridos pelo projeto da Lei n. 13.964 aos arts. 121 e 141 haviam sido corretamente vetados, em nosso entendimento o Congresso Nacional derrubou os vetos presidenciais e entraram em vigor os arts. 121, § 2º, VIII, e 141, § 2º.

A Lei n. 13.968, como já referimos, alterou, profundamente, o art. 122, acrescentando ao estímulo ao suicídio a automutilação, redefinindo, inclusive, o crime anterior, com o acréscimo de vários parágrafos e incisos. O capítulo segundo do volume 2 do *Tratado*, tivemos que reescrevê-lo por completo, com sérias críticas à elaboração do novo texto legal e, principalmente, por não ter sido criado um tipo penal autônomo dedicado exclusivamente à automutilação, que é, certamente, uma conduta extremamente grave e necessita de uma disciplina adequada para combater e reprimir um modismo que está se espalhando perigosamente entre a juventude, não apenas no Brasil, mas também no exterior.

Nos crimes contra o patrimônio, houve apenas pequenas alterações, pois, além da mudança da natureza da ação penal no crime de estelionato, houve, basicamente, o acréscimo de uma causa especial de aumento no crime de roubo, qual seja, o uso de arma de uso restrito ou proibido. Assim, o crime de estelionato, como regra, passou a ser de ação pública condicionada à representação do ofendido, ressalvadas as hipóteses destacadas, quais sejam, se a vítima for: "I — a Administração Pública, direta ou indireta; II — criança ou adolescente; III — pessoa com deficiência mental; ou IV — maior de 70 (setenta) anos de idade ou incapaz".

Nessas hipóteses caberá ao STJ pronunciar-se como se deverá proceder com os fatos anteriores, posto que, certamente, regra geral, não houve manifestação expressa das vítimas para instauração da ação penal, pela singela razão de que era desnecessária. Provavelmente, deverá adotar o entendimento que ocorreu com a interpretação do art. 88 da Lei n. 9.099/95, que transformou a natureza da ação penal das lesões corporais leves. Nessa hipótese, concedia-se 30 dias à vítima para se manifestar sobre seu interesse no prosseguimento da persecução penal. No entanto, no estelionato a situação é mais grave, podendo atingir milhões de prejuízo aos ofendidos. Ademais, precisará levar em consideração que a situação de infrações penais que ainda se encontram na fase puramente investigatória (policial ou ministerial) é muito diferente daquelas que têm denúncias oferecidas.

Por fim, nos crimes contra a administração pública houve somente uma correção na pena do crime de concussão (art. 316), elevando a máxima para 12 anos, com o simples objetivo de adequá-la às penas aplicadas aos crimes de peculato e de corrupção (ativa e passiva), por serem considerados de mesma gravidade.

Verão de Brasília de 2020.

O autor

SUMÁRIO

Prefácio 7

Nota do Autor 13

PARTE GERAL

CAPÍTULO I | A ALTERAÇÃO DA EXCLUDENTE DE LEGÍTIMA DEFESA

1. Considerações preliminares 23
2. Fundamento e natureza jurídica da legítima defesa 24
3. Conceito e requisitos 25
    3.1. Agressão injusta, atual ou iminente 25
    3.2. Direito próprio ou de terceiro 28
    3.3. Meios necessários, usados moderadamente
         (proporcionalidade) 28
    3.4. Elemento subjetivo: *animus defendendi* 30
4. Legítima defesa sucessiva e recíproca 31
5. Legítima defesa e estado de necessidade 31
6. Legítima defesa de vítima mantida refém durante prática de
   crime 32
7. Outras excludentes de criminalidade — estrito cumprimento de
   dever legal e exercício regular de direito 36
    7.1. Estrito cumprimento de dever legal 36
    7.2. Exercício regular de direito 39

CAPÍTULO II | A COMPETÊNCIA PARA EXECUÇÃO DA PENA DE MULTA DE ACORDO COM A REFORMA DA LEI N. 13.964/2019

1. Considerações preliminares 41
2. A superação da interpretação equivocada sobre competência
   para a execução da pena de multa a partir da Lei n. 9.268/96 41
3. Dosimetria da pena de multa — sistema trifásico adotado pela
   Reforma Penal de 1984 44

4. Sistema trifásico da aplicação da pena de multa a partir da Lei n. 13.964, de 2019 45

    4.1. As três fases do cálculo da pena de multa 47

5. Aplicação na legislação extravagante 50

6. Fase executória da pena de multa 52

    6.1. Pagamento da multa 52

    6.2. Formas de pagamento da multa 53

    6.3. Conversão da multa na versão da Reforma Penal de 1984 .. 54

7. Destinação do resultado da multa penal 55

8. Prescrição da pena de multa e a inércia estatal 57

CAPÍTULO III | PRISÃO AUTOMÁTICA DECORRENTE DE CONDENAÇÃO PELO TRIBUNAL DO JÚRI

1. Considerações preliminares 59

2. Inconstitucionalidade da não quesitação de agravantes aos jurados 60

3. Considerações sobre a metodologia na fixação da pena no Tribunal do Júri 63

4. Três vetoriais judiciais negativas: circunstâncias, culpabilidade e consequências do crime 66

5. Reconhecimento e análise de agravantes legais — pena provisória 69

    5.1. A indevida conversão da 2ª qualificadora em agravante genérica (art. 61, II, a) 71

    5.2. Promover, organizar a cooperação no crime ou dirigir a atividade dos demais agentes 74

6. Prisão automática decorrente de condenação pelo Tribunal do Júri 76

7. Autorização excepcional de prisão pelo Tribunal do Júri com condenação superior a quinze anos de reclusão 81

    7.1. A inconstitucionalidade da prisão automática decorrente de decisão pelo Tribunal do Júri 83

CAPÍTULO IV | ALTERAÇÃO DO LIMITE DE CUMPRIMENTO DA PENA DE PRISÃO

1. Considerações preliminares 87

2. A questionável elevação em um terço do máximo de cumprimento de pena no Brasil 87

3. Desesperança do condenado e elevação de risco de motins e assassinatos 89

4. Unificação de penas para crimes praticados em períodos com vigência de limites distintos 91

CAPÍTULO V | ALTERAÇÕES NO LIVRAMENTO CONDICIONAL

1. Considerações preliminares 93
2. Requisitos ou pressupostos necessários 94
   2.1. Requisitos ou pressupostos objetivos 95
   2.2. Requisitos ou pressupostos subjetivos 99
   2.3. Requisito específico 105
3. Condições do livramento condicional 108
   3.1. Condições de imposição obrigatória 108
   3.2. Condições de imposição facultativa 110
4. Causas de revogação do livramento condicional 112
   4.1. Causas de revogação obrigatória 113
   4.2. Causas de revogação facultativa 115
5. Suspensão do livramento condicional 117
6. Efeitos de nova condenação 117
7. Prorrogação do livramento e extinção da pena 119

CAPÍTULO VI | CONFISCO DE BENS TRAVESTIDO DE EFEITO DA CONDENAÇÃO

1. Inconstitucionalidade do art. 91-A (art. 5º, XLV) 121
   1.1. Ilegalidade e inconstitucionalidade do confisco de bens de terceiros 126
   1.2. Indispensável instrução paralela e forma procedimental desse confisco do art. 91-A 127
2. Distinção entre "confisco-pena" e "confisco-efeito da condenação" 128
   2.1. Limites inexistentes no "confisco" previsto no art. 91-A.... 130
3. Natureza jurídica dessa expropriação sem causa material 131
4. Uma indispensável instrução paralela sobre a origem dos bens. 132
5. Alguns confusos aspectos procedimentais nos casos "suspeitos" 136

CAPÍTULO VII | CAUSAS MODIFICADORAS E NOVAS CAUSAS SUSPENSIVAS

1. Considerações preliminares 139
2. Suspensão do prazo prescricional (art. 116) 140
3. Causas suspensivas da prescrição da pretensão punitiva 140
4. Causa suspensiva da prescrição da pretensão executória 152

17

5. Outras causas suspensivas da prescrição................................. 152
    5.1. Suspensão condicional do processo............................. 153
    5.2. Citação por edital, sem comparecimento ou constituição de defensor.. 153
    5.3. Citação por meio de rogatória de acusado no estrangeiro.. 155
        5.3.1. Suspensão da prescrição nos termos do art. 366 do Código de Processo Penal: correção da Súmula 415 do Superior Tribunal de Justiça........ 155
6. Causas interruptivas do prazo prescricional............................. 158
    6.1. Recebimento da denúncia ou da queixa (I)..................... 158
    6.2. Pronúncia e sua confirmação (II e III)............................. 159
    6.3. Publicação da sentença ou acórdão condenatório recorríveis (IV)... 159
    6.4. Publicação de sentença condenatória recorrível............. 159
    6.5. Publicação de acórdão condenatório recorrível.............. 160
        6.5.1. Acórdão condenatório não se confunde com acordão confirmatório... 162
        6.5.2. Início ou continuação do cumprimento da pena (V). 165
        6.5.3. Início da execução provisória da pena não interrompe a prescrição... 166
    6.6. A reincidência (VI)... 167
7. Recebimento da denúncia: causas de rejeição e absolvição sumária... 168
8. Recebimento da denúncia: contraditório antecipado e reflexos na prescrição 171
9. Causas redutoras do prazo prescricional 172
10. Prescrição da pena de multa... 173
11. A anulação parcial de sentença penal condenatória é ilegal e viola a Súmula 401 do Superior Tribunal de Justiça.................... 174
12. A prescrição penal na improbidade administrativa.................... 175
    12.1. Prazo prescricional aplicável ao terceiro 178

CAPÍTULO VIII | **A LEI N. 13.964/2019 DIFICULTA OU INVIABILIZA A PROGRESSÃO DE REGIMES E IGNORA OS FATORES CRIMINÓGENOS DA PENA DE PRISÃO**

1. Considerações preliminares 181
2. O objetivo ressocializador na visão da Criminologia Crítica......... 183

3. O objetivo ressocializador "mínimo" 186
4. Regimes de cumprimento de pena 187
  4.1. Regras do regime fechado 188
  4.2. Regras do regime semiaberto 189
    4.2.1. Concessão de trabalho externo, desde o início da pena 189
  4.3. Regras do regime aberto 192
  4.4. Regras para progressão no regime disciplinar diferenciado antes da Lei n. 13.964/2019 193
5. Regime inicial de cumprimento de pena 194
  5.1. Regime inicial nos crimes hediondos antes da Lei n. 13.964/2019 197
6. Prisão domiciliar 199
7. Progressão e regressão de regimes de cumprimento da pena ... 201
  7.1. Pressuposto da progressão: existência de estabelecimento penal adequado 201
8. Progressão de regimes antes da Lei n. 13.964/2019 202
  8.1. Requisitos da progressão 205
9. Regressão de regime de cumprimento de pena 207
10. Trabalho prisional como elemento ressocializador 208
11. Remição pelo trabalho e pelo estudo 208
  11.1. Remição pelo trabalho em regime aberto: possibilidade segundo os princípios da isonomia e da analogia 212
12. A prática de falta grave pode revogar a remição de até 1/3 (um terço) da pena remida 214
13. Prescrição de falta grave praticada após cinco anos de remição 216
14. A progressão nos crimes hediondos a partir da Lei n. 9.455/97 . 216
  14.1. A progressão nos crimes hediondos a partir da Lei n. 11.464/2007 222
  14.2. Progressão de regime antes do trânsito em julgado de decisão condenatória (Súmula 716 do STF) 223
15. A progressão de regimes na previsão da Lei n. 13.964/2019 223
16. Inconstitucionalidade do art. 112 da Lei de Execução Penal, com redação determinada pela Lei n. 13.964/2019, relativa à progressão de regime nos crimes hediondos 225

CAPÍTULO IX | A DESUMANIDADE DO ISOLAMENTO CELULAR E DO REGIME DISCIPLINAR DIFERENCIADO NAS PENITENCIÁRIAS FEDERAIS

1. Considerações preliminares 229
2. Crítica ao regime de isolamento celular 232
3. A criação das penitenciárias federais como alternativa aos presos mais perigosos... 236
4. O regime disciplinar diferenciado.. 237
   4.1. Considerações preliminares.. 237
5. Agravação do regime disciplinar diferenciado pela Lei n. 13.964/2019.. 240
6. Conteúdo da previsão legal do regime disciplinar diferenciado .. 241
   6.1. As hipóteses de aplicação do regime disciplinar diferenciado 243

PARTE ESPECIAL

CAPÍTULO X | INDUZIMENTO, INSTIGAÇÃO E AUXÍLIO A SUICÍDIO OU A AUTOMUTILAÇÃO

1. Considerações preliminares 251
2. Bem jurídico tutelado 254
3. Natureza jurídica da morte e das lesões corporais de natureza grave.. 256
4. Sujeitos ativo e passivo 258
5. Tipo objetivo: adequação típica 260
   5.1. Prestação de auxílio mediante omissão 263
6. Tipo subjetivo: adequação típica... 264
7. Consumação e tentativa de auxílio ao suicídio ou à automutilação.. 265
   7.1. *Nomen iuris* e estrutura do tipo penal 267
   7.2. Crime material: plurissubsistente 268
   7.3. Espécie de tentativa 270
8. Classificação doutrinária... 272
9. Causas de aumento de pena e transformação da imputação...... 273
   9.1. Duplicação da pena em razão da motivação, da menoridade ou diminuição da capacidade de resistência (§ 3º) 274
   9.2. A pena é aumentada até o dobro se a conduta for realizada por meio da rede de computadores, de rede social ou transmitida em tempo real (§ 4º) 278

9.3. A pena é aumentada em metade se o agente for líder ou coordenador de grupo ou de rede virtual (§ 5º) 279

9.4. A infeliz transformação de um crime tentado em outro consumado mais grave 280

9.5. A vulnerabilidade absoluta da vítima converte suicídio e automutilação em homicídio 283

    9.5.1. Abrangência do conceito de vulnerabilidade e da violência implícita 284

9.6. Autoria mediata e a teoria do domínio do fato................. 285

10. Questões especiais.. 289

11. Pena e ação penal 291

CAPÍTULO XI | ALTERAÇÕES NO CRIME DE ROUBO MAJORADO

1. Considerações preliminares 293

2. Roubo majorado ("qualificado", § 2º) 294

    2.1. Se a violência ou ameaça é exercida com emprego de arma 295

        2.1.1. O emprego de arma de brinquedo, a Súmula 174 do Superior Tribunal de Justiça e a revogação do inciso I do § 2º... 297

        2.1.2. Revogação do inciso I do § 2º do art. 157............ 299

    2.2. O emprego de arma branca.. 300

    2.3. Elevação da pena mínima no roubo qualificado 301

3. Eventual presença de duas causas de aumento 302

4. A tipificação do crime de roubo recebeu várias modificações da Lei n. 13.654/2018... 304

    4.1. A revogação do inciso I do § 2º do art. 157 excluiu a majorante arma branca 304

    4.2. Acréscimo trazido pelo inciso VI ao § 2º do art. 157 — subtração de substâncias explosivas ou de acessórios ... 306

    4.3. A inclusão do § 2º-A ao art. 157 do Código Penal prevê duas causas especiais de aumento de pena 307

        4.3.1. Se a violência ou ameaça é exercida com emprego de arma de fogo 307

        4.3.2. Destruição ou rompimento de obstáculo mediante o emprego de explosivo ou de artefato análogo que cause perigo comum...................... 308

    4.4. Emprego de arma de fogo de uso restrito ou proibido duplica a pena do *caput*.. 309

5. Roubo qualificado: resultado de lesão grave ou morte............... 312
    5.1. Pela lesão corporal grave (inciso I).................................... 313
    5.2. Pelo resultado morte (inciso II): latrocínio......................... 314
        5.2.1. Resultado morte decorrente de grave ameaça: não tipifica latrocínio..................................... 315
    5.3. Morte de comparsa: inocorrência de latrocínio................ 316
6. Tentativa de latrocínio: pluralidade de alternativas...................... 317
7. Latrocínio com pluralidade de vítimas.. 318
8. Concurso do crime de roubo com o de quadrilha......................... 319
9. Pena e ação penal... 320
    9.1. Inconstitucionalidade da proibição de progressão de regime nos crimes hediondos... 320

CAPÍTULO XII | ALTERAÇÃO DA NATUREZA DA AÇÃO PENAL DO ESTELIONATO

1. Considerações preliminares... 323
2. Retroatividade da alteração da natureza da ação penal.............. 324

Bibliografia 327

PARTE GERAL

A ALTERAÇÃO DA EXCLUDENTE DE LEGÍTIMA DEFESA | I

Sumário: 1. Considerações preliminares. 2. Fundamento e natureza jurídica da legítima defesa. 3. Conceito e requisitos. 3.1. Agressão injusta, atual ou iminente. 3.2. Direito próprio ou de terceiro. 3.3. Meios necessários, usados moderadamente (proporcionalidade). 3.4. Elemento subjetivo: *animus defendendi*. 4. Legítima defesa sucessiva e recíproca. 5. Legítima defesa e estado de necessidade. 6. Legítima defesa de vítima mantida refém durante prática de crime. 7. Outras excludentes de criminalidade — estrito cumprimento de dever legal e exercício regular de direito. 7.1. Estrito cumprimento de dever legal. 7.2. Exercício regular de direito.

1. Considerações preliminares

A legítima defesa, um dos institutos jurídicos mais bem elaborado através dos tempos, representa uma forma abreviada de realização da justiça penal e da sua sumária execução. Afirma-se que a legítima defesa representa *uma verdade imanente à consciência jurídica universal, que paira acima dos códigos, como conquista da civilização.* Referindo-se à legítima defesa, Bettiol afirmava que "ela na verdade corresponde a uma *exigência natural*, a um instinto que leva o agredido a repelir a agressão a um seu bem tutelado, mediante a lesão de um bem do agressor. Como tal, foi sempre reconhecida por todas as legislações, por representar a forma primitiva da reação contra o injusto"[1]. O reconhecimento do Estado da sua natural impossibilidade de imediata solução de todas as violações da ordem jurídica, objetivando não constranger a natureza humana a violentar-se numa postura de covarde resignação, permite, excepcionalmente, *a reação imediata a uma agressão injusta*, desde que atual ou iminente, que a dogmática jurídica denominou *legítima defesa*.

---

1. Giuseppe Bettiol, *Direito Penal*, São Paulo, Revista dos Tribunais, 1977, v. 1, p. 417.

2. Fundamento e natureza jurídica da legítima defesa

A legítima defesa apresenta um duplo fundamento: de um lado, a necessidade de defender bens jurídicos perante uma *agressão injusta*; de outro lado, o dever de defender o próprio ordenamento jurídico, que se vê afetado ante uma agressão ilegítima. As *teorias subjetivas*, que consideram a legítima defesa causa excludente de culpabilidade, procuram fundamentá-la na perturbação de ânimo do agredido ou nos motivos determinantes do agente. As *teorias objetivas*, por sua vez, consideram a legítima defesa excludente de antijuridicidade, aliás, teorias que foram recepcionadas pelo nosso Código Penal. A legítima defesa, no magistério de Bettiol, "constitui uma circunstância de justificação, por não atuar *contra ius* quem reage para tutelar direito próprio ou alheio, ao qual o Estado não pode de nenhuma maneira, dadas as circunstâncias do caso concreto, oferecer a mínima proteção"[2].

O exercício da legítima defesa é um direito do cidadão e constitui uma *causa de justificação* contra uma agressão injusta. Quem se defende de uma agressão injusta, atual ou iminente, age conforme ao Direito, praticando, portanto, uma ação reconhecida como valiosa.

As *causas de justificação* possuem a natureza jurídica de *norma permissiva*[3], autorizando a realização de uma conduta em abstrato proibida[4]. A previsão da legítima defesa não constitui, contudo, a prevalência, a qualquer preço, de direito próprio ou alheio — pois o nosso legislador pune o exercício arbitrário das próprias razões (art. 345) —, nem a revogação do preceito primário de uma norma incriminadora, mas, sim, uma *regra de exceção* para os casos em que, apesar da adequação entre a conduta defensiva realizada e um determinado tipo penal, não existe uma contraposição valorativa entre aquela e o ordenamento jurídico. Nesses termos, para que o exercício da legítima defesa seja permitido e autorizado pelo ordenamento jurídico, deverá estar limitado de maneira similar aos casos de estado de necessidade, em função de princípios e critérios, como o de proporcionalidade, ponderação de interesses, razoabilidade, valoração de deveres etc.

---

2. Bettiol, *Direito Penal*, cit., v. 1, p. 419-20.
3. Cezar Roberto Bitencourt, *Tratado de Direito Penal; Parte Geral*, 26ª ed., São Paulo, Saraiva, 2020, v. 1, p. 441.
4. Jesús María Silva Sánchez, *Aproximación al Derecho Penal contemporáneo*, 2ª ed., Montevideo-Buenos Aires, B de F, 2010, p. 526.

3. Conceito e requisitos

Na definição do Código Penal brasileiro, "entende-se em legítima defesa quem, usando moderadamente dos meios necessários, repele injusta agressão, atual ou iminente, a direito seu ou de outrem" (art. 25). Welzel definia a legítima defesa como "aquela requerida para repelir de si ou de outrem uma agressão atual e ilegítima. Seu pensamento fundamental é que o Direito não tem por que ceder ante o injusto"[5]. A legítima defesa, nos termos em que é proposta pelo nosso Código Penal, exige a presença simultânea dos seguintes requisitos: agressão injusta, atual ou iminente; direito próprio ou alheio; meios necessários usados moderadamente; elemento subjetivo: *animus defendendi*. Este último é um requisito subjetivo; os demais são objetivos.

3.1. Agressão injusta, atual ou iminente

Define-se a *agressão* como a conduta humana que lesa ou põe em perigo um bem ou interesse juridicamente tutelado. Mas a *agressão,* contudo, não pode confundir-se com a mera *provocação* do agente, que é, digamos, uma espécie de estágio anterior daquela, devendo-se considerar a sua *gravidade/intensidade* para valorá-la adequadamente. Pode-se afirmar que é irrelevante o fato de a agressão constituir, ou não, um ilícito penal[6], uma vez que o art. 25 do nosso Código Penal não faz restrições a respeito; logo, é suficiente que a agressão constitua um fato ilícito, caso contrário não será uma agressão *injusta*. Como destacava o Ministro Assis Toledo, a *ilicitude* na área penal não se limita à *ilicitude típica*, ou seja, à ilicitude do delito, sempre e necessariamente típica. Com esse entendimento, a agressão autorizadora da reação defensiva, na legítima defesa, não necessita revestir-se da qualidade de *crime*, isto é, "não precisa ser um *ilícito penal*, mas deverá ser, no mínimo, um *ato ilícito*, em sentido amplo, por não existir legítima defesa contra atos lícitos"[7].

No entanto, a título meramente informativo, destacamos que vem se consolidando na doutrina espanhola um entendimento mais restritivo, mercê de seu atual Código Penal, no sentido de que somente estará justificada a prática de uma conduta típica quando a defesa for exercida contra uma

---

5. Welzel, *Derecho Penal alemán*, Santiago, Ed. Jurídica de Chile, 1970, p. 122.
6. Maurach e Zipf, *Derecho Penal*, cit., v. 1, n. 12, p. 442.
7. Francisco de Assis Toledo, *Princípios básicos de Direito Penal,* p. 164.

agressão constitutiva de um tipo de injusto penal. Com efeito, o art. 20, 4, do Código Penal espanhol destaca que "por agressão injusta entende-se o ataque constitutivo de crime ou contravenção". Essa interpretação espanhola[8], contudo, é insustentável no ordenamento jurídico brasileiro — que expressamente define *agressão injusta* de forma mais abrangente — ao dar interpretação restritiva, especialmente por se tratar de norma permissiva. Aliás, *norma permissiva* que assegura o exercício de um direito protegido por um instituto jurídico — legítima defesa — que tem suas origens na distante Antiguidade. A difícil satisfação de todos os seus requisitos objetivos e subjetivos é suficiente para mantê-lo conforme um Estado Democrático de Direito, especialmente sob os *princípios da proporcionalidade* e da *razoabilidade*.

A interpretação da doutrina brasileira, por outro lado, entendendo que basta a *agressão injusta* constituir um fato ilícito, não impede que se observem rigorosamente os *princípios da proporcionalidade* e da *razoabilidade* na prática de um fato definido como *meio necessário* e adequado de defesa ante uma agressão também grave (ilícita). Por fim, revela-se absolutamente inadmissível o emprego de analogia *in malam partem*, para restringir--lhe direito de defesa legalmente assegurado.

Ponto de partida para análise dos requisitos da legítima defesa será, portanto, a existência de uma *agressão injusta*, que legitimará a pronta *reação*. Somente após constatada a *injustiça* da agressão, nos termos que acabamos de indicar, passar-se-á à análise de sua *atualidade* ou *iminência*, uma vez que não terá a menor importância para a constatação deste último requisito tratar--se de *agressão justa*, isto é, legítima. *Injusta* será, em suma, a agressão ilícita (não necessariamente típica e antijurídica) que não estiver autorizada pelo ordenamento jurídico. É por isso que a reação a uma *agressão justa* não caracteriza legítima defesa, como, por exemplo, reagir à regular prisão em flagrante ou a ordem legal de funcionário público etc.[9]. Ao contrário, nessas hipóteses, além de não caracterizar uma reação legítima, configura o *crime de resistência* ou, no mínimo, de *desobediência*. O raciocínio é lógico: se a agressão (ação) é lícita, a *defesa* (reação) não pode ser legítima, pois é a *injustiça* ou ilicitude da agressão que legitima a reação do agredido. A *injus-*

---

8. Baldó Lavilla, *Estado de necesidad y legítima defensa — un estudio sobre las "situaciones de necesidad"*, Barcelona, Bosch, 1994, p. 278-279; Muñoz Conde & García Arán, *Derecho Penal*, cit., p. 324; Mir Puig, *Derecho Penal*, cit., p. 435-38.

9. Mirabete, *Manual de Direito Penal*, São Paulo, Atlas, 1990, v. 1, p. 175.

tiça da agressão deve ser considerada objetivamente, isto é, sem a relacionar com o seu autor, uma vez que o *inimputável* também pode praticar condutas ilícitas (em sentido amplo), ainda que seja inculpável.

A agressão injusta deverá ser real, efetiva e concreta. Pode acontecer, contudo, que o agente tenha uma percepção equivocada acerca da existência ou atualidade da agressão injusta, e creia, erroneamente, que se encontra em uma situação de legítima defesa, dando lugar a uma *legítima defesa putativa*. Ocorre *legítima defesa putativa* quando alguém se julga, erroneamente, diante de uma *agressão injusta, atual* ou *iminente*, encontrando-se, portanto, legalmente autorizado a repeli-la. A legítima defesa putativa supõe que o agente atue na sincera e íntima convicção da *necessidade* de repelir essa agressão imaginária (*legítima defesa subjetiva*). Imagine-se o clássico exemplo do sujeito que, após ter sido assaltado diversas vezes, dispara contra a pessoa que tenta saltar o muro de sua residência, causando-lhe lesões corporais, constatando, finalmente, que não era um assaltante, mas o seu próprio filho que voltava para casa, tarde da noite, sem as chaves. Nessa hipótese não é possível a aplicação da causa de justificação porque *falta o seu pressuposto objetivo*, isto é, a agressão injusta, que somente existe na *representação* do agente. Entretanto, o *erro* do autor do disparo é juridicamente relevante, de acordo com o disposto no art. 20, § 1º, do nosso Código Penal. Nessas circunstâncias, poderá ser isento de pena se se constatar a *inevitabilidade do erro*; sendo *evitável o erro*, isto é, se da valoração das circunstâncias verificar-se que o agente poderia, sem grandes dificuldades, identificar o sujeito que saltava o muro, com um pouco mais de cuidado e prudência, poderá responder por lesão corporal culposa.

Além de *injusta*, a agressão deve ser *atual* ou *iminente*. *Atual* é a agressão que está acontecendo, que se está realizando, isto é, que ainda não foi concluída; *iminente* é a que está prestes a acontecer, que não admite nenhuma demora para a repulsa, sob pena de concretizar-se. Agressão iminente não se confunde com agressão futura. A *reação* do agredido para caracterizar a legítima defesa pode ser *preventiva* ante uma agressão injusta iminente, estando orientada, prioritariamente, a impedir o início da ofensa, mas pode destinar-se a evitar, ante uma agressão injusta atual, a sua continuidade, com o objetivo de impedir que se produza um dano maior ao bem jurídico[10]. A

---

10. Antolisei, *Manual de Derecho Penal*, Buenos Aires, UTCHA, 1960, p. 220.

reação deve ser, em ambos os casos, imediata à *agressão*, pois a demora na repulsa descaracteriza o instituto da legítima defesa. Se passou o perigo, deixou de existir, não podendo mais fundamentar a defesa legítima, que se justificaria para eliminá-lo. Como afirmava Bettiol, a legítima defesa "deve exteriorizar-se antes que a lesão ao bem tenha sido produzida"[11] e, acrescentaríamos nós, durante o transcurso da agressão com o intuito de evitar a destruição do bem jurídico, ou simplesmente para impedir seu prosseguimento. A ação exercida após cessado o perigo caracteriza *vingança*, que é penalmente reprimida. Igual sorte tem o *perigo futuro*, que possibilita a utilização de outros meios, inclusive a busca de socorro da autoridade pública.

3.2. Direito próprio ou de terceiro

Qualquer bem jurídico pode ser protegido pelo instituto da legítima defesa, para repelir agressão injusta, sendo irrelevante a distinção entre bens pessoais e impessoais, disponíveis e indisponíveis. Qualquer bem jurídico, relevante, importante, inclusive bens jurídicos pouco valiosos, também podem ser protegidos pela legítima defesa, tais como ofensas à honra, lesões corporais leves etc. Considerando, porém, a titularidade do bem jurídico protegido por esse instituto, pode-se classificá-lo em: próprio ou de terceiro, que autorizam *legítima defesa própria*, quando o repelente da agressão é o próprio titular do bem jurídico ameaçado ou atacado, e *legítima defesa de terceiro*, quando objetiva proteger interesses de outrem.

No entanto, na defesa de direito alheio, deve-se observar a natureza do direito defendido, pois, quando se tratar de *bem jurídico disponível*, seu titular poderá optar por outra solução, inclusive a de não oferecer resistência. Como adverte Assis Toledo, quando se tratar "de direitos disponíveis e de agente capaz, a defesa por terceiro não pode fazer-se sem a concordância do titular desses direitos, obviamente"[12].

3.3. Meios necessários, usados moderadamente (proporcionalidade)

Todos os bens jurídicos protegidos pelo ordenamento jurídico são, em tese, defensáveis pela legítima defesa, inclusive a honra, própria ou de

---

11. Bettiol, *Direito Penal*, cit., v. 1, p. 417.
12. Toledo, *Princípios básicos*, cit., p. 200.

terceiro. Importa, evidentemente, analisar, nesse caso, a necessidade, moderação e proporcionalidade dos meios utilizados na defesa desses bens. Na verdade, embora se reconheça a legitimidade da reação pessoal, nas circunstâncias definidas pela lei, o Estado exige que essa *legitimação excepcional* obedeça aos limites da *necessidade* e da *moderação*[13].

A configuração de uma situação de legítima defesa está diretamente relacionada com a intensidade e gravidade da agressão, periculosidade do agressor e com os meios de defesa disponíveis. No entanto, não se exige uma adequação perfeita, milimetrada, entre ataque e defesa, para se estabelecer a *necessidade* dos meios e a *moderação* no seu uso. Reconhece-se a dificuldade valorativa de quem se encontra emocionalmente envolvido em um conflito no qual é vítima de ataque injusto. A reação *ex improviso* não se compatibiliza com uma detida e criteriosa valoração dos meios necessários à repulsa imediata e eficaz.

Necessários são os meios suficientes e indispensáveis para o exercício eficaz da defesa. Se não houver outros meios, poderá ser considerado necessário o único meio disponível (ainda que superior aos meios do agressor), mas, nessa hipótese, a análise da *moderação* do uso deverá ser mais exigente, mais criteriosa, mais ajustada às circunstâncias. Aliás, além de o meio utilizado dever ser o *necessário* para a repulsa eficaz, exige-se que o seu uso seja *moderado*, especialmente quando se tratar do *único meio disponível* e apresentar-se visivelmente superior ao que seria necessário. Essa circunstância deve ser determinada pela *intensidade* real da agressão e pela forma do emprego e uso dos meios utilizados. Como afirmava Welzel, "a defesa pode chegar até onde seja requerida para a efetiva defesa imediata, porém, não deve ir além do estritamente necessário para o fim proposto"[14]. Havendo disponibilidade de defesas, igualmente eficazes, deve-se escolher aquela que produza menor dano.

Modernamente, defendemos a invocação do princípio da *proporcionalidade* na legítima defesa, na medida em que os *direitos absolutos* devem circunscrever-se a limites muito exíguos. Seria, no mínimo, paradoxal admitir o *princípio da insignificância* para afastar a tipicidade ou ilicitude de determinados fatos, e sustentar o direito de reação desproporcionada à

---

13. Maurach e Zipf, *Derecho Penal*, cit., v. 1, p. 449-50.
14. Welzel, *Derecho Penal alemán*, cit., p. 125.

agressão, como, por exemplo, matar alguém para defender quaisquer valores menores. Nessa linha de orientação manifesta-se Johannes Wessels, afirmando que "O direito à legítima defesa encontra seu limite na *proibição geral do abuso de direito e nos elementos normativos da 'imposição'*: uma defesa, cujas consequências situam-se em crassa desproporção para com o dano iminente, é *abusiva* e, assim, inadmissível"[15].

3.4. Elemento subjetivo: *animus defendendi*

Embora não se exija a *consciência da ilicitude* para afirmar a antijuridicidade de uma conduta, é necessário, para afastá-la, que se tenha, pelo menos, conhecimento da ação agressiva, além do propósito de defender-se. A legítima defesa deve ser *objetivamente necessária* e *subjetivamente orientada* pela vontade de defender-se. Como afirmava Welzel, "A ação de defesa é aquela executada com o propósito de defender-se da agressão. Quem se defende tem de conhecer a agressão atual e ter a vontade de defender-se"[16].

A reação legítima autorizada pelo Direito somente se distingue da ação criminosa pelo seu elemento subjetivo: o propósito de defender-se. Com efeito, o *animus defendendi* atribui um significado positivo a uma conduta objetivamente desvaliosa (negativa). Contrapõe-se assim o *valor da ação* na legítima defesa ao *desvalor da ação* na conduta criminosa. Aliás, o *valor* ou *desvalor* de qualquer ação será avaliado segundo a orientação de ânimo que comandar a sua execução. Como afirmava Cerezo Mir, somente a presença dos elementos objetivos constitutivos de uma causa de exclusão de criminalidade não pode *justificar* uma ação ou omissão típica, se faltar o elemento subjetivo de dita causa justificante[17]. Enfim, em sede de Direito Penal, um fato que na sua aparência exterior apresenta-se objetivamente com os mesmos aspectos pode, dependendo da intenção do agente, receber definição variada. Assim, causar a morte de alguém, dependendo das circunstâncias, motivos e, particularmente, do elemento subjetivo, pode configurar: homicídio doloso, homicídio culposo, legítima defesa real, legítima defesa putativa, excesso doloso ou culposo etc.

---

15. Johannes Wessels, *Direito Penal*, Buenos Aires, p. 72-3.
16. Welzel, *Derecho Penal alemán*, cit., p. 125.
17. Cerezo Mir, *Curso de Derecho Penal español*, Madrid, Tecnos, 1990, v. 2, p. 455.

4. Legítima defesa sucessiva e recíproca

A *legítima defesa sucessiva* pode caracterizar-se na hipótese de excesso, quando o agredido, exercendo a defesa legítima, excede-se na repulsa. Em outras palavras, quando a defesa é exercida de maneira *desproporcional* contra o agressor inicial. Imagine-se, por exemplo, que, para defender-se das agressões verbais proferidas por José, Maria pega a faca de cozinha que tinha ao alcance da mão com a intenção de feri-lo, momento em que José agarra violentamente Maria pelo braço, causando-lhe escoriações, logrando dessa forma retirar a faca de cozinha que esta empunhava. As escoriações estarão *justificadas* porque se trata de defesa exercida legitimamente pelo agressor inicial em face de uma *reação desproporcionada* daquela que foi inicialmente agredida. Nessa hipótese, o *agressor inicial*, contra o qual se realiza a legítima defesa, tem o direito de defender-se do excesso, uma vez que o agredido, pelo excesso, transforma-se em *agressor injusto*.

A *legítima defesa recíproca*, ao contrário, é inadmissível, pois não cabe legítima defesa contra legítima defesa. Com efeito, se a *agressão injusta* constitui o pressuposto da legítima defesa, não é possível admitir uma *defesa lícita* em relação a ambos os contendores, como é o caso típico do duelo[18], no qual ambos são agressores recíprocos. Somente será possível a legítima defesa recíproca quando um dos contendores, pelo menos, incorrer em erro, configurando a legítima defesa putativa. Nessa hipótese, haverá *legítima defesa real* contra *legítima defesa putativa*.

5. Legítima defesa e estado de necessidade

A legítima defesa é, em última instância, um caso especial de estado de necessidade, que recebe um tratamento legal específico. No entanto, em sentido estrito, há sensíveis diferenças entre legítima defesa e estado de necessidade:

a) no estado de necessidade há um conflito de interesses legítimos: a sobrevivência de um significará o perecimento do outro; na legítima defesa o conflito ocorre entre interesses lícitos, de um lado, e ilícitos, de outro: a agressão é ilícita; a reação é lícita, isto é, legítima;

---

18. Prado e Bitencourt, *Elementos de Direito Penal; Parte Geral*, São Paulo, Revista dos Tribunais, 1995, v. 1, p. 97.

b) na legítima defesa a preservação do interesse ameaçado se faz através de defesa que é dirigida contra o autor da agressão, enquanto no estado de necessidade essa preservação ocorre através de ataque ao bem jurídico de um terceiro inocente;

c) no estado de necessidade existe ação e na legítima defesa, reação.

Não há legítima defesa contra legítima defesa. Ora, se um dos agentes age em legítima defesa, significa que sua reação é lícita. Se sua conduta é lícita, não pode admitir outra legítima defesa, que exigirá agressão ilícita, isto é, ilegítima, embora seja possível estado de necessidade contra estado de necessidade. Também são possíveis legítimas defesas putativas recíprocas, ou legítima defesa real contra legítima defesa putativa. É igualmente possível legítima defesa contra quem pratica uma conduta acobertado por uma dirimente de culpabilidade, como, por exemplo, coação moral irresistível ou obediência hierárquica. Como a exclusão da culpabilidade não afasta a sua ilicitude, é perfeitamente possível a reação defensiva legítima.

6. Legítima defesa de vítima mantida refém durante prática de crime

A Lei n. 13.964 cria, dentre tantas modificações na legislação penal, uma *subespécie de legítima de defesa de terceiro*, como se fosse necessária, posto que o *caput* do art. 25 já a consagra, para todo o cidadão que agir, nas mesmas circunstâncias, em defesa de alguém. Pretende-se, com a previsão desse parágrafo único acrescido pela referida lei, assegurar a *legitimidade* da ação de eventual agente de segurança que repila "agressão ou risco de agressão a vítima mantida refém durante a prática de crimes".

Trata-se, a rigor, de *norma penal permissiva* absolutamente desnecessária, inócua, supérflua e inútil, na medida em que a hipótese prevista nesse parágrafo já está abrangida pela previsão do *caput* do art. 25 do Código Penal. Com efeito, ao final desse artigo, consta que a legítima defesa pode ser exercida em defesa "a direito seu ou de outrem", independentemente de cuidar-se de agente de segurança pública ou não. Significa dizer que qualquer pessoa, *agente de segurança* ou não, nas mesmas circunstâncias, também pode agir amparada pela mesma excludente de legítima defesa, consoante previsão já existente no *caput*, representada pela locução "a direito seu ou de outrem". Portanto, essa *suposta inovação* define apenas uma das milhares de hipóteses possíveis de *legítima defesa de terceiro*, já abrangida, repetindo, pelo *caput* do art. 25, definidor do instituto da legítima defesa, inclusive de terceiro, policial ou não, que é caracterizada, inclusive, por esse acréscimo, qual seja, "agressão ou risco de agressão a vítima mantida refém durante a prática de crimes".

A legítima defesa é um direito do ser humano, enquanto titular de direitos subjetivos, de ver o seu espaço jurídico respeitado e protegido; é o direito de resistir ao arbítrio alheio, de não ser submisso, de não se deixar humilhar. Não existe uma legítima defesa especial ou específica para agentes policiais ou de segurança pública ou específica para determinados contextos ou determinados segmentos, pela singela razão de que esse direito já existe para todos e para todos os contextos, em todo o universo de situações que a caracterizem. Na realidade, o acréscimo desse parágrafo único, destacando a *legítima defesa de terceiro*, nos termos em que o faz, soa tão despropositado e inócuo quanto acrescentar um dispositivo no art. 5º da Constituição afirmando que, nesses casos de vítima refém, o agente de segurança tem direito à vida, à integridade física ou à propriedade, pois são direitos que todos já os têm, sendo desnecessário e inútil, portanto, identificá-los e individualizá-los em dispositivo específico, como fez o legislador ordinário.

Ademais, importa destacar, desde logo, que a novel previsão legal — que nada acrescenta, tecnicamente falando, à definição constante do *caput* do art. 25 — não elimina, contudo, a obrigatoriedade de satisfazer todos os requisitos da legítima defesa previstos no *caput* do referido artigo, e que examinamos acima. Não se ignora, ademais, que o meio policial ou as forças de segurança pública desconhecem o que são "meios necessários" e, principalmente, o que seja "usá-los moderadamente". Tanto é verdade que no episódio em que foi assassinado aquele professor no Rio de Janeiro, no qual, dez ou onze agentes das forças públicas desferiram mais de oitenta disparos, com armas de repetição, em uma vítima desarmada, inocente e que nem percebeu que estava sendo massacrada pelas forças públicas. No entanto, a voz oficial do comando superior afirmou que agiram legitimamente e usaram *moderadamente dos meios necessários* a repelir injusta agressão! Aliás, essa afirmação, inconsequente, do comando é tão criminosa quanto a ação de seus comandados exatamente por estimulá-los a continuar assassinando inocentes, inclusive desarmados, como ocorreu nesse lamentável episódio criminoso, que, pelo visto, será mais um que ficará impune como uma grande mácula das forças de segurança pública naquele sofrido Estado do Rio de Janeiro.

Essa afirmação, tão grave quanto a própria ação criminosa de seus agentes, dá bem uma ideia do entendimento absolutamente errado do que eles entendem por "meio necessário" e, principalmente, do que pode ser entendido como "uso moderado"! São interpretações equivocadas como essas que estimulam a violência policial dos comandados, os quais, não raro, são "desculpados", quando não estimulados pelos superiores, a continuar portando-se com os excessos que diariamente a comunidade constata pelos meios de comunicação. Por isso, tão ou mais culpado pelos assassinatos praticados diariamente pelo policiamento ostensivo em nosso país (chegando a várias centenas anuais), é o próprio comando, principalmente o chefe de policiamento, quem comanda e dá treinamento a seus comandados. Esse é tão responsável pela violência policial quanto aquele que puxa o gatilho!

Por isso, além de observar-se, como diz o novo texto legal, "os requisitos previstos no *caput* deste artigo", a *moderação no uso dos meios* deve, necessariamente, considerar a *proporcionalidade* existente entre a agressão revidada e a "carga" empregada no exercício dessa *reação* para se tornar *legítima*. Com efeito, defendemos a aplicação do princípio da *proporcionalidade* na legítima defesa, própria ou de terceiros, na medida em que esta não se encontra entre os denominados *direitos absolutos*, os quais, segundo nossa Constituição Federal, devem circunscrever-se a limites muito exíguos. Não deixa de ser paradoxal admitir-se o *princípio da insignificância* para afastar a tipicidade ou ilicitude de determinados fatos, e sustentar o *direito de reação desproporcionada à agressão*, como, por exemplo, matar alguém para defender quaisquer valores menores.

Por fim, sobre esse inútil acréscimo, qual seja, o parágrafo único ao art. 25, *sub examine*, alguns comentadores chegaram a questionar que poderia haver alguma diferença entre "agressão eminente" e "risco de agressão à vítima".

De plano deve-se destacar, em primeiro lugar, que a "agressão ou risco de agressão" não se refere ao "agente de segurança", mas à vítima mantida refém durante a prática de crime"! Portanto, ao contrário do que alguns andaram interpretando, essa "agressão ou risco de agressão" não se refere ao eventual *agente de segurança* que deve agir para proteger ou tentar salvar a vítima, mas, repetindo, refere-se "à vítima da agressão"! Logo, segundo o novo texto legal, essa previsão legal não deve ser aplicada ao *agente de segurança* em serviço, mas somente à vítima quando

34

for agredida ou correr o risco de ser agredida imediatamente! Consequentemente, o *agente de segurança* — como qualquer outro cidadão — somente agirá acobertado por essa excludente quando a vítima correr o risco da agressão ou quando for repelir agressão, que não se confunda com o simples ato de reter a vítima como refém.

Agora, quem sofrer a agressão (ou risco de agressão) do sujeito que mantém a vítima refém somente poderá invocar a previsão constante do final do *caput* do art. 25 deste Código Penal. Aliás, o que não muda praticamente nada, pois o agente de segurança poderá (i) agir em *legítima defesa própria* — quando sofrer diretamente agressão do sujeito que mantém a vítima refém, ou agir em legítima defesa de terceiro quando a agressão ou risco de agressão for direcionada à própria vítima! Em outros termos, quando o agredido for o próprio "agente de segurança" aplica-se a previsão do *caput* do art. 25 do CP; se, no entanto, a agredida for a própria vítima mantida refém, aplica-se a previsão do parágrafo único, seja hipótese de *agressão atual*, seja de risco de agressão.

De qualquer sorte, quer para o *agente de segurança*, quer para a *vítima de agressão*, essa previsão legal é absolutamente desnecessária e inócua, razão pela qual não tem motivo de existir, mas já que existe, cria uma diferença entre o agente de segurança e a vítima mantida refém. Para esta incide a nova previsão legal, para aquele, a previsão do *caput* do art. 25.

Por outro lado, para concluir este tópico, não vemos diferença alguma entre as locuções "agressão, atual ou iminente" prevista no *caput*, e "agressão ou risco de agressão", prevista no parágrafo único. A expressão "agressão", além de ser a mesma palavra, nas duas hipóteses, tem o mesmo significado em ambas, qual seja, a de sua *atualidade*, ou seja, o que está acontecendo, que pode ser revidada, inclusive por terceiro. A reação em ambas deve ser *imediata* à agressão, pois a demora na repulsa descaracteriza o instituto da legítima defesa, posto que ação exercida após cessada a agressão ou o perigo caracteriza vingança, que é penalmente reprimida.

Relativamente às locuções "agressão iminente", prevista no *caput* do art. 25, e, "risco de agressão", prevista no parágrafo único do mesmo artigo, vemos dificuldades intransponíveis para dar-lhes interpretações distintas. *Iminente* é a que está prestes a acontecer, que não admite nenhuma demora para a repulsa, sob o risco de concretizar-se. A *reação* do agredido, nessa hipótese, objetiva impedir que a agressão iminente se concretize. Agressão *iminente* não se confunde com agressão futura. "Risco de agressão", por sua vez, não tem nenhum sentido diferente de uma agressão que está na iminência de acontecer, prestes a ocorrer, qualquer demora na ação do agente arrisca-se a permitir que a agressão à vítima se concretize. O "risco de agressão à vítima" equipara-se, *in totum*, à iminência da agressão, não havendo qualquer espaço para demora, sob pena de a agressão concretizar-se.

A única diferença possível é irrelevante, e não reside na *agressão* propriamente — mas na sua resposta e consiste no seguinte: (i) na hipótese do *caput* o agredido não pratica uma ação, mas uma *reação* à agressão sofrida; (ii) na hipótese do parágrafo único, o *agente de segurança* não *reage* porque não foi o agredido, mas prática uma conduta ativa, ou seja, uma ação para defender terceiro, que é vítima da agressão de outrem.

7. Outras excludentes de criminalidade — estrito cumprimento de dever legal e exercício regular de direito

Quem cumpre *estritamente* dever imposto por lei ou exerce *regularmente* um direito não comete crime, ainda que, eventualmente, sua conduta venha a se adequar a determinado tipo penal (art. 23, III, do CP). Tanto o cumprimento do *comando legal* como o *exercício da permissão* que a ordem jurídica admite afastam a antijuridicidade do comportamento que eventualmente se encontre tipificado. Mesmo que não houvesse expressa previsão legal, inegavelmente as duas situações não constituiriam crimes, pois jamais o exercício regular de um direito ou o estrito cumprimento de um dever legal pode ser imputado como crime. Muitos códigos alienígenas não fazem semelhante previsão. O nosso Código, no entanto, preferiu deixar expressas essas excludentes para não dar margem a erro. Vejamos cada uma delas.

7.1. Estrito cumprimento de dever legal

Quem pratica uma ação em *cumprimento de um dever* imposto por lei não comete crime, de acordo com a norma permissiva inscrita no art. 23, III, do nosso Código Penal. Ocorrem situações em que *a lei impõe determinada conduta* em face da qual, embora *típica*, não será *ilícita*, ainda que cause lesão a um bem juridicamente tutelado. Nessas circunstâncias, isto é, no *estrito cumprimento de dever legal*, não constitui crime a ação do carrasco que executa a sentença de morte decretada pelo Estado, do car-

36

cereiro que encarcera o criminoso sob o amparo de ordem judicial, do policial que prende o infrator em flagrante delito etc. Reforçando a *licitude* de comportamentos semelhantes, o Código de Processo Penal estabelece que, se houver resistência, *poderão os executores usar dos meios necessários* para se defender ou para vencer a resistência (art. 292 do CPP).

No entanto, dois requisitos devem ser estritamente observados para configurar a excludente: a) *estrito cumprimento* — somente os atos rigorosamente necessários justificam o comportamento permitido; b) *dever legal* — é indispensável que o dever seja legal, isto é, decorra de lei, não o caracterizando obrigações de natureza social, moral ou religiosa[19]. A *norma* da qual emana o dever tem de ser *jurídica* e de caráter geral: lei, decreto, regulamento etc. Se a norma tiver caráter particular, de cunho administrativo, poderá, eventualmente, configurar a *obediência hierárquica* (art. 22, 2ª parte, do CP), mas não o *dever legal*.

Essa *norma permissiva* não autoriza, contudo, que os agentes do Estado possam, amiúde, matar ou ferir pessoas apenas porque são marginais ou estão delinquindo ou então estão sendo legitimamente perseguidas. A própria *resistência* do eventual infrator não autoriza essa *excepcional violência oficial.* Se a resistência — ilegítima — constituir-se de *violência ou grave ameaça* ao exercício legal da atividade de autoridades públicas, sua repulsa configurará uma situação de *legítima defesa* (agressão injusta), justificando a reação dessas autoridades, desde que empreguem *moderadamente* os meios *necessários* para *impedir* ou *repelir* a agressão. Mas, repita-se, a *atividade* tem de ser *legal* e a *resistência* com violência tem de ser *injusta*, além da necessidade da presença dos demais requisitos da legítima defesa. Será uma excludente dentro de outra (legítima defesa inserta no estrito cumprimento de dever legal).

Em outros termos, o *limite do lícito* termina necessariamente onde começa o *abuso,* pois aí o *dever* deixa de ser cumprido *estritamente* no âmbito da legalidade, para mostrar-se *abusivo*, excessivo e impróprio, caracterizando sua *ilicitude*. Exatamente assim se configura o *excesso*, pois, embora o "cumprimento do dever" se tenha *iniciado dentro dos limites* do estritamente legal, o agente, pelo seu procedimento ou condução

---

19. Aníbal Bruno, *Direito Penal*, cit., p. 8; Damásio, *Direito Penal*, 12ª ed., São Paulo, Saraiva, 1988, p. 345.

inadequada, acaba indo além do *estritamente* permitido, *excedendo-se*, por conseguinte. Não há, convém que se destaque, qualquer ilogicidade ou paradoxo entre o reconhecimento de *estrito cumprimento* de dever legal e a configuração de excesso na sua execução, tanto que o Código Penal, no art. 23, parágrafo único, com a redação determinada pela Lei n. 7.209/84, consagra a punição do *excesso* para todas as modalidades de excludentes. Por isso, a *incompatibilidade* ou impossibilidade do *excesso* no estrito cumprimento do dever somente poderia ser defendida antes da Reforma Penal de 1984, quando o Código Penal, na sua versão original, só o prescrevia para a hipótese da *legítima defesa*.

Apesar de os destinatários naturais dessa *excludente de criminalidade* serem os *agentes públicos*, nada impede que possa ser aplicada ao *cidadão comum*, quando atuar, claro, sob a *imposição de um dever legal*. Lembra-se, com frequência, como exemplo, o *dever* que têm os pais de guarda, vigilância e educação dos filhos (art. 231, IV, do CC de 1916, art. 1.634 do CC de 2002). Algum *constrangimento* praticado no exercício do *pátrio poder* estaria *justificado* pelo *estrito cumprimento do dever legal*, desde que não haja excesso, logicamente. Alguns autores, como Assis Toledo, também adotam essa posição, em razão da *anterioridade lógica do dever de educar sobre os direitos daí decorrentes*. Outros, como Aníbal Bruno, preferem tratá-lo como hipótese de *exercício regular de direito*[20]. A divergência é meramente *acadêmica*, na medida em que os resultados concretos são exatamente os mesmos.

Não aceitamos a invocação do chamado *direito correcional*, como outrora se fez, para *justificar* alguns "castigos", desde que não demasiadamente excessivos. Aquela tolerância que a lei e os costumes tinham com pais e tutores, admitindo até pequenos castigos aos menores sob sua guarda, está praticamente superada. E em relação aos *mestres* essa *permissividade* foi completamente abandonada. Modernamente, deve ser fiscalizado com rigor o exercício do *dever de guarda e educação* de filhos e pupilos, para evitar autênticas torturas ou restrições censuráveis do direito de liberdade e de integridade, tipificadoras de verdadeiros crimes, que precisam ser exemplarmente punidos.

---

20. Assis Toledo, *Princípios básicos*, cit., p. 212 e nota de rodapé n. 3; Aníbal Bruno, *Direito Penal*, cit., p. 8.

7.2. Exercício regular de direito

O *exercício de um direito*, desde que *regular*, não pode ser, ao mesmo tempo, proibido pela ordem jurídica. *Regular* será o exercício que se contiver nos *limites* objetivos e subjetivos, formais e materiais impostos pelos próprios fins do Direito. Fora desses limites, haverá o *abuso de direito* e estará, portanto, excluída essa *causa de justificação*, prevista no art. 23, III, do nosso Código Penal. O *exercício regular de um direito* jamais poderá ser *antijurídico*. Deve-se ter presente, no entanto, que a ninguém é permitido *fazer justiça pelas próprias mãos*, salvo quando a lei o permite (art. 345 do CP).

Qualquer direito, público ou privado, penal ou extrapenal, regularmente exercido, afasta a antijuridicidade. Mas o exercício deve ser *regular*, isto é, deve obedecer a todos os requisitos objetivos exigidos pela ordem jurídica. As *intervenções médicas* e *cirúrgicas,* consentidas pelo paciente, constituem, em regra, *exercício regular de direito*. Nada impede, é claro, que excepcionalmente o médico tenha o dever de atuar, inclusive sem dito consentimento, nos casos de *estado de necessidade de terceiro* em que existe perigo para um bem jurídico indisponível, como ocorre com a previsão do art. 146, § 3º, I, do Código Penal, embora, nessa hipótese específica, o próprio legislador tenha optado por erigir essa excludente da antijuridicidade em uma autêntica causa de *exclusão da tipicidade*. A *violência esportiva,* quando o esporte é exercido nos estritos termos da disciplina que o regulamenta, não constitui crime. O resultado danoso que decorre do boxe, da luta livre, futebol etc., como atividades esportivas autorizadas e regularizadas pelo Estado, constitui exercício regular de direito. Se, no entanto, o desportista afastar-se das regras que disciplinam a modalidade esportiva que desenvolve, responderá pelo resultado lesivo que produzir, segundo seu dolo ou sua culpa[21].

Assis Toledo lembra ainda, com muita propriedade, como exemplo de exercício regular de direito, o *direito possessório*, afirmando que "A defesa da posse, pelo *desforço imediato*, autorizada pelo art. 502 do Código Civil [de 1916], é um exemplo de *exercício regular de direito* no caso de esbulho possessório, quando o *desforço* se realiza após a consumação do esbulho, sem o requisito da atualidade. Na hipótese de turbação, trata-se de legítima

---

21. Damásio, *Direito Penal*, cit., p. 347.

defesa da propriedade, que, para os fins penais, nem precisaria vir expressa no Código Civil. No esbulho, contudo, descaracterizada a legítima defesa, por ausência da atualidade, o desforço imediato cai sob o domínio do exercício de um direito, instituído pelo mencionado art. 502, à luz do qual deve ser examinado"[22]. Atualmente o direito à manutenção da posse vem regulado no art. 1.210 do Código Civil de 2002. E, efetivamente, os atos de defesa da posse podem constituir um autêntico caso de *legítima defesa* quando exercidos moderadamente contra a agressão injusta que representa o delito de usurpação, na modalidade do esbulho possessório, tipificado no art. 161, II, do nosso Código Penal. O *limite do lícito* termina necessariamente onde começa o *abuso,* uma vez que aí o *direito* deixa de ser exercido *regularmente*, para mostrar-se abusivo, caracterizando sua ilicitude.

---

22. Assis Toledo, *Princípios básicos*, cit.; p. 213.

A COMPETÊNCIA PARA EXECUÇÃO DA PENA DE MULTA DE ACORDO COM A REFORMA DA LEI N. 13.964/2019

II

Sumário: 1. Considerações preliminares. 2. A superação da interpretação equivocada sobre competência para a execução da pena de multa a partir da Lei n. 9.268/96. 3. Dosimetria da pena de multa — sistema trifásico adotado pela Reforma Penal de 1984. 4. Sistema trifásico da aplicação da pena de multa a partir da Lei n. 13.964, de 2019. 5. Aplicação na legislação extravagante. 6. Fase executória da pena de multa. 6.1. Pagamento da multa. 6.2. Formas de pagamento da multa. 6.3. Conversão da multa na versão da Reforma Penal de 1984. 7. Destinação do resultado da multa penal. 8. Prescrição da pena de multa e a inércia estatal.

1. Considerações preliminares

A Lei n. 13.964, de 24 de dezembro de 2019, tem o mérito de, pelo menos, afastar a dificuldade interpretativa de parte da doutrina e da jurisprudência sobre a competência para a execução da pena de multa, definindo expressamente que ela é do juiz de execução penal. Na nossa concepção, sempre foi do *juízo da execução penal* e da atribuição do correspondente representante do Ministério Público, vinculado àquela vara criminal, mas esse nosso entendimento sempre foi *amplamente* minoritário. Agora, com esse novo diploma legal, não resta mais qualquer dúvida sobre essa competência e respectiva atribuição do *Parquet*.

2. A superação da interpretação equivocada sobre competência para a execução da pena de multa a partir da Lei n. 9.268/96

Sempre sustentamos que a Lei n. 9.268/96 não alterou a competência para a execução da pena de multa, como previa a Reforma Penal de 1984, ao contrário do que passaram a sustentar, a nosso juízo equivocadamente, doutrina e jurisprudência nacionais. O processo executório da pena de multa, inclusive, continuou sendo regulado pelos arts. 164 a 169 da Lei de

Execução Penal, que, propositalmente, não foram revogados. No volume 1 do nosso *Tratado de Direito Penal*, sempre defendemos que: "A competência, portanto, para a execução da pena de multa continuou sendo do Juiz das Execuções Criminais, bem como a legitimidade para a sua promoção continua sendo do Ministério Público correspondente. Assim, todas as questões suscitadas na execução da multa penal, como, por exemplo, o *quantum* da execução ou causas interruptivas ou suspensivas eventualmente suscitadas em embargos de execução, não serão da competência do juízo cível. Referida lei, além de não fazer qualquer referência sobre a execução da pena de multa, deixou vigentes os dispositivos penais relativos à sua execução".

A redação do art. 51 do Código Penal, definida pela Lei n. 9.268/96, passou a ser a seguinte: "Transitada em julgado a sentença condenatória, a multa será considerada dívida de valor, aplicando-se-lhe as normas da legislação relativa à dívida ativa da Fazenda Pública, inclusive no que concerne às causas interruptivas e suspensivas da prescrição". O fundamento político-legislativo da definição da pena de multa como *dívida de valor* objetivou, somente, justificar a *inconversibilidade da pena de multa* não paga em prisão e, ao mesmo tempo, satisfazer os hermeneutas civis, segundo os quais "dívida de valor" pode ser atualizada monetariamente.

A edição da Lei n. 9.268/96, que definiu a condenação criminal como "dívida de valor", acabou sendo objeto de grande desinteligência na doutrina e jurisprudência nacionais, particularmente sobre a *competência para a execução* da pena de multa e sua *natureza jurídica*. Uma corrente, majoritária, passou a entender que a *competência* passava a ser das varas da Fazenda Pública, além de a condenação dever ser lançada em *dívida ativa*. Outra corrente, minoritária, à qual nos filiamos, entende que nada mudou: a *competência* continua com a vara das execuções criminais e a condenação à pena de multa mantém sua *natureza de sanção criminal*, além de ser juridicamente impossível inscrever em dívida ativa uma *sentença penal condenatória*. Ademais, a nova redação do dispositivo citado não fala em "inscrição na dívida ativa da Fazenda Pública". Ao contrário, limita-se a referir que são aplicáveis "as normas da legislação relativa à dívida ativa da Fazenda Pública".

Definir, juridicamente, *nome, título* ou *espécie da obrigação* do condenado não altera, por si só, a *natureza jurídica* de sua obrigação, ou melhor, da sua condenação. A mudança do rótulo não altera a essência da substância! Na verdade, a natureza jurídica da pena de multa criminal não sofreu qualquer alteração com a terminologia utilizada pela Lei n. 9.268/96, considerando-a "dívida de valor", após o trânsito em julgado. *Dívida de valor* ou não, a pena de multa (ou pena pecuniária) continua sendo *sanção criminal*. Não se pode esquecer de que a *sanção criminal* — seja de natureza pecuniária ou não — é a consequência jurídica do crime e, como tal, está restringida pelos *princípios limitadores do direito repressivo penal*, dentre os quais se destacam os princípios da *legalidade e da personalidade* da pena. Pelo princípio da *personalidade da pena* — aliás, a grande característica diferenciadora da pena criminal pecuniária das demais penas pecuniárias —, ao contrário do que se chegou a afirmar, herdeiros e sucessores não respondem por essa sanção. Ademais, não se pode esquecer de que a *morte do agente* é a primeira *causa extintiva da punibilidade* (art. 107, I, do CP).

A rigor, como no passado as condenações a penas de multas eram, normalmente, irrisórias, especialmente para os crimes comuns do Código Penal, isso levou o Ministério Público a repelir a função que lhe cabia de exercer execução da pena de multa, como determina a Lei de Execução Penal, impondo que a Fazenda Pública assumisse tal ônus. Ademais, o procedimento adotado pela Lei de Execução Penal (arts. 164 a 169) era mais trabalhoso e, ao mesmo tempo, mais democrático, na medida que possibilitava ao condenado defender-se em juízo sobre as exigências e formas desejadas pela acusação. Contudo, a nova era dos "crimes contra o colarinho branco", com cifras estratosféricas, despertou o interesse do *Parquet*, possibilitando, inclusive, que alguns tenham dado destinação equivocada dos seus resultados.

Inúmeras questões de ordem sistemática impedem que se admita a possibilidade de *inscrição em dívida ativa* da pena de multa transitada em julgado como se defendia, de um lado e, de outro lado, que a competência para a sua execução fosse transferida para as varas da Fazenda Pública, como já sustentávamos no passado (há 23 anos).

A Lei n. 9.268/96 não revogou o art. 49 do Código Penal, que continua em pleno vigor. Aliás, reforçando a previsão desse dispositivo, a *Lei Complementar* n. 79/94, que criou o *Fundo Penitenciário Nacional*, prevê como uma de suas receitas a *pena de multa* (art. 2º, V). O fato de passar a ser considerada *dívida de valor*, além de não alterar a natureza dessa sanção, como já afirmamos, também não pode alterar a sua destinação, qual seja, o Fundo Penitenciário Nacional. Com efeito, não é competência da Fazenda Pública executar créditos do Fundo Penitenciário Nacional, decorrentes de sentença condenatória criminal, considerando-se ou não "dívida de valor". A execução de sanções criminais — privativas de liberdade, restritivas de direitos ou pecuniárias — *é competência exclusiva do juízo criminal!*

A previsão da Lei n. 13.964/2019 deu a seguinte redação ao art. 51 do Código Penal, *verbis*: "Art. 51. Transitada em julgado a sentença condenatória, a multa será executada perante o juiz da execução penal e será considerada dívida de valor, aplicáveis as normas relativas à dívida ativa da Fazenda Pública, inclusive no que concerne às causas interruptivas e suspensivas da prescrição".

Finalmente, passa a reinar tranquilidade e harmonia na interpretação do texto e da competência para a execução da pena de multa que, à luz da legislação brasileira, sempre foi do *Juiz da Execução Penal* e atribuição do *Parquet* vinculado à referida vara. A execução ou "cobrança" da pena de multa integra a *persecução penal*, cujo único órgão do Estado com "competência" para exercitá-la é o Ministério Público, com assento no *juízo criminal*. Com efeito, o Processo de Execução Penal é o instrumento legal que o Estado pode utilizar, coercitivamente, para tornar efetivo o conteúdo decisório de uma sentença penal condenatória.

3. Dosimetria da pena de multa — sistema trifásico adotado pela Reforma Penal de 1984

Há um grande equívoco no entendimento que sustenta a aplicabilidade do tradicional *sistema trifásico* do cálculo de pena assegurado no art. 68 do Código Penal, o qual seguiu a orientação resultante do conhecido debate de Roberto Lyra (bifásico) e Nélson Hungria (trifásico), vencido por este. A rigor, a Reforma Penal de 1984 mudou toda a sistemática relativa à pena de multa, desvinculando-a, por completo, da pena privativa de liberdade, e em especial da gravidade do crime e dos próprios tipos penais, vinculando-a expressamente à situação econômico-financeira do infrator.

Nesse sentido é a previsão constante dos arts. 49, 58 e 60, todos do Código Penal, os quais deixam claros os limites da pena de multa, destacando, inclusive, que na sua aplicação "o juiz deve atender, principalmente, à situação econômica do réu" (art. 60). Logo, há *desvinculação da gravidade do crime* e das penas a ele cominadas. Ademais, estabelece seus próprios critérios, os quais denomina de *especiais*, para a fixação da pena de multa, nos termos do art. 60 do Código Penal, alheios, portanto, aos critérios estabelecidos no art. 59. Aliás, adota, como veremos adiante, o seu próprio sistema *trifásico* de aplicar a pena pecuniária.

Esses aspectos resultam cristalinos, inclusive quando se autoriza o pagamento da multa, até mesmo com desconto em folha, nos seguintes termos: "O desconto não deve incidir sobre os recursos indispensáveis ao sustento do condenado e de sua família" (art. 50, §§ 1º e 2º). Nessa linha, calha ressaltar que as agravantes e as causas de aumento da pena de prisão referem-se somente à *gravidade do crime* e não à situação econômico-financeira do infrator, que é prioritária para aplicação da pena de multa, segundo a dicção do *caput* do art. 60 do Código Penal. Por isso, essas *causas modificadoras da pena* (gravidade do crime, circunstâncias judiciais, legais e causas de aumento ou diminuição) não podem e não devem ser consideradas individualmente na dosimetria da pena de multa, exatamente porque o *sistema de seu cálculo* é absolutamente distinto, como demonstraremos abaixo.

Enfim, constata-se que o *sistema dias-multa* tem sua própria *metodologia de aplicação de penas* (diversa daquela descrita no art. 68 do CP), a qual deve ser operacionalizada em duas ou, eventualmente, três fases, dependendo das circunstâncias casuísticas, como demonstramos aqui. Inegavelmente, os fundamentos e os elementos a serem utilizados na *dosimetria da pena de multa* são absolutamente diversos daqueles adotados no cálculo da pena privativa de liberdade, sintetizados no art. 68 do Código Penal, tanto que para a pena de multa não existe sequer a denominada "pena-base" sobre a qual as demais *causas modificadoras da pena*, relacionadas no art. 68, incidiriam. Ora, se não existe sequer a pena-base, tampouco poderá haver pena provisória sobre a qual incidiria a definitiva. Essa linguagem não existe para a pena de multa dentro do *sistema dias-multa* consagrado pela Reforma Penal de 1984.

4. Sistema trifásico da aplicação da pena de multa a partir da Lei n. 13.964, de 2019

Não se pode ignorar o verdadeiro sentido da adoção, pela Reforma Penal de 1984, do *sistema dias-multa*, que não se resume à simples previsão do *dia multa*, mas na adoção do seu próprio *sistema de aplicação da pena de multa* previsto nos arts. 49 e 60 e seus respectivos parágrafos, o qual leva em consideração, prioritariamente, *a condição financeira do infrator*, e não, repetindo, a gravidade da infração penal. De notar-se que, ao contrário da filosofia do Código Penal de 1940, os tipos penais não estabelecem mais, ao lado da pena de prisão, a quantidade mínima e máxima da pena de multa, mas tão somente se lhe é aplicável esta pena ou não. Essa é outra grande demonstração da desvinculação da pena de multa da gravidade do crime e de sua metodologia de aplicação de pena (art. 68), caso contrário, continuaria com a previsão em cada tipo penal dos limites mínimo e máximo da pena de multa.

Com efeito, a criação de uma seção exclusiva, a III (arts. 49 a 52 acrescida dos arts. 58 e 60), para a cominação e aplicação da pena de multa, tem sido, equivocadamente, desprezada pela orientação que sustenta a aplicabilidade do *sistema trifásico tradicional* (art. 68) também na aplicação da pena de multa. Na realidade, a interpretação deve ser feita do conjunto de todo o Código Penal, e não individualmente deste ou daquele dispositivo legal, para não se perder a grande harmonia que esse diploma penal consagra.

Nesse sentido, vejamos como restou definida a aplicação das respectivas sanções penais, quais sejam, da pena privativa de liberdade e da pena de multa. Dispõe o art. 53 que "as penas privativas de liberdade têm seus limites estabelecidos na sanção correspondente a cada tipo legal de crime". Por sua vez, o art. 58 determina que "a multa, prevista em cada tipo legal de crime, tem os limites fixados no art. 49 e seus parágrafos deste Código", adotando-se, portanto, critérios diferentes para dimensionar as penas aplicáveis às infrações penais que tipifica. Essa distinção é complementada pelo art. 60, segundo o qual "na fixação da pena de multa o juiz deve atender, *principalmente*, à situação econômica do réu", mas o referido dispositivo não faz nenhuma referência à gravidade do crime ou suas consequências!

Essa disposição legal sobre a pena de multa não representa somente uma previsão programática, mas se trata de *norma imperativa orientadora da política de aplicação da pena de multa*, considerando prioritária a *situação econômica do denunciado*, ao contrário da pena de prisão, cujo fundamento básico é a gravidade do crime e a culpabilidade do agente. Toda essa sistemática, criteriosamente disciplinada pelo legislador para a aplicação da pena de multa, não pode ser ignorada pelo intérprete-aplicador, mesmo na tentativa de dar-lhe atendimento similar, pois contraria diretamente a disciplina diferenciada que atribuiu a cada uma das duas espécies de penas que então cominara aos crimes que tipificou.

Com efeito, o Código Penal ao cominar a *pena de multa*, agora com caráter aflitivo, considerou *dois aspectos*, absolutamente distintos: (i) *a renda média* que o condenado aufere em um dia, de um lado, e (ii) *a gravidade do crime* e a *culpabilidade* do agente, de outro lado[1], priorizando, contudo, aquela. Para que se possa aplicar a *pena de multa* com equidade, entendemos que o seu cálculo, de regra, deve ser feito em *duas fases*, ou seja, em duas operações, e, excepcionalmente, em *três fases*, aliás, semelhante à pena de prisão, cuja *terceira fase* somente ocorrerá se houver causas de aumento ou de diminuição de pena. Na pena de multa, por sua vez, somente haverá a terceira fase se o valor *da multa* resultante da segunda fase for considerada *insuficiente* em razão das condições socioeconômicas do infrator, sem qualquer relação com a gravidade do crime. Pois nisso reside o *sistema trifásico da aplicação da pena de multa*, devendo-se adotar os seus próprios critérios. Repetindo, na *primeira fase* deve ser encontrada a quantidade de dias-multa (art. 49, *caput*); na segunda fase deverá ser encontrado o *valor do dia-multa* (§ 1º do art. 49), por fim, na *terceira fase* — se for necessária — o julgador poderá elevar o valor do *dia-multa* até o triplo (§ 1º do art. 60), dependendo da condição econômico-financeira do condenado.

4.1. As três fases do cálculo da pena de multa

Assim, destacamos *as três fases* de aplicação da pena de multa, no sistema dias-multa adotado pela Reforma Penal de 1984, devendo-se destacar que não foi apenas uma mudança do sistema antigo pelo *dia-multa*, mas, a rigor, a adoção de um novo sistema, o denominado sistema dias-multa, com sua própria metodologia de aplicação e dosimetria da pena de multa. Vejamos, a seguir, cada uma dessas três fases do cálculo (dosimetria) da pena de multa.

Primeira fase: estabelece-se o *número de dias-multa* dentro do limite estabelecido de 10 a 360 dias-multa (art. 49). Na escolha desse número, deve-se levar em conta a *gravidade do crime*, em respeito ao princípio da

---

1. Antonio Beristain, La multa penal y administrativa, *Anuario de Derecho Penal y Ciencias Penales*, n. 28, 1975, p. 378.

proporcionalidade, visto que não há mais a cominação individual para cada crime, como ocorria no sistema anterior. Deve-se, por outro lado, considerar ainda a culpabilidade, os antecedentes, a conduta social, a personalidade, os motivos, as circunstâncias e as consequências do crime, bem como todas as circunstâncias legais, inclusive as majorantes e minorantes, nessa fixação.

Nesse aspecto, a aplicação da pena de multa diferencia-se da pena de prisão, aqui, o critério para a pena de multa é outro. Nesse sentido, também é o magistério de dois grandes doutrinadores, especialistas em matéria de aplicação de pena, quais sejam, Juarez Cirino dos Santos e Sérgio Salomão Shecaira, os quais, como nós, sustentam que para encontrar adequadamente a quantidade de dias-multa aplicável, o julgador deve considerar nessa primeira fase as agravantes e atenuantes, bem como as causas especiais de aumento e diminuição da pena, ao lado das circunstâncias judiciais[2].

Ou seja, nesta *primeira fase*, examina-se as circunstâncias judiciais do art. 59, as agravantes e atenuantes (da 2ª fase da pena de prisão), bem como as majorantes e minorantes, se existirem (que seriam da 3ª fase da pena de prisão). Tudo somente para encontrar a *quantidade de dias-multa*, entre 10 e 360 previstos no *caput* do art. 49 do CP. Imaginemos, nesta primeira fase, em um *cálculo hipotético*, um crime de corrupção ativa praticado por um rico empresário, ou seja, com grande capacidade de pagamento. Pela gravidade do crime e demais circunstâncias etc. etc., podemos aplicar *cem dias-multa*, hipoteticamente falando.

Segunda fase: nesta *fase* do cálculo da pena de multa deverá ser encontrado o *valor* de cada dia-multa, e, nessa oportunidade, o julgador valorará somente *as condições econômico-financeiras* do sentenciado, dando-lhes especial importância, segundo determinação do *caput* do art. 60. Com efeito, aqui nesta fase, não se deverão valorar *circunstâncias judiciais, agravantes e causas de aumento*, pois elas já foram consideradas para fixar a *quantidade* de dias-multa a ser aplicada em eventual sentença condenatória. Merece destaque aqui que todos os aspectos que se referem ao crime propriamente, gravidade, circunstâncias, inclusive quanto ao

---

2. Juarez Cirino Santos, *Direito Penal; Parte Geral*, 2ª ed., Rio de Janeiro, Lumen Juris, 2007, p. 54; Sérgio Salomão Shecaira e Alceu Corrêa Junior, *Teoria da Pena*, São Paulo, Revista dos Tribunais, 2002, p. 286.

infrator, já foram considerados na primeira fase, ou seja, na fixação da quantidade de dias-multa.

Assim, de posse da quantidade *de dias-multa* obtido na *primeira fase,* examinando os dados acima mencionados, passa-se, nesta *segunda fase,* ao exame dos aspectos necessários para fixar o *valor de cada dia-multa,* nos limites estabelecidos no § 1º do art. 49, já referido. Enfim, para a fixação do *valor* do dia-multa, leva-se em consideração, tão somente, *a situação econômica do acusado* e sua capacidade de pagamento, pois a gravidade do crime e a culpabilidade do agente e demais circunstâncias já foram valoradas na primeira operação (primeira fase) para fixar a quantidade de dias-multa.

Para a verificação da *real situação financeira* do apenado, especialmente o quanto ganha por dia, o magistrado poderá determinar diligências para apurar com mais segurança a verdadeira situação do infrator, para se evitar a aplicação de pena exorbitante, algumas vezes (para o pobre), e irrisória e desprezível, outras vezes (para o rico). Dessa forma, atende-se à previsão do ordenamento jurídico-penal, que determina que se leve em conta, *principalmente*, e não *exclusivamente,* a situação econômica do acusado.

Assim, no caso hipotético que imaginamos na primeira fase, empresário rico e corruptor, pode-se, em tese, examinando bem a situação econômica e a proporcionalidade, aplicar-se o valor máximo do dia-multa, prevista em cinco salários mínimos, consoante disposto no § 1º do 49 do CP. Dessa forma, nessas duas fases chegou-se a quinhentos salários mínimos, que atinge, nas circunstâncias imaginadas, um bom valor, ou seja, mais de 500 mil reais.

Não havendo, contudo, elementos probatórios necessários, nos autos, para permitir que a fixação do valor do dia-multa se afaste do mínimo legal, qual, seja, um trigésimo do salário mínimo, como prevê o Código Penal, essa pena deverá ser fixada no mínimo legal, ou próximo do seu valor mínimo, dependendo das condições do acusado.

Terceira fase: finalmente, esta fase somente poderá ocorrer quando, por exemplo, mesmo aplicando o valor do dia-multa no máximo previsto (cinco salários mínimos), o juiz constate que, em virtude da situação econômica do acusado, ela não seja suficiente para puni-lo adequadamente. Nesses casos, poderá elevá-la até o triplo (art. 60, § 1º, do CP), ajustando-a ao fato e ao agente. Continuando no cálculo da pena de *dias-multa* que imaginamos, na primeira e segunda fases, aqui, considerando que foi aplicado *cem dias-multa*, e, na segunda fase, foi fixado o valor de cinco salários mínimos o *dia-multa*, mas como se trata de rico empresário e a necessidade de maior valor do dia-multa, em consideração ao poder econômico-financeiro do acusado, e também respeitando o *princípio da proporcionalidade*, pode-se elevar o valor do dia-multa até o triplo, aplicando no limite máximo permitido da pena imaginada, pois, na hipótese imaginada, referida multa atingiria o valor de 1.500 (mil e quinhentos) salários mínimos, que convenhamos, trata-se de um valor bem elevado, que ultrapassa a um milhão e meio de reais. Não é multa para qualquer cidadão, não. Mas, lembrando que se poderia, por exemplo, aumentar somente em 20%, por exemplo, ou até metade, ou dobrá-la, quando as circunstâncias econômico-financeiras do condenado recomendarem, a critério do julgador. Elevar até o triplo representa a possibilidade do valor máximo da pena de multa aplicável.

Aliás, aplicando-se o máximo de *dias-multa* possível (360), bem como o valor máximo do dias-multa, que é de cinco salários mínimos, e na hipótese de elevação a até o triplo (§ 1º do art. 60), ou seja, pode-se chegar até a 5.400 salários mínimos de multa). Observa-se, por outro lado, que existem algumas leis extravagantes que cominam penas mais elevadas, mesmo violando as normas gerais do Código Penal, contudo, deve-se atendê-las, ante o *princípio da especialidade*, ressalvado no art. 12 deste Código.

Nesta terceira fase, é bom que se destaque, não há nenhum fundamento legal para se acrescer dias-multa na sanção imposta. Portanto, relativamente a *quantidade de dias-multa*, não se pode alterar, por falta de previsão legal. A quantidade de dias-multa, repetindo, somente pode ser fixada na *primeira fase*, da dosimetria penal, fundamentando-se, sempre, nas *circunstâncias judiciais*, nas *circunstâncias legais* (agravantes e atenuantes) e nas *majorantes e minorantes*, nos limites previstos no *caput* do art. 49, como já demonstramos , não podendo ultrapassar o limite máximo de 360 dias.

5. Aplicação na legislação extravagante

A tradição do dia-multa, abandonada pelo Código Penal de 1940, foi restaurada, na verdade, por leis extravagantes, como o Código Eleitoral, a Lei Antitóxicos, bem como as Leis n. 6.091/74 e 6.538/78. Outras leis adotaram a unidade salário mínimo como padrão referencial, como é o caso da Lei do Mercado de Capitais (Lei n. 4.728/65), e a legislação de pesca (Dec.-lei n. 221/67), caça (Lei n. 5.197/67), florestas (12.651/2012), entre outras. A questão é a seguinte: essa legislação toda será alcançada pelo disposto no art. 12 do Código Penal? Não, não será. A ressalva final do referido dispositivo afasta a aplicação do critério dias-multa adotado pela Lei n. 7.209/84. Pelo simples fato de que todas essas leis citadas dispõem de modo *diverso*. Mesmo aquelas que também adotam o critério dias-multa fazem-no de modo e com limites diferentes. Portanto, nem a essas se aplica a nova regulamentação.

Combinando o art. 12 do Código Penal com o art. 2º da Lei n. 7.209, que suprimiu somente as "referências a valores de multas", conclui-se que "as regras gerais deste Código" aplicam-se somente às leis penais especiais com penas de multa expressas concretamente em cruzeiros, como é o caso do Código de Propriedade Industrial e da Lei das Contravenções Penais.

E a *multa substitutiva* poderia ser aplicada nessas leis "especiais"? Aliás, a multa substitutiva já era adotada, "excepcionalmente", pelo Código Penal de 1940, em sua versão original, como ocorre no art. 155, § 2º, "quando o acusado fosse primário e de pequeno valor a coisa subtraída". Essas leis especiais que adotam critérios diferentes na cominação da pena não consagram, contudo, a multa substitutiva. Mas também não a proíbem. Logo, estando presentes os requisitos e se beneficiar o acusado, deverá ser aplicada.

Outra questão interessante é saber se o novo sistema aplica-se a todos os tipos penais do Código que cominam pena de multa ou outra forma referencial. É que existem tipos penais, na Parte Especial, que têm a pena pecuniária cominada em salários mínimos (art. 244) ou equivalente a 20% sobre o valor da duplicata, conforme estabelecia o art. 172 em sua redação original. Isso significa que estabelecem penas de "modo diverso das regras gerais do Código".

Celso Delmanto[3] entendia que "tais cominações especiais não foram canceladas e permanecem como eram antes da Lei 7.209". René Ariel Dotti[4], por sua vez, concordava em relação aos crimes de duplicata simulada e entendia que no delito de abandono material incide o disposto no art. 2º da referida lei. Em relação à duplicata simulada (art. 172), o problema desapareceu com a nova redação dada pela Lei n. 8.137/90.

---

3. Delmanto, *Código Penal comentado*, cit., p. 77.
4. Ariel Dotti, *Notas ao Código Penal da Forense*, Rio de Janeiro, 1986, p. 61 e 81.

6. Fase executória da pena de multa

6.1. Pagamento da multa

Na análise dessa questão faz-se necessário conciliar dois diplomas legais: o Código Penal e a Lei de Execução Penal (Lei n. 7.210/84), os quais, embora elaborados e revisados pelas mesmas comissões, apresentam algumas discrepâncias, como veremos a seguir. O Código Penal (art. 50) determina que a multa deve ser paga dentro de 10 dias depois de transitada em julgado a sentença. No entanto, a Lei de Execução Penal determina que o Ministério Público, de posse da certidão da sentença penal condenatória, deverá requerer a citação do condenado para, no prazo de 10 dias, pagar o valor da multa, ou nomear bens à penhora (art. 164). Dessa discrepância entre os dois dispositivos, que regulam diferentemente a mesma matéria, extraem-se algumas consequências ou interpretações. Afinal, quando se inicia efetivamente o prazo para o pagamento da multa: a partir da data do trânsito em julgado da sentença penal condenatória, como determina o Código Penal, ou a partir da citação para pagar ou nomear bens à penhora, como determina a Lei de Execução Penal (art. 164, § 1º)? E não se trata de questão meramente acadêmica, como possa parecer à primeira vista.

Já vimos que a multa, hoje, pode chegar a somas astronômicas (até 5.400 salários mínimos), dependendo das circunstâncias. Por outro lado, o prazo a partir do trânsito em julgado da sentença corre automaticamente. E o prazo referido na Lei de Execução Penal depende de providências processuais e administrativas que podem significar meses ou até anos. E — o que é mais importante —, no caso do Código Penal, o condenado deverá tomar a iniciativa para pagar a multa, uma vez que a sentença condenatória tem força coercitiva, mas, de qualquer sorte, será pagamento espontâneo, porque a Lei de Execução Penal determina que transitada em julgado a sentença condenatória o Ministério Público deverá executá-la. Com efeito, no caso previsto na Lei de Execução, a iniciativa caberá ao Estado, através do Ministério Público, de movimentar outra vez o aparelho judiciário para constranger o cumprimento de uma decisão condenatória com trânsito em julgado.

Poder-se-á argumentar que o prazo do Código Penal é para a multa ser paga, e o prazo da Lei de Execução Penal é para a multa ser cobrada, ou, em outros termos: a previsão do Código Penal é para pagamento voluntário, espontâneo e a previsão da Lei de Execução Penal é para pagamento compulsório. *A contrario sensu, ad argumentandum*, então, se passados os 10 dias do trânsito em julgado e só depois o réu comparecesse para pagamento, este não poderia ser recebido, porque extemporâneo? Qual a diferença, afinal, de o acusado pagar dentro dos 10 dias ou depois deles, sempre voluntariamente? Nenhuma?! Então, aquele prazo do art. 50 do Código Penal não tem sentido e finalidade alguma!

6.2. Formas de pagamento da multa

Pelas disposições legais, conclui-se que pode haver três modalidades de pagamento da pena pecuniária, que são: a) *pagamento integral*; b) *pagamento parcelado*; c) *desconto em folha (vencimentos e salários)*. A forma normal de cumprir a pena de multa é o pagamento integral, através de recolhimento ao Fundo Penitenciário. Entretanto, o legislador brasileiro sabia que a pena pecuniária incidiria mais frequentemente no menos privilegiado, no desafortunado. Por isso, previu, desde logo, a possibilidade de que esse pagamento pudesse ser feito parceladamente, em prestações mensais, iguais e sucessivas, ou então em descontos na remuneração mensal. Para verificar a situação econômica do réu e constatar a necessidade de parcelamento, o juiz poderá determinar diligências e, após audiência do Ministério Público, fixará o número de prestações.

O prazo de 10 dias para o pedido de parcelamento é o previsto no art. 164 da Lei de Execução Penal (10 dias), a partir da citação para pagamento, e não aquele do Código Penal, a partir do trânsito em julgado da sentença (constata-se mais uma vez que nem para essa finalidade aquele prazo serve)[5]. Se houver atraso no pagamento, ou seja, se o condenado for impontual, ou, então, se melhorar de situação econômica, será revogado o parcelamento. A expressão "revogará o benefício" deixa claro que se trata de norma cogente e não de mera faculdade do juiz. Finalmente, a última modalidade de pagamento é o desconto no vencimento ou no salário do condenado.

Tratando-se de réu solto, esse *desconto* pode ocorrer quando a pena pecuniária for: a) *aplicada isoladamente*, em caso de contravenções penais ou de multa substitutiva; b) *aplicada cumulativamente* com pena restritiva

---

5. Cezar Roberto Bitencourt, Penas pecuniárias, *RT*, 619/422.

de direitos; c) *em caso de "sursis"*, como também de livramento condicional, quando esta ainda não tiver sido cumprida. Entendemos também cabível em caso de livramento condicional, apesar de o legislador não tê-la consagrado expressamente, pela flagrante semelhança de situações.

Referido desconto deverá ficar dentro do limite de um décimo e da quarta parte da remuneração do condenado, desde que não incida sobre os recursos indispensáveis ao seu sustento e ao de sua família (art. 50, § 2º). O responsável pelo recolhimento — no caso, o empregador do acusado — será intimado para efetuar o recolhimento na data e no local estabelecido pelo juiz da execução, sob pena de incorrer em crime de desobediência.

Ademais, se o condenado estiver preso, a multa poderá ser cobrada mediante desconto na sua remuneração (art. 170 da LEP).

6.3. Conversão da multa na versão da Reforma Penal de 1984

Mesmo antes da edição da Lei n. 9.268/96, já apontávamos algumas dificuldades para aceitar a conversão, pura e simples, da pena de multa em prisão, tão somente pelo não pagamento. O Código Penal fazia pensar que, se o réu, para usar uma expressão de Basileu Garcia, "se furta ao pagamento da multa, deve esta ser convertida, sem delongas, em privação da liberdade"[6]. No entanto, o art. 164 da Lei de Execução Penal estabelece, como já referimos, que o Ministério Público, de posse da certidão de sentença condenatória, com trânsito em julgado, deverá proceder à citação do condenado para, no prazo de dez dias, pagar o valor da multa ou nomear bens à penhora. Logo, a finalidade da citação não é pagar a multa *sob pena de prisão*, o que corresponderia melhor aos enunciados dos arts. 50 e 51 do Código Penal, com a redação anterior. Essa citação, na verdade, tem três finalidades alternativas: a) pagar a multa imposta; b) nomear bens à penhora; ou c) depositar a importância correspondente, para, por exemplo, discutir em embargos à execução a validade e legitimidade do valor aplicado, por parecer-lhe excessivo, contestar, enfim, a justiça do seu *quantum*.

Diante da citação requerida pelo Ministério Público, com fundamento na sentença penal condenatória, o acusado poderá optar, no decêndio seguinte, entre pagar a importância correspondente à multa, nomear bens à penhora ou depositar em juízo o valor correspondente para discutir, por

---

6. Basileu Garcia, *Instituições*, cit., v. 1, t. 2.

exemplo, a justiça do seu *quantum*. Essas duas últimas hipóteses serão para garantir a execução, nos termos característicos da execução de títulos judiciais e extrajudiciais. Porém, se decorridos os 10 dias e o condenado não tomar nenhuma das três providências acima referidas, ainda assim não lhe seria possível converter a multa em prisão. Mas ser-lhe-ão penhorados tantos bens quantos bastem para garantir a execução, nos termos do art. 164, § 1º, da Lei de Execução Penal.

Conclusão: o deixar de pagar não acarreta a conversão, mas tão somente a cobrança judicial. Porém, é possível que o condenado, além de deixar de pagar, venha a criar embaraços que obstem a cobrança da multa, ou, na linguagem da lei, "frustre a sua execução", agora, sem qualquer consequência jurídico-penal. Constata-se que o condenado malicioso poderá, naturalmente, dificultar o pagamento da multa sem qualquer consequência, procrastinando, legitimamente, o cumprimento da condenação, até atingir a prescrição.

Não se desconhece, para concluir este tópico, que uma imensa maioria de condenados é pobre e, sem a menor possibilidade de pagar a pena de multa aplicada, não podendo sofrer mais restrições por ser pobre, aliás essa foi a razão fundamental para a supressão da antiga previsão que autorizava a conversão do não pagamento da multa em prisão. Nessa linha, é muito oportuna a previsão do enunciado 18 da "*I Jornada de Direito e Processo Penal*", segundo o qual: "Na execução penal, o não pagamento da multa pecuniária ou a ausência do seu parcelamento não impedem a progressão de regime, desde que os demais requisitos a tanto estejam preenchidos e que se demonstre a impossibilidade econômica de o apenado adimpli-la".

7. Destinação do resultado da multa penal

Não se desconhece a *competência concorrente* dos Estados para legislar sobre a matéria (art. 24, I, da CF). No entanto, a *competência concorrente,* para legislar sobre determinada matéria, destina-se: a) a suprir a ausência de normas federais sobre o tema; b) a adicionar pormenores à lei federal básica já editada. Destarte, não pode haver *conflito* entre as legislações estaduais e a legislação federal; se ocorrer, prevalecerá a legislação federal. Por isso, as leis estaduais que *instituíram Fundos Penitenciários Estaduais*, nos respectivos Estados, atribuindo-lhes a arrecadação das multas penais, *são inconstitucionais*, pois chocam-se com o art. 49 do Código Penal e com a Lei Complementar n. 79/94, que destinam ao Fundo

Penitenciário Nacional a arrecadação das multas criminais. Se não houvesse essas previsões legais, as Unidades Federativas poderiam dispor livremente dos destinos das referidas arrecadações. No entanto, ante a existência das previsões do Código Penal e da Lei Complementar em análise, os Estados não lhes podem dar destinações diversas. Ademais, a arrecadação proveniente das multas penais sempre se destinou ao aparelhamento (construções e reformas) do *Sistema Penitenciário Nacional*, desde a sua origem, com a criação do *Selo Penitenciário*, através do Decreto n. 24.797/34, regulamentado pelo Decreto n. 1.141. Seguindo essa orientação, a Lei Complementar n. 79/94, em seu art. 1º, fixa os objetivos do *Fundo Penitenciário Nacional*, quais sejam, "proporcionar recursos e meios para financiar e apoiar as atividades e programas de modernização e aprimoramento do Sistema Penitenciário brasileiro". Logo, *o produto da arrecadação dessas multas*, em sua totalidade, *está destinado*, de forma vinculada, ao *Fundo Penitenciário Nacional* (art. 2º da LC n. 79/94). Dar-lhe outra destinação, como atribuí-lo a *entidades sociais* ou *filantrópicas*, ao arrepio da lei — fazendo-se uma análise desapaixonada —, poderá configurar *improbidade administrativa* e *malversação de verbas públicas*. Com efeito, por muito menos que isso, prefeitos têm sido levados à prisão por aplicarem verbas em rubricas diferentes.

Tratar-se de crimes da competência da Justiça Federal ou da Justiça dos Estados é discussão bizantina. A Lei Complementar n. 79/94 destinou a arrecadação proveniente das sanções criminais pecuniárias, em um primeiro momento, ao Fundo Penitenciário Nacional, independentemente da natureza do crime ou da jurisdição competente para julgá-lo. Somente em um momento posterior, através de convênios celebrados, prevê o repasse de parcelas dessa arrecadação às unidades federativas (Estados e Distrito Federal). Em outros termos, embora, a rigor, a utilização dos recursos arrecadados destine-se, em última instância, às unidades federativas, a *gestão* e o *gerenciamento* de sua aplicação — vinculada expressamente aos objetivos definidos na lei criadora do Funpen — *são prerrogativas exclusivas da União*.

Finalmente, é injustificável a interpretação segundo a qual, após o trânsito em julgado, *as multas penais devem ser inscritas em dívida ativa da Fazenda Pública*, nos termos da lei. Que lei? Em primeiro lugar, a indigitada Lei n. 9.268/96, revogada no particular, não previa que a multa penal, em momento algum, devesse ser inscrita em *dívida ativa*, como se afirmou,

56

erroneamente, nesse período; em segundo lugar, se previsse, seria uma *heresia jurídica*, pois transformaria um *título judicial* (sentença penal condenatória) em *título extrajudicial* (dívida ativa). Este, por conseguinte, mais sujeito a impugnações e embargos, demandando todo um procedimento administrativo, inadmissível para quem já dispõe de um título judicial, com toda sua carga de certeza; em terceiro lugar, *deslocaria, ilegalmente, o crédito do Fundo Penitenciário Nacional para um crédito comum, extraorçamentário, da União.*

Por derradeiro, a quem competiria promover a inscrição da dívida ativa da União? A Procuradoria-Geral da Fazenda Nacional, instada a se manifestar, emitiu o judicioso Parecer n. 1.528/97, afastando de suas atribuições, por falta de previsão legal, entre outros argumentos, inscrever em dívida ativa as multas penais. E, afora essa instituição, ninguém mais detém tal atribuição.

Ficou interessante, por fim, a confusão criada por essa nova lei: o lapso prescricional continua sendo regulado pelo Código Penal (art. 114), mas as causas interruptivas e suspensivas da prescrição são as previstas pela Lei de Execução Fiscal (6.830/80), com exceção, é claro, da morte do agente.

8. Prescrição da pena de multa e a inércia estatal

Constitui erro crasso afirmar-se que agora, a partir da Lei n. 13.964, a prescrição da pena de multa ocorrerá em 5 anos, nos termos aplicáveis à legislação da Fazenda Pública, conforme se anda comentando por aí, ante a absoluta falta de previsão legal, pois referida lei foi expressa no que quis alterar. Ou seja, apenas destacou expressamente que o *juízo da execução penal* é o competente para executar a pena de multa, como afirmamos ao longo dos últimos 25 anos (desde a Lei n. 9.268/96). Portanto, a prescrição da pena de multa ocorre, quando for a única cominada ou aplicada, no prazo de dois anos, nos termos do inciso I do art. 114 do Código Penal. Contudo, para os tementes com o decurso desse prazo prescricional, há um antídoto para que não se esvaia rapidamente: basta que o órgão ministerial, com assento na vara de execuções penais, obediente ao disposto no art. 164 da Lei de Execução Penal, proponha sua execução judicial nos termos do art. 51.

Deve-se destacar, ademais, que durante a execução judicial, de qualquer pena, não há que se falar em curso de prescrição, pois, nessa hipótese, não há inércia do Estado, que é o *fundamento político* do instituto da prescrição, na medida em que está exercitando o *ius execcucione*. A menos que, nessa fase, o processo executório não flua e o seu executor não o impulsione deixando o tempo escoar sem agir. Com efeito, nenhum processo judicial, criminal ou não, pode eternizar-se pela desídia do Estado, que deve arcar com as consequências de sua inércia, e, nesses casos, logicamente, correrá o referido prazo de dois anos, e, nesse caso, seria uma *prescrição intercorrente*. Em outros termos, o processo executório da pena de multa não pode ficar parado por mais de dois anos por culpa do Estado, pois, nesses casos, verificar-se-á o lapso prescricional.

PRISÃO AUTOMÁTICA DECORRENTE DE CONDENAÇÃO PELO TRIBUNAL DO JÚRI | III

Sumário: 1. Considerações preliminares. 2. Inconstitucionalidade da não quesitação de agravantes aos jurados. 3. Considerações sobre a metodologia na fixação da pena no Tribunal do Júri. 4. Três vetoriais judiciais negativas: circunstâncias, culpabilidade e consequências do crime. 5. Reconhecimento e análise de agravantes legais — pena provisória. 5.1. A indevida conversão da 2ª qualificadora em agravante genérica (art. 61, II, *a*). 5.2. Promover, organizar a cooperação no crime ou dirigir a atividade dos demais agentes. 6. Prisão automática decorrente de condenação pelo Tribunal do Júri. 7. Autorização excepcional de prisão pelo Tribunal do Júri com condenação superior a 15 anos de reclusão. 7.1. A inconstitucionalidade da prisão automática decorrente de decisão pelo Tribunal do Júri.

1. Considerações preliminares

Todas as operações realizadas na dosimetria da pena, também no Tribunal do Júri, devem ser devidamente fundamentadas, esclarecendo o Presidente do Conselho de Sentença como *valorou* cada circunstância analisada, desenvolvendo um raciocínio lógico, coerente e racional, sem abusos, que permita às partes acompanhar e entender os critérios utilizados nessa valoração. No Tribunal do Júri, particularmente, o magistrado deve ter presente que não é o *julgador*, mas somente o Presidente do Conselho de Sentença (os jurados são os verdadeiros julgadores), devendo, por isso, policiar-se para não exacerbar e exteriorizar suas próprias convicções. Nas hipóteses de crimes contra a vida, o Presidente do Conselho de Sentença deverá agir com maior moderação e parcimônia tanto no interrogatório do acusado quanto na aplicação da pena, procurando limitar-se o máximo possível ao decidido pelos *juízes de fato*, os verdadeiros julgadores do fato delituoso.

Nessa análise, ademais, não se podem perder de vista os *princípios da racionalidade, proporcionalidade* e *razoabilidade*, assegurados pela Constituição Federal, pois a simples *argumentação abstrata* pode elevar a pena aplicada à estratosfera, fundada em pura construção intelectual, a despeito de não respaldada pelo conteúdo dos autos. Por isso, o magistrado deve pautar essa atividade dosimétrica pelos parâmetros mais recomendados pela doutrina e jurisprudência especializadas na matéria, deixando de lado, se for o caso, suas próprias convicções.

Temos dificuldade em adotar o entendimento majoritário do Superior Tribunal de Justiça, segundo o qual, a partir da vigência da Lei n. 11.689/2008, passou a ser desnecessário o questionamento aos jurados sobre a existência de agravantes, bastando que tenha sido objeto de debates em plenário. Ora, para a *plenitude de defesa* (art. 5º, XXXVIII, *a*, da CF), não se pode, em hipótese alguma, principalmente no Tribunal do Júri, reduzir o alcance das teses defensivas, especialmente quando invocadas em plenário. Diante disso, considerando que o legislador manteve a apreciação das *causas de aumento e de diminuição*, bem como das *qualificadoras e privilegiadoras*, pelo Júri, torna-se inevitável a necessidade da leitura de quesitos — próprios de agravantes e atenuantes, as quais, *lato sensu*, são, igualmente, *causas de aumento* ou *de diminuição de pena* (arts. 476, *caput*, e 482, *caput*, c/c o art. 483, V e § 3º, I e II, todos do CPP).

2. Inconstitucionalidade da não quesitação de agravantes aos jurados

Afastar a necessidade de as agravantes legais constarem da denúncia e da pronúncia descumpre o disposto no art. 41 do Código de Processo Penal. Essa concepção desatende, inegavelmente, a previsão fundamental deste último dispositivo, o qual determina que "a denúncia ou queixa conterá a exposição do fato criminoso, *com todas as suas circunstâncias*", ainda que se afirme que as agravantes são desvinculadas do tipo penal. Ademais, é dessa narrativa circunstanciada que o acusado deve defender-se. Por isso, contrariando o entendimento jurisprudencial, em um sistema jurídico que prioriza o *contraditório,* a *ampla defesa* e o *devido processo legal*, sustentamos que não se pode prescindir de aspectos (*circunstâncias)* tão relevantes que delimitem a acusação, os quais devem, inclusive, integrar a *classificação do crime* no pedido final da peça incoativa. Invoca-se a reforma implementada pela Lei n. 11.689/2008, a qual suprimiu a referência anterior, que recomendava a quesitação aos jurados de agravantes e atenuantes do fato delituoso. Nesse sentido se manifesta Guilherme Nucci, *verbis*: "As alegações das partes, no tocante às agravantes e atenuantes, deveriam levar o juiz presidente a preparar quesitos específicos para cada uma delas. Entendemos que as circunstâncias do crime, no Tribunal do Júri, atuando soberanamente, devem ser reconhecidas pelo Conselho de Sentença, do contrário, inexistem juridicamente. No entanto, a Lei n. 11.689/2008 permite que as agravantes e atenuantes sejam sustentadas pelas partes em plenário e diretamente consideradas pelo juiz presidente no momento da sentença (art. 492, I, *b*, CPP)"[1].

Aliás, convém relembrar que a obrigatoriedade de quesitar a existência de agravantes e atenuantes foi introduzida no texto original do art. 484 do Código de Processo Penal, em 1948. Com efeito, a Lei n. 263/48, que inseriu inúmeras alterações relativas à instituição do Júri, modificou a redação desse art. 484, seus incisos e parágrafo único, prevendo a obrigatoriedade de formulação de quesitos relativamente às circunstâncias agravantes e atenuantes constantes nos arts. 44, 45 e 48 do Código Penal[2]. Os dois primeiros dispositivos correspondem exatamente aos atuais arts. 61 e 62 do Código Penal, com redação da Reforma Penal de 1984. Essa obrigatoriedade foi mantida, com pequenas e irrelevantes modificações, até o advento da Lei n. 11.869/2008, exatamente em respeito à soberania do Júri[3].

Pode parecer pura retórica, mas o fato de serem as "circunstâncias" desvinculadas do tipo penal *não as torna desvinculadas das circunstâncias dos fatos narrados* e imputados ao acusado. Via de regra, os fatos (atos) humanos não acontecem isoladamente, de forma chapada, como se estivessem dentro de uma forma, de uma moldura estanque e fechada como a produção em série de determinada indústria automobilística, mas vêm, quase sempre, envolvidos em uma série de pequenos fatores que os *circundam* e com eles se entrelaçam, que são as circunstâncias do crime. Todo crime — e não apenas os dolosos contra a vida — tem sua *moldura* descrita pelo tipo penal, que, em nosso Código Penal, é representado sempre por uma *linguagem imperativa*, *v.g.*, *matar alguém, subtrair coisa alheia móvel* etc., mas, repetindo, como *fato social*, o crime não ocorre isolada e desconectadamente desses diversos fatores que o circundam.

---

1. Guilherme de Souza Nucci, *Tribunal do Júri*, São Paulo, Revista dos Tribunais, 2008, p. 233.
2. "Art. 484. Serão formulados quesitos com observância das seguintes regras: (...). Parágrafo único. Serão formulados quesitos relativamente às circunstâncias agravantes e atenuantes previstas nos arts. 44, 45 e 48 do Código Penal, observado o seguinte: (...)." Sua redação anterior era: "no caso de condenação atenderá ao disposto no art. 387".
3. Nucci, *Tribunal do Júri*, cit., p. 233-4.

Os tipos penais descrevem as condutas ilícitas e estabelecem assim os seus elementos constitutivos. Esses fatores que integram a descrição da conduta típica são as chamadas *elementares* do tipo, ou elementos essenciais constitutivos do crime. O *tipo penal*, além dos seus elementos essenciais, sem os quais a figura típica não se completa, pode ser integrado por outras *circunstâncias acidentais* que, embora não alterem a sua constituição ou existência, influem na dosagem final da pena. *Circunstâncias*, na verdade, são dados, fatos, elementos ou peculiaridades que apenas *circundam* o fato principal. Não integram a figura típica, podendo, contudo, contribuir para aumentar ou diminuir a sua gravidade.

Enfim, excluir, peremptoriamente, os fatores que *circundam* (circunstâncias) o fato delituoso significa extirpar parte significativa e constitutiva de sua essência, exatamente aquela que o vincula ao meio circundante, com suas "veias" ou raízes que o entrelaçam ao tecido social. Aliás, o crime, como um *câncer social* — usando uma figura de linguagem —, assemelha--lhe ao *câncer biológico*, do qual, normalmente, não basta retirar o nódulo central do corpo humano, porque já espargiu sua contaminação a outras partes do corpo humano.

Por outro lado, na linha do entendimento jurisprudencial do Superior Tribunal de Justiça, segundo o qual bastaria que as *agravantes* fossem objeto de debate em plenário, na nossa concepção, é inconcebível que elas não sejam submetidas ao Conselho de Sentença, pois, dessa forma, repetindo, *viola-se a soberania da instituição do Júri*, na medida em que poderá resultar *numa decisão final destoante daquela que decorreu da manifestação do Conselho de Sentença*. Assim, não resta a menor dúvida de que a soberania do Júri é desrespeitada.

Com efeito, o art. 476 do Código de Processo Penal determina que o Ministério Público, nos debates, *se houver circunstância agravante, deverá sustentá-la em plenário*. Soma-se a isso a determinação do art. 482 de que "o Conselho de Sentença será questionado sobre matéria de fato e se o acusado deve ser absolvido". Não se pode ignorar, certamente, que *circunstâncias agravantes constituem matéria de fato*. No entanto, o art. 483, que disciplina a formulação de quesitos aos jurados, ocupou-se somente da parte final do art. 482, qual seja, prevendo o dever de quesitar "se o acusado deve ser absolvido", omitindo-se quanto à previsão de questionamento sobre as atenuantes. Na verdade, o art. 483 não proibiu o questionamento de circunstância agravante; apenas omitiu sua disciplina.

62

Constata-se, a rigor, que há uma interpretação isolada do art. 483, ignorando os demais dispositivos legais, quais sejam, arts. 476, que disciplina os debates (Seção XII), e 482, que disciplina o "questionário e sua votação" (Seção XIII), ambos do capítulo que regula os julgamentos pelo Tribunal do Júri. Os melhores hermeneutas recomendam que se deve evitar interpretação isolada de um dispositivo legal, pois a probabilidade de chegar a conclusões equivocadas é muito grande, a exemplo do que está ocorrendo em relação ao art. 483. A rigor, para evitar equívocos dessa natureza, deve-se, necessariamente, interpretar esses três artigos conjugadamente (arts. 476, 482 e 483 do CPP). Assim, certamente, se evitarão maiores dissabores hermenêuticos.

Na realidade, o conteúdo do art. 476 consagra uma previsão geral sobre os debates em plenário, destacando expressamente duas coisas: (i) que o *Parquet* fará a acusação nos limites da pronúncia ou das decisões posteriores que admitiram a acusação; (ii) sustentando, se for o caso, a existência de circunstância agravante. E o art. 482, por sua vez, estabelece a essência do objeto do questionamento aos jurados, qual seja, matéria de fato e se o acusado deve ser absolvido. O art. 483, finalmente, apenas estabelece o *modus operandi* da formulação dos quesitos, e descreve o quê e como questionar aos jurados; mas não se pode ignorar (ou disciplinar contra) o que foi estabelecido lá no art. 476 (respeitar os limites da pronúncia e *sustentar, se existir, circunstância agravante*), tampouco afastar o que foi pontuado pelo art. 482, qual seja, *questionar os jurados sobre matéria de fato* e se o acusado deve ser absolvido. O art. 476 não foi revogado pela Lei n. 11.689/2008.

Interpretação diversa, admitindo que lei infraconstitucional possa, sem limites, disciplinar matéria fática a ser questionada aos jurados, representará uma inadmissível redução, limitação e inobservância da soberania do Tribunal do Júri nos crimes dolosos contra a vida, tornando, a rigor, letra morta a garantia constitucional da soberania do Tribunal do Júri (art. 5º, XXXVII, *a* e *c*, da CF).

3. Considerações sobre a metodologia na fixação da pena no Tribunal do Júri

Embora o cálculo da pena, nas decisões do Tribunal do Júri, deva obedecer à decisão dos jurados, não desonera o magistrado de fundamentar adequadamente as razões valorativas do *quantum* de elevação para cada circunstância judicial ou legal considerada negativa na fixação da pena-base ou na pena provisória. Não pode apenas indicar o *quantum* de majoração para cada vetorial que considera negativa sem demonstrar as razões dessa negatividade e em que ela consiste, pois isso, simplesmente, não é fundamentar. Tampouco é razoável aumentar simplesmente o mesmo *quantum* para cada (*v.g.*, duas, três ou mais) circunstância negativa, pois isso não é *individualizar* a pena, mas *coletivizar* as circunstâncias de um mesmo caso concreto, igualando a valoração das circunstâncias, as quais, sabidamente, têm valoração distinta.

Na Ação Penal n. 0007560-84.2010.8.16.0013[4], que trazemos à colação, exemplificativamente, houve uma valoração exagerada de *três circunstâncias judiciais*, sem a correspondente fundamentação, violando, inequivocamente, a metodologia trifásica adotada pelo sistema penal brasileiro (art. 68 do CP). Nesse caso — um homicídio qualificado —, o magistrado adotou uma *valoração aleatória* das circunstâncias judiciais elencadas no art. 59 do Código Penal, sem qualquer justificativa razoável, e atribuiu dois anos e três meses para cada vetorial judicial por ele considerada negativa (*in casu*, foram três) — sem nenhuma fundamentação —, algo absolutamente inadmissível. Mesmo no Tribunal do Júri o juiz Presidente tem que fundamentar, ainda que sucintamente, as razões da valoração negativa de qualquer circunstância.

O digno magistrado, em outros termos, não fez nenhuma consideração a pretexto de fundamentar a abusiva e excessiva *valoração* de três vetoriais — *circunstâncias, culpabilidade e consequências do crime* — na fixação da pena-base, com a qual partiu de dezoito anos e nove meses de reclusão, ou seja, quase sessenta por cento acima do mínimo legal (12 anos de reclusão). E o mais importante, repetindo: com apenas três das oito vetoriais consideradas negativas, para as quais atribuiu valoração superior às "causas de aumento", cujo mínimo é de um sexto da pena. Não é necessário muito conhecimento técnico para constatar o injustificável equívoco (na verdade, um grave erro) em semelhante valoração.

Sabe-se que referido dispositivo legal relaciona oito desses parâmetros moduladores, e que o marco da cominação penal, para esse tipo, situa-se

---

4. Processo criminal julgado pela 2ª Vara do Tribunal do Júri de Curitiba, em 21 de julho de 2016.

entre doze e trinta anos de reclusão. Ademais, referidas circunstâncias judiciais (art. 59) possuem importâncias variadas, dentre as quais se destacam como mais valiosas *a culpabilidade, os antecedentes e a personalidade do agente*, como reconhece a mais destacada doutrina nacional. Aliás, o próprio art. 67 do Código Penal considera preponderantes *circunstâncias subjetivas*, destacando especialmente os motivos determinantes do crime, a personalidade do agente e a reincidência. No entanto, *in casu, o acusado era primário, e os motivos do crime o tornaram qualificado*, portanto, já valorados na própria cominação mínima em doze anos de reclusão[5]. Portanto, as circunstâncias mais relevantes não foram valoradas negativamente.

Logo, as três vetoriais destacadas pelo referido julgador — "circunstâncias, culpabilidade e consequências do crime" — não podem receber, simplesmente, a mesma *valoração*, contrariamente ao que fez aquele julgador, qual seja, *dois anos e três meses de reclusão* de acréscimo para cada circunstância judicial. A atribuição do mesmo aumento para cada circunstância, inegavelmente, distinta não é *individualizar* a pena, mas *coletivizá-la*, ou seja, *igualar as desigualdades*, em momento inadequado.

Imagine-se a hipótese de serem consideradas todas negativas, aplicando-se para cada uma, como fez aquele julgador, o aumento de *dois anos e três meses* — que representa 27 meses: chegar-se-ia ao total de 216 meses, representando dezoito anos, os quais, somados ao mínimo cominado, chegariam a trinta anos de reclusão, como pena-base, ou seja, o máximo cominado para esse delito, já na primeira fase do *cálculo da pena*. Significa, portanto, que, partindo da pena mínima de doze anos, se fossem consideradas negativas as oito circunstâncias judiciais, segundo o critério de aumento adotado pelo juiz (2 anos e 3 meses para cada), somente a pena-base atingiria o máximo legal de trinta anos, que vigia na época, não sobrando espaço para o exame da *pena provisória* (atenuantes e agravantes), tampouco da *pena definitiva*, com o exame das majorantes e minorantes, se houver, com grave e inadmissível desrespeito ao sistema trifásico!

Em outros termos, na *primeira operação* — que é apenas o ponto de partida do cálculo da pena —, somente com o exame das *circunstâncias judiciais* (art. 59) o prolator da sentença já chegaria à pena máxima comi-

---

5. Cezar Roberto Bitencourt, *Tratado de Direito Penal; Parte Geral,* 25ª ed., São Paulo, Saraiva, 2019, v. 1, p. 838.

nada ao delito, qual seja, trinta anos de reclusão, que era o limite máximo cominado, sem possibilidade de realizar a segunda operação em busca da *pena provisória*, e, por fim, a *terceira operação*, visando à *pena definitiva*, como determina o sistema trifásico consagrado em nosso Código Penal (art. 68).

Com efeito, três vetoriais consideradas negativas pelo julgador naquele caso concreto — *circunstâncias, culpabilidade e consequências do crime* — não podem elevar, acima do mínimo legal, a pena-base em seis anos e nove meses de reclusão, ou seja, quase sessenta por cento a mais, sem justificativas razoáveis para a fixação de dois anos e três meses de reclusão de majoração para cada circunstância judicial. Enfim, não é razoável que a pena-base somente com o exame dos elementos contidos no art. 59 — *num sistema trifásico* — seja fixada, na *primeira operação*, quase sessenta por cento acima do mínimo cominado ao delito, ou seja, em dezoito anos e nove meses de reclusão, antes de examinar a existência de agravantes e atenuantes, além das majorantes e minorantes!

4. Três vetoriais judiciais negativas: circunstâncias, culpabilidade e consequências do crime

É importante saber como se pode fundamentar cada circunstância judicial, mas sempre com respaldo nos autos, pois a pura argumentação abstrata sem essa correspondência é inadmissível. Invocamos esse fato para demonstrar como não se deve proceder. Vejamos como, naquele caso concreto, o magistrado julgador *valorou* cada uma das três consideradas vetoriais negativas do art. 59, acrescidas, logicamente, de nossos comentários críticos, *verbis*:

> a) "Quanto às *circunstâncias*, o crime se deu em bairro residencial, numa manhã de quarta-feira, em via em que há inúmeras casas. O fluxo de pessoas, ainda que potencial, portanto, é presumido. Tanto isso é verdade que, exemplificativamente, a testemunha J. S. L. ali transitava e bem dizer assistiu ao delito. Mesmo assim, o réu, sopesando todas essas variáveis, insistiu na prática, sem se preocupar se seu comportamento poderia, mesmo que virtualmente, atingir terceiros. Não se pode, pois, igualar o crime àquele praticado, por exemplo, em local ermo, desabitado" (fls. 02 da sentença).

Examinando "as circunstâncias do crime", enquanto doutrinador, tivemos oportunidade de afirmar: "As *circunstâncias do crime* — As circunstâncias referidas no art. 59 não se confundem com as circunstâncias legais relacionadas expressamente no texto codificado (arts. 61, 62, 65 e 66 do CP), mas defluem do próprio fato delituoso, tais como forma e natureza da ação delituosa, os tipos e meios utilizados, objeto, tempo, lugar, forma de execução e outras semelhantes. Não se pode ignorar que determinadas circunstâncias *qualificam* ou privilegiam o crime ou, de alguma forma, são valoradas em outros dispositivos, ou até mesmo como elementares do crime. Nessas hipóteses, não devem ser avaliadas neste momento, para evitar a dupla valoração"[6].

No entanto, nesse caso de homicídio qualificado, *a natureza da ação e os meios utilizados, tempo, lugar e forma de execução* integram o próprio tipo penal (art. 121, § 2º, IV, *in fine*) do homicídio qualificado (recurso que dificultou a defesa da vítima), severamente punido com a pena mínima de doze anos de reclusão. Por outro lado, a outra qualificadora relativa à *motivação do crime*, motivo torpe (art. 121, § 2º, II, *in fine*), foi convertida na agravante do art. 61, II, *a, in fine,* dados que examinaremos adiante.

Por essas razões, os aspectos que, em tese, poderiam ou até deveriam ser considerados na avaliação das "circunstâncias do crime", como afirmamos acima, estão afastados porque *integram o crime* ou *são valorados em outros dispositivos legais*, como indicamos no parágrafo anterior, sob pena de incorrer no odioso *bis in idem*. Assim, postos esses dados, considerando a normalidade das "circunstâncias do crime", afastados aqueles aspectos acima referidos (integrar o próprio tipo penal, qualificadora, agravante etc.), não há razão alguma para elevar a pena-base por esse requisito, puramente objetivo, relacionado no art. 59, ainda mais no limite exagerado de dois anos e três meses de reclusão.

Por fim, quanto às circunstâncias que emolduraram o presente fato — repetindo apenas para esclarecer —, não se afastam muito da *normalidade* em crimes dessa natureza praticados nas grandes cidades, com tudo o que as caracteriza. Na realidade, nosso Código Penal não tipifica um tipo de homicídio para a *zona urbana* e outro para a *zona rural*, com peculiaridades distintas (agravantes/atenuantes, majorantes/minorantes) para um e para outro. Mesmo que o fizesse, não seriam examinados na fixação da pena-base, mas nas outras operações do cálculo da pena (provisória ou definitiva, conforme as circunstâncias).

---

6. Bitencourt, *Tratado de Direito Penal*, v. 1, 26ª ed., p. 844.

Relativamente à *culpabilidade*, no exemplo invocado, recebeu a seguinte consideração:

b) No que se refere à *culpabilidade*, aferida pelas particularidades do fato e do agente, não se deve desprezar que diversos foram os disparos que acertaram a ofendida (pelo menos 5 disparos — *vide* laudo de necropsia do mov. 3.16), todos na cabeça. Execução sumária. Empregou-se, dessa forma, violência desproporcional, bem superior ao necessário para alcançar o resultado pretendido, acentuando a reprovabilidade da conduta.

Há, também falando da culpabilidade, o seguinte fator a considerar:

"A morte da ofendida aconteceu em frente à sua residência, local em que morava com a família. É intuitivo que, por durante muito tempo, ao abrirem o portão, tiveram à cabeça a imagem da mãe, dentro do carro, já morta — situação que seria evitada caso a infração penal tivesse sido realizada em local diverso" (fls. 02 da sentença).

No entanto, reitere-se que *culpabilidade* é reprovação, censura pelo comportamento típico e antijurídico praticado. Na verdade, impõe-se que se examine aqui a maior ou menor *censurabilidade* do comportamento do agente, a maior ou menor reprovabilidade da conduta praticada, não se esquecendo, porém, da realidade concreta em que o fato ocorreu, até porque qualquer homicídio, ainda mais qualificado, é, por si só, altamente censurável, mas, até por isso, sua pena inicial já é bastante elevada, qual seja, doze anos de reclusão.

De qualquer forma, nas circunstâncias, dúvida não há de que a *reprovabilidade* do crime de homicídio qualificado — a despeito de ser negada a autoria — merece *maior censura*, isto é, maior *reprovabilidade* que a normalidade desses crimes qualificados. Por isso, é *normal* que se deva aplicar algo superior, respeitadas a razoabilidade e a proporcionalidade, talvez um quarto ou, no máximo, um terço daquela efetivamente aplicada.

Prossegue, em relação às *consequências do crime*, afirmando:

c) Em relação às *consequências*, a vítima possuía três filhos. Na época, um deles, uma menina, era, inclusive, menor de idade, enquanto os demais, apesar de já maiores, também residiam na companhia da mãe e dela dependiam material e moralmente. Segundo narrou o filho C. E., ouvido nesta sessão de julgamento, conquanto tenham recebido pensão por morte, tiveram diversas dificuldades. Tal assertiva ganha corpo diante do fato de que, ainda de acordo com o filho C. E., o pai biológico há anos não era presente, o que acentua a conclusão de que a falta da mãe lhes tirou a base de toda a família (fls. 2/3).

As consequências do crime, à evidência, não se confundem com a consequência natural tipificadora do homicídio praticado, porque este já está valorado na pena cominada (12 anos), no particular, corretamente apreciado. Contudo, embora a vítima tenha deixado três filhos, sendo uma ainda adolescente, com 17 anos, e com pensão da própria vítima, de certa forma, materialmente, os deixou amparados, além de todos se encontrarem, à época, ou empregados ou estagiando. No entanto, em se tratando de genitora e provedora dos filhos, há, inegavelmente, uma *danosidade maior* decorrente da ação penal delituosa. Afora isso, por outro lado, não houve maior irradiação de resultados, não necessariamente típicos, do crime. Por isso, em relação às *consequências*, admite-se a conveniência de aplicar algo superior, acima do mínimo legal, respeitadas a razoabilidade e a proporcionalidade, talvez um quarto ou, no máximo, um terço daquela efetivamente aplicada no caso concreto.

Enfim, faz-se indispensável adequar-se a pena-base nos termos que acima mencionamos, mas não supervalorá-la — com dois anos e três meses de reclusão, por exemplo —, representando cada uma mais de um sexto da pena mínima, acima, portanto, não só do que é recomendado como aumento máximo das agravantes legais, como também além do limite mínimo de uma majorante (causa de aumento), que é exatamente um sexto da pena a ser modificada.

Não se pode ignorar que existe — embora os menos atentos não percebam isso — uma espécie de *hierarquia*, não expressa, de gravidade/ punibilidade entre *circunstância judicial, circunstância legal e causas de aumento,* aspecto que analisaremos no próximo tópico. Ainda que não haja uma regra fixa, a orientação mais conservadora recomenda que, se *todas as operadoras do art. 59* forem favoráveis ao réu, a pena-base deve ficar no mínimo previsto no tipo penal infringido. Se *algumas circunstâncias* forem desfavoráveis, deve afastar-se do mínimo; se, contudo, o conjunto for desfavorável, pode aproximar-se do chamado *termo médio*, que, segundo a velha doutrina nacional, é representado pela média da soma dos dois extremos, quais sejam, limites mínimo e máximo cominados. Enfim, de regra, o cálculo da pena deve iniciar a partir do limite mínimo, e, somente quando as circunstâncias do art. 59 revelarem alguma gravidade, justifica-se a fixação da pena-base afastada do mínimo legal.

5. Reconhecimento e análise de agravantes legais — pena provisória

Agravantes legais são aquelas relacionadas nos arts. 61 e 62 do Código Penal, "quando não constituem ou qualificam o crime" (art. 61). As agravantes relacionadas no art. 62, por sua vez, referem-se a crimes cometidos em *concurso de pessoas*, eventual ou não. Referidas agravantes são assim chamadas porque vêm expressamente relacionadas no texto legal, nos dois dispositivos antes citados.

A natural preocupação com a *dupla valoração (bis in idem)* afasta as circunstâncias que *constituem* ou *qualificam* o crime. Por isso, na análise das agravantes (a exemplo do que ocorre com as atenuantes), deve-se observar sempre, rigorosamente, se não *constituem elementares, qualificadoras* ou *majorantes* da pena, em observância ao princípio da tipicidade estrita. A rigor, o Código Penal não estabelece a *quantidade de aumento* ou *de diminuição* das agravantes e atenuantes legais genéricas, deixando-a ao *prudente* arbítrio do juiz (daí a exigência de *prudência* e *moderação* nessa operação), ao contrário do que faz com as *majorantes e minorantes*, para as quais o legislador estabelece os parâmetros de aumento ou de diminuição, fixos ou variáveis[7].

Sustentamos que a variação dessas circunstâncias (atenuantes e agravantes) não deve chegar até o limite mínimo das majorantes e minorantes, que é fixado em um sexto. Caso contrário, as agravantes e as atenuantes se equiparariam àquelas *causas modificadoras da pena*, que, a nosso juízo, apresentam maior intensidade, situando-se pouco abaixo das qualificadoras. Em outros termos, coerentemente, o nosso Código Penal adota uma *escala valorativa* para agravante, majorante e qualificadora, que são distinguidas umas das outras exatamente pelo grau de gravidade que representam, valendo o mesmo, no sentido inverso, para as moduladoras favoráveis ao acusado: privilegiadora, minorante e atenuante.

Na verdade, esses parâmetros que apontamos não estão destacados expressamente em nenhum dispositivo do Código Penal, mas, como se trata do diploma legal brasileiro, que apresenta grande sistematização dos bens jurídicos criminalizados, além de ser, seguramente, o texto jurídico mais bem elaborado, harmonioso, organizado, estruturado e coerente do sistema jurídico brasileiro, dessume-se que, embora o legislador não tenha dito, literalmente, mas, ao distinguir esses institutos jurídicos e elencá-los nessa ordem crescente, quando, por exemplo, prevê o cálculo da pena

---

7. *Vide* em Cezar Roberto Bitencourt, *Tratado de Direito Penal* (cit., p. 794), a distinção entre agravantes e majorantes.

(art. 68), um observador mais atento intuirá que esses parâmetros devem ser observados, *in concreto*, ao elaborar a dosimetria penal, para não correr o risco de aplicar pena injusta ao cidadão julgado e, mais que isso, eventualmente, até a aplicar *contra legis*. Essa valoração do legislador brasileiro não pode ser ignorada pelo aplicador da lei, sob pena de passar ao largo da observância dos dispositivos que disciplinam especificamente a metodologia na realização da dosimetria penal, malferindo essa garantia constitucional da *individualização da pena* (art. 5º, XLVI, da CF).

Pretendemos examinar, nesse segmento, como aplicar e, principalmente, como proceder à valoração de algumas *circunstâncias legais*, relacionadas nos arts. 61 e 62 do Código Penal. Vejamos, a seguir, as dificuldades técnico-jurídicas para converter a segunda qualificadora do *homicídio qualificado* em alguma agravante do art. 61, a despeito do entendimento jurisprudencial em sentido contrário, bem como a impossibilidade de aplicar a agravante do art. 62, I, em crimes de coautoria simples.

5.1. A indevida conversão da 2ª qualificadora em agravante genérica (art. 61, II, *a*)

Doutrina e jurisprudência, acriticamente, têm admitido, na hipótese de duas qualificadoras, a *conversão* de uma delas em agravante legal ou em causa de aumento, desde que sejam observadas algumas peculiaridades em respeito à tipicidade estrita. Demonstraremos, no entanto, algumas *dificuldades* para superar questões de ordem jurídico-dogmática, a fim de legitimar essa questionável *praxis judicial*. Imagine-se, exemplificativamente, o motivo torpe, que, além de qualificadora do homicídio, constitui, igualmente, uma agravante descrita no art. 61, II, *a*, do Código Penal. Mesmo assim, essa conversão da qualificadora do homicídio não poderia ser convertida na agravante similar constante do dispositivo último citado, porque o seu próprio *caput* o proíbe.

Um Estado Democrático de Direito não transige com *responsabilidade penal objetiva*, tampouco com interpretações analógicas *in malam partem*, como ocorre, por exemplo, na *conversão de uma qualificadora* (a segunda reconhecida para o mesmo crime) *por uma agravante legal*, especialmente em crimes da competência do Tribunal do Júri. Aliás, essa impropriedade decorre da própria tipificação dessas agravantes e, fundamentalmente, em respeito à *soberania da instituição do Júri*, mantida pela atual Constituição Federal (art. 5º, XXXVIII, *c*).

Com efeito, dogmaticamente, a existência de *duas qualificadoras* de crime contra a vida *não autoriza* o julgador a adotar a segunda como *circunstância genérica ou causa de aumento*, a ser valorada na segunda ou terceira operação da dosimetria da pena, a despeito da orientação jurisprudencial majoritária. Na verdade, estamos propondo uma revisão doutrinário--jurisprudencial desse entendimento, por razões jurídico-constitucionais. Passamos a sustentar que eventual majoração da punição decorrente dessa *conversão* de uma categoria jurídica em outra (qualificadora em agravante) deve ser suprimida da *praxis* judiciária. Ocorre que o legislador não conferiu ao magistrado essa *discricionariedade — alterar a categoria jurídico-dogmática de institutos penais — no processo de individualização da pena* do agente, inclusive alterando a metodologia de sua aplicação.

Sendo adotado esse procedimento em primeiro grau — particularmente em crimes da competência do Tribunal do Júri —, deve-se rever o cálculo da pena, fixando a pena-base entre os limites mínimo e máximo previstos para o crime qualificado, com uma ou mais qualificadoras, como se fosse única. Referidas *qualificadoras* — não importam quantas — integram a própria tipificação da figura qualificada, dela não podendo ser afastadas principalmente para agravar a situação do acusado, aumentando a sua punição.

As *qualificadoras do crime* não são meros acessórios ou simples características que apenas circundam o crime, como as agravantes e majorantes, mas são verdadeiras *elementares* que *compõem* ou *constituem* o próprio tipo penal qualificado. Como tais, não podem dele ser retiradas para ser valoradas, em separado, a fim de majorar a própria pena cominada ao "crime qualificado como um todo". A rigor, não se pode ignorar que as *qualificadoras* integram, como *elementares normativo-subjetivas*, o próprio tipo penal, por isso a impossibilidade de serem extirpadas para serem valoradas em outra etapa da dosimetria penal, especialmente em um sistema penal que adota o critério trifásico. Entendimento diverso, *mutatis mutandis*, significa autorizar, em determinadas circunstâncias, que o julgador possa retirar certas elementares do tipo penal, *decompondo-o*, para compor, completar ou integrar agravantes ou majorantes para elevar a pena final definitiva do acusado. Em outros termos, o magistrado poderia "jogar" com o tipo penal, desconstituindo-o ou alterando-o de acordo com as conveniências ou as circunstâncias processuais ou procedimentais, violando gravemente o *princípio da tipicidade estrita*.

Enfim, a existência de mais de *uma qualificadora* não serve para agravar mais a pena-base ou a pena provisória, pois a variedade ou pluralidade de qualificadoras previstas serve somente para ampliar as hipóteses que podem *qualificar* um crime, mas sua ocorrência simultânea em uma mesma conduta criminosa não autoriza a extrapolar o limite mínimo fixado em cada tipo penal.

Em outros termos, a pluralidade de qualificadoras em uma mesma conduta deve receber o mesmo tratamento que se atribui aos chamados crimes de *ação múltipla* ou *de conteúdo variado*, ou seja, aqueles crimes cujo tipo penal contém várias modalidades de condutas, e, ainda que seja praticada mais de uma, haverá um único crime (*v.g.*, arts. 122, 180 e 234 do CP, ou arts. 33 e 34 da Lei n. 11.343/2006). Assim, a segunda ou terceira qualificadora em um mesmo crime não pode multiplicar sua punição, pois ela já está integrada na valoração da pena mínima cominada.

Por outro lado, é inadmissível, em nossa concepção, a utilização de *qualificadoras* deslocadas do tipo penal, para a segunda ou terceira fase do cálculo da pena, convertidas em agravantes ou majorantes, pois isso infringiria o disposto no *caput* do art. 61, que determina, *verbis*: "São circunstâncias que sempre agravam a pena, *quando não constituem ou qualificam o crime*".

Há, a rigor, uma absoluta *inadequação típica*, na medida em que esse dispositivo legal somente admite como agravante "circunstância que não constitua ou qualifique o crime". Ora, a impossibilidade dessa *conversão* de qualificadora em circunstância agravante é de uma clareza meridiana: o texto legal exclui expressamente a aplicação de qualificadora como agravante, pela singela razão de que qualificadora é elementar constitutiva de um tipo penal qualificado, e, como tal, não pode dele ser separada para funcionar, autonomamente, como agravante. Afirmar que tal *qualificadora* não está sendo aplicada como "qualificadora" não a desnatura, isto é, não lhe retira a natureza de "circunstância que qualifica o crime"; consequentemente, argumentar diferentemente é burlar a proibição do *caput* do art. 61 do Código Penal.

Com efeito, a proibição do *caput* não é apenas de a referida circunstância qualificadora ser aplicada nas duas funções, simultaneamente, pois isso seria uma obviedade ululante; na verdade, o dispositivo legal proíbe a utilização de qualificadora como agravante legal, independentemente de ser aplicada simultaneamente como qualificadora. O máximo que se poderá admitir, mesmo com reservas — sem violentar o sistema trifásico da dosimetria penal e, principalmente, a estrutura tipológica dos crimes qualificados e o princípio da tipicidade estrita —, será valorar uma segunda ou terceira qualificadora como *circunstância judicial*, na definição da pena-base, desde que adequado a alguma delas. Mas, nessa hipótese, não pode ser supervalorizada, pois, assim, seria uma *agravante* disfarçada de circunstância judicial, burlando o sistema trifásico. Nessa linha, inadmitindo a adoção da segunda qualificadora como agravante ou majorante, destacamos duas decisões do Colendo Tribunal de Justiça de Minas Gerais, *verbis*:

> "PENAL. APELAÇÃO CRIMINAL. HOMICÍDIO DUPLAMENTE QUALIFICADO. PENA. REDUÇÃO. NECESSIDADE. CONCURSO DE QUALIFICADORAS. Existindo mais de uma qualificadora no crime de homicídio, uma delas deve qualificar o delito enquanto as demais devem ser tidas para aumentar a pena-base quando da aplicação da pena na 1ª fase dosimétrica, e não como agravante genérica na 2ª fase" (TJMG, 4ª C.Crim., Ap. 1.0392.11.001313-3/001, rel. Des. Júlio Cezar Guttierrez, v.u., j. 23-1-2013, *DJe* 31-1-2013). No mesmo sentido: TJMG, 3ª C.Crim., Ap. 10525.07.108744-5/002, rel. Des. Antônio Carlos Cruvinel, v.u., j. 8-6-2010; *DJe* 29-7-2010).

Por todas essas razões, concluindo, havendo mais de uma qualificadora do crime, nenhuma delas pode migrar para o campo das agravantes ou causas de aumento de pena, mesmo que o conteúdo da referida *qualificadora* também seja previsto como agravante ou majorante, pois repercutirá sobre a pena-base, indevidamente, e desrespeitará o sistema trifásico consagrado no art. 68 do Código Penal. Ademais, essa migração de elementares constitutivas do tipo qualificado representará inadmissível *interpretação extensiva ou interpretação analógica* em prejuízo do acusado.

5.2. Promover, organizar a cooperação no crime ou dirigir a atividade dos demais agentes

A agravante do art. 62, I, do Código Penal é absolutamente inexistente, inconsistente e inaplicável em crimes praticados em *coautoria simples*, pois exige a *participação no crime* de, pelo menos, três pessoas. Assim, incialmente se destaca a *inadequação típica*, isto é, a falta de correlação entre essa agravante e o crime praticado por dois indivíduos, ou seja, em coautoria simples. Logicamente, podemos nos equivocar, mas não lembramos de que algum doutrinador tenha examinado esse aspecto na doutrina nacional: "62 (...), I: promove, ou organiza a cooperação no crime ou *dirige a atividade dos demais agentes*" (grifamos).

Na verdade, levantamos aqui a *inadequação típica (atipicidade)* dessa agravante para uma simples *coautoria*, porque a sua construção típica destina-se aos denominados *crimes coletivos*, quais sejam, os *crimes plurissubjetivos*, com pelo menos três sujeitos ativos, *v.g.*, *rixa* (art. 137 do CP), *associação criminosa* (art. 288 do CP), *organização criminosa* (Lei n. 12.850/2013). Com efeito, todos esses crimes, para sua tipificação, exigem mais de dois participantes, no mínimo três, pois somente assim, nos *crimes plurissubjetivos*, poder-se-á falar em dirigir "a atividade dos demais agentes".

A rigor, exemplificando, há absoluta *inadequação típica* dessa agravante para os crimes de homicídio realizados por apenas duas pessoas, na medida em que ela é prevista, repetindo, para *crimes com pluralidade de sujeitos ativos*, como referimos acima, ou seja, crimes praticados no mínimo por três *agentes*, e não para os crimes praticados por somente duas pessoas. Com efeito, na *autoria individual* não há ninguém para ser dirigido; na coautoria simples, por sua vez, não existem "demais agentes" para receber a direção, coordenação ou organização do agente condenado, mas apenas um, e, assim sendo, não satisfaz a *elementar descritiva* final do referido *dispositivo* legal, qual seja, "ou dirige a atividade dos demais agentes".

Falando em *tipicidade estrita*, invocamos aqui o velho adágio segundo o qual *a lei penal não tem palavras inúteis*, como dizia Hungria, e tampouco se pode acrescer palavras que não existem. Não é por acaso que o art. 62, I, contém como sua *elementar constitutiva* o seguinte: "ou dirige a atividade dos demais agentes", pois o legislador, quando quer ser restritivo, refere-se a outrem, coautor, partícipe ou mesmo comparsa, mas jamais adota locuções coletivas ou usa expressões no plural quando quer o individual ou o singular; especialmente o legislador de 1940, que foi extremamente sistemático e harmonioso na elaboração de nosso Código Penal e nunca usou indevida ou inadequadamente palavras ou expressões, principalmente na tipificação de condutas criminosas ou nas cominações penais. Ora, o texto do art. 62 e seus quatro incisos, com redação dada pela Lei n. 7.209/84, são cópias literais do art. 45 e seus incisos, constantes da Parte Geral do velho Código Penal de 1940.

Por derradeiro, a orientação jurisprudencial do Superior Tribunal de Justiça, a partir da vigência da Lei n. 11.689/2008, apesar de admitir a desnecessidade de quesitar as agravantes, reconhece que é imprescindível que tenham sido pelo menos objeto de debates em plenário, assegurando-

-se, dessa forma, o crivo do contraditório. Nesse sentido, vejamos, exemplificativamente, decisões do Superior Tribunal de Justiça:

"PENAL E PROCESSUAL PENAL. RECURSO ESPECIAL. JÚRI. DOSIMETRIA DA PENA. APLICAÇÃO DE ATENUANTE. CONFISSÃO ESPONTÂNEA. JULGAMENTO REALIZADO NOS TERMOS DA LEI N. 11.689/08. NECESSIDADE DE TER SIDO A TESE ALVO DOS DEBATES. I — Com a reforma introduzida pela Lei n. 11.698/08 não há mais necessidade de submeter aos jurados quesitos acerca da existência de circunstâncias agravantes ou atenuantes. II — Não obstante, embora tenha sido transferido o exame da presença das referidas circunstâncias ao Juiz Presidente do Tribunal do Júri, elas somente serão consideradas na dosimetria da pena desde que suscitadas nos debates orais, a teor do que prescreve o art. 492, inciso I, alínea b do CPP. Recurso especial provido" (REsp 1.157.292/MG, rel. Min. Felix Fischer, 5ª Turma, j. 2-9-2010, DJe 4-10-2010). No mesmo sentido: HC 243.571/MG (2012/0106960-0), rel. Min. Laurita Vaz, 5ª Turma, por unanimidade, j. 11-4-2013.

Temos consciência de que não será fácil doutrina e jurisprudência observarem exigências dogmáticas e, principalmente, entenderem que dogmas também são garantias, e que direitos constitucionais, como a *individualização da pena*, não podem ser eliminados com argumentos puramente retórico-jurisprudenciais, sem pagar um alto preço em termos de respeito aos direitos humanos e às garantias fundamentais. Pelo menos provocamos a reflexão dos operadores, demonstrando a necessidade do exame da matéria no seu todo e sem particularizar determinado dispositivo legal, como parece estar ocorrendo nessa temática. Ademais, não somos processualistas; apenas resolvemos fazer uma incursão nesse assunto porque, de certa forma, refere-se também à dosimetria penal, que é objeto de nossa seara.

6. Prisão automática decorrente de condenação pelo Tribunal do Júri

A soberania dos veredictos do Tribunal do Júri não os torna imunes à submissão ao princípio do duplo grau de jurisdição, inclusive quanto ao exame de mérito, especialmente na hipótese de *decisão manifestamente contra a prova dos autos* (art. 593, III, *d*, do CPP). As previsões dos demais incisos tampouco resultam afastadas da apreciação do segundo grau, inclusive matéria fática que implique nulidades, capituladas nos incisos I, II e III do mesmo artigo supramencionado. Fosse verdadeiro esse raciocínio simplista, não haveria fundamento no apelo aos Tribunais de segundo grau, negando-se vigência ao dispositivo acima referido.

As garantias constitucionais vêm sendo amplamente vilipendiadas no Brasil contemporâneo. A constante exacerbação de poderes por parte do Ministério Público e, excepcionalmente, do próprio Supremo Tribunal Federal tornou-se frequente, sobretudo após o início da operação Lava Jato, colocando em risco a separação dos poderes e das devidas atribuições desses órgãos federais. A judicialização da política é fato comprovado, a qual vem ocorrendo, muitas vezes, pelo enfraquecimento do Poder Legislativo, esvaziado em sua função, pela excessiva e até indevida intervenção do Poder Judiciário. O cenário completa-se com um Poder Executivo incapacitado de obter resultados e efetivar as reformas das quais o País tanto necessita, devido à baixíssima popularidade de seu titular e à falta de apoio no Congresso Nacional.

Em 2009, com *Habeas Corpus* n. 84.078, a Suprema Corte brasileira reviu a decisão anterior e, por folgada maioria (7 a 4), consagrou o respeito ao *princípio da não culpabilidade* nos termos assegurados pela Constituição Federal de 1988, em seu inciso LVII do art. 5º. Na Declaração dos Direitos do Homem e do Cidadão, em 1789, o princípio da presunção de inocência ganhou repercussão e importância universal. A partir da Declaração dos Direitos Humanos, da ONU, em 1948, "toda pessoa acusada de delito tem direito a que se presuma sua inocência, enquanto não se prova sua culpabilidade, de acordo com a lei e em processo público no qual se assegurem todas as garantias necessárias para sua defesa" (art. 11). O Brasil votou na Assembleia Geral da ONU de 1948, e aprovou a Declaração dos Direitos Humanos, na qual estava insculpido o *princípio da presunção de inocência*, embora somente com a Constituição Federal de 1988 o país tenha incorporado expressamente a *presunção de inocência* como princípio basilar do seu ordenamento jurídico. Contudo, com a aprovação pelo Congresso Nacional, pelo Decreto Legislativo n. 27 de 1992, e com a Carta de Adesão do Governo Brasileiro, anuiu-se à Convenção Americana sobre Direitos Humanos, mais conhecida como Pacto de São José da Costa Rica, que estabeleceu em seu art. 8º, I, o *princípio da presunção de inocência* ao afirmar que: "Toda pessoa acusada de delito tem direito a que se presuma sua inocência enquanto não se comprove legalmente sua culpa".

Mantendo o seu entendimento de 2009, destacamos a sempre lúcida manifestação do ministro Marco Aurélio, que, acompanhando a ministra Rosa Weber, e questionando os efeitos da decisão, que repercutiria diretamente nas garantias constitucionais, pontificou: "Reconheço que a época é de crise maior, mas justamente nessa quadra de crise maior é que devem ser guardados parâmetros, princípios, devem ser guardados valores, não se gerando instabilidade porque a sociedade não pode viver aos sobressaltos, sendo surpreendida. Ontem, o Supremo disse que não poderia haver execução provisória, em jogo, a liberdade de ir e vir. Considerado o mesmo texto constitucional, hoje ele conclui de forma diametralmente oposta".

O decano, ministro Celso de Mello, na mesma linha do ministro Marco Aurélio, também manteve seu entendimento anterior, qual seja, contrário à execução antecipada da pena antes do trânsito em julgado de decisão condenatória, afirmando que a reversão do entendimento leva à "esterilização de uma das principais conquistas do cidadão: de jamais ser tratado pelo poder público como se culpado fosse". E completou seu voto afirmando que a *presunção de inocência* não se "esvazia progressivamente" conforme o julgamento dos processos pelas diferentes instâncias. O então Presidente do Supremo Tribunal Federal, Ricardo Lewandowski, também votou contra a possibilidade da *execução provisória* da pena e destacou que lhe causava "estranheza" a decisão da Corte. Lewandowski lembrou que a decisão do tribunal agora agravará a crise no sistema carcerário brasileiro; aliás, crise para a qual, acrescentamos nós, a Corte Suprema nunca olhou e nunca se preocupou com a *inconstitucional violação da dignidade humana*, tanto que se desconhece eventual declaração de inconstitucionalidade, pela Corte Excelsa, do cumprimento de pena em penitenciárias em situações catastróficas, empilhadas de presos, sem condições sequer de se deitar para dormir, por falta de espaço físico.

Com efeito, no dia 5 de fevereiro de 2009 (HC 84.078), por sete votos a quatro, o Supremo Tribunal decidiu que um acusado só pode ser preso *depois de sentença condenatória transitada em julgado*. Essa decisão reafirmou o conteúdo expresso da Constituição Federal, qual seja, a consagração do princípio da *presunção de inocência* (art. 5º, LVII). Ou seja, ao determinar que enquanto houver recurso pendente não poderá ocorrer execução de sentença condenatória, estava atribuindo, por consequência, efeito suspensivo aos recursos especiais e extraordinários. Tratava-se, por conseguinte, de decisão coerente com o Estado Democrático de Direito, comprometido com respeito às garantias constitucionais, com a segurança jurídica e com a concepção de que somente a sentença judicial definitiva, isto é, transitada em julgado, poderá iniciar o cumprimento de pena imposta.

É equivocada, por outro lado, a invocação de que a maioria dos países ocidentais admite a simples confirmação de decisão em segundo grau para autorizar a prisão, na medida em que cada país tem a sua própria Constituição, e a nossa foi mais exigente que a maioria ao prever, expressamente, a necessidade de trânsito em julgado de decisão penal condenatória (inciso LVII do art. 5º). Cabe destacar, ainda, que a *Constituição Portuguesa de 1976* fazia exigência similar, não sendo, portanto, a nossa Constituição pioneira nessa previsão, e, como se sabe, os países constitucionais, democráticos de direito e independentes regem-se por sua própria *Carta Constitucional*, e não pela dos demais países, mais adiantados ou mais atrasados, econômica ou culturalmente.

Contudo, lamentavelmente, em retrocesso histórico, o Supremo Tribunal Federal, com nova formação, volta atrás na sua decisão de 2009, e ignora o texto expresso da Constituição Federal, bem como os tratados internacionais que subscreveu e, por maioria simples, no julgamento do HC 126.292, passou a permitir a prisão ante decisão confirmatória de segunda instância. Embora tenha referido a necessidade de ser fundamentada sua necessidade, os tribunais, estaduais e federais, de um modo geral, passaram a decretar a prisão de forma automática, com a simples invocação da decisão proferida no referido *habeas corpus*.

Assim, ignorando os tratados internacionais recepcionados pelo ordenamento jurídico brasileiro e a previsão expressa na Constituição Federal (art. 5º, LVII), que garantem o princípio da *presunção de inocência* (ou de não culpabilidade), o Supremo Tribunal Federal passou a negar sua vigência, a partir dessa infeliz decisão, autorizando a execução antecipada de decisões condenatórias (art. 5º, LVII), mesmo pendentes recursos aos Tribunais Superiores. Aliás, com a decisão prolatada no HC 126.292, contrariou sua própria decisão anterior, ao restringir, alterar e revogar garantias sociais e humanitárias já incorporadas no Estado democrático de direito. A Convenção Americana sobre Direitos Humanos de 1969 contém cláusula que impede, expressamente, que tratados posteriores sejam "interpretados no sentido de limitar o gozo e exercício de quaisquer direito ou liberdade que possam ser reconhecidos em virtude de lei de qualquer dos Estados-partes ou em virtude de Convenções em que seja parte um dos referidos Estados" (art. 29, b).

Finalmente, em 7 de novembro de 2019, julgando em conjunto as ADCs 44, 46 e 54, por maioria simples, o Supremo Tribunal Federal alterou a infeliz decisão do HC 126.292, determinando que o cumprimento de pena somente poderá ocorrer após o trânsito em julgado de decisão condenatória, nos termos do art. 283 do Código de Processo Penal, julgando-o, portanto, compatível com a Constituição. A rigor, nessa decisão, o Supremo Tribunal Federal julgou a *constitucionalidade* da previsão contida nesse dispositivo processual penal, que era o objeto daquelas ADCs.

A *presunção de inocência* é no Brasil um dos princípios basilares do direito constitucional, responsável por tutelar a liberdade dos indivíduos, sendo previsto, repetindo, pelo art. 5º, LVII, da Constituição de 1988, que destaca: "Ninguém será considerado culpado até trânsito em julgado de sentença penal condenatória". Tendo em vista que a Constituição Federal é nossa lei suprema, toda a legislação infraconstitucional, portanto, deverá absorver e obedecer a tal princípio. Ou seja, o texto constitucional brasileiro foi eloquentemente incisivo: exige como marco da presunção de inocência o "trânsito em julgado de sentença penal condenatória", indo além, portanto, da maior parte da legislação internacional similar. E, convenhamos, "trânsito em julgado" é um instituto processual com conteúdo específico, significado próprio e conceito inquestionável, não admitindo alteração ou relativização de nenhuma natureza, e, ainda que queira alterar a sua definição, continuará sempre significando "decisão final da qual não caiba mais recurso".

Na verdade, como destaca José Roberto Machado: "As questões afetas aos direitos humanos devem ser analisadas na perspectiva do reconhecimento e consolidação de direitos, de modo que uma vez reconhecido determinado direito como fundamental na ordem interna, ou, em sua dimensão global na sociedade internacional, inicia-se a fase de consolidação. A partir daí, não há mais como o Estado regredir ou retroceder diante dos direitos fundamentais reconhecidos, o processo é de agregar novos direitos ditos fundamentais ou humanos"[8].

Aliás, o próprio Supremo Tribunal Federal, dos bons tempos, já se posicionou adotando o *princípio da vedação ao retrocesso*, destacando que, por tal princípio, se impõe ao Estado o impedimento de abolir, restringir ou inviabilizar sua concretização por inércia ou omissão.

---

8. José Roberto Machado. Direitos humanos: princípio da vedação do retrocesso ou proibição de regresso. Disponível em: <https://blog.ebeji.com.br/direitos-humanos-principio-da--vedacao-do-retrocesso-ou-proibicao-de-regresso/>. Acesso em: 16 jun. 2020.

7. Autorização excepcional de prisão pelo Tribunal do Júri com condenação superior a quinze anos de reclusão

A última alteração ao art. 492 do Código de Processo Penal, desafortunadamente, autoriza a prisão pelo Presidente do Tribunal do Júri, quando resultar condenação a pena superior a quinze anos de reclusão, consoante redação determinada pela Lei n. 13.964/2019, acrescentando a alínea *e* ao inciso I do art. 492 do Código de Processo Penal. No entanto, "o presidente poderá, excepcionalmente, deixar de autorizar a execução provisória das penas de que trata a alínea *e* do inciso I do *caput* do mesmo artigo, se houver questão substancial cuja resolução pelo tribunal ao qual competir o julgamento possa plausivelmente levar à revisão da condenação".

Por fim, apenas para registrar nossa contrariedade, inclusive ao novo texto legal, lembramos do magistério de um dos maiores especialistas do direito processual brasileiro do passado, Frederico Marques, que pontificava: "Consistirá, porém, essa soberania na impossibilidade de um controle sobre o julgamento, que, sem subtrair ao júri o poder exclusivo de julgar a causa, examine se não houve grosseiro *error in judicando?* De forma alguma, sob pena de confundir-se essa soberania com a onipotência insensata e sem freios"[9].

Constata-se do magistério de um dos mais notáveis processualistas da História deste país, o Prof. Frederico Marques, que reconhecia a necessidade de não se confundir "soberania" com "onipotência" dos "veredictos" do Tribunal do Júri, que, contemporaneamente, diríamos que não há direitos absolutos sob a égide da atual Constituição Federal. Na mesma esteira, destacamos que se fosse absoluta essa "soberania" dos veredictos" (alínea "c" do inciso XXXVIII da CF), certamente, não teria sido recepcionado pela nossa Carta Magna, o disposto no art. 593, inciso III e suas respectivas alíneas, especialmente nas alíneas "a" e "d", as quais levam, obrigatoriamente, a novo julgamento pelo próprio Tribunal do Júri, com outra constituição, logicamente. Caso contrário, por se tratar de um Tribunal Popular, e, ao mesmo tempo, implicar grande formalidade, correr-se-ia grandes riscos, muitas injustiças e vários equívocos, reparáveis com os recursos que demonstraremos aqui.

---

9. José Frederico Marques, *A instituição do júri*, Campinas, Bookseller, 1997, p. 75.

Nesse sentido, pedimos vênia, para citar o exemplo de anulação, pela VI Turma do STJ, de um julgamento pelo Tribunal do Júri do interior do Rio de Janeiro. No julgamento popular, perante o qual, com outro colega, sustentamos em plenário, a defesa do cliente, acusado da prática de um homicídio qualificado consumado e duas tentativas. Perante o Tribunal do Júri, logramos absolver pelo crime consumado (homicídio qualificado), mas resultou condenado pelos dois tentados, a doze anos de reclusão. Na votação dos quesitos, na sala secreta, o digno magistrado não formulou nenhum quesito relativo às teses da defesa (foram quatro teses), nem mesmo sobre a tese de homicídio privilegiado (§ 1º do art. 121 do CP), que é, como denomina o CPP, uma causa de diminuição de pena, alegada pela defesa em plenário. A não quesitação sobre causa de diminuição de pena, defendida em plenário, gera nulidade absoluta, desde que registrada em ata. Apelamos das condenações e o *Parquet* recorreu da absolvição do crime consumado.

Incrivelmente, a 8ª Turma criminal do TJRJ, numa demonstração de absoluto desconhecimento sobre as formalidades e limitações exigidas pelos julgamentos do Tribunal do Júri, anulou a absolvição pelo crime consumado, sob o equivocado argumento de que não teriam resultado bem comprovados os requisitos da legítima defesa, valorando, assim, a suposta prova dos autos, violando a soberania da decisão do Júri. Não cabe aos tribunais reexaminar matéria de fato, principalmente para destacar que todos os requisitos da legítima defesa não estariam presentes, ao contrário do que fez, equivocadamente, aquele tribunal em sede de apelação e, ademais, não se tratava de alegação de nulidade. Relativamente aos crimes tentados aquele tribunal de trânsito aumentou as penas de doze para dezenove anos de reclusão. Interpusemos o Recurso Especial devido.

O julgamento do nosso REsp coube à colenda Sexta Turma do STJ, sob a relatoria do digno e culto Ministro Sebastião Reis. Na sessão de julgamento, antes de iniciarmos nossa sustentação oral, o digno relator observa-nos que poderíamos nos limitar a sustentar somente em relação aos crimes tentados, posto que relativamente ao crime consumado, à unanimidade, já havia decisão favorável à defesa, anulando a decisão do TJRJ, para manter a absolvição decidida pelo plenário do Júri. Logo, nos limitamos a demonstrar a nulidade do julgamento do Júri relativamente aos crimes tentados, demonstrando a não formulação de quesito obrigatório, devidamente registrado em ata de julgamento. Com efeito, a alegação, em plenário, da "existência de causa de diminuição de pena" (homicídio privilegiado), demanda a formulação obrigatória de quesito, sob pena de nulidade absoluta do julgamento. É tão importante essa obrigatoriedade que o CPP determina a sua formulação em duas oportunidades no art. 483, inciso IV e § 3º, inciso I: "causa de diminuição de pena alegada pela defesa".

A segurança e a coerência da Sexta Turma do STJ são impecáveis: reconheceu a nulidade desse julgamento por 4 votos a 1, vencido, incrivelmente, o digno e culto relator! Mas para esse resultado temos uma justificativa: ocorre que os demais Ministros votaram após ouvirem a nossa sustentação oral, na qual demonstramos que a prova testemunhal comprovou que o recorrente fora efetivamente agredido pela vítima, além de insistirmos muito sobre a não quesitação de causa de diminuição, causando nulidade obrigatória. Temos certeza que, se o digno relator, houvesse elaborado seu voto após ouvir nossa sustentação oral, seu voto seria igual ao dos demais Ministros.

Vejam a importância de as previsões do inciso IV do art. 593 do CPP terem sido recepcionadas pela Constituição Federal, cujo significado, ademais, constitui o reconhecimento que a decantada "soberania dos veredictos do Tribunal do Júri" é relativa, tanto que, não raro, os seus julgamentos são levados à sua repetição, por infringência a uma das alíneas, "a" ou "c", acima mencionadas. Logo, mostra-se, além de inconstitucional, absurda a pretensão de determinar o cumprimento antecipado da pena desses julgamentos. Ademais, nesse sentido é incorreto afirmar-se que, nessas hipóteses, ocorreria o "cumprimento de pena" e não sua "execução provisória". Na verdade, não existe "cumprimento de pena" antes do seu trânsito em julgado.

7.1. A inconstitucionalidade da prisão automática decorrente de decisão pelo Tribunal do Júri

Trata-se de pretender assegurar prisão automática para condenação em primeiro grau, muito mais grave e muito mais sujeita a erros e nulidades absolutas, constituindo verdadeira aberração inconstitucional, principalmente depois do julgamento das ADCs 43, 44 e 54, inadmitindo cumprimento de pena a partir de confirmação de condenação em segundo grau. Com efeito, nesse entendimento o STF proibiu a prisão a partir de confirmação condenatória em segundo grau, por violar a garantia constitucional da presunção de inocência, assegurada no inciso LVII do art. 5º da Constituição

Federal. Indiscutivelmente, seria uma inconstitucionalidade aberrante autorizar cumprimento de pena automático com decisão de primeiro grau. Na realidade há um grande paradoxo, na medida em que o pleno do STF julgando procedentes as mencionadas ADCs e reconhecendo a prevalência da presunção de inocência, já o simples fato de começar a conjecturar sobre essa possibilidade.

A rigor, a nosso juízo, foi um grande equívoco do Ministro Dias Toffoli ao encerrar o julgamento das ADCs, após declarado o seu resultado, comentar sobre a possibilidade de colocar em julgamento o início de cumprimento de pena após o julgamento do Tribunal do Júri. Falou, superficialmente, sobre a sua soberania, e, o mais grave, declarou sua simpatia sobre essa temática, depois de declarar encerrado o julgamento, e quando os demais Ministros não dispunham mais da palavra para se manifestarem. *Venia concessa* foi uma verdadeira *infelicitas facti*; poderia ter-se calado, aguardando o próximo plenário, ante o paradoxo com a decisão de inconstitucionalidade que o Pleno acabara de proclamar, inclusive com seu voto favorável.

E nem se diga que no Brasil não se prende ninguém, que é o país da impunidade, que a prisão só pode ocorrer após o trânsito em julgado, e outras baboseiras mais, o que não é verdade. Prende-se, sim, e muito antes do trânsito em julgado. Portanto, é uma grande falácia afirmar-se que não se prende ninguém antes do Trânsito em julgado; prende-se antes de decisão de segundo grau, antes de decisão de primeiro grau, prende-se antes de qualquer decisão. Confundem alhos com bugalhos, pois somos um dos países que mais autorizam prisões em várias etapas, desde a prática do crime, sem culpa formada, logicamente, são prisões processuais, procedimentais ou de custódia, mas elas existem em quantidade, prende-se e muito com meros indícios ou até mesmo sem qualquer indício, com meras suspeitas etc.

Senão vejamos: 1ª) prisão em flagrante – ocorre mesmo antes de qualquer investigação criminal, oficial ou extraoficial; 2ª) prisão temporária – a qualquer tempo, por pequenos períodos, antes mesmo de quaisquer indícios de provas, com meras suspeitas, é a famosa "prende-se para investigar", iniciando-se as investigações ou durante o inquérito ou procedimento similar, por prazo determinado; 3ª) prisão preventiva – de longa duração e, vergonhosamente, ultrapassa-se qualquer tempo razoável para alguém, preso sem culpa formada, sem decisão alguma sobre a responsabilidade do acusado.

Portanto, prende-se muito no Brasil, prende-se mal, prende-se sem necessidade e prende-se, inclusive, sem decisão judicial, prende-se sem fundamento fático-jurídico, prende-se muito, inclusive, arbitrariamente, e, o mais grave, mesmo sabendo-se que se trata de uma prisão arbitrária e sem fundamento, o próprio Poder Judiciário leva dias para examinar e determinar a soltura de pessoas presas por equívoco, arrastando-se letargicamente o exame de algum *habeas corpus ou* simples pedidos de relaxamento de prisões equivocadas, injustas ou desnecessárias. Enfim, prender, prende-se, inclusive mal, abusiva e desnecessariamente, o que ocorre é que, certas pessoas, desconhecem esses fatos ou são mal intencionadas, divulgando apenas que no Brasil não se prende ninguém, dá mais manchete, chama mais atenção etc.

Afinal, não passa de mais uma tentativa infeliz de reativar as velhas, arbitrárias e inconstitucionais prisões automáticas, de triste memória, as quais foram sepultadas nos idos de 1967 e 1973, nos "anos de chumbo".

ALTERAÇÂO DO LIMITE DE CUMPRIMENTO DA PENA DE PRISÃO | IV

Sumário: 1. Considerações preliminares. 2. A questionável elevação em um terço do máximo de cumprimento de pena no Brasil. 3. Desesperança do condenado e elevação de risco de motins e assassinatos 4. Unificação de penas para crimes praticados em períodos com vigência de limites distintos.

1. Considerações preliminares

Como corolário constitucional da proibição de prisão perpétua no Brasil (art. 5º, XLVII, *b*, da CF), o art. 75 do Código Penal determinava que "o tempo de cumprimento das penas privativas de liberdade não poderia ser superior a trinta anos". Contudo, a Lei n. 13.964/2019, equivocadamente, elevou o limite máximo de cumprimento de pena para quarenta (40) anos, sem observar o estado medieval das prisões brasileiras, ignorando a carência de mais de 300 mil vagas, além da quantidade de motins que ocorreram nos últimos dois anos, nos quais morreram mais de trezentos detentos, consequência da superlotação das penitenciárias e da grande omissão do Ministro da Justiça da época, que é o responsável pelo funcionamento, estrutura, condições e segurança das penitenciárias brasileiras.

2. A questionável elevação em um terço do máximo de cumprimento de pena no Brasil

O principal fundamento para elevar o limite do cumprimento de pena de 30 para 40 anos de prisão foi o *aumento da expectativa de vida* do brasileiro, segundo previsão do IBGE. Ou seja, *raciocínio de punitivistas*, se o cidadão vive mais, consequentemente pode passar mais tempo encarcerado! No entanto, essa previsão do IBGE não passa de *mera expectativa*, que pode ou não se confirmar, dependendo de muitas variáveis, não examinadas pelo IBGE, enquanto a violência e a desumanidade das prisões são uma grave realidade diante da miséria do cárcere, no qual, a liberdade é apenas um dos bens valiosos que o recluso perde, ao lado de sua dignidade e da própria identidade pessoal, passando a ser apenas um número, sem falar na violência sexual que impera no sistema penitenciário nacional.

Não se pode desconhecer, ademais, que as prisões são dominadas pelas *facções criminosas*, e cada novo cidadão encarcerado será mais um cooptado pelas facções criminosas que dominam as prisões; quando dela sair será mais um "soldado" de uma facção trabalhando para ela fora das grades, até para poder sobreviver. Assim, *o Estado é um dos maiores colaboradores com o aumento e domínio das facções criminosas tanto no interior dos presídios como fora deles.* Contudo, as autoridades e o próprio legislador não se preocuparam em aumentar as vagas nas penitenciárias, já superlotadas, e tampouco em diminuir a violência sexual no interior das prisões, melhorar as condições sub-humanas, insalubres, fétidas e, principalmente, em retomar o controle das prisões que são dominadas pelas facções criminosas, cujo domínio reflete-se no aumento da criminalidade na sociedade com retorno dos egressos. A rigor, ninguém desconhece os graves efeitos criminógenos dos presídios de um modo geral, verdadeiras fábricas de delinquentes

Enfim, ignora-se que o sistema penitenciário não é um lugar em que qualquer pessoa possa desfrutar de maior longevidade, pelo contrário, ninguém suportará por longo tempo, com saúde mental, nesse tipo de ambiente, e, certamente, morrerá antes de cumprir trinta ou quarenta anos fechados. A prisão é uma fábrica de delinquentes que só pode ser reservada a criminosos perigosos, autores de crimes graves, cuja vida em liberdade poderá inviabilizar a própria liberdade dos demais cidadãos.

Por outro lado, a velocidade das transformações sociais, tecnológicas, cibernéticas e virtuais, neste estágio de civilização, recomendaria, contrariamente às previsões do IBGE, que o máximo de cumprimento de pena de prisão fosse reduzida em um terço, pois alguém que ficar fora do mundo por um período de dez ou vinte anos, por exemplo, quando retornar à liberdade encontrará outra realidade, incompatível com os conhecimentos, hábitos e relações que tinha quando foi encarcerado.

A exemplo, segundo consta, de um soldado japonês que, na II Guerra Mundial, perdeu-se na floresta e só foi reencontrado trinta anos após, e, ao chegar em Tóquio, perplexo, perguntou: Afinal, nós não perdemos a guerra?! Enfim, essa é apenas a síntese da realidade atual que demonstra o grave prejuízo que alguém sofrerá se for afastado do convívio social por quarenta anos, quando retornar terá que ser ressocializado para entender a nova realidade social e readaptar-se a esse convívio. Visto sob essa perspectiva, poder-se-ia recomendar a redução em um terço do período que alguém poderia ficar encarcerado pela prática de crimes. Nessa hipótese dever-se-ia reduzir o período máximo da pena para vinte anos.

Trata-se, a rigor, apenas de um raciocínio sociojurídico para demonstrar o que pode significar o aumento de mais de dez anos (um terço da previsão anterior) no limite máximo para o cumprimento de pena. Na realidade, não se pode perder de vista a péssima qualidade do sistema carcerário nacional, que não recupera ninguém, onde a maioria dos prisioneiros são violentados sexualmente e contaminados por inúmeras doenças infectocontagiosas, como demonstramos em nosso falência da pena de prisão, sendo, por isso mesmo, injustificável o aumento de um terço do tempo limite de cumprimento de pena. Com essa previsão, não se pode ignorar, flerta-se com a proibida prisão perpétua para quem, por exemplo, comete algum crime mais grave, já em idade adulta, violando-se o disposto no inciso XLVII do art. 5º da Constituição Federal.

Para concluir, o ponto efetivamente importante sobre essa alteração do art. 75 do CP resume-se ao marco temporal de sua aplicação: por se tratar de lei penal mais grave, indiscutivelmente, não pode retroagir. Esse agravamento somente é aplicável para fatos praticados a partir da vigência desse novo diploma legal, cujo marco inicial é 23 de janeiro de 2020. Mesmo a fatos praticados no último dia da *vacatio legis* não pode ser aplicado esse novo limite, por ser mais grave.

3. Desesperança do condenado e elevação de risco de motins e assassinatos

Quando o cumprimento de pena de prisão por crime praticado antes da vigência da Lei n. 13.964/2019 houver que se somar a pena decorrente de crimes praticados após a entrada em vigor dessa mesma lei, como se fará a sua unificação? Deverá ser unificado no limite de 30 ou de 40 anos, especialmente quando a respectiva soma ultrapassar a 40 anos?

Essa previsão legal limita somente "o tempo de cumprimento das penas privativas de liberdade", logo, nada impede que o agente, autor de vários crimes, possa receber, na soma de penas, condenação superior àquele limite, aliás, um terço superior à previsão anterior. Nos últimos anos, tem sido muito frequente a aplicação de penas cuja soma supere esse limite previsto para cumprimento. Fiquemos com um exemplo emblemático, qual seja, a do ex-governador do Rio de Janeiro, Sérgio Cabral, cuja soma de penas aplicadas já ultrapassa duzentos anos, o que parece até uma ironia, em país que proíbe a aplicação de prisão perpétua. Por isso, quando as condenações de um mesmo condenado atingirem soma superior aos quarenta anos (até 23 de janeiro esse limite era de 30 anos) "devem ser unificadas para atender ao limite máximo" previsto (art. 75, § 1º, do CP).

Contudo, este limite, segundo entendimento sumular do STF, aplica-se tão somente para o cumprimento de pena, não sendo aplicável para outros benefícios, tais como livramento condicional, progressão de regimes, indulto etc. Esse entendimento do STF encontra-se consagrado na Súmula 715, segundo a qual: "A pena unificada para atender ao limite de trinta anos de cumprimento, determinado pelo art. 75 do Código Penal, não é considerada para a concessão de outros benefícios, como o livramento condicional ou regime mais favorável de execução". Leia-se, agora, pena de quarenta anos.

Contudo, considerando o exposto acima sobre o sistema prisional, os efeitos perversos que a prisão produz, a proibição de *prisão perpétua* e a limitação prevista no art. 75, o STF, necessariamente, até por uma questão de humanidade e racionalidade, deverá rever o conteúdo da Súmula 715, para admitir que o limite máximo de 40 anos passe a ser considerado para todos os benefícios penitenciários, inclusive para o livramento condicional e a progressão de regimes penais. Com efeito, além de adequar-se à proscrição da prisão perpétua, a limitação do cumprimento da pena de prisão tem a finalidade de alimentar no condenado "a esperança de liberdade e a aceitação da disciplina" (Exposição de Motivos da Lei n. 7.209, item 61), caso contrário, perdendo a esperança futura de liberdade, facilmente o condenado poderá transformar-se em um terror para o sistema, dificultando profundamente a harmonia e a segurança do interior das prisões, com organizações de motins, práticas frequentes de assassinados, inclusive de monitores etc.

A mensagem que o legislador passa com essa elevação, seja para o condenado jovem, seja para o homem maduro, em qualquer hipótese, é dramaticamente desesperançosa: para o homem maduro, além de imprimir um cunho altamente desumano, flerta com a proibição constitucional da prisão perpétua, significando que o condenado não terá mais nenhuma esperança motivadora para recuperar-se, para melhorar sua personalidade etc. Essa falta de perspectivas transforma o ser humano no pior prisioneiro possível, virando uma fera enjaulada, contra tudo e contra todos. Para o condenado jovem representa, no mínimo, que o país não acredita nos jovens, na possibilidade de ressocialização da pena, na sua recuperação e em se tornarem úteis e prestantes.

Por fim, sem falar-se no custo das prisões, significa, ademais, que além das trezentas mil vagas carentes, amplia-se, só por esse aumento, a carência em mais um terço de novas vagas, ou seja, em vez das trezentas mil vagas faltantes nos aproximaremos de seiscentas mil, visto que se ampliou em um terço o tempo em que a prisão poderá ser cumprida. Quando o condenado praticar novo crime durante a execução, far-se-á nova *unificação de penas*, abatendo-se o tempo já cumprido (art. 75, § 2º). A pena de multa, em qualquer forma de concurso, é aplicada integral e indistintamente (art. 72).

4. Unificação de penas para crimes praticados em períodos com vigência de limites distintos

Como se deverá proceder à *unificação de penas*, quando alguém, condenado com penas elevadas por crimes praticados até dia 23 janeiro de 2020, vem a cometer novos crimes a partir da entrada em vigor da Lei n. 13.964/2019, recebendo, igualmente, elevadas penas, atingindo em sua soma total superior a 40 anos. Deverão ser unificadas nos trinta ou nos quarenta anos? Como elaborar-se essa verdadeira operação aritmética? Para nós da área jurídica, seguramente, não deverá ser uma solução muito fácil, e, provavelmente, ocorrerá muitas vezes nos próximos anos.

Refletindo sobre esse tema, após sermos questionados por amigo Desembargador, acreditamos ter encontrado uma solução razoável para a solução dos problemas relativos à soma dessas penas (cujos limites são distintos), do limite de cumprimento para cada uma, bem como aplicar a progressão de regimes, o livramento condicional etc.:

1) certamente, não será limitada nem aos trinta anos, nem aos quarenta, ainda que, hipoteticamente, possa ter recebido a mesma condenação, para crime praticado antes do dia 23 de dezembro, e para crime praticado depois dessa data, digamos, de 25 anos de pena, para cada período diferente. Acreditamos que será recomendável fazer-se um *cálculo aritmético*, adotando-se, como parâmetro, a *proporcionalidade* relativamente aos dois períodos, crime praticado antes do dia 23 e outro praticado depois, devendo-se somar as penas unificando-as para efeitos de execução. Ah, dir-se-ia,

mas então será fácil, principalmente, na hipótese de receberem a mesma pena de 30 ou 25 anos, por exemplo, nos dois períodos, como exemplificado acima. Dividir-se-ia por dois, e, consequentemente, ficaria a média em trinta ou em cinco anos!

Não necessariamente, posto que essa *proporcionalidade* não deverá ser calculada somente sobre as quantidades de penas aplicadas em cada período, como pode parecer à primeira vista!

2) Na verdade, embora seja necessária a soma das duas penas, para unificá-las, como determina a lei, a quantidade de penas aplicadas, em cada um desses períodos, não será o mais relevante, mas, a nosso juízo, o mais importante será a quantidade de pena que o condenado deverá ou poderá cumprir relativamente ao período anterior, isto é, relativamente ao crime praticado na vigência da lei revogada. Até porque a própria lei determina que o condenado deverá cumprir a pena anterior e a mais grave (reclusão, detenção etc.), e, na sequência, a pena de nova condenação. Portanto, essa *proporcionalidade* de tempo de pena cumprido relativamente à lei revogada será o fundamental para esse cálculo da proporcionalidade. Uma coisa é certa: nunca, na hipótese exemplificada, poderá ser medida pelo limite de quarenta anos.

ALTERAÇÕES NO LIVRAMENTO CONDICIONAL — V

Sumário: 1. Considerações preliminares. 2. Requisitos ou pressupostos necessários. 2.1. Requisitos ou pressupostos objetivos. 2.2. Requisitos ou pressupostos subjetivos. 2.3. Requisito específico. 3. Condições do livramento condicional. 3.1. Condições de imposição obrigatória. 3.2. Condições de imposição facultativa. 4. Causas de revogação do livramento condicional. 4.1. Causas de revogação obrigatória. 4.2. Causas de revogação facultativa. 5. Suspensão do livramento condicional. 6. Efeitos de nova condenação. 7. Prorrogação do livramento e extinção da pena.

1. Considerações preliminares

A ineficácia dos métodos tradicionais de execução da pena privativa de liberdade, demonstrada pela experiência, a necessidade de encontrar alternativas à prisão, quando possível, a redução do período de encarceramento, quando este é indispensável, levaram o legislador da Reforma de 1984 a tornar mais acessível o livramento condicional. Na impossibilidade de adotar a discutida *pena indeterminada*[1], reduziu consideravelmente o período de pena cumprida, como exigência mínima para a obtenção do benefício (art. 60, II, do CP de 1940).

O Código Penal de 1940 só admitia o livramento condicional para penas de reclusão ou de detenção superiores a três anos. Como a suspensão condicional (*sursis*) só era possível, no mesmo diploma legal, para penas de até dois anos, havia um *hiato* profundamente injusto para aqueles que fossem condenados a penas superiores a dois anos até três, inclusive. Ficavam definitivamente afastados tanto da suspensão condicional como do

---

1. Basileu Garcia, *Instituições de Direito Penal*, São Paulo, Max Limonad, 1982, v. 1, p. 629: "O livramento condicional aparece como uma das grandes providências inteligentemente concebidas no sentido de se conseguir, cada vez mais, na prática, a relativa indeterminação da sentença criminal".

93

livramento condicional, devendo cumprir integralmente a pena a que fossem condenados. O natimorto Código Penal de 1969 corrigiu aquela falha, admitindo o livramento condicional ao sentenciado à pena privativa de liberdade igual ou superior a dois anos. Como referido Código não chegou a entrar em vigor, a Lei n. 6.416/77 introduziu a correção necessária no Código Penal de 1940, eliminando aquela situação contrastantemente injusta.

Assim, a pena *inferior a dois anos* pode beneficiar-se com a suspensão condicional, a *superior* a dois dispõe do livramento condicional e a pena de *dois anos exatos* pode beneficiar-se tanto com o livramento condicional como com a suspensão condicional; as circunstâncias e os fins da pena é que, na hipótese, indicarão a medida mais adequada.

A Lei n. 6.416/77 introduziu em realidade importantes modificações no instituto do livramento condicional: reduziu para dois anos o limite de pena aplicada, permitiu a soma de penas correspondentes a infrações distintas, afastou a observação cautelar e proteção do liberado da atribuição policial, admitiu a possibilidade de o juiz modificar as condições especificadas na sentença etc. Em linhas gerais, a Reforma de 1984, criada pela Lei n. 7.209, manteve a orientação do diploma de 1977 (Lei n. 6.416), com pequenas, embora sensíveis, alterações.

Recentemente, na Lei n. 13.964, de 24 de dezembro de 2019, o legislador volta a alterar esse instituto, exasperando desnecessariamente alguns deles, dificultando ainda mais a sua obtenção pelo condenado, como veremos. Embora tenham sido pequenas essas alterações, achamos melhor examinar, praticamente, todo esse instituto jurídico para dar uma visão geral e completa aos estudiosos e, assim, evitar a necessidade de adquirir também o volume 1 de nosso *Tratado de Direito Penal*.

2. Requisitos ou pressupostos necessários

O livramento condicional é um dos institutos que mais se aproxima da orientação da "pena indeterminada", através da individualização executiva da pena, proporcionando ao sentenciado o contato direto deste com a comunidade livre durante um período experimental e condicional. Contudo, para que o sentenciado possa desfrutar do convívio social novamente, mesmo sob determinadas condições, necessita preencher alguns requisitos de natureza objetiva e subjetiva e, no caso dos chamados "crimes violentos", necessita de mais um requisito específico. Tais requisitos serão todos examinados a seguir.

94

2.1. Requisitos ou pressupostos objetivos

a) *Natureza e quantidade da pena*

Tal como ocorre com a suspensão condicional, apenas a pena privativa de liberdade pode ser objeto do livramento condicional. Esse instituto somente poderá ser concedido à pena privativa de liberdade igual ou superior a dois anos (art. 83 do CP). A *soma de penas* é permitida para atingir esse limite mínimo, mesmo que tenham sido aplicadas em processos distintos. A soma de penas para fins de livramento condicional, que era uma *faculdade* concedida pelo art. 60, parágrafo único, do Código Penal de 1940, com a redação da Lei n. 6.416, foi transformada em *dever.* A partir da Lei n. 12.433/2011, o tempo remido pelo trabalho ou estudo também deve ser considerado na contagem de pena cumprida para a obtenção do livramento condicional (art. 128 da LEP).

Estão, consequentemente, afastadas desse instituto as penas restritivas de direito e a pena pecuniária. Não se fala das acessórias, porque foram abolidas do ordenamento jurídico brasileiro ordinário. Assim, as penas privativas de liberdade, ainda que somadas, que não atingirem o mínimo de dois anos e que não puderem se beneficiar com outras alternativas, tampouco poderão se beneficiar com o livramento condicional, devendo ser cumpridas integralmente.

b) *Cumprimento de parte da pena*

Para fazer jus ao livramento condicional, o apenado deve, obrigatoriamente, cumprir uma parcela da pena aplicada. Os *não reincidentes* em crime doloso e com *bons antecedentes* deverão cumprir mais de um terço da pena imposta, e o *reincidente*, mais da metade. O Código Penal de 1940 exigia o cumprimento de mais da metade da pena para os não reincidentes e, para os reincidentes, mais de três quartos[2]. Não fazia distinção entre reincidentes em crime doloso (art. 60, I, do CP de 1940).

A Lei n. 8.072, de julho de 1990, que define os chamados *crimes hediondos* — ignorando o *sistema progressivo,* consagrado no ordenamento

---

2. Muñoz Conde mostra-se partidário da redução da pena cumprida, embora em outros percentuais (F. Muñoz Conde, adições e notas do tradutor no *Tratado de Direito Penal*, de Jescheck, p. 1185).

jurídico brasileiro —, determinava que a pena correspondente aos crimes hediondos, terrorismo, prática de tortura e tráfico ilícito de entorpecentes deveria ser cumprida integralmente em regime fechado (art. 2º, § 1º). Com o advento da Lei n. 11.464/2007, que alterou a redação do dispositivo antes citado, nos crimes hediondos a pena de prisão deve iniciar em regime fechado. A Lei n. 8.072/90 exige, em sua versão original, que o condenado *não reincidente específico* nesses crimes cumpra, pelo menos, dois terços da pena aplicada, para poder postular o livramento condicional.

A Lei n. 13.344, de 6 de outubro de 2016, a pretexto de exasperar a punição do *tráfico de pessoas*, entre outras "invasões", incursionou pelo *livramento condicional* e, equivocadamente, *equiparou-o aos crimes hediondos* ao exigir o cumprimento de mais de dois terços da pena, como um dos requisitos para a sua obtenção, alterando a redação do inciso V do art. 83 do Código Penal. Trata-se, a rigor, de uma previsão absolutamente *desproporcional*, burlando a vontade do legislador, que não desejou equipará-lo a essa modalidade de crimes. Ademais, apresenta-se contraditória com a previsão constante do § 2º do art. 149-A, segundo a qual, tratando-se de condenado primário e que não integre *organização criminosa*, a pena poderá ser reduzida de um a dois terços. Essa redução, por si só, pode trazer a pena para uma faixa que nem oportunize o instituto do *livramento condicional*. Ora, ocorrendo tal redução, dificilmente o apenado vai precisar valer--se do livramento condicional, pois a pena aplicada ensejará o regime aberto e, particularmente, a aplicação de *pena alternativa*, sem precisar recolher-se à prisão.

Com a adoção do *sursis* para penas de até dois anos, e com a redução do período de cumprimento da pena aplicada para o livramento condicional, a reforma penal afasta a contundência das críticas dos defensores da *não fixação de limite mínimo de cumprimento*; na realidade, o apenado poderá conseguir o livramento condicional com o cumprimento de apenas oito meses de prisão (cumprimento de apenas um terço), considerando, inclusive, o tempo remido, nos termos do art. 128 da Lei de Execução Penal, com redação da Lei n. 12.433/2011. Esse período de oito meses é inferior ao exigido por muitas legislações *que se dizem progressistas,* que, eventualmente, não estabelecem percentual de cumprimento da pena aplicada, mas que determinam, em regra, cumprimento mínimo de um ano, independentemente da quantidade de pena imposta; outras vezes, exigem um percentual maior de cumprimento, dois terços, por exemplo[3]. O elenco de penas criado pela Reforma Penal tornou desnecessária a ausência de fixação de um limite mínimo de cumprimento de pena para concessão do livramento: "multa substitutiva" para penas de até seis meses (art. 60, § 2º, do CP); "pena restritiva de direitos" para penas inferiores a um ano ou para crimes culposos (art. 44, I); "suspensão condicional" para penas de até dois anos (art. 77); "regime aberto" inicial para penas de até quatro anos; "regime aberto" como terceira fase possível no cumprimento da pena de prisão; e, finalmente, "livramento condicional" para penas a partir de dois anos, inclusive (art. 83), com cumprimento de apenas um terço (para os não reincidentes) ou metade (para os reincidentes).

Conclui-se que somente irá para a prisão quem dela efetivamente necessite. Procurou-se excluir da pena privativa de liberdade quem não demonstre necessidade de segregação, quer pela reiteração, quer pela gravidade comportamental, quer pelo grau de *dessocialização* que apresente. Enfim, reservaram-se as penas privativas de liberdade para os crimes mais graves e para os delinquentes perigosos ou que não se adaptem às outras modalidades de penas.

Acorde com a melhor orientação científica em matéria de *individualização da pena,* o sistema brasileiro *dá um tratamento diferenciado para os reincidentes em crimes dolosos daqueles que são reincidentes em crimes culposos.* Como a conduta dolosa, reiterada, é objeto de *maior reprovabilidade,* justifica-se, consequentemente, o rigor maior em sua sanção (reprovação); submete-se, ao mesmo tempo, ao princípio da proporcionalidade, à extensão e natureza da culpa. Com *a exigência expressa* de que o condenado *não seja reincidente em crime doloso* para ter direito ao livramento com o cumprimento de apenas um terço da pena imposta, permite, *a contrario*

---

3. Jescheck, *Tratado*, cit., p. 1166. A proposta de Anteprojeto do Novo Código Penal espanhol de 1983 determina, entre outros pressupostos, o cumprimento de três quartos da pena, desde que chegue ao mínimo de seis meses (art. 84, 2ª). No entanto, como exceção, pode-se citar o moderno Código Penal português de 1982, que concede a liberdade condicional para os condenados que cumprirem a metade da pena superior a seis meses (art. 61, 1). Porém é uma liberalidade puramente aparente, pois, para penas superiores a seis anos, somente poderão pleitear tal benefício depois de cumprirem cinco sextos da pena, se ainda não foram favorecidos com o benefício anterior (art. 61, 2). E o Código Penal italiano, por sua vez, somente concede a liberdade condicional para condenados primários que tenham cumprido mais da metade da pena de detenção superior a cinco anos.

sensu, que o *reincidente em crime culposo,* teoricamente, possa ser beneficiado com referido instituto, cumprindo, igualmente, mais de um terço, desde que preencha os demais pressupostos. Para integralizar o tempo mínimo de pena cumprida, além da determinação de *soma de penas* referentes a condenações distintas, são computadas também, via *detração penal,* a prisão provisória, administrativa e internação em hospitais de custódia e tratamento psiquiátrico (art. 42 do CP). A pena remida pelo trabalho é igualmente considerada para efeitos de livramento condicional (art. 128 da LEP).

Finalmente, não é necessário que o condenado passe pelos três regimes penais, isto é, que se encontre cumprindo a pena no regime aberto, ao contrário da previsão atual do Código Penal espanhol de 1995, que a condiciona à circunstância de a condenação encontrar-se no último estágio de cumprimento (art. 9º)[4]. Basta que preencha todos os pressupostos do art. 83 do Código Penal para ter direito à liberdade antecipada.

c) *Reparação do dano, salvo efetiva impossibilidade*

Um dos efeitos da condenação é a obrigação de reparar o dano causado pela infração penal (art. 91, I, do CP). Há, atualmente, uma grande preocupação com a reparação do dano produzido pelo infrator. Não deixa de ser *uma pálida tentativa* de minimizar o esquecimento da vítima, que sofre diretamente as consequências do delito; nem mesmo as modernas legislações encontraram uma forma digna de restaurar o *status quo* do sujeito passivo do fenômeno criminal.

O legislador da reforma foi mais contundente na exigência da reparação do dano, ressalvando apenas a "efetiva" impossibilidade devidamente comprovada. Não mais admite aquele tradicional *atestado de pobreza,* de triste memória e que era suficiente para exonerar o infrator da responsabilidade reparatória[5]. A reparação do dano é uma obrigação civil decorrente da sentença penal condenatória, e o sentenciado que não puder satisfazê-lo deverá fazer *prova efetiva* dessa incapacidade, sendo inadmissíveis meras presunções ou ilações ou ainda injustificáveis atestados de pobreza.

---

4. Angel Sola Dueñas, Mercedez García Arán, Hernan Hormazábal Malarée, *Alternativas a la prisión,* Barcelona, PPU, 1986, p. 91.
5. Reale Júnior, Ariel Dotti, Antunes Andreucci e Moraes Pitombo, *Penas e medidas de segurança no novo Código,* Rio de Janeiro, Forense, 1985, p. 236.

Embora de grande importância em termos de *política criminal,* a exigência de *reparação do dano causado* pelo delito, especialmente em um ordenamento que não consagra a chamada *multa reparatória,* revela-se, na verdade, de pouco alcance prático, pois, de um modo geral, cumprem pena nas prisões os pobres e desfavorecidos, que são totalmente insolventes, sem a menor possibilidade de reparar o dano causado[6]. Aliás, essa é uma das razões que levam à complacência, hoje inadmissível, de muitos juízes, no exame da "capacidade de pagamento" do apenado, porque o atual ordenamento jurídico exige mais rigor no exame desse requisito.

2.2. Requisitos ou pressupostos subjetivos

Nestes requisitos subjetivos, a Lei n. 13.964/2019 voltou a exasperá-los desnecessariamente, alterando alguns deles, como veremos. Esses requisitos subjetivos referem-se à pessoa do condenado, pois é *pressuposto básico* do livramento condicional que o liberado reingresse na sociedade livre em condições de tornar-se membro útil, produtivo e em reais condições de reintegrar-se socialmente. É necessário que esteja em condições de prover sua própria subsistência por meio do seu trabalho, sem necessidade de recorrer a atividade escusa[7]. Os requisitos subjetivos são: bons antecedentes, comportamento satisfatório durante a execução da pena, bom desempenho no trabalho atribuído e aptidão para o trabalho.

a) *Bons antecedentes*

Ao reduzir para um terço o lapso mínimo de cumprimento da pena para que o condenado *não reincidente em crime doloso* possa pleitear a liberdade antecipadamente, a lei acrescenta que deve ter, também, "bons antecedentes", sem os quais terá de cumprir, pelo menos, mais da metade da pena imposta. Assim, o condenado que houver praticado outras infrações penais, que tiver respondido a outros inquéritos policiais, que se envolveu em outras infrações do ordenamento jurídico, que sofreu outras condenações (mesmo as que não caracterizem tecnicamente reincidência), que se dedicou ao ócio e à malandragem, enfim, que não tiver "bons antecedentes", não poderá se beneficiar do livramento condicional com somente o

---

6. Heleno Cláudio Fragoso, *Lições de Direito Penal,* 7ª ed., Rio de Janeiro, Forense, 1985, v. 1, p. 391. A Lei n. 9.099/95, finalmente, *descobre* a vítima do crime.
7. Aníbal Bruno, *Direito Penal,* 3ª ed., Rio de Janeiro, Forense, 1967, v. 3, p. 183.

cumprimento mínimo de pena[8]. Em realidade, o *cumprimento de mais de um terço* é uma exceção, e como medida excepcional só terá lugar se preencher todos os requisitos expressamente exigidos. Assim, só terá direito quem "não for reincidente em crime doloso e tiver bons antecedentes". Faltando um ou outro desses dois requisitos, a exceção não se justifica e o condenado deverá cumprir mais da metade da pena.

Devem ser considerados antecedentes, para essa finalidade, aqueles fatos havidos antes do início do cumprimento da pena, mesmo que tenham ocorrido após o fato delituoso que deu origem à prisão, o que já não pode ocorrer por ocasião da dosimetria e aplicação da pena. Os fatos ocorridos durante a prisão, além de não serem antecedentes, serão objeto de avaliação no requisito que trata da satisfatoriedade do comportamento prisional do recluso, e jamais como antecedentes penais, que não o são. Estes, como afirma Nilo Batista[9], "defluirão de uma apreciação globalizante da vida anterior do acusado, não se podendo cingir a um só aspecto (um eventual desajuste familiar, um eventual traço antissocial, um eventual precedente judicial etc.)".

Esse requisito, como se percebe, só interessa para o não reincidente em crime doloso; aquele que for reincidente, com ou sem bons antecedentes, deverá cumprir mais da metade da pena, pelo menos, para poder postular o livramento[10].

b) *Bom comportamento durante a execução da pena*

A previsão anterior exigia que o recluso tivesse "comportamento satisfatório" durante a execução da pena, sendo mais realista com a dificuldade de sobreviver no interior das prisões. Agora, equivocadamente, com redação determinada pela Lei n. 13.964/2019, passa-se a exigir *bom comportamento* no interior do sistema penitenciário, como se isso fosse tarefa fácil e dependesse exclusivamente da conduta do condenado. Tal exigência é absolutamente desnecessária e ignora a dificuldade de sobreviver dentro do sistema, inclusive de não se envolver com as facções criminosas que

---

8. Paulo José da Costa Jr., *Comentários ao Código Penal*, São Paulo, Saraiva, 1986, v. 1, p. 431.

9. Nilo Batista, Bons antecedentes — apelação em liberdade, in *Decisões criminais comentadas,* 2ª ed., Rio de Janeiro, Liber Juris, 1984, p. 122.

10. Damásio E. de Jesus, *Direito Penal*, cit., 12ª ed., v. 1, p. 544.

dominam o sistema penitenciário nacional. Todo condenado, quando ingressa no sistema, já é compelido a optar por uma das facções existentes, sob pena de não sobreviver no interior das prisões comandadas pelo crime organizado, em que os próprios agentes não entram isoladamente. Essa é, desafortunadamente, a grande realidade do nosso sistema penitenciário.

A nova previsão legal exigindo "bom comportamento" durante a execução da pena, além de muito mais grave, dificilmente poderá ser cumprida pelos detentos, enquanto o sistema penitenciário permanecer nas condições sub-humanas, superlotado e sem condições de trabalho em seu interior, como é a realidade atual em mais de noventa por cento das casas prisionais deste país. Não se trata de um colégio de freiras e tampouco de um mosteiro de beatos em busca de purificação, mas de condenados por crimes graves, ou seja, de indivíduos que já erraram e enfrentaram toda sorte de dificuldades e terão que reaprender a conviver em um ambiente hostil e povoado por grandes criminosos, em geral altamente perigosos. O legislador ignora que o sistema penitenciário brasileiro não é um "retiro para o Tibet", mas um inferno do qual ninguém sai melhor do que entrou.

A rigor, houve um erro crasso na alteração desse requisito, que, sem ranço autoritário, se satisfazia com "comportamento satisfatório durante a execução da pena", mais humano, mais racional e elaborado por quem conhecia o drama que representa conviver por longo período no interior das prisões brasileiras. Por isso, a nosso juízo, deve-se analisar esse requisito com muita parcimônia para interpretar o que pode ser considerado comportamento inadequado para merecer o livramento condicional, sob pena de negar-se maciçamente essa última etapa do cumprimento da pena de prisão — que é um direito de todo condenado —, por não conseguirem satisfazer esse requisito extremamente reacionário. E essa impossibilidade, normalmente, será mais culpa do próprio sistema do que, certamente, de muitos dos reclusos.

Concluímos, portanto, que essa previsão de "bom comportamento" durante a execução da pena não pode exigir conduta irrepreensível, sem qualquer erro ou falta disciplinar, pois, convenhamos, não se trata de um "educandário para moças de fino trato", nem mesmo nas casas prisionais femininas. Basta, a nosso juízo, que demonstre ter adquirido valores ou qualidades adequadas ao convívio social, capaz de orientar-se fora das grades sem voltar a delinquir. Em outros termos, é importante constatar e avaliar a *capacidade de readaptação* social do condenado aspirante ao livramento condicional, a qual deve ser observada em suas atividades diárias no interior da prisão.

c) *Não cometimento de falta grave nos últimos 12 (doze) meses*

Primeiramente, destacamos que essa previsão legal, que agrava as condições para a obtenção do livramento condicional, acrescida pela Lei n. 13.964/2019, não pode ser aplicada para crimes cometidos antes de sua vigência, qual seja, do dia 23 de janeiro de 2020, data de entrada em vigor desse diploma legal. No mesmo sentido, posteriormente, o enunciado n. 4 da I Jornada de Direito Penal e Direito processual penal, estabeleceu que "A ausência de falta grave nos últimos 12 (doze) meses como requisito à obtenção do livramento condicional (art. 83, III, *b*, do CP) aplica-se apenas às infrações penais praticadas a partir de 23-1-2020, quando entrou em vigor a Lei n. 13.964/2019.

No entanto, na elaboração desses "enunciados", mais especificamente em relação a mesma alínea "b" do inciso III do art. 83, a I Jornada de Direito Penal e Processual a Penal" se contradiz, ao afirmar, corretamente, no enunciado n. 4, como já destacamos acima, que essa nova previsão legal, mais grave, não pode incidir sobre fatos anteriores à data de vigência do novo diploma legal, no entanto, equivocadamente, *no enunciado n. 12, admite a valoração negativa "quanto a fatos ocorridos antes da entrada em vigor da Lei n. 13.964/2019"*, para interpretá-los como *comportamento insatisfatório durante a execução.* Ora, o conteúdo desse enunciado n. 12 acaba admitindo, equivocadamente, sua retroatividade ao admitir que fatos cometidos antes da vigência da lei mencionada possam ser considerados como indicativos de comportamento insatisfatório para a obtenção do livramento condicional. Inegavelmente, houve um "cochilo coletivo" na elaboração desse enunciado n. 12, o qual, por sua *inconstitucionalidade*, não pode ser aplicado na prática.

Essa nova previsão do inciso mencionado, aplicáveis a fatos praticados a partir da vigência da lei, mostra-se experimentalmente razoável. No entanto, é extremamente preocupante o conteúdo do enunciado n. 5, segundo o qual, "*é prescindível a decisão final sobre a prática de falta grave para obstar o livramento condicional com base no art. 83, III, b, do CP"*. Contudo, não se pode ignorar que se trata da *última fase do cumprimento da pena de prisão*, quando o apenado, com as restrições devidas, retornará à sociedade, por tal razão, é absolutamente incompreensível que se admita a negativa do livramento condicional, sem a decisão final sobre a prática falta grave, sobre a qual, diga-se de passagem, se negativa, pode ser objeto de recurso. A nosso juízo, esse enunciado n. 5 também não pode ser recepcionado, não havendo tanta urgência para a decisão sobre a procedência ou não do pedido de livramento condicional. Afinal, é importante que o reeducando demonstre, próximo de sua oportunidade de sair, condições de viver em sociedade, cumprindo normas de convívio social impostas pelo meio em que vive. Significa, por outro lado, que eventual prática de falta grave em período anterior ao marco de um ano, por si só, não impedirá o exercício do direito ao livramento condicional. Assim, mais que o cumprimento de um requisito negativo, constitui uma garantia de que o reeducando não será punido novamente por fato pertencente ao seu passado carcerário, inviabilizando seu acesso ao livramento condicional. A ausência de falta grave nos últimos 12 (doze) meses como requisito à obtenção do livramento condicional (art. 83, III, "b" do CP) aplica-se apenas às infrações penais praticadas a partir de 23/01/2020, quando entrou em vigor a Lei n. 13.964/2019.

Por outro lado, eventual prática de faltas disciplinares isoladas, de menor gravidade, que maculavam o prontuário do apenado, não será necessariamente obstáculo à progressão daquele ao último estágio do sistema progressivo, que é o livramento. Importa, isto sim, a *capacidade de readaptação* social do condenado, que deve ser demonstrada e observada em suas diversas atividades diárias e em seus contatos permanentes com seus colegas de infortúnio, com o pessoal penitenciário e, particularmente, com os demais membros da comunidade exterior em suas oportunidades vividas fora do cárcere. Como ensinava Heleno Fragoso[11], "a *boa conduta* foi aqui imaginada como indício de readaptação social, mas é bastante claro que o comportamento do condenado no ambiente carcerário pode não ter qualquer relação com a sua recuperação social. Trata-se de ambiente autoritário e anormal, que deforma a personalidade".

Evidentemente que o bom ou mau comportamento dependerá, em grande parte, das condições materiais e humanas que a instituição oferecer e da política criminal empregada no *objetivo ressocializador* da pena privativa de liberdade, aliadas à complexa problemática que a instituição total

---

11. H. C. Fragoso, *Lições*, cit., v. 1, p. 390.

representa, aliás, examinada no Capítulo IV de nossa tese doutoral (*Falência da pena de prisão*).

d) *Bom desempenho no trabalho que lhe for atribuído*

O trabalho prisional, que atualmente tem recebido contundentes críticas dos especialistas europeus, sobretudo dos espanhóis[12], tem destacada importância no sistema brasileiro e é considerado um dos fatores mais importantes na tarefa ressocializadora do delinquente[13], com elevada função pedagógica.

Esse requisito, inexistente no Código Penal de 1940, preocupa-se com o desenvolvimento da capacidade do indivíduo de autogerir-se, aptidão que lhe será indispensável na vida livre. Ao referir-se a "trabalho que lhe foi atribuído" fica claro que não se trata apenas das atividades laborais desenvolvidas no interior do cárcere, mas também do trabalho efetuado fora da prisão, como, por exemplo, o *serviço externo*, tanto na iniciativa privada como na pública[14].

O trabalho, que não pode ser considerado prêmio ou mesmo privilégio, é um fator que dignifica o ser humano e é instrumento de realização pessoal, além de apresentar-se como desestímulo à delinquência.

e) *Aptidão para prover a própria subsistência com trabalho honesto*

Esse requisito é consequência natural e direta do anterior. Da avaliação do desenvolvimento obtido no trabalho durante a fase de execução pode-se chegar a conclusões sobre as reais condições do sentenciado para prover sua subsistência e de sua família, mediante atividade lícita. Esse requisito, embora possa parecer tratar-se de uma *prognose*, na verdade, será calcado em observações reais. Será produto da avaliação do desempenho efetivo do recluso nas tarefas que lhe forem atribuídas, dentro e fora da prisão,

---

12. José L. de la Cuesta Arzamendi, Un deber (no obligación) y Derecho de los privados de libertad: el trabajo penitenciario, in *Lecciones de Derecho Penitenciario* (livro coletivo), Madrid, Ed. Universidad de Alcalá de Henares, 1989, p. 113 *et seq.*

13. Julio Fabbrini Mirabete, *Execução penal*, p. 335; Carlos García Valdés, *Derecho Penitenciario*, Madrid, Tecnos, 1982, p. 313. "Praticamente todas as legislações penais dos países desenvolvidos contemplam a eficácia ressocializadora do trabalho."

14. Julio Fabbrini Mirabete, *Execução penal,* cit., p. 335.

as quais devem guardar direta relação com as condições e aptidões do sentenciado (art. 34, § 2º, do CP).

A lei não determina que o apenado deve ter emprego assegurado no momento da liberação. O que a lei exige é a aptidão, isto é, a disposição, a habilidade, a inclinação do condenado para viver à custa de seu próprio e honesto esforço. Em suma, de um trabalho honesto. Tanto isso é verdade que a lei estabelece como uma das condições obrigatórias do livramento "obter ocupação lícita, dentro de prazo razoável, *se for apto para o trabalho*" (art. 132, § 1º, *a,* da LEP). Constata-se, pois, que, além de não exigir a existência de emprego imediato, também não fixa prazo determinado para a obtenção de "ocupação lícita". Fala apenas em *prazo razoável*, e nem poderia ser diferente. Mas o que se deverá entender por *prazo razoável* para conseguir emprego em um país com tantos desempregados? Que prazo será razoável em uma sociedade cheia de preconceitos com os estigmatizados pela prisão, na qual os homens sem tal estigma passam meses sem conseguir um emprego? Como exigir que o egresso em exíguo tempo consiga o que milhares de pessoas passam a vida toda sem conseguir? Evidentemente que o bom senso deverá prevalecer, aliás, o próprio legislador foi suficientemente sensato ao não fixar prazo para essa finalidade, preferindo adotar um "prazo razoável" como condição para justificar a vida em liberdade. Embora na prática, especialmente na comarca de Porto Alegre, se esteja concedendo um prazo de dois meses para essa missão, muitas vezes quase impossível, com possibilidade de prorrogação, entendemos que cada caso deve ser examinado de acordo com as circunstâncias gerais que o cercam. Parece-nos que deve ser considerada a *demonstração da efetiva procura de trabalho*, com a comprovação das reais tentativas efetuadas, enfim, a comprovação de que, se não conseguiu emprego, não foi por má vontade sua ou simples desinteresse em consegui-lo.

2.3. Requisito específico

Consciente da iniquidade e da disfuncionalidade do chamado sistema "duplo binário", a reforma adotou, em toda a sua extensão, o sistema "vicariante", eliminando definitivamente a aplicação dupla de pena e medida de segurança para os imputáveis e semi-imputáveis. Seguindo essa orientação, o *fundamento da pena* passa a ser *exclusivamente* a culpabilidade, enquanto a medida de segurança encontra justificativa somente na *periculosidade,* aliada à incapacidade penal do agente[15]. Na prática, a aplicação cumulativa de pena e medida de segurança nunca passou de uma farsa, constituindo uma dupla punição ao condenado pela prática de um mesmo delito. Atualmente, o *imputável* que praticar uma conduta punível sujeitar-se-á somente à pena correspondente; o *inimputável,* à medida de segurança; e o *semi-imputável,* o chamado "fronteiriço", sofrerá pena ou medida de segurança, isto é, ou uma ou outra, nunca as duas, como ocorre no sistema duplo binário. As circunstâncias pessoais do infrator semi-imputável é que determinarão qual a resposta penal de que este necessita: se o seu estado pessoal demonstrar a necessidade maior de tratamento, cumprirá medida de segurança; porém, se, ao contrário, esse estado não se manifestar no caso concreto, cumprirá a pena correspondente ao delito praticado. Cumpre esclarecer, porém, que *sempre será aplicada a pena correspondente à infração penal cometida,* e somente se o infrator necessitar de "especial tratamento curativo", como diz a lei, será aquela convertida em medida de segurança (art. 98 do CP).

A eliminação da medida de segurança para os imputáveis e os fronteiriços não deixou a ordem jurídica desprotegida. Essa preocupação está consagrada no parágrafo único do art. 83 do Código Penal, o qual determina que, "para o condenado por crime doloso, cometido com violência ou grave ameaça à pessoa, a concessão do livramento ficará também subordinada à constatação de condições pessoais que façam presumir que o liberado não voltará a delinquir". Essa precaução destina-se aos autores dos chamados "crimes violentos", e, como afirma a Exposição de Motivos, "tal exigência é mais uma consequência necessária da extinção da medida de segurança para o imputável" (item 74). Na verdade, os Códigos Penal e de Processo Penal de 1942 já adotavam previsão semelhante em seus arts. 60, II, e 715, parágrafo único, respectivamente, com a diferença de que se destinava a todos os condenados que se habilitassem ao livramento condicional. Aliás, a disposição é semelhante à que adotou o atual Código Penal espanhol de 1995 (art. 90, § 3º).

A polêmica em relação a esse "requisito específico" prende-se à forma ou ao meio que se deve utilizar para constatar a probabilidade de o apenado voltar ou ao não a delinquir. A causa dessa desinteligência decorre da

---

15. Julio Fabbrini Mirabete, *Manual de Direito Penal,* São Paulo, Atlas, 1990, v. 1, p. 348-9.

modificação que o texto original do projeto sofreu por meio de emenda na Câmara dos Deputados, que deu a redação definitiva já referida. O texto, em sua redação original, determinava que a constatação da situação pessoal do apenado deveria *obrigatoriamente* efetuar-se por *exame pericial*, como deixa claro a Exposição de Motivos (item 73). Determinada corrente entende que, com a supressão do texto legal da exigência do exame pericial, este não pode mais ser realizado, pretendendo que o juiz forme sua convicção através dos elementos que o processo de execução oferecer[16], como se a realização de tal exame viesse em prejuízo do liberando. Essa interpretação, além de ferir os princípios da amplitude e liberdade de prova em matéria penal, consagrados pelos arts. 155 e 156 do Código de Processo Penal, contraria os princípios mais elementares de hermenêutica.

Em matéria criminal não se admitem as restrições à prova admitidas no direito civil, com exceção do estado das pessoas (art. 155 do CPP). O processo penal brasileiro confere ao juiz a "faculdade de iniciativa de provas complementares e supletivas", autorizando-lhe a, de ofício, determinar a realização daquelas que considerar indispensáveis para o esclarecimento de pontos relevantes. Seria um verdadeiro absurdo obrigar o juiz a incorrer em "provável erro" por proibi-lo de utilizar meio de prova *moralmente legítimo* e disponível, como é o caso de um exame pericial. A realização de tal exame não vincula o magistrado, apenas tem o mérito de oferecer-lhe mais elementos de convicção. A constatação por meio de perícia dará melhores condições ao juiz para verificar se o apenado superou as circunstâncias que o levaram a delinquir, se eliminou a agressividade que apresentava, em outras palavras, se se encontra a caminho da ressocialização. No dizer de Mirabete[17], que abandona a combatida posição anterior, "trata-se de meio de prova legítimo para a formação do convencimento do magistrado, que não pode ser obstado se não se mostra desarrazoado, nem configura constrangimento ilegal". Por outro lado, é um equívoco entender que com a simples supressão de uma exigência tenha-se criado, *ipso facto*, uma proibição. Não. Eliminou-se tão somente a obrigatoriedade da realização de tal exame. Substituiu-se a *obrigatoriedade* por uma *faculdade* e não por uma *proibição*: embora não se exija, também não se impede que o juiz determine a realização de perícia, se entender recomendável, nas circunstâncias,

---

16. Julio Fabbrini Mirabete, *Manual*, cit., v. 1, p. 327.
17. Julio Fabbrini Mirabete, *Execução penal*, cit., p. 336.

essa cautela para melhor avaliar o novo quadro do recluso. Paulo José da Costa Jr.[18], René Ariel Dotti[19], Damásio de Jesus[20], entre outros, adotam, a nosso ver, a melhor orientação, entendendo que a redação definitiva não proíbe a realização de exame pericial, sendo apenas facultado ao juiz usar desse meio de prova sempre que entender conveniente. Diante da orientação da reforma, evidentemente que a perícia recomendável deve ser o "exame criminológico", reservando-se o "exame psiquiátrico" para aqueles que cumprem medida de segurança.

Finalmente, integrando o livramento condicional o sistema progressivo, insere-se na disposição do parágrafo único do art. 112 da Lei de Execução Penal, que prevê a realização de exame criminológico, quando necessário[21].

3. Condições do livramento condicional

Pelo livramento condicional, o liberado conquista a liberdade antecipadamente, mas em *caráter provisório* e sob condições. Visa esse instituto, acima de tudo, oportunizar a sequência do reajustamento social do apenado, introduzindo-o paulatinamente na vida em liberdade, atendendo, porém, às exigências de defesa social. O liberado será, em outras palavras, submetido à prova. E esse período de prova em nosso ordenamento jurídico corresponde ao tempo de pena que falta cumprir, ao contrário de algumas legislações penais, em que o período de prova tem outros limites de duração, independentemente do restante de pena a cumprir.

As condições a que fica submetido o liberado podem ser de caráter obrigatório ou facultativo, e representam, na verdade, *restrições naturais* e *jurídicas* à liberdade de locomoção.

3.1. Condições de imposição obrigatória

As condições de caráter obrigatório estão previstas no art. 132, § 1º, da Lei de Execução Penal: a) obter ocupação lícita, em tempo razoável, se for apto para o trabalho; b) comunicar ao juiz, periodicamente, sua ocupação; c) não mudar da comarca, sem autorização judicial.

---

18. Paulo José da Costa Jr., *Comentários*, cit., v. 1, p. 432-3.
19. René Ariel Dotti, *Reforma penal*, cit., p. 314.
20. Damásio, *Direito Penal*, cit., 12ª ed., v. 1, p. 545.
21. Jason Albergaria, *Comentários à Lei de Execução Penal*, p. 256.

a) *Obter ocupação lícita, dentro de prazo razoável*

Ao examinarmos um dos requisitos subjetivos, "aptidão para prover a própria subsistência com trabalho honesto", fizemos referência a essa condição e discorremos mais especificamente sobre o que deve significar a expressão "dentro de prazo razoável", para onde fazemos remissão.

Contrariamente aos modernos entendimentos europeus, o trabalho continua a ser importante fator de recuperação do liberado[22] e está perfeitamente enquadrado no princípio que a doutrina denomina "programa mínimo"[23]. Utilizado durante a privação de liberdade, prossegue como um elo capaz de facilitar a identificação do apenado com o novo *status libertatis* que este começa a experimentar. As entidades assistenciais deverão prestar apoio ao egresso na difícil tarefa de conseguir trabalho honesto.

A Lei de Execução Penal teve o cuidado de preocupar-se com a *condição física e orgânica* do liberado, ressalvando a hipótese de este "não ser apto para o trabalho" (art. 132, § 1º). O Código Penal não previu essa possibilidade. Porém, à evidência, as normas não são colidentes e a previsão da Lei de Execução Penal tem aplicação assegurada. Isso quer dizer que a eventual deficiência física do apenado — que o torne inapto para o trabalho —, por si só, não impedirá a obtenção do livramento condicional.

Enfim, o liberado deve, no menor tempo possível, obter ocupação lícita e informar aos órgãos de execução.

b) *Comunicar ao juiz, periodicamente, sua ocupação*

Essa condição complementa a anterior. O livramento condicional em verdade é uma espécie de *liberdade vigiada*. Além da vigilância e proteção cautelar das entidades próprias (patronato, assistência social e conselho da comunidade), necessita do *acompanhamento discreto* do juiz das execuções, que observará se o liberado continua a exercer regularmente a ocupação que obteve e as eventuais dificuldades encontradas. A continuidade no exercício da mesma atividade já é uma boa demonstração de adaptação à nova realidade. O juiz das execuções deve fixar o prazo máximo possível de intervalo para essas comunicações periódicas, de forma a

---

22. Borja Mapelli Caffarena, *Principios fundamentales del sistema penitenciario español*, Barcelona, Bosch, 1983, p. 218.
23. Borja Mapelli Caffarena, Sistema progresivo y tratamiento, in *Lecciones de Derecho Penitenciario* (livro coletivo), 2ª ed., Madrid, Ed. Universidad de Alcalá de Henares, p. 153.

não prejudicar a relação empregatícia do egresso (art. 26, II, da LEP) e ao mesmo tempo poder fazer o acompanhamento efetivo da sua evolução.

c) *Não mudar do território da comarca, sem prévia autorização judicial*

Embora não se trate de *exílio local*, essa determinação tem a finalidade de limitar o espaço territorial do sentenciado, facilitando seu acompanhamento. O que se proíbe é apenas a transferência de residência "sem prévia autorização do juiz da execução da pena", o que quer dizer que nada impede que nos dias de folga (feriados e fins de semana) o liberado possa fazer algumas incursões por outras comarcas. Tampouco se tolhe o direito daquele de buscar melhores condições de vida em outras localidades. A possibilidade de trocar de ares, reiniciar a vida em outras paragens, continua a existir. Apenas está condicionada à autorização prévia do juiz da execução. Isso quer dizer, embora a lei não o diga expressamente, que o liberado deve solicitar autorização judicial, fundamentando o pedido com a demonstração das eventuais vantagens que terá nessa mudança de domicílio. Nessa hipótese, se for autorizado ao egresso, residir fora da jurisdição do juízo da execução, deverá ser remetida cópia ao juiz do lugar, bem como às autoridades que se incumbirem da observação cautelar e proteção (art. 133 da LEP). Perante esse juízo deverá prestar contas do cumprimento das condições impostas, devendo o liberado ser cientificado dessa obrigação.

Essas condições obrigatórias do livramento são tidas como condições gerais, pois são aplicadas a todos os liberados indistintamente.

3.2. Condições de imposição facultativa

Além das condições ditas obrigatórias, a lei prevê a possibilidade de aplicação de outras condições, chamadas *judiciais*, porque são eleitas pelo juiz e são de caráter facultativo. A *facultatividade* dessas condições refere-se à sua imposição, e não ao seu cumprimento, pois o egresso, para receber o livramento condicional, assume o compromisso de cumpri-las, todas, rigorosamente (art. 137, III, da LEP). Entre essas condições, a Lei de Execução Penal exemplifica com as seguintes:

a) *Não mudar de residência sem comunicar ao juiz e às autoridades incumbidas da observação e proteção cautelar*

Essa condição é diferente daquela que exige prévia autorização do juiz para residir fora do território da comarca. Esta trata da mudança de residên-

110

cia dentro da própria comarca, e não depende de prévia autorização judicial: é suficiente que o liberado informe ao juiz e aos órgãos assistenciais o seu novo domicílio. Essa nova formalidade prende-se à necessidade de os órgãos de execução tornarem efetivas a assistência e a fiscalização que lhes foram incumbidas, e para isso é indispensável conhecer o domicílio do apenado.

b) *Recolher-se à habitação em hora fixada*

Essa obrigação somente deve ser imposta como complemento de garantia de determinados sentenciados e em relação a certos delitos. Mais do que nunca se deve atender à personalidade do liberado, bem como sua saúde e condição física. A finalidade básica dessa condição é evitar que certos egressos frequentem ambientes pouco recomendáveis e desfrutem de más companhias, o que poderia facilitar a reincidência.

c) *Não frequentar determinados lugares*

A imaginação, a perspicácia e a sabedoria do magistrado deverão sugerir, em casos específicos, os locais que determinados apenados não deverão frequentar. Geralmente, são lugares constituídos de casas de tavolagem e mulheres profissionais, determinadas reuniões ou espetáculos ou diversões públicas noturnas, onde as companhias e o álcool são fortes estimulantes para romper a fronteira do permitido e podem prejudicar a moral, a integração social e o aprendizado ético-social. Porém, jamais se deverá proibir a participação generalizada em diversões, espetáculos e reuniões, pois o ser humano necessita dessa convivência e muitas delas têm inclusive caráter educativo e são capazes de elevar e enobrecer o espírito.

Essas são, contudo, algumas das condições possíveis de ser aplicadas, mas não as únicas. Nada impede que se estabeleçam outras, desde que, naturalmente, *sejam adequadas ao fato delituoso* e, especialmente, *à personalidade do agente*. As condições não podem ser ociosas, isto é, constituídas por deveres decorrentes de outras previsões legais, como, por exemplo, pagar as custas judiciais ou reparar o dano produzido pelo delito.

d) *Abstenção de práticas delituais*

Embora o Código Penal e a Lei de Execução Penal não estabeleçam como condição do livramento "abster-se de delinquir" e tampouco relacionem a prática de delitos como causa de revogação — quer obrigatória, quer facultativa —, entendemos que o juiz pode e deve estabelecer como condição a "abstenção de práticas delituais". Não há qualquer impedimento legal quanto à aplicação de tal condição, de extraordinária importância prevencionista, que, descumprida, será apenas causa de revogação facultativa, e que, atualmente, constitui a condição fundamental do livramento nas modernas legislações[24]. Caso contrário, o liberado que praticar crime não correrá nenhum risco de ver seu benefício revogado, só "excepcionalmente poderá ter seu exercício suspenso" e aguardará a decisão final (art. 145 da LEP). A condição por nós sugerida amolda-se melhor às modernas legislações europeias que exigem como condição básica que o liberado não participe de infrações penais[25]. Aliás, o indivíduo que em liberdade condicional volta a delinquir não está recuperado e não merece a oportunidade recebida, pondo em risco a segurança social, contribuindo para aumentar o descrédito da Justiça Penal. Deve, necessariamente, ser afastado do convívio social por razões preventivas gerais e especiais.

Não se pode esquecer de que o livramento condicional é *estágio* que interessa ao mesmo tempo à defesa da ordem jurídica e aos mais sagrados interesses do condenado. Assim, *pressuposto fundamental do livramento* é a *presunção de reinserção social do delinquente*. Nessa liberdade antecipada, provisoriamente, estimula-se a sequência da readaptação do liberado ao mesmo tempo que se lhe oferece uma oportunidade para provar sua capacidade de viver livremente em sociedade. O livramento condicional é *uma fase terminal de uma política de reformas* por meio da qual se aposta na capacidade humana de readaptar-se e assumir posturas de acordo com as exigências sociais.

As condições judiciais podem ser modificadas no transcorrer do livramento, visando sempre atender aos fins da pena e à situação do condenado (art. 144 da LEP). A eventual não aceitação das condições impostas ou alteradas torna sem efeito o livramento condicional, devendo a pena ser cumprida normalmente.

4. Causas de revogação do livramento condicional

Ao antecipar o retorno à liberdade do sentenciado mediante o cumprimento de condições, fazia-se necessário prever consequências efetivas ao

---

24. Angel Sola Dueñas *et alii*, *Alternativas a la prisión*, Barcelona, PPU, p. 90-1. No mesmo sentido, o art. 85 da Proposta de Anteprojeto de novo Código Penal espanhol.
25. Giuseppe Bettiol, *Direito Penal*, trad. Paulo José da Costa Jr. e Alberto Silva Franco, São Paulo, Revista dos Tribunais, 1977, v. 3, p. 225.

eventual descumprimento dessas condições, que deram suporte a essa forma de execução penal. Para que a imposição de condições não se tornasse inócua, era indispensável que fossem dotadas de coercibilidade: o descumprimento delas pode levar à revogação da liberdade conquistada.

Além do descumprimento das condições legais ou judiciais, existem outras causas que, se ocorrerem, revogarão obrigatoriamente o livramento. As causas de revogação estão completamente integradas ao *sistema progressivo*, do qual o livramento condicional, como já referimos, constitui a última etapa, e é natural que possam, assim, determinar a regressão do liberado, levando-o a cumprir a pena em regime mais rigoroso.

Porém, nas hipóteses de revogação facultativa, o liberado deve ser ouvido antes da revogação. Nas causas de revogação obrigatória, por sua própria natureza (decisão condenatória irrecorrível), é desnecessária e inócua a ouvida do liberado.

4.1. Causas de revogação obrigatória

Quando ocorrerem as causas previstas no art. 86 e seus incisos do Código Penal, a revogação será consequência automática decorrente de imposição legal. Isso quer dizer que não ficará adstrita ao *prudente arbítrio do juiz* e, pela mesma razão, mostra-se dispensável a ouvida do liberado.

São duas as causas de revogação obrigatória, previstas no dispositivo referido:

a) *Condenação irrecorrível por crime cometido durante a vigência do livramento condicional*

Como já tivemos oportunidade de referir, a lei não estabelece como *condição* o dever de não delinquir, ao contrário da maioria das legislações europeias[26]. Falha que, no nosso entender, poderá ser suprida com uma *condição judicial*, reiteramos, sem prejuízo ao direito do liberado e em proteção à defesa social e objetivando ao mesmo tempo a prevenção especial. Tampouco estabelece como *causa* direta e "imediata" de revogação a simples *prática delitual,* mas apenas como causa "mediata", pois exige que haja condenação definitiva, com trânsito em julgado. Logo, não basta a

---

26. Angel de Sola Dueñas, Mercedez García Arán y Hernán Hormazábal Malarée, *Alternativas a la prisión*, cit., p. 91; Giuseppe Bettiol, *Direito Penal*, cit., v. 3, p. 225.

prática de crime e nem mesmo a instauração de processo, mas somente "a decisão condenatória irrecorrível" tem o condão de revogar a liberdade condicional. Por outro lado, cumpre observar que somente a condenação à pena privativa de liberdade, ou seja, reclusão ou detenção, levará a essa revogação, algo inocorrente com as demais penas (multa e restritiva de direitos). Assim, será impossível a revogação do livramento com a simples prática de crime durante o período de prova.

É indiferente que se trate de crime doloso ou culposo. A lei não faz essa distinção.

Quando eventual condenação decorrer de contravenção penal ou então a sanção efetivamente aplicada for outra que não seja privativa de liberdade, a revogação não será compulsória.

A prática de crime é demonstração eloquente da não superação do *desvio social* do apenado e justifica a regressão penitenciária. O apenado que, encontrando-se em regime de livramento condicional, comete um novo delito comprova que não está em condições de usufruir desse excepcional estágio de uma nova política criminal. A repercussão negativa pela prática de crime durante o período de prova assume dimensões alarmantes e coloca em xeque o próprio sistema perante a opinião pública, que, de regra, é alimentada por manchetes escandalosas veiculadas por uma imprensa sensacionalista.

b) *Condenação por crime cometido antes da vigência do livramento condicional*

A outra hipótese de revogação obrigatória é a condenação irrecorrível decorrente de *crime praticado antes do início do livramento.* É possível que a ação penal de um crime anteriormente praticado só atinja a decisão final irrecorrível quando o seu autor já se encontre em liberdade condicional por outra condenação.

A causa da condenação é anterior ao benefício. Não houve recaída no delito e tampouco revelação de desadaptação ao instituto da liberdade condicional. Por isso, o legislador foi mais complacente com essa hipótese, admitindo a *soma* de penas da nova condenação com a anterior. Se o liberado tiver cumprido quantidade de pena que perfaça o mínimo exigido no total das penas — incluído o período em que esteve solto —, continuará em liberdade condicional, ou, então, regressará à prisão, e assim que completar o tempo poderá voltar à liberdade condicional. As somas das penas, ao

114

contrário do que pensam alguns doutrinadores, devem ser da totalidade das penas aplicadas. O art. 84 do Código Penal não faz qualquer referência a "restante de pena", como imaginam referidos penalistas, e não cabe ao intérprete restringir o que a lei não restringe. Em realidade, a nova pena deve ser somada à que estava sendo cumprida, mas em sua totalidade. E, se o tempo de pena cumprido convalidar a concessão do livramento, a revogação não se operará. Não pode ser outra a interpretação da redação do dispositivo citado, que, aliás, já constava do Código de Processo Penal de 1942. Note-se que, quando se concedeu o livramento condicional, a infração referente à nova pena já havia ocorrido e, de regra, deve ser do conhecimento das autoridades da execução.

4.2. Causas de revogação facultativa

Ao lado das causas de revogação obrigatória (condenação irrecorrível), o Código Penal prevê outras hipóteses de revogação, contudo, facultativas. Ocorrendo uma das *causas facultativas,* o juiz poderá, em vez de revogar, advertir o liberado ou então agravar as condições do livramento. A gravidade da causa ocorrida, a situação penal do apenado e as consequências de seu comportamento são o que orientará o magistrado sobre a decisão a tomar.

A *primeira causa* de revogação facultativa ocorre se o liberado "deixar de cumprir qualquer das obrigações constantes da sentença". Mas quais seriam essas obrigações? Seriam aquelas condições *obrigatórias* contidas no art. 132, § 1º, da Lei de Execução Penal, ditas legais, e as *facultativas* previstas no § 2º do mesmo artigo, ditas judiciais, todas já examinadas. O descumprimento de alguma das condições impostas revela o espírito de rebeldia do liberado e demonstra que ele não está readaptado à vida social, já que foi incapaz de submeter-se às regras mínimas estabelecidas na sentença.

A *segunda causa* de revogação facultativa refere-se à "condenação, por crime ou contravenção, a pena que não seja privativa de liberdade". Para essa hipótese, é indiferente que a prática do crime ou da contravenção, que deu origem à nova condenação, tenha ocorrido antes ou durante a vigência do livramento.

A condenação por crime ou contravenção punidos com pena de multa ou restritiva de direitos é *causa facultativa* de revogação, porque se presume que se trata de conduta de menor censurabilidade e de consequências e repercussões igualmente menores. Contudo, a prática de nova infração penal, ainda que de natureza menos grave, indica a ausência de recuperação e pode aconselhar, teoricamente, a revogação do benefício.

O legislador da Reforma Penal de 1984 *incorreu* em evidente *esquecimento* ao não mencionar a "condenação por contravenção à pena privativa de liberdade" como causa de revogação facultativa. É notório o *esquecimento,* especialmente quando se constata que a contravenção punida com pena restritiva de direitos e multa foi arrolada como causa de facultativa revogação. Essa lamentável omissão levou alguns doutrinadores[27] a sustentar que tal omissão legal não pode ser suprida pelo juiz ou outra forma de interpretação, para levar à revogação do livramento. O equívoco é manifesto, principalmente quando se verifica na Exposição de Motivos que o legislador pretendeu estabelecer como causa facultativa de revogação a condenação por contravenção, independentemente da espécie de sanção aplicada (item 76). A melhor orientação, a nosso juízo, seguem, entre outros, Mirabete[28] e Dotti[29], os quais sustentam que seria um absurdo pensar que a aplicação de pena menos grave (restritiva de direitos e multa) constitua causa de revogação facultativa e não ocorra o mesmo quando for imposta pena mais grave (privativa de liberdade).

Se o apenado sofrer pena privativa de liberdade — sem substituição ou suspensão —, terá de cumpri-la. E essa obrigação, por si só, inviabiliza o livramento condicional, pela impossibilidade de cumprimento das condições impostas. É impossível cumprir duas penas ao mesmo tempo, ainda que uma seja fora da prisão. Essa interpretação é confortada pelo disposto no art. 76 do Código Penal, que determina que, em caso de concurso de infrações, deve ser cumprida em primeiro lugar a pena mais grave, que, no caso em exame, seria a pena privativa de liberdade imposta. A única exceção prevista para cumprimento simultâneo de duas penas é o caso de penas restritivas de direitos, "quando forem compatíveis entre si" (art. 69, § 2º, do CP).

Assim, a condenação à pena privativa de liberdade (prisão simples) por motivo de contravenção também poderá levar à revogação do livramento condicional.

---

27. Damásio, *Comentários ao Código Penal,* p. 732; Celso Delmanto, *Código Penal comentado,* cit., p. 135.
28. Julio Mirabete, *Execução penal,* cit., p. 353
29. Ariel Dotti, *As novas linhas do livramento condicional e da reabilitação,* p. 299.

5. Suspensão do livramento condicional

Embora nosso ordenamento jurídico preveja a revogação *somente* quando houver condenação irrecorrível, admite, contudo, a "suspensão do exercício do livramento" (art. 145 da LEP). Essa *suspensão* não se confunde com a *revogação*, porque esta é *definitiva* e aquela é *provisória,* e ficará no aguardo da decisão final sobre o novo crime, que, se for condenatória, aí, sim, determinará a obrigatória revogação do benefício. Porém, se houver a prática de crime durante o livramento, ainda que tenha havido a suspensão deste com a "prisão preventiva" do liberado, se o período de prova se extinguir antes que se tenha iniciado "a ação penal", não será possível prorrogar o livramento condicional. O apenado terá de ser posto em liberdade imediatamente e a pena estará extinta, porque decorreu todo o período de prova sem causa para sua revogação. Frise-se que o art. 89 do Código Penal só admite a prorrogação do período de prova se o liberado estiver respondendo a "processo", o que não se confunde com a simples prática de infração penal ou então com inquérito policial ou qualquer outro expediente ou procedimento administrativo. Daí a grande importância da distinção entre a simples "suspensão" e a "revogação" propriamente dita. Por isso, defendemos a possibilidade de o juiz fixar, como *condição judicial,* a obrigação de "não delinquir". Como *condição judicial* seria causa de revogação facultativa. Assim, o juiz, nas circunstâncias, com a tradicional e discricionária prudência, decidiria no caso concreto se deveria ou não revogar a liberdade condicional.

6. Efeitos de nova condenação

A confusa redação que recebeu o art. 88 do Código Penal, que praticamente repete o texto do art. 65 do Código Penal de 1940, pode gerar alguma perplexidade. Contudo, uma cuidadosa análise poderá torná-lo mais claro. Para sua melhor compreensão, recomenda-se que se dividam em quatro hipóteses possíveis os efeitos da condenação:

1) condenação irrecorrível por crime praticado antes do livramento;

2) condenação irrecorrível por crime praticado durante o livramento condicional;

3) descumprimento das condições impostas;

4) condenação por contravenção.

Examinêmo-las individualmente:

1) *Condenação irrecorrível por crime praticado antes do livramento condicional*

Nessa hipótese, o primeiro aspecto que chama a atenção é o fato de que o sentenciado, após a concessão da liberdade condicional, não praticou nenhum ato que o tornasse indigno desta. Na verdade, o sentenciado não concorreu, durante o livramento, para criar a situação que leva à revogação do benefício. Esta ocorre por circunstâncias alheias ao seu procedimento e ao uso que fez da liberdade provisoriamente conquistada.

Pelas circunstâncias referidas não serem reveladoras da atual condição do liberado e por independerem da vontade da conduta deste, a hipótese recebe *tratamento excepcional*:

a) terá direito à obtenção de novo livramento, mesmo em relação à pena que estava cumprindo. A proibição de obter novo livramento não se estende à hipótese de condenação por crime cometido antes da vigência do período de prova;

b) as duas penas podem ser somadas para efeito de obtenção de novo livramento. Como já referimos, somam-se as duas penas integralmente. Se o tempo cumprido, incluído o período em que esteve solto, possibilitar o livramento, este nem será revogado, pois o apenado já cumpriu tempo suficiente para obter a liberdade antecipada;

c) o tempo em que esteve em liberdade condicional é computado como de pena efetivamente cumprida. Isso é consequência natural da não concorrência direta e atual do liberado na causa revogatória. Por outro lado, durante o livramento o apenado fazia a sua parte, isto é, cumpria regularmente as condições impostas, em outras palavras, estava cumprindo corretamente a sua pena. Assim, é justo que esse tempo seja considerado de pena efetivamente cumprida.

2) *Condenação irrecorrível por crime praticado durante a vigência do livramento*

Essa hipótese é o *resultado do fracasso* da tentativa de possibilitar ao apenado o retorno antecipado ao convívio social. Aliás, como já afirmamos, na maioria das legislações, a simples prática de infração penal é suficiente para a revogação do benefício. A brasileira espera pela condenação definitiva para revogar o benefício. Nesse caso, os efeitos são mais drásticos — e nem poderia ser diferente:

a) impossibilidade de concessão de novo livramento em relação à mesma pena. Evidentemente que em relação à nova condenação, se for superior a dois anos, e após preencher todos os requisitos, poderá obter outra vez a liberdade antecipada. Contudo, a primeira pena, isto é, a anterior, terá de cumpri-la integralmente, e esse tempo não se somará à nova pena para a obtenção de novo benefício;

b) não se computa o tempo em que esteve solto, em liberdade condicional, como de pena efetivamente cumprida. Considera-se apenas o cumprimento efetivo, desprezando-se todo o período em que esteve submetido à prova. E o tempo a ser considerado para voltar a obter novo livramento condicional só pode se referir ao tempo referente à nova condenação e não ao da anterior.

3) *Descumprimento das condições impostas na sentença*

Nessa hipótese só haverá uma pena, a que estava sendo cumprida e que fora suspensa. A rebeldia do apenado obrigá-lo-á a cumpri-la integralmente, pois não poderá obter novo livramento em relação a essa pena e também não será considerado o tempo em que esteve submetido à prova (art. 142 da LEP).

4) *Condenação por contravenção penal*

Essa situação, que também poderá levar à revogação do livramento (art. 87 do CP), terá os mesmos efeitos que a revogação decorrente do descumprimento das condições: não será computado o tempo em que esteve solto e não poderá obter novo livramento em relação à mesma pena.

De todos os efeitos, o mais grave, sem dúvida, é a impossibilidade de voltar a beneficiar-se com um novo livramento em relação à mesma pena. A verdade é que, com a prática de crime durante o período de prova ou o descumprimento das condições impostas, o liberado *deixa de corresponder à expectativa que a sociedade alimentava* ao antecipar-lhe a liberdade. "Se o sujeito, censuravelmente, deu causa à perda de sua liberdade, não mais se lhe pode restituir tal condição, sob pena de intolerável renúncia ao dever de punir que é inerente ao Estado."[30] Se voltou a delinquir, perdeu a oportunidade que lhe fora concedida de livrar-se solto da pena e demonstrou que sua recuperação não havia sido atingida.

7. Prorrogação do livramento e extinção da pena

Outra vez a redação utilizada pela Reforma Penal — tanto no Código Penal como na Lei de Execução Penal — peca pela falta de clareza. O art. 90 do Código Penal e o art. 146 da Lei de Execução Penal afirmam que, se até o término do período de provas o livramento condicional não tiver sido revogado, considerar-se-á extinta a pena privativa de liberdade. A precisão desses dois dispositivos não impede que se choquem com a nebulosa redação do art. 89 do Código Penal, que dispõe, *in verbis*: "O juiz não poderá declarar

---

30. Reale Júnior, Ariel Dotti, Antunes Andreucci e Moraes Pitombo, *Penas e medidas de segurança no novo Código*, Rio de Janeiro, Forense, 1985, p. 256.

extinta a pena, enquanto não passar em julgado a sentença em processo a que responde o liberado, por crime cometido na vigência do livramento". Mas, então, o que acontecerá com o livramento? O ordenamento jurídico não diz, nem o Código Penal, nem a Lei de Execução Penal. Os doutrinadores têm sustentado que haverá *prorrogação do livramento* enquanto estiver correndo processo por crime cometido durante a vigência daquele. Esclarecem, imediatamente, que *se prorroga somente o período de provas*, até decisão final, que, se for condenatória, revogará o livramento. As condições impostas — afirmam — não subsistirão[31]. Mas, afinal, que livramento condicional é esse sem nenhuma condição? Em realidade, não há prorrogação de livramento nenhuma. Apenas, diz a lei, não pode ser declarada extinta a pena privativa de liberdade, pois, se houver condenação, será revogada a liberdade condicional que estava suspensa, e o tempo correspondente ao período de prova não será considerado de pena cumprida.

Era mais feliz o Código de Processo Penal (art. 733), que previa a extinção da pena, desde que tivesse expirado o prazo do livramento condicional sem revogação ou "que o liberado tivesse sido absolvido por infração cometida durante a vigência daquele". Contudo, o capítulo do Código de Processo Penal que trata do livramento condicional foi revogado pela Lei de Execução Penal (art. 204), que regulou integralmente aquele instituto.

Já em relação a processo por crime ocorrido antes da vigência do livramento, a situação é outra. As consequências são diferentes. Em primeiro lugar, como já afirmamos, o tempo em que o liberado esteve submetido à prova é considerado de pena efetivamente cumprida. Assim, chegando ao término do período de prova, deverá ser declarada extinta a pena, mesmo que o novo processo continue em andamento, pois, ainda que haja condenação, a pena anterior já estará cumprida. Não teria sentido, pois, "prorrogar" o período de prova.

Enfim, a denominada "prorrogação do livramento" somente poderá ocorrer em casos de processos por crimes praticados durante a vigência do período de prova. Tal efeito não se estende à prática de contravenções. Por outro lado, também não permanecem as condições impostas na sentença, quer sejam as legais, quer sejam as judiciais. O marco decisivo da extinção da pena é o limite do período de prova, e não a data da declaração pelo juiz, que não tem natureza constitutiva.

---

31. Celso Delmanto, *Código Penal comentado*, cit., p. 136.

CONFISCO DE BENS TRAVESTIDO DE EFEITO DA CONDENAÇÃO | VI

Sumário: 1. Inconstitucionalidade do art. 91-A (art. 5º, XLV). 1.1. Ilegalidade e inconstitucionalidade do confisco de bens de terceiros 1.2. Indispensável instrução paralela e forma procedimental desse confisco do art. 91-A. 2. Distinção entre "confisco-pena" e "confisco-efeito da condenação". 2.1. Limites inexistentes no "confisco" previsto no art. 91-A. 3. Natureza jurídica dessa expropriação sem causa material. 4. Uma indispensável instrução paralela sobre a origem dos bens. 5. Alguns confusos aspectos procedimentais nos casos "suspeitos".

1. Inconstitucionalidade do art. 91-A (art. 5º, XLV)

Nesse dispositivo legal, o legislador contemporâneo, com a Lei n. 13.964, de 24 de dezembro de 2019, introduziu no Código Penal o art. 91-A, e, mais uma vez, *disfarçadamente*, adota o inconstitucional "confisco de bens e valores" travestido, nessa hipótese, como se fora "efeito da condenação", *a perda,* como produto ou proveito do crime, "dos bens correspondentes à diferença entre o valor do patrimônio do condenado e aquele que seja compatível com o seu rendimento lícito". Vejamos o conteúdo integral desse dispositivo legal, *verbis*: "Art. 91-A. Na hipótese de condenação por infrações às quais a lei comine pena máxima superior a 6 (seis) anos de reclusão, poderá ser decretada a perda, como produto ou proveito do crime, dos bens correspondentes à diferença entre o valor do patrimônio do condenado e aquele que seja compatível com o seu rendimento lícito. § 1º Para efeito da perda prevista no *caput* deste artigo, entende-se por patrimônio do condenado todos os bens: I — de sua titularidade, ou em relação aos quais ele tenha o domínio e o benefício direto ou indireto, na data da infração penal ou recebidos posteriormente; e II — transferidos a terceiros a título gratuito ou mediante contraprestação irrisória, a partir do início da atividade criminal".

E faz, a seguir, em seu § 1º e incisos, uma espécie *sui generis* de "interpretação autêntica" do que deve ser entendido como "patrimônio do

121

condenado", ou seja, não se trata, propriamente, de "produto ou proveito do crime", o que, se fosse verdadeiro, em nosso sistema jurídico-constitucional legitimaria tal *confisco*. Com efeito, o texto do § 1º do referido art. 91-A destaca que: "Para efeito da perda prevista no *caput* deste artigo, entende-se por patrimônio do condenado todos os bens: de sua titularidade, ou em relação aos quais ele tenha o domínio e o benefício direto ou indireto, na data da infração penal ou recebidos posteriormente; e transferidos a terceiros a título gratuito ou mediante contraprestação irrisória, a partir do início da atividade criminal". Na primeira oportunidade, o legislador, lá no passado com a Lei n. 9.714/98, *sorrateiramente*, criou duas *penas alternativas inconstitucionais*, uma delas, aberrantemente inconstitucional, qual seja, a "perda de bens e valores", em, digamos, *doses homeopáticas*, assim tipo experimental, tateando, se pegar pegou, começando com penas alternativas. Nessa primeira experiência, o legislador pareceu meio inseguro, procurando esconder-se, constrangido, por trás de *penas alternativas*, cujos danos, em tese, não seriam assim tão graves. Enfim, iniciou com medidas de *pequeno porte*, algo do tipo para não chamar muita atenção, procurando apenas ganhar terreno, perscrutando a fertilidade da área a operar.

Nessa oportunidade, isoladamente, *levantamos* doutrinariamente *essa* acanhada *inconstitucionalidade* em uma monografia (*Penas alternativas*)[1], *no âmbito acadêmico,* abordando as então denominadas "novas penas alternativas". Agora, no entanto, com mais desenvoltura, parece que o legislador contemporâneo com a Lei n. 13.964/2019, "perdeu a modéstia", parodiando, de certa forma, Nelson Rodrigues, criou uma *inconstitucionalidade absurdamente grave*, nunca dantes experimentada nesta maltratada República latino-americana. Na verdade, a pretexto de alterar alguns dispositivos do Código Penal, além de outros diplomas legais, o legislador desrespeita a carta constitucional, invade a privacidade dos cidadãos, viola garantias constitucionais, inclusive o sigilo bancário-fiscal e, sem causa justa, chafurda a vida pregressa, revolve as declarações de imposto de renda, cria o mais escancarado e ilegal "confisco de bens e valores" do cidadão, procurando acobertá-lo sob a denominação de "efeitos da condenação", *mesmo sem qualquer vínculo com determinada infração penal específica, a que porventura alguém possa ter sido condenado.* Em outros

---

1. Cezar Roberto Bitencourt, *Penas alternativas*, 5ª ed., São Paulo, Saraiva, 2017.

termos, usa eventual condenação por qualquer crime como desculpa para realizar as invasões e violações suprarreferidas, injustificadamente, inclusive incorrendo em *inconstitucionalidade*, como estamos demonstrando.

Dito de outra forma, insere no âmbito do direito penal, que é sancionador, preventivo e garantista, matéria de *direito fiscal-tributário*, para "confiscar patrimônio individual", mesmo sem relação com eventual condenação por qualquer crime a pena superior a seis anos, atribuindo, ilícita e imoralmente, a denominação inverídica e falaciosa de "produto ou proveito" de crime, sem exigir qualquer vínculo ou relação com o crime da condenação. Nem a *Receita Federal* tem esse direito de, sem causa efetiva, vasculhar o passado, a privacidade e o patrimônio de qualquer cidadão, a pretexto de obrigá-lo a comprovar, aleatoriamente, o seu patrimônio, principalmente ante a inexistência de vínculo com alguma infração penal a que, porventura, possa ser condenado.

Trata-se, na verdade, da odiosa "pena de confisco", que, de há muito, foi proscrita do direito penal moderno, inclusive com previsão expressa em textos constitucionais, para assegurar sua extirpação para sempre dos Estados democráticos de direito, como pretende ser a República Federativa do Brasil. O legislador atual, provavelmente, *induzido a erro* por alguns, digamos, "mais letrados", aprova um autêntico "confisco de bens", com a seguinte locução, *verbis*: "poderá ser decretada a perda, como produto ou proveito do crime, dos bens correspondentes à diferença entre o valor do patrimônio do condenado e aquele que *seja compatível com o seu rendimento lícito*" (*caput* do art. 91-A). De notar-se que não se trata, como deveria, de *produto ou proveito do crime*, como prevê, corretamente, o artigo anterior, o de n. 91, do mesmo diploma legal.

Sob essa disfarçada e eufemística expressão "perda de bens", a *liberal Constituição cidadã*, em verdadeiro retrocesso, criou a possibilidade dessa suposta pena, que serve para *disfarçar verdadeiros confiscos de bens*, a exemplo do que ocorreu com esse recente diploma legal, figura já extirpada das modernas constituições dos países ocidentais, de um modo geral. Os ilustres e democratas constituintes não tiveram a coragem de denominá-la corretamente: *pena de confisco*! O Código Penal brasileiro de 1940 não o consagrava e a própria Constituição de 1969 (art. 153, § 11) o proibia, restando somente, como *efeitos da condenação*, o *"confisco dos instrumentos e produtos do crime"*, em determinadas circunstâncias. O próprio

Carrara[2] (1805-1888), a seu tempo, já afirmava que o "confisco de bens é desumano, impolítico e aberrante". Aliás, até a Constituição paraguaia de 1992, muito mais democrática que a nossa, em seu art. 20, proíbe o *confisco de bens*, como sanção criminal.

Aliás, cumpre destacar que a Emenda Constitucional n. 1, de 17 de outubro de 1969 (Constituição de 1969), em art. 153, § 11, destacava expressamente que: "Não haverá pena de morte, de prisão perpétua, de banimento, ou confisco". Veja-se que aquela Constituição dos denominados "anos de chumbo" não apenas consagrou a *proibição do confisco*, mas também o equiparou, em termos de danosidade social e importância, aos direitos e às garantias fundamentais, a *"pena de morte, de prisão perpétua e de banimento"*! Essa garantia de "proibição ao confisco" integra-se ao consagrado *princípio da personalidade da pena* (que não pode passar da pessoa do condenado), igualmente assegurado na atual Constituição Federal (art. 5º, XLV), somando-se à garantia da *função social da propriedade* (art. 5º, XXIII), todos princípios que se complementam e completam *a proibição da pena de confisco*, ainda que transvestido de outros institutos jurídicos, *v.g.*, "efeitos da condenação" ou "perda de bens", como fez o legislador contemporâneo. *A pena, repetindo, não pode passar da pessoa do condenado!*

A *função social da propriedade,* por sua vez, é reconhecida pela Constituição Federal, em seu art. 5º, XXIII, no qual declara que "a propriedade atenderá a sua função social", e, no inciso anterior, garante o direito de propriedade (XXII). O constituinte brasileiro, pela importância que atribui a esses dois direitos-garantias, volta a reafirmá-los no art. 170, II e III, quando disciplina "os princípios da ordem econômica", nos seguintes termos: "A ordem econômica, fundada na valorização do trabalho humano e na livre-iniciativa, tem por fim assegurar a todos existência digna, conforme os ditames da justiça social, observando" (170), dentre outros, *os princípios da propriedade privada (II) e da função social da propriedade* (III). Prosseguindo, nessa linha, no capítulo relativo "à política urbana", o constituinte, igualmente, insere o *princípio da função social da propriedade* concernente à propriedade urbana no art. 182, § 2º, destacando que "a propriedade urbana cumpre sua função social quando atende às exigências expressas

---

2. Francesco Carrara, *Programa de Derecho Criminal*, Bogotá, Temis, 1979, v. 2, p. 133.

no plano diretor". O constituinte desincumbiu-se, igualmente, de disciplinar a função social da *política agrícola e fundiária*, no art. 186 e respectivos incisos da Carta Magna.

Da mesma forma, o constituinte, para assegurar a garantia da *função social da propriedade rural*, determinou no *caput* do art. 184 que: "Compete à União desapropriar por interesse social, para fins de reforma agrária, o imóvel rural que não esteja cumprindo sua função social, mediante prévia e justa indenização em títulos da dívida agrária, com cláusula de preservação do valor real, resgatáveis no prazo de até vinte anos, a partir do segundo ano de sua emissão, e cuja utilização será definida em lei".

O Código Civil, por sua vez, disciplinou o direito de usar, gozar e dispor da propriedade no art. 1.228, nos seguintes termos: "O proprietário tem a faculdade de usar, gozar e dispor da coisa, e o direito de reavê-la do poder de quem quer que injustamente a possua ou detenha". Em seu § 1º, complementa a obrigação de exercê-lo observando as finalidades econômicas e sociais, preservando a flora, a fauna, as belezas naturais, o equilíbrio ecológico e o patrimônio histórico e artístico, bem como evitando a poluição do ar e das águas. Em outros termos, a *função social da propriedade* está disciplinada de forma abrangente no ordenamento jurídico brasileiro, quer no âmbito constitucional, quer no âmbito infraconstitucional, sem, contudo, definir, com segurança, o que realmente significa esse poderoso princípio da "função social da propriedade", por vezes, tão maltratado no meio sociojurídico.

A má utilização da terra e do espaço urbano gera violência e injustiça e, ao mesmo tempo, desatende a tão desejada *função social constitucional da propriedade*. O instituto da *desapropriação* para finalidade social, devidamente fundamentada, deve auxiliar e preencher o desiderato da justa utilização dos bens para tal finalidade. Mas não se pode, de forma alguma, fora das hipóteses previstas em lei, ver *a função social da propriedade como uma limitação ao direito desta*. A *função social*, a rigor, relaciona-se com a própria propriedade, no sentido de ela própria ser vista como operativa, utilitária e servindo em benefício da sociedade, mesmo que seja somente em benefício do próprio proprietário, que também é um *ser social* e merece ser atendido pela função social da propriedade, especialmente daquela que é sua.

O que desatende efetivamente essa *função social* é o abandono, o mau uso ou desuso da propriedade ou mesmo o seu uso para fins criminosos.

125

Nesses casos, como ocorre, por exemplo, na hipótese de *crime de trabalho escravo* ou *tráfico de entorpecentes*, observando-se adequada e comprovadamente o uso da propriedade como meio para a prática de crime pode ser *sequestrada*.

Enfim, o constituinte brasileiro de 1988 tergiversou nesse tema e autorizou a "perda de bens", ou seja, não se omitiu e instituiu mais uma "fonte de arrecadação", despreocupando-se com o mau uso que o legislador convencional poderia fazer e está fazendo, ou seja, usando a locução "perda de bens" para realizar verdadeiros confiscos, sem causa, como acaba de fazer no art. 91-A, que ora examinamos. Nesses casos, considerando "efeitos da condenação", por vezes, o legislador infraconstitucional descuida-se e ultrapassa o limite do permitido, do razoável e, não raramente, ultrapassa as barreiras do constitucionalmente permitido, prejudicando os cidadãos contribuintes, desnecessariamente, caracterizando *verdadeiros confiscos*, ainda que com roupagem de legalidade.

1.1. Ilegalidade e inconstitucionalidade do confisco de bens de terceiros

Deve-se destacar, ademais, que o legislador aqui está *confiscando também o patrimônio de terceiros*, sem qualquer notificação ou intimação dessa violência estatal, e tampouco sugere a necessidade de algum envolvimento no fato delituoso, ignorando seus direitos, e, inclusive, a forma como adquiriram referido patrimônio. E, o mais grave, sem oportunizar direito à defesa, garantia, segurança ou qualquer contraprestação, bem como mecanismo jurídico para, pelo menos, para assegurar-lhes direito de regresso. Essa inconstitucionalidade, neste aspecto, é incontestável.

Aliás, com tantas questões interessantes decorrentes do acréscimo deste art. 91-A ao Código Penal, altamente questionável, a *I Jornada de Direito Penal e Processo Penal* limitou-se a elaborar o enunciado n. 15, nos seguintes termos: "Para fins de aplicação do art. 91-A do Código Penal, cabe ao Ministério Público, e não à Defesa, a comprovação de incompatibilidade entre o patrimônio e os rendimentos lícitos do réu". A despeito de sua importância, é muito pouco pela relevância das consequências que referido dispositivo legal trouxe para o ordenamento jurídico-penal brasileiro, como, por exemplo, a forma procedimental desse "confisco", meios de provas, sua instrumentalidade etc. Mas esses aspectos, precisamos abordar em tópico separado, logo em seguida a este voltaremos a este assunto.

1.2. Indispensável instrução paralela e forma procedimental desse confisco do art. 91-A

O legislador brasileiro pouco afeito a processo e procedimento, particularmente, a distinção entre ambos, limita-se a criar novos institutos, novas restrições ao direito de liberdade, sem, contudo, preocupar-se com a forma procedimental, com o seu processamento e, principalmente, com o exercício da indispensável ampla defesa do acusado, ignorando que vivemos em um Estado Democrático de direito.

Na previsão desse *confisco especial de bens* — sem qualquer vínculo com a infração penal — o legislador limitou-se a dispor no § 3º do art. 91-A que, "a perda prevista neste artigo, deverá ser requerida expressamente pelo "Ministério Público, por ocasião do oferecimento da denúncia, com indicação da diferença apurada". Complementa esse mandamento legal no § 4º, determinando que o juiz deverá declarar, na sentença, o valor da diferença apurada, além de especificar os bens cuja perda for decretada.

Mas como será o procedimento, como se efetuará o seu processamento, como se notificará a defesa, como e quando ela será feita etc. E quando envolver *patrimônio de terceiros*, como será o procedimento, citação, defesa etc.? Não há absolutamente nada na lei, a despeito de ser uma grande péssima novidade no âmbito criminal. Refere, apenas, que essa "perda" será requerida, expressamente "por ocasião do oferecimento da denúncia". Tampouco disse que referido pedido deverá constar da denúncia, mas apenas que deverá ser requerida "por ocasião do oferecimento da denúncia", que são coisas diferentes. Consequentemente, deverá ser objeto de petição em separado, distribuída, concomitantemente, com a denúncia, e autuada em autos apartados, apensos aos principais.

Ademais, a despeito da omissão do legislador, algumas premissas são determinantes, dentre as quais, destacamos as seguintes: a) não pode integrar a própria denúncia; b) mas deve ser ofertada no mesmo prazo; c) necessariamente deverá ser autuada em separado, embora apensa aos autos da ação penal; d) o prazo para resposta da defesa não pode ser coincidente com o prazo da defesa, considerando-se que o Ministério Público, além de não especificar a prova, junta milhares de páginas e arquivos com a denúncia, inviabilizando o exercício da ampla defesa, no exíguo prazo de dez dias; e) determinação de intimação do eventual terceiro envolvido pela inicial de confisco de seus bens, assegurando-lhe sua defesa processual no procedimento próprio e, na sua ausência, a possiblidade de embargos de terceiros.

Embora pareça que o legislador tenha tentado inverter o ônus da prova pelo texto do § 2º, o que redundaria em abusiva e intolerável inconstitucionalidade, resultou, portanto, sem qualquer sentido. É inegável que o *ônus da prova* cabe à acusação, aliás, sem prova básica (indícios veementes), principalmente documentais, pré-constituídos, a inicial não pode sequer ser recebida, pelo magistrado, juntamente com a denúncia. Não se admite "achismo" ou simples alegação de evolução patrimonial para justificar a propositura inicial junto com a denúncia. Aliás, nesse sentido, também foi a preocupação manifestada pela I Jornada de Direito Penal e Processual Penal, em seu enunciado n. 15, nos seguintes termos: "para fins de aplicação do art. 91-A do Código Penal, cabe ao *Ministério Público*, e não à Defesa, a comprovação de incompatibilidade entre o patrimônio e os rendimentos lícitos do réu".

2. Distinção entre "confisco-pena" e "confisco-efeito da condenação"

O produto de uma sanção penal — pena criminal de natureza pecuniária — *destina-se* ao *Fundo Penitenciário Nacional*, assim como, *v.g.*, o produto da pena de multa, ao contrário da "prestação pecuniária", que, já afirmamos repetidamente em nosso *Tratado de Direito Penal*, ou mesmo em outras obras, tem *caráter indenizatório*. O *objeto* desse "confisco" do art. 91-A, no entanto, não serão os *instrumentos* ou *produtos do crime*, como ocorre no confisco-efeito da condenação" constante do art. 91, propriamente, mas é o próprio *patrimônio do condenado*, em qualquer crime com pena superior a seis anos, mesmo que não seja daqueles praticados contra a Administração Pública. Cuida-se, dito em bom português, de *locupletação indevida dos cofres públicos*, nesses casos, para não usar um termo mais forte, ou, como dizia, com muita propriedade, Basileu Garcia, inconformado com a destinação do produto arrecadado com a pena pecuniária. Após afirmar que a pena de multa não sobrecarrega o Estado, mas, ao contrário, "abastece as arcas do Tesouro Nacional", sentencia: "percebe-se, porém, certa nota de imoralidade nesse enriquecimento do Estado às expensas do crime, que lhe compete prevenir, dir-se-ia que se locupleta invocando a sua própria ineficiência, para não mencionar a sua própria torpeza, conforme brocardo proibitivo. Daí — prossegue Basileu Garcia — a impreterível

128

necessidade de se canalizarem os proventos originários dessa fonte impura unicamente para as salvadoras funções de prevenção geral e especial, buscando com eles atenuar a criminalidade e sanar as chagas deixadas por esse flagelo no organismo social"[3].

Ademais, o objeto desse novo "confisco" previsto pelo art. 91-A *não é o produto ou proveito do crime*, o que seria mais do que razoável (como já prevê o art. 91), além de inconstitucional, mas sim "os bens correspondentes à diferença entre o valor do patrimônio do condenado e aquele que seja compatível com o seu rendimento lícito", segundo valoração do judiciário, portanto, *independentemente de qualquer vínculo ou relação com o crime pelo qual fora condenado!* Trata-se, repetindo, de absurdo e inconstitucional *confisco de bens* do cidadão, sem causa legítima. O que será isso, essa "perda de bens", *senão um autêntico, odioso e vergonhoso confisco do patrimônio do cidadão sem justa causa,* na medida em que não é *produto* nem *proveito* do crime, visto que não condiciona a essa circunstância, apenas adota como motivação a condenação, por qualquer crime, a pena superior a seis anos?

Há, basicamente, três distinções entre "confisco-pena" e "confisco-efeito da condenação": 1ª) o *confisco-efeito* destina-se à *União*, como receita não tributária, enquanto o *confisco-pena* destina-se ao *Fundo Penitenciário Nacional*; 2ª) o objeto do *confisco-efeito* são os *instrumentos* e *produtos do crime* (art. 91, II, do CP), enquanto o objeto do *confisco-pena* é o *patrimônio* pertencente ao condenado (art. 45, § 3º, e agora 91-A do CP); 3ª) o *confisco-pena* é limitado pelo princípio da *personalidade da pena*, enquanto o *confisco-efeito* da condenação pode ultrapassar a pessoa do condenado, para atingir seus herdeiros ou sucessores, desde que não seja *travestido de efeito da condenação*, como é o caso desta previsão do art. 91-A.

Com efeito, a finalidade do *confisco-pena* não é, lamentavelmente, nem a *reparação do prejuízo causado* pela infração penal, nem a eliminação do *proveito obtido com o crime*. Esses dois fatores — *prejuízo causado e proveito obtido com o crime* — servem apenas de parâmetro para o cálculo do *quantum* a confiscar. No entanto, a previsão constante do novel dispositivo

---

3. Basileu Garcia, *Instituições de Direito Penal*, 6ª ed., São Paulo, Max Limonad, 1982, v. 1, t. 2, p. 506.

(art. 91-A), ora combatido, não tem nenhum desses dois parâmetros para servir de baliza, e, principalmente, de fundamento do quanto a confiscar e de quem confiscá-lo, daí a sua flagrante *inconstitucionalidade,* pois também pode servir para "aniquilar" desafetos pessoais, do próprio regime político ou mesmo do criminoso, ou seja, do inimigo da lei, da ordem jurídica ou da sociedade. Ademais, referido *confisco* tampouco tem fundamento jurídico--constitucional, além de antiético e imoral, pois o Estado apenas aproveita--se da oportunidade de alguém ser condenado por qualquer crime, inclusive crime passional, cuja pena máxima seja superior a seis anos, *para locupletar-se indevida e imoralmente*, configurando autêntico confisco-pena, proscrita das democracias contemporâneas, pelos fundamentos que exporemos adiante.

2.1. Limites inexistentes no "confisco" previsto no art. 91-A

A "pena-confisco" da lei anterior (9.714/98), pelo menos, tentando minimizar sua aberração e inconstitucionalidade, ao contrário dessa lei atual, apresenta dois limites: 1º) *limitação do* quantum *a confiscar* — estabeleceu-se, como teto, o maior valor entre o *montante do prejuízo causado* ou *do proveito obtido* com a prática do crime; 2º) *limitação em razão da quantidade de pena aplicada* — esta sanção somente pode ser aplicada na hipótese de condenações que não ultrapassem o limite de quatro anos de prisão. E somente caberá essa pena de "perda de bens e valores" quando for possível a *substituição* da pena privativa de liberdade por pena restritiva de direitos, segundo a previsão do art. 45 e seus parágrafos. Como se trata de sanção penal, não será admissível *interpretação extensiva*, quer para aplicá-la em condenação superior a quatro anos, quer para aplicá-la em condenação de até quatro anos que não satisfaça os requisitos legais da *substituição*.

O "novo confisco" não tem nenhum parâmetro, seja da limitação do quanto a confiscar, seja quanto à natureza do produto a ser confiscado, visto que todo ele *não é vinculado à infração penal* pela qual o sujeito foi condenado (natureza, espécie ou gênero). Ademais, como proceder à *apuração do patrimônio lícito* ou separá-lo daquele que as autoridades repressoras *consideram mal havido*? E cujos cálculos e avaliações de patrimônios passados são sempre exasperados contra os cidadãos condenados ou não, como se constata na *praxis* do sistema público brasileiro.

130

Logicamente, a apuração dessa suposta diferença tem que ser sob os auspícios do Poder Judiciário e do contraditório, mas seria feito uma instrução paralela à instrução criminal? Seria nos próprios autos, ou seria em autos apartados? Haveria contraditório específico sobre essa parte patrimonial, com instrução específica paralela ao processo criminal, ou como se faria? Haveria necessidade indeclinável de perícia fiscal-contábil, no mínimo, sendo inadmissivel o simples "achismo"!

Necessariamente deverá ser apurado em autos apartados, com instrução e contraditório assegurados, além da existência indispensável de perícia indicada pelo próprio investigado, enquanto não for declarada a sua inconstitucionalidade. Logicamente, porque essa apuração não poderá fugir do contraditório dentro do devido processo legal, no qual se permita a mais ampla e legítima defesa, fora do espectro da seara criminal, pois de crime não se trata e tampouco de produto dele, como deixa claro o dispositivo legal, mas do "patrimônio do condenado" (§ 1º), pelo simples fato de ter sido condenado em crime cuja pena máxima cominada é superior a seis anos de reclusão. Inegavelmente, não poderá ser realizada dentro da própria ação penal, que tem suas próprias regras e determinadas limitações. Precisa-se, ademais, permitir a celebração de acordo, da parte condenada, se o for, com a receita federal, ainda que representada pelo Ministério Público.

3. Natureza jurídica dessa expropriação sem causa material

Essa previsão legal configura, a rigor, verdadeira *expropriação abusiva*, ilegítima e *sem causa justa*, pelo Estado, de alguém condenado, por qualquer crime, mesmo que não lhe tenha rendido qualquer proveito econômico ou produzido nenhum prejuízo a ninguém! Demanda, necessariamente, se for superada eventual inconstitucionalidade, profunda reflexão dos *experts* nos próximos meses, quiçá anos, para entenderem esse fenômeno ignóbil e inadmissível em um Estado constitucional e democrático de direito, pois configura verdadeira expropriação ilegal, decorrente de mera presunção legal, que, pelo menos, é *juris tantum*.

Legislação especial pode, relativamente ao confisco penal, dar-lhe destinação diversa do Fundo Penitenciário Nacional. O art. 243 da Constituição Federal, por exemplo, prevê a *expropriação de glebas de terras* destinadas ao cultivo de drogas, destinando-as ao assentamento de colonos sem-terra, ou a *inconstitucional Medida Provisória n. 1.713/98* (hoje Lei n. 9.804/99), que alterou o art. 34 da antiga Lei n. 6.368/76, para permitir a apreensão e o leilão de bens relacionados com o tráfico de drogas. Mas, nesse caso, já haverá um crime grave, e a previsão legal refere-se ao produto desse crime, que, naturalmente, será alcançado pela previsão do art. 91 do Código Penal, não sendo o caso do novo artigo que ora examinamos.

4. Uma indispensável instrução paralela sobre a origem dos bens

Nos §§ 2º a 5º do art. 91-A, o legislador esboça uma tentativa de *criar* um certo "contraditório" para *apurar* a "perda-confisco" de *suposto* "produto ou proveito do crime". Segundo o texto legal, "dos bens correspondentes à diferença entre o valor do patrimônio do condenado e aquele que seja compatível com o seu rendimento lícito" (*caput* do referido artigo), segundo a ótica do Ministério Público. Essa *suposição* é tentada explicar pelo próprio legislador nos dois incisos do § 1º do art. 91-A, no qual se afirma que "entende-se por patrimônio do condenado todos os bens: I — de sua titularidade, ou em relação aos quais ele tenha o domínio e o benefício direto ou indireto, na data da infração penal ou recebidos posteriormente; e II — transferidos a terceiros a título gratuito ou mediante contraprestação irrisória, a partir do início da atividade criminal".

Com essa locução "entende-se por patrimônio do condenado", constante do *caput,* o legislador institui uma *ficção*, uma *suposição*, faz uma interpretação considerando ser algo que, concretamente, não é real, não é verdadeiro, não ocorre. É equivocada a utilização da locução "entende-se por patrimônio do condenado" na medida em que o legislador faz uma *interpretação hipotética*, cria uma *presunção legal*, embora reconheça que necessitará de demonstração fático-concreta, sobre o que seriam, efetivamente, esses "bens do condenado", dependente, logicamente, de procedimento instrutório exitoso. Mas o legislador, a despeito de tudo, "considera", antecipadamente, patrimônio do condenado e, o mais grave, *presume* mal havido, ou seja, havido ilicitamente, sem prova de nada e sem vínculo com o crime, bastando tratar-se de crime com *pena superior a seis anos de reclusão.* Para determinar esse "confisco", seria indispensável que resultasse desse crime produto ou proveito pelo agente, o que não ocorre pela previsão legal, tanto que determina uma "revisão histórica" do seu patrimônio anterior, sem nenhuma conexão com referida infração penal, o que é gravíssimo, senão inconstitucional.

132

Por outro lado, o fato de o legislador *"entender" como se fosse "produto ou proveito" do crime* não o torna, concretamente, produto ou proveito de tal infração penal. Com efeito, quando o legislador utiliza-se de uma *linguagem comparativa*, de *suposição* ou puramente conceitual, como o fez no § 1º e em seus dois incisos, além de não ser verdadeiramente o que o legislador *supõe ser*, representa a prova provada de que não é o que o legislador diz ser, ou seja, não é produto nem proveito do crime. Não se pode determinar, convenhamos, *sequestro ou perda de bens* em favor do Estado ou de terceiros por mera *presunção legal*, mas deve, necessariamente, decorrer da própria infração penal produto ou proveito do crime, demonstrado pela investigação criminal que sustenta uma denúncia. Afinal, ser ou não ser patrimônio ilícito do agente necessita decorrer de infração penal comprovada, e, sendo, não tem o legislador que "entender ou não entender" lícito ou ilícito, por *presunção legal*, isto é, *presumir ilícito* tão somente pela quantidade de pena cominada ao crime, mas deve ser, necessariamente, decorrência do crime. Convenhamos que a gravidade da pena cominada não é um critério adequado para o legislador concluir sobre a licitude ou ilicitude da totalidade ou parcialidade do patrimônio de alguém, para confiscá-lo.

E, inexplicavelmente, o mesmo fato delituoso, se tiver cominação de pena máxima não superior a seis anos, não será "considerado" ilícito na parcela do *patrimônio do condenado* e não recairá sobre ele essa injustificável e injustificada *suspeita* sobre a origem do seu patrimônio. Afinal, que critério absurdo e desproposital é esse? O único fundamento, e ao mesmo tempo pressuposto, *iuri et de iuri*, é a pena cominada ser superior a seis anos de reclusão. Só! Sabidamente se trata de uma *construção engenhosa*, infundada, irracional e geradora de grande insegurança jurídica desse diploma legal, além de sua inconstitucionalidade , pois configura *confisco-pena*. Portanto, é absolutamente equivocada essa "interpretação" *ex vi legis* do que seja *patrimônio ilícito* (ou lícito) do denunciado, e, principalmente, em casos nos quais o crime não produza proveito para si ou dano material para alguém, cujo definidor seja, simplesmente, a pena máxima superior a seis anos de reclusão.

Além disso, *a contrario sensu*, nos demais crimes com pena não superior a seis anos o patrimônio do condenado não será "considerado" ilícito, isto é, estará fora da "suspeita" do legislador! Nesses casos, não haverá *suspeita* sobre a licitude do patrimônio do condenado? Legalmente, não.

Vejamos o ridículo dessa *presunção legal*, imoral e equivocada e a que absurdos pode chegar: imagine-se um *crime de furto*, cuja pena é de um a quatro anos de reclusão. Pela pena cominada está excluído desse ridículo confisco-pena (não se fala daquele do art. 91, lógico)! No entanto, o mesmo *crime de furto*, com um simples rompimento de obstáculo (força uma entrada ou derruba uma tábua qualquer, para a subtração), será "furto qualificado", cuja pena máxima será de oito anos de reclusão e, consequentemente, caberá o malfadado confisco! Qual é, afinal, o fundamento ético, moral, político, jurídico ou sociológico da previsão desse confisco de bens senão apenas abastecer a Arca do Tesouro Nacional!

Por que, afinal, essa diferença de tratamento das pessoas, apenas pela quantidade de pena de eventual crime? Não seria melhor investigar primeiro, como sempre se fez, sem *presumir* antecipadamente, por lei, sobre a licitude ou ilicitude do patrimônio de eventual infrator? Ora, ocorridos os fatos, investiga-se, *sem presumir*, antecipadamente, a ilicitude de todo patrimônio para efeito da *perda* prevista no *caput* do artigo. Realizada a investigação devida, conclui-se: a final, é ou não é patrimônio lícito do agente e, sendo, não tem que o legislador "entender ou não entender" ser seu patrimônio, para efeito dessa *perda* (confisco), pois aqui não é questão do "ser ou não ser", como sugere a lendária dúvida *shakespeariana* no personagem de *Hamlet*. Ou é lícito o patrimônio ou não, de acordo com a prova produzida, *sem presunção legal*, como exige o direito penal da culpabilidade em um Estado constitucional e democrático de direito. Sendo ilícito, apura-se, nesse caso, independentemente da quantidade de pena cominada, cabendo a *perda de bens*, aliás, como previsto corretamente no artigo anterior, o 91 do Código Penal.

Por outro lado, o fato de ser patrimônio do acusado não legitima o legislador a autorizar o "seu confisco" travestido de "perda de bens" somente por responder por qualquer crime que tenha pena cominada superior a seis anos de reclusão. No entanto, é legítima a *perda* em favor da União do produto ou proveito do crime, ressalvado o direito do lesado ou do terceiro de boa-fé, em quaisquer crimes que resultarem comprovados. Com efeito, nesse sentido, o art. 91 do Código Penal autoriza, corretamente, a perda em favor da União do produto ou proveito do crime (art. 91, II, *b*), independentemente da quantidade da pena cominada, exatamente como deve ser, e, por tais razões, o discutível art. 91-A não fazia falta em nosso ordenamento jurídico.

Chama atenção que em momento algum o texto legal vincula os bens do "condenado" ao crime do qual resulta a condenação, quer como *proveito*, quer como *produto* do crime, aspectos que, digamos, *legitimariam* a sua perda em favor do ente público ou de terceiro. E, mais do que isso, o dispositivo legal ora questionado não se refere a *crimes contra a administração pública*, nem mesmo lato senso, e tampouco a *crimes de resultado*, bastando que se trate, como diz o texto legal, de "condenação por infrações às quais a lei comine pena máxima superior a 6 (seis) anos de reclusão" (*caput* do art. 91-A). Onde está a referência ou inferência de que se trate de crime contra instituições públicas ou mesmo de crime com produção de resultado danoso a terceiro? Só uma coisa é certa: tratando-se de infração penal com previsão de pena superior a seis anos de reclusão, *presume*-se a ilicitude de parte do seu patrimônio, devendo-se realizar *investigação especial* sobre sua origem, mesmo sem qualquer produção ou repercussão material, como produto ou proveito do crime.

Enfim, tratar-se de *crime com cominação de pena superior a seis anos de reclusão* bastará para justificar, na visão do texto legal, a "perda", como *produto ou proveito do crime*, dos bens correspondentes à diferença entre o valor do patrimônio do condenado e aquele que seja compatível com o seu rendimento lícito" (*caput* do artigo), independentemente de qualquer vínculo do patrimônio com referido crime. Tanto que, se a pena for inferior a essa apenação, de seis anos, repetindo, não ocorrerá referida *perda de bens* e tampouco sua investigação. Logo, teoricamente, para essas infrações com pena superior a seis anos, o dispositivo ora questionado estará revogando, tacitamente, a previsão constante da alínea *d* do inciso II do art. 91 do Código.

Em outros termos, para concluir, pela previsão legal do questionado art. 91-A, deverá o Ministério Público — sem qualquer outro fundamento e mesmo sem vínculo com referido crime — postular *a revisão patrimonial do acusado*, desde a data do crime imputado, e valorar, abstratamente, qual deveria ser o patrimônio lícito do indivíduo. Essa previsão legal abusiva, arbitrária e inconstitucional viola a privacidade fiscal-tributária, a proibição do confisco como pena, bem como o direito constitucional de propriedade, pois o simples fato de a pena cominada ser superior a seis anos de reclusão autoriza a "suposta perda de bens". Autoriza à acusação obrigar eventual condenado, abusivamente, a revisar todas as suas declarações de renda, submeter-se a valorações espúrias para contrapor-se às afirmações abstratas do *parquet*, apenas porque responde por um crime qualquer, cuja pena cominada seja superior a seis anos, independentemente de qualquer repercussão material como produto ou proveito do crime.

Por outro lado, o fato de o legislador *considerar como se fosse produto ou proveito do crime* não o torna, concretamente, consequência ou resultado de tal infração. Com efeito, quando o legislador utiliza-se de uma linguagem comparativa, de suposição ou puramente conceitual, como o fez no § 1º e em seus dois incisos, além de não ser verdadeiramente o que o legislador supõe ser, representa a prova provada de que não é o que o legislador diz ser, ou seja, não é produto nem proveito do crime. Não se trata, convenhamos, de *confisco-efeito da condenação*, como previsto no art. 91, mas do proscrito *confisco-pena*, puro de sequestro ou perda de bens em favor do Estado, que apenas se aproveita da prática de qualquer infração penal com pena superior a seis anos, para *locupletar-se imoral e inconstitucionalmente* do patrimônio de um cidadão que paga seus impostos, para abarrotar a "arca do Tesouro Nacional", como dizia Basileu Garcia.

5. Alguns confusos aspectos procedimentais nos casos "suspeitos"

Nos §§ 2º a 5º do art. 91-A, o legislador estabelece alguns aspectos procedimentais confusos, obscuros, contraditórios e de difícil aplicação. Contudo, faz-se necessário buscar sistematizá-los para tentar dar-lhes aplicabilidade, qual seja, a instauração de uma investigação paralela especificamente sobre o patrimônio anterior do sujeito a ser denunciado. Nesse sentido, o § 3º determina que o Ministério Público, por ocasião da denúncia, deverá requerer, expressamente, a perda patrimonial prevista no *caput* do referido art. 91-A. Com efeito, esse parágrafo determina que a *perda* prevista nesse artigo deverá ser requerida expressamente pelo Ministério Público, "por ocasião do oferecimento da denúncia", sem, contudo, indicar se poderá fazê-lo na mesma inicial ou se deverá peticionar em separado. A despeito dessa omissão, deve-se, a nosso juízo, peticionar em separado, por sua complexidade e para permitir a ampla defesa do investigado. Deverá o acusador instruir seu petitório com prova específica que houver sido produzida e requerer, especificamente, nessa peça, a citação do acusado para se defender e produzir provas ou a contraprova. Por outro lado, deverá ser fixado, na decisão, qual período retroativo a investigação poderá abranger, pois precisa ser delimitada, não podendo essa invasão fiscal ser ilimitada no tempo, porque se trata de devassa, sem qualquer vínculo concreto com a infração penal em julgamento.

No entanto, é fundamental que o Ministério Público, nessa petição, paralelamente à denúncia, *demonstre a diferença apurada no patrimônio do denunciado*, especialmente "dos bens correspondentes à diferença entre o valor do patrimônio do condenado e aquele que seja compatível com o seu rendimento lícito", explicitando em *qual período tal diferença teria ocorrido*. Deverá, ademais, demonstrar, quando, onde e como o denunciado teria adquirido a *supostamente ilícita diferença* de bens, no passado, e em que consiste tal diferença, afinal, ele é o acusador, pois a defesa não pode ser obrigada a produzir provas negativas.

Logicamente, o denunciado, e aqui representado, deverá, para formalizar o contraditório, receber prazo específico, distinto e não simultâneo, para contestar essa petição, formalmente, e produzir provas, inclusive pericial e fiscal-tributárias, juntando com a sua contestação, em petição própria, para formar autos apartados. Considerando-se a demora que as perícias exigem, deve-lhe ser permitida a juntada do laudo pericial *a posteriori*. Acreditamos que, se o requerer, deverá ser designada, inclusive, audiência de instrução e julgamento sobre essa matéria, distinta das audiências relativas à instrução criminal. Não se pode ignorar que revisar todo um histórico de conquista patrimonial não será tarefa simples, demandando complexa investigação, inclusive para o próprio investigado.

Por fim, o *juízo da causa criminal* deverá julgar, concomitantemente, esse procedimento paralelo, ainda que, eventualmente, tenha que retardar a prolatação da sentença penal. Resultando em decisão condenatória, o magistrado, na sentença, deverá — se for comprovada ilicitude de parte do patrimônio — declarar o valor da diferença apurada e especificar os bens (e respectivos valores) cuja *perda* for decretada (§ 4º). Porém, eventual condenação no processo criminal não implicará, automaticamente, condenação relativamente ao patrimônio, ou seja, não haverá declaração da diferença apurada se, no caso, não tiver existido ou sido comprovada pela acusação.

Dito de outra forma, poderá haver condenação criminal pelo fato criminoso imputado, sem, contudo, ser constatada ilicitude em parte do patrimônio. Logo, não havendo tal ilicitude, não há razão nem fundamento para o juízo criminal declarar diferença apurada, pois ela não existiu. Com efeito, poder-se-á concluir, evidentemente, que não há diferença ilícita no patrimônio do denunciado. O inverso, no entanto, não é verdadeiro, isto é, sendo absolvido o investigado no processo criminal, não poderá resultar procedente a investigação patrimonial, por faltar-lhe o pressuposto da condenação criminal.

Por fim, o § 5º determina que "Os instrumentos utilizados para a prática de crimes por organizações criminosas e milícias deverão ser declarados perdidos em favor da União ou do Estado, dependendo da Justiça onde tramita a ação penal, ainda que não ponham em perigo a segurança das pessoas, a moral ou a ordem pública, nem ofereçam sério risco de ser utilizados para o cometimento de novos crimes". Dispositivo basicamente sem novidade, ressalvado o aspecto que restringe essa *perda* aos crimes praticados "por organizações criminosas e milícias" e a inclusão do Estado onde tramitar a ação penal como destinatário desses "instrumentos utilizados para prática do crime".

CAUSAS MODIFICADORAS E NOVAS CAUSAS SUSPENSIVAS DA PRESCRIÇÃO | VII

Sumário: 1. Considerações preliminares. 2. Suspensão do prazo prescricional (art. 116). 3. Causas suspensivas da prescrição da pretensão punitiva. 4. Causa suspensiva da prescrição da pretensão executória. 5. Outras causas suspensivas da prescrição. 5.1. Suspensão condicional do processo. 5.2. Citação por edital, sem comparecimento ou constituição de defensor. 5.3. Citação por meio de rogatória de acusado no estrangeiro. 5.3.1. Suspensão da prescrição nos termos do art. 366 do Código de Processo Penal: correção da Súmula 415 do Superior Tribunal de Justiça. 6. Causas interruptivas do prazo prescricional. 6.1. Recebimento da denúncia ou da queixa (I). 6.2. Pronúncia e sua confirmação (II e III). 6.3. Publicação da sentença ou acórdão condenatório recorríveis (IV). 6.4. Publicação de sentença condenatória recorrível. 6.5. Publicação de acórdão condenatório recorrível. 6.5.1. Acórdão condenatório não se confunde com acordão confirmatório. 6.5.2. Início ou continuação do cumprimento da pena (V). 6.5.3. Início da execução provisória da pena não interrompe a prescrição. 6.6. A reincidência (VI). 7. Recebimento da denúncia: causas de rejeição e absolvição sumária. 8. Recebimento da denúncia: contraditório antecipado e reflexos na prescrição. 9. Causas redutoras do prazo prescricional. 10. Prescrição da pena de multa. 11. A anulação parcial de sentença penal condenatória é ilegal e viola a Súmula 401 do Superior Tribunal de Justiça. 12. A prescrição penal na improbidade administrativa. 12.1. Prazo prescricional aplicável ao terceiro.

1. Considerações preliminares

A prescrição em curso poderá ser obstaculizada pela superveniência de determinadas causas, que podem ser *suspensivas* (art. 116) ou *interruptivas* (art. 117). Ou, ainda, o período prescricional poderá simplesmente ser reduzido pela metade (art. 115). Nas *causas suspensivas*, superado o impedimento, a prescrição volta a correr normalmente, somando-se ao lapso anterior, enquanto nas *causas interruptivas*, a prescrição não se suspende, *interrompe-se* e desaparece o lapso anterior, e ela volta a correr por inteiro. Vejamos, a seguir, pela ordem, as causas suspensivas e as causas interruptivas da prescrição.

139

2. Suspensão do prazo prescricional (art. 116)

Verificando-se uma *causa suspensiva*, repetindo, o curso da prescrição *suspende-se* para retomar o seu curso depois de suprimida ou desaparecida a causa impeditiva. Na *suspensão*, o lapso prescricional já decorrido não desaparece, permanece válido, somando-se ao lapso seguinte. Em outros termos, superada a *causa suspensiva*, a prescrição recomeça a ser contada pelo tempo que falta, somando-se com o tempo anterior decorrido. Vejamos essas *causas suspensivas* arroladas no art. 116, as quais podem referir-se tanto à prescrição da pretensão punitiva, como da prescrição da pretensão executória. A Lei n. 13.964/2019 incluiu dois incisos no art. 116 do Código Penal, relacionando as seguintes causas suspensivas: "III — na pendência de embargos de declaração ou de recursos aos Tribunais Superiores, quando inadmissíveis; e IV — enquanto não cumprido ou não rescindido o acordo de não persecução penal". Vejamos essas novas e as duas anteriores.

3. Causas suspensivas da prescrição da pretensão punitiva

I — *Enquanto não for resolvida questão prejudicial (inciso I do art. 116)*

A prescrição não corre enquanto não for resolvida, *em outro processo,* questão de que dependa o reconhecimento da existência do crime. São as chamadas *questões prejudiciais*, reguladas pelos arts. 92 a 94 do Código de Processo Penal, cuja relação com o crime é tão profunda que a sua decisão, em outro juízo, pode determinar a existência ou inexistência da própria infração penal, por isso é considerada uma *questão prejudicial*.

II — *Enquanto o agente cumpre pena no exterior (inciso II do art. 116)*

O fundamento político-jurídico dessa *causa suspensiva* é que durante o cumprimento de pena no exterior[1] não se consegue a *extradição* do delinquente. O legislador alterou apenas o vocábulo "estrangeiro" por "exterior", não acrescentando, a nosso juízo, nenhuma alteração significativa. E a pena em execução cumprida no exterior pode ser tão ou mais longa que o próprio lapso prescricional do crime aqui cometido. Por isso, justifica-se a suspensão da prescrição da pretensão punitiva.

---

1. A Lei n. 13.964/2019 substituiu a expressão "estrangeiro" por "exterior".

III — *Na pendência de embargos de declaração ou de recursos aos Tribunais Superiores, quando inadmissíveis (acrescido pela Lei n. 13.964/2019)*

Esta nova causa de suspensão da prescrição — *embargos de declaração ou de recursos aos Tribunais Superiores* — restringe-se somente aos recursos que não forem admitidos, quer na origem, quer nos Tribunais Superiores. Referidos recursos, embora o texto legal não o diga expressamente, restringem-se apenas àqueles que forem apresentados pela defesa, visto que não se pode atribuir a esta o ônus dos recursos da acusação, para os quais a defesa não concorre. Esses recursos aos Tribunais Superiores limitam-se, é bom que se diga, desde logo, ao Recurso Especial e ao Recurso Extraordinário, ao Superior Tribunal de Justiça e ao Supremo Tribunal Federal, respectivamente.

A inclusão do inciso III pela Lei n. 13.964/2019 decorre de política criminal oficial que considera os recursos excepcionais (RESP e REXT) meramente protelatórios e ignora que, ao contrário do que se afirma, importa na possibilidade/necessidade de reexame de matéria jurídica extremamente relevante, para a defesa, que, se tivesse sido bem examinada, poderia mudar radicalmente a decisão recorrida. Houvesse garantia de melhor exame da matéria defensiva na sentença final ou nos tribunais intermediários (estaduais e federais), certamente, diminuiria a necessidade de tais recursos. Ademais, referida matéria pode implicar absolvição do recorrente, redução de pena, prescrição e até anulação total ou parcial de todo o processado. É injusto atribuir esse ônus exclusivamente à defesa, que, não raro, se vê na obrigação de recorrer, mesmo quando não admitidos os respectivos recursos, por divergências interpretativas, o que não quer dizer que eles sejam inadmissíveis, *a priori*, e, ademais, a fase recursal integra o direito à ampla defesa e ao devido processo legal.

Referida previsão legal inibe o exercício constitucional da ampla defesa, constrange-a, criando indevido e injusto ônus para poder ser exercida, aliás, ônus inexistente no âmbito cível. Esse constrangimento imposto pelo legislador flerta com a inconstitucionalidade, na medida em que visa dificultar ou obstaculizar o pleno exercício da ampla defesa; ademais, não se pode pretender atribuir à defesa o ônus pela letargia processual no seio dos tribunais e mesmo nos juizados de primeiro grau, pois os processos se eternizam nesses setores do sistema de Justiça, normalmente, sem qualquer interferência desta.

Por outro lado, como se trata, direta ou indiretamente, de "punição" à defesa — que é, inegavelmente, restringida por essa previsão legal —, certamente não haverá referida suspensão quando tais recursos (embargos declaratórios ou recursos excepcionais) forem interpostos pela acusação, pois, nesses casos, será o próprio Estado que estará causando demora ou atraso na prestação jurisdicional, que é, como afirmamos no início do capítulo em que abordamos a prescrição, em nosso *Tratado de Direito Penal*, o fundamento histórico do reconhecimento do caráter público do instituto da prescrição. Além desse fundamento político da origem e subsistência do instituto da prescrição, o Estado estaria descumprindo o princípio consagrado em nosso ordenamento jurídico, qual seja, da "duração razoável do processo", além de manter a coerência, segundo a qual os atos praticados por uma parte não podem prejudicar a outra.

O mais grave na inadmissibilidade dos recursos excepcionais é a existência de uma "política administrativa", inconfessada, mas adotada pelo Poder Judiciário, que recomenda aos Tribunais Estaduais e Federais Regionais dificultarem ao máximo a subida aos Tribunais Superiores desses *recursos excepcionais*. As centenas de milhares de advogados de todo o país sabem e sentem isso na carne no dia a dia forense. E, pior, referidos recursos *sofrem uma dupla filtragem* representada por um duplo juízo de *(in) admissibilidade*, tanto no tribunal de origem quanto no tribunal de destino, embora haja a subida obrigatória, em decorrência do agravo de instrumento, que, via de regra, necessita de novo recurso nos tribunais superiores, e assim já chega ao relator absolutamente enfraquecido, pois, com tais recursos não se admite sustentação oral e, normalmente, são fulminados monocraticamente, sem o exame adequado da matéria *sub judice*. Isso, *venia concessa*, não é distribuir Justiça, função essencial do Poder Judiciário! E o mais grave desse rigorismo técnico para a subida dos recursos excepcionais — e a *praxis* tem comprovado isso — não é aplicado nos recursos da acusação que, comprovadamente, tem sido admitido, mesmo quando seus fundamentos são clara e unicamente matéria de fato.

Exceção a essa *praxis* condenável, justiça se faça, não ocorre nesses recursos no Tribunal Regional Federal da 2ª Região (Rio), que, quando se trata de teses de matéria de fato ou de reexame provas, *não admite também os recursos da acusação*, como constatamos em pesquisa que fizemos.

Para concluir estas considerações, a despeito da injustiça dessa previsão legal, na dificuldade de convencer os Ministros do Superior Tribunal de

142

Justiça a ampliar o número de Turmas do Tribunal da Cidadania, admitimos, em tese, essa previsão legal, de suspender o curso da prescrição, como um "mal necessário", sem afastar, contudo, o entendimento de que tais causas suspensivas violam e limitam o livre exercício da ampla defesa. E mais: espera-se que essa previsão suspensiva da prescrição não leve ao aumento, infundado, da rejeição dos referidos recursos, que, aliás, já é excessiva e injustificadamente elevada.

IV — Enquanto não cumprido ou não rescindido o acordo de não persecução penal (art. 28-A — acrescido pela Lei n. 13.964/2019 no CPP)

Esse novo dispositivo legal inclui dentre as *novas causas suspensivas da prescrição* o "acordo de não persecução penal", que demanda um exame mais cuidadoso sobre a sua natureza, constituição e seus requisitos constitutivos. A Lei n. 13.964, de 24 de dezembro de 2019, prevê um novo instituto jurídico-processual denominado "acordo de não persecução penal", acrescentando o art. 28-A e seus parágrafos no vetusto Código de Processo Penal de 1942, ainda em vigor, e, dessa forma, integrando-o a esse diploma legal codificado, nos seguintes termos: "Art. 28-A. Não sendo caso de arquivamento e tendo o investigado confessado formal e circunstancialmente a prática de infração penal sem violência ou grave ameaça e com pena mínima inferior a 4 (quatro) anos, o Ministério Público poderá propor acordo de não persecução penal, desde que necessário e suficiente para reprovação e prevenção do crime, mediante as seguintes condições ajustadas cumulativa e alternativamente".

O texto legal condiciona a propositura desse acordo ao cumprimento das condições elencadas nos seus cinco incisos, cumulativa e alternativamente, quais sejam, I — reparar o dano ou restituir a coisa à vítima, exceto na impossibilidade de fazê-lo; II — renunciar voluntariamente a bens e direitos indicados pelo Ministério Público como instrumentos, produto ou proveito do crime; III — prestar serviço à comunidade ou a entidades públicas por período correspondente à pena mínima cominada ao delito diminuída de um a dois terços, em local a ser indicado pelo juízo da execução, na forma do art. 46 do Decreto-lei n. 2.848, de 7 de dezembro de 1940 (Código Penal); IV — pagar prestação pecuniária, a ser estipulada nos termos do art. 45 do Decreto-lei n. 2.848, de 7 de dezembro de 1940 (Código Penal), a entidade pública ou de interesse social, a ser indicada pelo juízo da execução, que tenha, preferencialmente, como função

143

proteger bens jurídicos iguais ou semelhantes aos aparentemente lesados pelo delito; ou V — cumprir, por prazo determinado, outra condição indicada pelo Ministério Público, desde que proporcional e compatível com a infração penal imputada.

Ao mesmo tempo, o legislador teve a cautela de listar as hipóteses em que a previsão do *caput* do art. 28-A não se aplica: I — se for cabível transação penal de competência dos Juizados Especiais Criminais, nos termos da lei; II — se o investigado for reincidente ou se houver elementos probatórios que indiquem conduta criminal habitual, reiterada ou profissional, exceto se insignificantes as infrações penais pretéritas; III — ter sido o agente beneficiado nos cinco anos anteriores ao cometimento da infração, em acordo de não persecução penal, transação penal ou suspensão condicional do processo; e IV — nos crimes praticados no âmbito de violência doméstica ou familiar, ou praticados contra a mulher por razões da condição de sexo feminino, em favor do agressor.

A propositura desse acordo, no entanto, é condicionada à necessidade e suficiência para "a reprovação e prevenção de crime", desde que seja homologada judicialmente, recebendo a chancela do Poder Judiciário, portanto. Trata-se, inegavelmente, de ousada medida despenalizadora não apenas para crimes de média gravidade, como também para crimes graves (que podem atingir inclusive a pena máxima de 12 anos de prisão, *v.g.*, peculato, corrupção etc.), desde que praticados sem violência ou grave ameaça, e que a pena mínima cominada seja inferior a quatro anos de prisão. Dir-se-á que tal previsão tem a vantagem de dispensar a instauração de ação penal, com grande economia de tempo, de diligências, de gastos, além de aliviar a pauta do Poder Judiciário, mas, destacamos nós, com gravíssimos prejuízos às garantias fundamentais do investigado!

Com efeito, não nos entusiasma essa previsão legal que privilegia exageradamente o órgão acusador (Ministério Público), o qual, sem assegurar o contraditório, a presunção de inocência e o devido processo legal, pode "negociar com o investigado" — fora do âmbito do Poder Judiciário — a sua punição em mais de noventa por cento de todos os crimes previstos no Código Penal brasileiro. Com efeito, não se trata de infrações penais cuja pena máxima cominada seja inferior a quatro anos, como provavelmente alguns intérpretes imaginaram, à primeira vista, e, talvez, em cima de um erro de interpretação, construíram uma tese insustentável, ao imaginar uma coisa (que a previsão legal refere-se ao limite máximo da pena cominada), quando na realidade era outra (refere-se ao limite mínimo cominado). Realmente, somente um equívoco hermenêutico dessa natureza pode explicar (e não justificar) a afirmação equivocada de que "redundaria nas conhecidas medidas alternativas".

É, inegavelmente, uma grande falácia afirmar que esse *acordo de não persecução penal* destina-se àquelas hipóteses em que a pena aplicável equivaleria às conhecidas medidas alternativas (penas alternativas), como se chegou a comentar, apressadamente, na revista *Conjur*. Confundiu-se, certamente, "pena mínima cominada inferior a quatro anos" com "pena máxima cominada inferior a quatro anos", o que faz uma grande diferença, pois, se realmente fosse o que se interpretou, isto é, infração penal cuja pena máxima fosse inferior a quatro anos, realmente se estaria diante de infrações de médio potencial ofensivo, ainda que superior àquelas de competência do Juizado Especial Criminal (que são de pequeno potencial ofensivo), em que as infrações penais não podem ter penas cominadas acima de dois anos de prisão.

IV.1 — *Juízo de suficiência da prevenção e reprovação do crime*

Observando-se, com certo cuidado, constata-se que o legislador brasileiro, ao elaborar o Código Penal de 1940 e a Reforma Penal de 1984, mantém grande racionalidade e coerência metodológica não só na elaboração desses diplomas legais, regra geral, mas, em particular, na disciplina de aplicação e cálculo da pena (arts. 59 a 68). Nessa linha de raciocínio, constata-se que o legislador, ao disciplinar a "aplicação da pena" em seu art. 59, determina que "o juiz — observadas as circunstâncias que elenca — estabelecerá, conforme seja necessário e suficiente para reprovação e prevenção do crime", os critérios que recomenda. Em outros termos, na "aplicação da pena" o juiz, além dos demais parâmetros estabelecidos, deve observar se a pena escolhida é "necessária e suficiente" para reprovação e prevenção do crime, buscando o equilíbrio e a proporcionalidade entre o mal praticado e a sanção aplicada. Por outro lado, quando disciplina a aplicação das penas alternativas (que são substitutivas), o legislador de 1984 volta a destacar que devem "as circunstâncias indicarem que essa substituição seja suficiente" (art. 44, III, do CP). Curiosamente, décadas após, a previsão da Lei n. 13.964/2019 cria o art. 28-A para o Código de Processo Penal, no qual estabelece que o "Ministério Público poderá propor acordo de não persecução penal, desde que necessário e suficiente para reprovação e prevenção do crime...".

Constata-se que o ponto central na deliberação e aplicação de pena (art. 59 do CP), inclusive substitutiva (art. 44, III), ou a suspensão dela (art. 28-A do CPP), reside na "necessidade e suficiência" da pena para a prevenção e reprovação do crime, que, em termos contemporâneos, podemos entender como o reconhecimento e a adoção do princípio da proporcionalidade, que é a pedra de toque orientadora de um direito penal da culpabilidade em um Estado constitucional e democrático de direito. Aliás, essa consagração da proporcionalidade também está estampada no § 5º do mesmo art. 28-A, que determina expressamente: "Se o juiz considerar inadequadas, insuficientes ou abusivas as condições dispostas no acordo de não persecução penal, devolverá os autos ao Ministério Público para que seja reformulada a proposta de acordo, com concordância do investigado e seu defensor".

Por isso, a importância da realização do que denominamos, doutrinariamente, "juízo de suficiência da substituição", que, nesses casos, tanto o legislador quanto o aplicador da lei devem observar com extremo rigor. A seguir, faremos algumas considerações sobre esse aspecto, o qual denominamos, examinando a aplicação de penas alternativas, "prognose de suficiência da substituição"[2] da pena (art. 44, III, do CP), repetido agora na "ousada" previsão processual da suspensão da ação penal (art. 28-A) pelo Ministério Público.

Assim, na nossa concepção, os critérios para a avaliação da suficiência da substituição, tanto das penas alternativas (art. 44, III, do CP) como, agora, do "acordo de não persecução penal", são representados, por determinação legal, por culpabilidade, antecedentes, conduta social e personalidade do condenado, bem como pelos motivos e as circunstâncias do crime, todos previstos também no art. 44, III, do Código Penal, que trata da substituição da pena de prisão. Percebe-se que de todos os elementos do art. 59 somente "as consequências do crime" e o "comportamento da vítima" foram desconsiderados para a formação desse juízo de suficiência da subs-

---

2. Cezar Roberto Bitencourt, *Tratado de Direito Penal*, 26ª ed., São Paulo, Saraiva, 2020, v. 1, p. 697.

tituição da pena, e, sustentamos nós, o mesmo deve ocorrer para a hipótese agora prevista do "acordo de não persecução penal".

No entanto, considerando que a "não persecução penal" é muito maior, mais abrangente, mais profunda e cria, em outros termos, uma "desjudicialização" das demandas penais, isto é, afasta o Poder Judiciário do julgamento dessas infrações graves, a nosso juízo, violando, repetindo, garantias constitucionais individuais consagradas, deve-se fazer um juízo de necessidade e suficiência mais rigoroso, mais criterioso e mais cauteloso, inclusive sobre o cabimento ou não da propositura desse "acordo" inédito em nosso país, especialmente para abranger crimes tão graves como os agora previstos e por nós já destacados. Ou, dito de outra forma, é indispensável uma análise bem mais rigorosa da satisfação das condições e dos requisitos necessários e suficientes para a propositura desse "acordo de não persecução penal", além das condições propostas pela acusação ao investigado. Nesses casos, o Poder Judiciário deverá estar muito mais atento e exigente no exame da satisfação das condições e dos requisitos legais autorizadores da adoção desse novo instituto processual, e, principalmente, no exame da razoabilidade, da proporcionalidade, da necessidade e suficiência das condições impostas, para, só assim, equilibrar e evitar eventuais excessos que a nova previsão legal poderá apresentar, quer para a sociedade, quer para o investigado. Na realidade, tanto no acordo de não persecução penal como na "suspensão condicional da pena" e na "substituição da pena de prisão por alternativas", o risco a assumir deve ser, na expressão de Jescheck[3], prudencial, e, diante de dúvidas razoáveis sobre a necessidade e suficiência dessa medida, esta não deve ocorrer, sob pena de o Estado renunciar ao seu dever constitucional de garantir a ordem pública e a proteção de bens jurídicos tutelados.

Por fim, ao referir-se à suficiência do "acordo de não propositura de persecução penal", o legislador mostra certa despreocupação com a finalidade retributiva da pena, que, na verdade, está implícita na instauração da ação penal, e, quando for o caso, na condenação em si. Sim, porque a simples condenação é uma retribuição ao mal cometido e que, de alguma forma, macula o *curriculum vitae* do condenado. Essa retribuição é mais de ordem moral, e para determinados condenados — aqueles que não neces-

---

3. H. H. Jescheck, *Tratado de Derecho Penal*, cit., p. 1155.

sitam ser ressocializados — é a consequência mais grave, mais intensa e indesejada que atinge profundamente sua escala de valores. Por isso, a conclusão que se impõe: se, pelas circunstâncias do caso concreto, o acordo de não propositura da persecução penal não se mostrar recomendável, ou seja, não se mostrar necessário e, principalmente, não se mostrar suficiente à reprovação e prevenção do crime, o Ministério Público não poderá propô-lo, e, se o fizer, o julgador não deverá homologá-lo, invocando, se for o caso, o art. 28 do Código de Processo Penal, por analogia. Dito de outra forma, ainda que todas as condições e os requisitos relacionados no art. 28-A e seus parágrafos estejam presentes, é possível que o acordo de não persecução penal, no caso concreto, não se mostre suficiente à reprovação e à prevenção do crime. Nessa hipótese, o Ministério Público não pode e não deve fazer uso dessa previsão legal, e, se o fizer, o magistrado, fundamentadamente, não deverá homologá-lo, invocando, repetindo, se for necessário, o disposto no art. 28 do Código de Processo Penal.

IV.2 — *A questionável constitucionalidade do acordo de não persecução penal*

Na nossa primeira avaliação, ainda antes da virada do ano, essa proposta de acordo de não persecução penal, praticamente, desloca o exercício do Poder Jurisdicional para o Ministério Público, reservando ao Poder Judiciário a atividade meramente homologatória, que, já antes, vinha constatando-se na prática, com o Ministério Público, basicamente, decidindo tudo, na medida em que, muito raramente, algum julgador decide contrariando a posição do Ministério Público; pois agora virou lei, porque ficará reservado ao judiciário somente a jurisdição de menos de dez por cento dos crimes catalogados no Código Penal, qual seja, que tenham a pena mínima cominada a partir de quatro anos de prisão!

Nessa ordem de inversão de atividades, espera-se que, necessariamente, alguma instituição representativa deste País interponha uma ADI, aliás, a ABRACRIM interpôs a ADI n. 6.304, a qual tivemos a honra de subscrever, para que, nesse caso, o Supremo Tribunal Federal delibere sobre a (in)constitucionalidade desse esvaziamento indevido do Poder Judiciário e da desproteção do cidadão, que fica subjugado e a mercê do absurdo, abominável e inconstitucional exercício do poder jurisdicional do país pelo órgão acusador, o Ministério Público, de índole repressivo-acusatória. Com todo o respeito, a consideração e o reconhecimento que temos — até por termos integrado seus quadros no passado — sobre a importância, grandeza e seriedade da instituição do Ministério Público, uma das mais importantes, mais respeitadas e admiradas desta República brasileira, ele não pode acumular as atividades jurisdicionais e persecutórias, com gravíssimas e seriíssimas consequências sociais, humanas e penais na prestação jurisdicional. No entanto, não se pode ignorar que a sua índole, ou seja, o seu DNA, não é o da neutralidade, da imparcialidade, da equidistância das partes (aliás, ele próprio é parte, e a mais importante e poderosa do processo penal acusatório), consequentemente, não pode assumir o poder jurisdicional com tamanha magnitude como a prevista no dispositivo legal ora questionado, que é, repita-se, prerrogativa exclusiva do Poder Judiciário.

Enfim, o exame com a profundidade que exige essa temática da (in) constitucionalidade do deslocamento do poder jurisdicional para o Ministério Público, assaz importante, e que, por isso mesmo, demanda profunda reflexão, como iniciamos acima, não será desenvolvido neste espaço. Fizemos esses comentários sobre "as novas causas suspensivas da prescrição" (art. 116), imediatamente, no capítulo em que abordamos o instituto da *prescrição penal* em nosso *Tratado de Direito Penal*, inseridas pelo mesmo art. 28-A no Código de Processo Penal, pela Lei n. 13.964. Ocupamos desse assunto, novamente aqui, de forma um pouco mais aprofundada.

IV.3 — A homologação judicial do acordo e a obrigação legal de confessar

O acordo de não persecução penal, aplicável a crimes com pena mínima inferior a quatro anos, sem violência ou grave ameaça, deve ser firmado por escrito pelo Ministério Público, pelo investigado e pelo seu defensor (§ 3º), "desde que necessário e suficiente para reprovação e prevenção do crime". Nenhum acordo dessa natureza terá validade se for firmado sem a presença do defensor do investigado. Nessa oportunidade, o magistrado deverá constatar, entre outros requisitos e condições, a voluntariedade do investigado em firmá-lo, bem como a sua legalidade, segundo o disposto no § 4º, *verbis*: "Para a homologação do acordo de não persecução penal, será realizada audiência na qual o juiz deverá verificar a sua voluntariedade, por meio da oitiva do investigado na presença do seu defensor, e sua legalidade". Homologado judicialmente o acordo de não persecução penal, o juiz devolverá os autos ao Ministério Público para que inicie sua execução perante o juízo de execução penal (§ 6º). Ou seja, o juiz não participa da deliberação e celebração do acordo e tampouco da sua execução!

Com efeito, somente é admissível "acordo de não persecução penal" devidamente homologado pelo juiz, como destaca o § 4º do artigo *sub examine*, observando-se o devido processo legal, ao contrário da previsão abusiva, ilegal e inconstitucional da Resolução n. 181 do Conselho Nacional do Ministério Público, por faltar-lhe atribuição legal e constitucional para a criação de instituto jurídico-processual, com qualquer finalidade, sem o crivo do Poder Judiciário. Estão excluídas, contudo, dessa possibilidade, nos termos do § 2º e respectivos incisos, as seguintes hipóteses: I — se for cabível transação penal de competência dos Juizados Especiais Criminais; II — se o investigado for reincidente ou se houver elementos probatórios que indiquem conduta criminal habitual, reiterada ou profissional, exceto se insignificantes as infrações penais pretéritas; III — ter sido o agente beneficiado nos cinco anos anteriores ao cometimento da infração, em acordo de não persecução penal, transação penal ou suspensão condicional do processo; e, finalmente, IV — os crimes praticados no âmbito de violência doméstica ou familiar, ou praticados contra a mulher por razões da condição de sexo feminino, em favor do agressor.

Exige-se, porém, que o investigado "confesse" a prática do crime para a propositura do referido acordo, violando também o princípio da presunção de inocência (inciso LVII do art. 5º da CF), sem o crivo e a presença do Poder Judiciário. Essa obrigação de confessar não existe nem perante o juiz da causa, por violar o princípio da presunção de inocência (inciso LVII do art. 5º da CF). Essa exigência de "confissão" da prática do crime pelo investigado (que pode, inclusive, nem conseguir celebrar o acordo, mesmo tendo confessado, pela não satisfação de outros requisitos ou condições), que é condição para a admissão do "acordo de não persecução penal", mostra-se, a nosso juízo, absolutamente inconstitucional, repetindo, por violação ao *princípio da presunção de inocência*. A única forma de salvar esse texto legal é considerar que a aceitação do referido acordo não implica confissão da matéria de fato (ou seja, uma espécie de constitucionalidade com supressão de texto!), além de restringir sua aplicação a infrações penais de médio potencial ofensivo, ou seja, *a crimes cuja pena máxima seja inferior a quatro anos de prisão*, ao contrário da atual previsão expressa, que se refere à pena mínima cominada.

Mantida a limitação legal, pasmem, como previsto no novo texto legal (pena mínima cominada inferior a quatro anos), há uma abrangência absurda, repetindo, atinge mais de 94% (noventa e quatro por cento) dos crimes

150

tipificados no Código Penal, *v.g.*, os crimes contra a vida, suicídio e auto-mutilação (art. 122), infanticídio (123), aborto (arts. 124 a 126, parágrafo único), pois todos esses crimes contra a vida (com exceção do homicídio doloso) têm pena mínima cominada inferior a quatro anos de prisão. Por outro lado, dentre os crimes contra a administração pública, os mais graves deles, tais como peculato (art. 312), concussão (art. 316), corrupção passiva (art. 317), corrupção ativa (art. 333), todas essas infrações gravíssimas têm a pena mínima cominada de dois anos de prisão, embora todas tenham a pena máxima de doze anos, inclusive a *concussão*, cuja pena máxima cominada era de oito anos, foi elevada também para doze. Inegavelmente, ninguém ignora que se encontram entre os crimes mais graves catalogados em nosso Código Penal, e, pasmem, todos eles, por essa previsão legal, estarão afastados do julgamento pelo Poder Judiciário, cujo poder jurisdicional, como afirmamos acima, foi deslocado para o Ministério Público.

Enfim, sem querer empalidecer o entusiasmo apressado de muitos intérpretes otimistas dessa previsão legal, na nossa ótica, mantida a interpretação literal desse texto aprovado, vamos acabar "desempregando" a maioria maciça dos magistrados criminais, pois será deslocada, administrativamente, a "jurisdição" para o *Parquet* negociar "acordo de não persecução penal" em mais de noventa por cento dos crimes previstos no Código Penal. Assim, será suficiente, na seara criminal do Judiciário, a manutenção dos Juizados Especiais criminais (infrações de menor potencial ofensivo) e das Varas Especializadas de crime organizado e crimes hediondos, as demais varas criminais ficarão completamente ociosas, por falta de demanda. Por fim, "descumpridas quaisquer das condições estipuladas no acordo de não persecução penal, o Ministério Público deverá comunicar ao juízo, para fins de sua rescisão e posterior oferecimento de denúncia", independentemente do tempo e das condições que já tenham sido efetivamente cumpridas, sem detração (§ 10). Será isso justo?

Para concluir, uma palavra sobre a dificuldade da realização de prisão em flagrante de autores de crimes praticados sem violência ou grave ameaça, por não reincidente, considerando a abrangência da não persecução penal, cujas alternativas aplicáveis não envolvem prisão. Será paradoxal prender alguém em flagrante para aplicar-lhe alternativas à prisão? Não abordaremos esse tema aqui, no entanto, porque demandaria maior desenvolvimento dessa temática.

V — *Imunidade parlamentar (art. 53, § 2º)*

Às causas previstas pelo Código Penal (art. 116), a Constituição Federal (art. 53, § 2º) acrescentou mais uma: *enquanto não houver licença do Congresso Nacional para que o parlamentar seja processado, o prazo prescricional ficará suspenso*. Procurando amenizar esse privilégio parlamentar, o Supremo Tribunal Federal, em duas oportunidades, com composição plenária, decidiu que tanto na hipótese de indeferimento do pedido de licença quanto na de *ausência de deliberação* a suspensão da prescrição ocorre da data do despacho do Ministro Relator determinando a remessa do pedido ao Parlamento[4].

VI — *Delação premiada em crimes praticados por organização criminosa*

Não há prazo fixo para terminar a negociação a respeito da "colaboração premiada", mas poderá ser suspenso o prazo para o oferecimento da denúncia, com concomitante *suspensão do prazo prescricional*, por até seis meses, prorrogáveis por outros seis, para que sejam cumpridas as *medidas da colaboração*, a teor do que prescreve o art. 4º, § 3º, da Lei n. 12.850/2013. Evidentemente, a *suspensão do processo ou do inquérito* diz respeito unicamente ao *colaborador*, podendo ocorrer, se recomendável, uma cisão no processo, para que prossiga imediatamente contra os demais réus. Convém destacar, no entanto, que essa *suspensão* somente ocorrerá para as hipóteses previstas pela Lei n. 12.850/2013.

4. Causa suspensiva da prescrição da pretensão executória

A prescrição não corre durante o tempo em que o condenado estiver preso por outro motivo. Fica em suspenso. A previsão é lógica: enquanto se encontra preso, não pode invocar a prescrição da pena que falta cumprir, pois sua condição de preso impede a satisfação dessa pretensão executória.

5. Outras causas suspensivas da prescrição

Além das *causas suspensivas* da prescrição previstas no Código Penal (art. 116) e daquela prevista na Constituição Federal (art. 53, § 2º), as Leis n. 9.099/95 e 9.271/96 preveem novas hipóteses de causas que impedem

---

4. *DOU* 2-3-1993, p. 2565, e 16-8-1991, p. 1991.

o curso prescricional. Essas outras causas legais de suspensão da prescrição são as seguintes:

5.1. Suspensão condicional do processo

A Lei n. 9.099/95, que instituiu os Juizados Especiais Criminais e aproveitou para instituir também a *suspensão condicional do processo*, estabelece em seu art. 89, § 6º, que durante o período em que o processo estiver suspenso não corre a prescrição. Esse dispositivo dispensa um tratamento isonômico à defesa e à acusação: o denunciado é beneficiado pela suspensão do processo, mas em contrapartida a sociedade não fica prejudicada pelo curso da prescrição. Na hipótese de revogação do benefício, o Ministério Público disporá do tempo normal/integral para prosseguir na *persecutio criminis*. Como, de regra, a suspensão do processo deverá ocorrer no momento do recebimento da denúncia, a prescrição voltará a correr por inteiro. No entanto, *em razão dessa fase transitória*, poderá haver suspensão de muitos processos que já se encontravam em curso. Nessas hipóteses, havendo revogação da suspensão do processo, o novo curso prescricional deverá somar-se ao lapso anterior que foi suspenso, uma vez que, como causa suspensiva, o prazo prescricional não recomeça por inteiro.

5.2. Citação por edital, sem comparecimento ou constituição de defensor

A Lei n. 9.271/96 deu a seguinte redação ao art. 366 do Código de Processo Penal: "Se o acusado, citado por edital, não comparecer, nem constituir advogado, ficarão suspensos o processo e o curso do prazo prescricional, podendo o juiz determinar a produção antecipada das provas consideradas urgentes e, se for o caso, decretar prisão preventiva, nos termos do disposto no art. 312".

Para que se configure essa *nova causa suspensiva* da prescrição, é necessário que estejam presentes, simultaneamente, três requisitos: 1º) citação por meio de edital; 2º) não comparecimento em juízo para interrogatório; 3º) não constituição de defensor[5]. A ausência de qualquer desses requisitos impede a configuração dessa nova *causa suspensiva*

---

5. Damásio de Jesus, Notas ao art. 366 do Código de Processo Penal, com redação da Lei 9.271/96, *Boletim IBCCrim*, 42/3.

da prescrição. Contudo, o infrator que houver constituído advogado, durante a fase policial, ainda que venha a ser citado por edital, seu defensor constituído anteriormente impedirá o reconhecimento da causa impeditiva da prescrição.

O curso prescricional suspenso somente recomeçará a correr na data do comparecimento do acusado, computando-se o tempo anterior (art. 366, § 2º). Em outros termos, interrompida a suspensão da prescrição, esta volta a correr, levando-se em consideração o tempo anteriormente decorrido, isto é, somando-se.

A suspensão do curso prescricional é *efeito automático*, sendo desnecessário despacho expresso do juiz. Contudo, como o art. 366 tem natureza mista — processual e material —, podendo verificar-se hipóteses de suspensão do processo, pelo princípio *tempus regit actum*, convém ser mencionado expressamente que a prescrição não está suspensa, em razão de sua *irretroatividade*, quando se tratar de crimes praticados antes da vigência da lei. Damásio de Jesus não admite a aplicação parcial do disposto no art. 366, isto é, suspender o processo e não suspender a prescrição, em uma espécie de *retroatividade parcial*[6]. Em sentido contrário manifesta-se Luiz Flávio Gomes; por fatos anteriores à vigência da Lei n. 9.271/96, entende que, satisfeitos os requisitos do art. 366, suspende-se o processo, permanecendo naturalmente o curso prescricional: a suspensão do processo é matéria processual e a prescrição é matéria estritamente penal-material[7].

Inclinamo-nos pelo entendimento adotado por Luiz Flávio Gomes, embora com argumento um pouco diferenciado. Na verdade, a suspensão do processo não significa *parcial retroatividade*, mas a simples aplicação do princípio *tempus regit actum*. Nesse momento, satisfeitos os requisitos, aplica-se a lei nova, mas somente a partir de agora, isto é, o processo fica suspenso a partir da vigência da lei, sem retroagir ao início da relação processual. Já a *suspensão do curso prescricional* fica inviabilizada por se tratar de norma prejudicial à defesa, não podendo retroagir.

---

6. Damásio de Jesus, Notas ao art. 366, cit., p. 3.

7. Luiz Flávio Gomes, *Da retroatividade* (parcial da Lei 9.271/96) (citação por edital), *Boletim IBCCrim*, 42/4.

Não negamos, é verdade, que, de certa forma, há um tratamento desigual aos dois polos processuais: beneficia-se a defesa com a suspensão do processo e prejudica-se a acusação com a não suspensão da prescrição. No entanto, esses efeitos diferenciados decorrem da natureza distinta das duas normas jurídicas, processual e material, como já referimos.

Como a lei não prevê limite temporal da suspensão da prescrição, deverão surgir várias interpretações sobre o tema. Por ora, uma coisa é certa: a Lei n. 9.271 não criou uma nova hipótese de *imprescritibilidade*, além daquelas previstas no texto constitucional (art. 5º, XLII e XLIV, da CF), como pareceu inicialmente a alguns pensadores[8]. Como destaca Damásio de Jesus, não se trata de nova hipótese de imprescritibilidade, porque, na verdade, a prescrição começa a correr e é suspensa, e na imprescritibilidade não há início do curso prescricional[9].

5.3. Citação por meio de rogatória de acusado no estrangeiro

Acusado que se encontrar no estrangeiro, em lugar sabido, será citado por meio de carta rogatória, independentemente de a infração penal imputada ser ou não afiançável. No entanto, segundo a nova redação conferida pela Lei n. 9.271/96 ao art. 368 do Código de Processo Penal, o *prazo prescricional ficará suspenso* até o cumprimento da carta rogatória.

Agora, a citação de quem se encontrar no estrangeiro *somente poderá ser por edital* quando for desconhecido o seu paradeiro. Anteriormente, a citação por edital seria possível quando fosse desconhecida a localização do citando ou quando a infração imputada fosse afiançável.

5.3.1. Suspensão da prescrição nos termos do art. 366 do Código de Processo Penal: correção da Súmula 415 do Superior Tribunal de Justiça

No exame da *suspensão da prescrição* prevista no art. 366 do Código de Processo Penal, não se pode perder de vista que a regra geral da Constituição Federal é da *prescritibilidade* das infrações penais. Com efeito, nossa Carta Política considerou *imprescritíveis* somente o crime de

---

8. Fauzi Hassan Choukr, A prescrição na Lei n. 9.271/96, *Boletim IBCCrim*, 42/7; Alberto Silva Franco, Suspensão do processo e suspensão da prescrição, *Boletim IBCCrim*, 42/2, embora sugerindo alternativas para corrigi-la.
9. Damásio, Notas ao art. 366, cit., p. 3.

racismo (art. 5º, XLII) e *os crimes decorrentes da ação de grupos armados*, civis ou militares, contra a ordem constitucional e o Estado Democrático de Direito (art. 5º, XLIV). Ademais, a prescritibilidade das infrações penais constitui *garantia fundamental* do cidadão, que não pode ser ignorada pela legislação infraconstitucional.

Determina o dispositivo *sub examine* que, se o acusado for citado por edital, não comparecer e não constituir advogado, ficarão suspensos o processo e o curso do prazo prescricional. Essa previsão pretende evitar que o processo tramite sem o conhecimento do acusado, com irreparáveis prejuízos em sua defesa, que deve ser ampla e irrestrita.

O referido art. 366 apenas determinou que a prescrição deve ficar suspensa durante a paralisação do processo, sem, contudo, declinar o limite temporal dessa suspensão, deixando grave lacuna a ser colmatada pela interpretação doutrinária e jurisprudencial. Sensatamente, ambas adotaram entendimento quase unânime de que o *lapso* prescricional deve ficar suspenso pelo prazo da prescrição *in abstracto*, considerando-se as balizas do art. 109 do Código Penal. Consequentemente, se o crime prescreve, abstratamente, em quatro anos, é por esse tempo que a contagem da prescrição deve ficar suspensa, voltando a correr o saldo restante. É a orientação conforme a garantia constitucional da prescritibilidade das infrações penais. Esse entendimento — destacam Luiz Flávio Gomes e Silvio Maciel —, "além de evitar, na prática, a imprescritibilidade dos delitos, afigura-se proporcional, na medida em que o prazo de prescrição ficará suspenso por mais ou menos tempo, de acordo com a maior ou menor gravidade do delito"[10].

Nessa linha, orientou-se o Superior Tribunal de Justiça ao editar a Súmula 415, na sessão de 16 de dezembro de 2009, com o seguinte enunciado: "O período de suspensão do prazo prescricional é regulado pelo máximo da pena cominada". A pouca clareza do sucinto texto sumular reclama adequada interpretação, para não desnaturá-lo. Inquestionável, no particular, a afirmação de Gomes e Maciel, *in verbis*: "É preciso ressaltar que a Súmula 415 está a dizer que a contagem da prescrição fica suspensa pelo prazo da *prescrição em abstrato* — consideradas as balizas do art. 109 do Código Penal — e não pelo *prazo da pena máxima cominada* ao delito,

---

10. Luiz Flávio Gomes e Silvio Maciel, *Contagem da prescrição durante a suspensão do processo*: Súmula 415 do STJ.

conforme pode sugerir uma leitura desavisada do enunciado"[11]. Dito de outra forma, se a pena máxima cominada for de seis anos, a prescrição em abstrato verifica-se em doze anos (art. 109, III, do CP), e não pelos seis anos, que é o tempo da pena cominada. Essa é a correta interpretação da Súmula 415. Ou seja, ao determinar que a prescrição é regulada pelo máximo da pena cominada, a súmula está a afirmar que se aplica o mesmo lapso prescricional correspondente ao máximo da pena cominada à infração penal imputada, como destaca a seguinte decisão: "Consoante orientação pacificada nesta Corte, o prazo máximo de suspensão do prazo prescricional, na hipótese do art. 366 do CPP, não pode ultrapassar aquele previsto no art. 109 do Código Penal, considerada a pena máxima cominada ao delito denunciado, sob pena de ter-se como permanente o sobrestamento, tornando imprescritível a infração penal apurada"[12].

Surpreendentemente, no entanto, o Supremo Tribunal Federal, em uma *interpretação reacionária*, assume posição diametralmente oposta ao entendimento majoritário de doutrina e jurisprudência, inclusive sumulada pelo Superior Tribunal de Justiça. Com feito, segundo nossa Corte Suprema, a contagem da prescrição pode ficar suspensa por tempo indeterminado, isto é, pode perdurar a suspensão da prescrição enquanto durar a do processo[13]. Ignoram, *venia concessa*, os senhores Ministros da Corte Suprema que entendimento como esse pode tornar imprescritíveis crimes não elencados no texto constitucional. Ademais, confundem causa suspensiva com causa interruptiva da prescrição, pelo simples fato de se invocar parâmetro semelhante[14].

Em nosso juízo, como sustentamos anteriormente, a regra é da prescritibilidade de todas as infrações penais, excluídas as duas relacionadas no texto constitucional (art. 5º, XLII e XLIV, da CF). Espera-se que o Supremo Tribunal Federal reveja seu entendimento e passe a adotar a orientação sugerida pela Súmula 415 do Superior Tribunal de Justiça, e reconheça a necessidade de que a suspensão do curso prescricional precisa ter um termo final, sob pena de burlar o texto constitucional. Pensar diferente é ignorar o fundamento político da prescrição, qual seja, impedir a duração desarrazoada (duração irrazoável) do processo, contrariando as

---

11. Idem, ibidem.
12. STJ, HC 84.982/SP, rel. Min. Jorge Mussi, j. 21-2-2008.
13. Extradição 1.042, Pleno, rel. Min. Sepúlveda Pertence, j. 19-12-2006.
14. RE 460.971/RS, rel. Min. Sepúlveda Pertence, 1ª Turma, j. 13-2-2007, v.u.

determinações dos organismos internacionais de proteção dos direitos humanos, anteriormente citados.

6. Causas interruptivas do prazo prescricional

Ocorrendo uma *causa interruptiva*, o curso da prescrição *interrompe-se*, desaparecendo o lapso temporal já decorrido, recomeçando sua contagem desde o início. Enfim, uma vez interrompida, a prescrição volta a correr novamente, por inteiro, do dia da interrupção, até atingir seu termo final, ou até que ocorra nova causa interruptiva. O lapso prescricional que foi interrompido desaparece, como se nunca tivesse existido. Excetua-se a hipótese prevista no art. 117, V, isto é, ocorrendo *evasão da prisão* ou *revogação do livramento condicional*, a prescrição não corre por inteiro, mas somente o correspondente ao tempo que restar de pena a cumprir (arts. 113 e 117, § 2º).

Constata-se, afinal, que, ao contrário da suspensão da prescrição, o período anterior à *interrupção* não se soma ao novo prazo. As causas interruptivas da prescrição elencadas no art. 117 são as que passamos a examinar adiante.

6.1. Recebimento da denúncia ou da queixa (I)

Recebimento não se confunde com *oferecimento* e caracteriza-se pelo despacho inequívoco do juiz recebendo a denúncia ou queixa. O despacho meramente *ordinatório* não caracteriza seu recebimento. O *aditamento* da denúncia ou queixa somente interromperá a prescrição se incluir a imputação de nova conduta típica, não descrita anteriormente, limitando-se a essa hipótese. A inclusão de novo réu, em aditamento, não interrompe a prescrição em relação aos demais[15]. No entanto, como a reforma processual de 2008 (Lei n. 11.719, de 20-6-2008) trouxe dúvidas razoáveis sobre o momento processual em que efetivamente se deve considerar recebida a denúncia, faremos sua análise em tópico específico.

A rejeição da denúncia ou queixa, à evidência, não interrompe a prescrição. A interrupção ocorrerá na data em que, se em grau recursal, a superior instância vier a recebê-la. Igualmente, o recebimento das preambulares referidas, por juiz incompetente, não interrompe o curso prescricional, só o interrompendo o recebimento renovado pelo *juiz natural*.

---

15. Contra: Mirabete, *Manual de Direito Penal*, São Paulo, Atlas, 1990, v. 1, p. 389.

6.2. Pronúncia e sua confirmação (II e III)

A decisão da instância superior confirmatória da pronúncia ou mesmo a que pronuncia o réu em razão de recurso também interrompem a prescrição. Uma corrente majoritária entende que, mesmo havendo desclassificação pelo Tribunal do Júri, para competência do juiz singular, ainda assim a pronúncia e a decisão que a confirma constituem causas interruptivas da prescrição[16].

O acórdão confirmatório da condenação, não incluído no art. 117, não interrompe a prescrição, conforme demonstraremos no tópico seguinte.

6.3. Publicação da sentença ou acórdão condenatório recorríveis (IV)

A Lei n. 11.596/2007, cumprindo mais uma etapa de uma *política criminal repressora*, que procura, desenfreadamente, dizimar o instituto da prescrição, ignorando, inclusive, seu *fundamento político* (item n. 2), tenta eliminar a *prescrição intercorrente* ou *superveniente*. Com esse objetivo, o novo diploma legal alterou a redação do inciso IV do art. 117 do Código Penal, que ficou nos seguintes termos: "pela publicação da sentença ou acórdão condenatórios recorríveis". Constata-se, na verdade, que se pretendeu criar mais uma causa interruptiva da prescrição intercorrente, qual seja, a *publicação de eventual acórdão condenatório*.

A inovação consiste, basicamente, no acréscimo desse novo marco interruptivo, a publicação de acórdão condenatório, que, certamente, demandará criteriosa interpretação, tarefa que nos propomos a fazer, a seguir, concisamente. Quanto à sentença, não há maior novidade, a não ser ter deixado expresso que a interrupção prescritiva ocorre com a *publicação da sentença*, aliás, exatamente como interpretavam doutrina e jurisprudência nacionais.

6.4. Publicação de sentença condenatória recorrível

A prescrição interrompe-se na data da publicação da sentença condenatória recorrível nas mãos do escrivão, isto é, a partir da lavratura do respectivo termo (art. 389 do CPP). Antes da sua publicação, a sentença não existe, juridicamente, constituindo simples trabalho intelectual do juiz.

---

16. *RT*, 513/427 e 650/264.

Embora atendendo aos avanços tecnológicos admita-se sustentar que essa publicação possa ocorrer nos meios eletrônicos ou impressos oficializados para as comunicações judiciais, acreditamos que, por segurança jurídica, deve ser mantida a antiga previsão do Código de Processo Penal, que exige a formalidade de ser "publicada em mão do escrivão, que lavrará nos autos o respectivo termo, registrando-a em livro especialmente destinado a esse fim" (art. 389 do CPP). Acrescentando-se, não se pode esquecer, que forma é garantia.

A sentença anulada, a exemplo de outros *marcos interruptivos*, por não gerar efeitos, não interrompe a prescrição, pois é como se não existisse. Atos nulos são juridicamente inexistentes. A sentença que concede o *perdão judicial*, segundo a Súmula 18 do Superior Tribunal de Justiça (declaratória de extinção da punibilidade), não interrompe a prescrição. Aliás, para reforçar esse entendimento, lembramos que a sentença que concede o *perdão judicial* não aplica sanção e que o parâmetro balizador do lapso prescricional é a pena, aplicada, na hipótese da prescrição executória. Por isso, não convencem as três hipóteses sugeridas por *algumas* decisões jurisprudenciais, segundo as quais o prazo regular-se-á: a) pelo período mínimo de dois anos, b) pelo mínimo ou c) pelo máximo, abstratamente cominados ao delito.

A sentença absolutória, à evidência, também não interrompe a prescrição, porém o prazo a ser considerado (art. 109) será o indicado pelo máximo da pena cominada ao delito.

6.5. Publicação de acórdão condenatório recorrível

Instalaram-se de plano, na doutrina, duas interpretações sobre o significado da locução "acórdão condenatório". Para uma corrente, à qual nos filiamos, *acórdão condenatório* é aquele que reforma uma decisão absolutória anterior, condenando efetivamente o acusado; para a outra, que consideramos uma posição reacionária, é *condenatório* tanto aquele acórdão que reforma decisão absolutória anterior como o que confirma condenação precedente, entendimento sustentado, entre outros, por Rogério Greco[17].

Seria desnecessário invocarmos o velho adágio de que a lei penal material não tem palavras inúteis, e tampouco se podem acrescer palavras inexistentes. Com efeito, em um mesmo processo somente é possível con-

---

17. Rogério Greco, *Direito Penal; Parte Geral*, 11ª ed., Niterói, Impetus, 2009, p. 753.

denar uma vez, e não há a figura processual de *recondenação*, mas apenas a de *confirmação de decisão condenatória anterior*. A partir da existência da condenação num determinado processo, todo o esforço conhecido pela dialética processual é a busca de sua reforma, para absolver o condenado. À acusação ainda é permitida a tentativa de agravar a situação do acusado, elevando sua pena ou endurecendo o regime de seu cumprimento, com o recurso de apelação.

Em síntese, a existência de uma decisão condenatória impede que, no mesmo processo, haja nova condenação do réu. Ninguém desconhece que qualquer tribunal, quando aprecia o apelo da defesa de uma decisão condenatória e não acata as razões recursais, *não profere nova condenação*, mas simplesmente *nega provimento ao apelo da defesa*, que não se confunde com acórdão condenatório. O direito penal material não admite *interpretação extensiva*, especialmente para agravar a situação do acusado. Na realidade, esse entendimento ampliativo está fazendo não apenas uma interpretação extensiva, mas analogia *in malam partem*, inadmissível em direito penal material. Ademais, *analogia* não é propriamente forma de *interpretação*, mas de *aplicação* da norma legal. A função da analogia não é, por conseguinte, *interpretativa*, mas *integrativa* da norma jurídica. Com a analogia procura-se aplicar determinado preceito ou mesmo os próprios princípios gerais do Direito a uma hipótese não contemplada no texto legal, como ocorre no presente caso, em que o *entendimento ampliativo* procura colmatar uma lacuna da lei. Enfim, a analogia não é um meio de *interpretação*, mas de *integração* do sistema jurídico, inaplicável na hipótese que ora analisamos.

Distingue-se, na verdade, a analogia da interpretação extensiva porque ambas têm objetos distintos: aquela visa à aplicação de lei em situação lacunosa; esta objetiva interpretar o sentido da norma, ampliando o seu alcance. Nesse sentido, era elucidativo o magistério de Magalhães Noronha, que, referindo-se à interpretação extensiva, sentenciava: "aqui o intérprete se torna senhor da vontade da lei, conhece-a e apura-a, dando, então, um sentido mais amplo aos vocábulos usados pelo legislador, para que correspondam a essa vontade; na analogia o que se estende e amplia é a própria vontade legal, com o fito de se aplicar a um caso concreto uma norma que se ocupa de caso semelhante"[18].

---

18. Magalhães Noronha, *Direito Penal*; Introdução e Parte Geral, 33ª ed., São Paulo, Saraiva, 1998, v. 1, p. 75.

Concluindo, realmente, acórdão *confirmatório* ou ratificatório pode ser semelhante, mas não é igual ao condenatório, e, em sendo diferente, não pode utilizar-se da *analogia* para justificar sua aplicação, pois com ela se supre uma lacuna do texto legal — que não ocorre na hipótese *sub examine*. Por essas singelas razões, *venia concessa*, somente o acórdão (recursal ou originário) que representa a "primeira condenação" no processo tem o condão de interromper o curso da prescrição, nos termos do inciso IV do art. 117 do Código Penal.

6.5.1. Acórdão condenatório não se confunde com acordão confirmatório

No *habeas corpus* n. 176.473, do ano de 2020, o STF, invocando *interpretação sistemática,* equiparou, a nosso juízo equivocadamente, *acórdão confirmatório*, não abrangido pelo texto legal, a *acordão condenatório* expressamente constante do inciso IV do art. 117. Ora se o legislador quisesse poderia tê-lo incluído no texto legal, mas não o fez, logo, não caberá, certamente, ao julgador dar-lhe *interpretação extensiva*, para incluí-lo *contra legem*.

Na *interpretação sistemática* invocada, o intérprete "procura relacionar a lei que examina com outras que dela se aproximam, *ampliando seu ato interpretativo*. Busca encontrar o verdadeiro sentido da lei, em seu aspecto mais geral, dentro do sistema legislativo, afastando eventuais contradições. A essa altura, depara-se o intérprete com o *elemento sistemático*, investigando o sentido do direito, que a lei expressa apenas parcialmente. Assim, busca-se situar a norma no conjunto geral do sistema que a engloba, para justificar sua razão de ser. Amplia-se a visão do intérprete, aprofundando-se a investigação até as origens do sistema, situando a norma como parte de um todo[19].

Venia concessa, nenhuma das circunstâncias acima referidas encontra-se presente para autorizar uma *interpretação sistemática* de um texto legal tão claro quanto o previsto no inciso IV do art. 117 do Código Penal, como causa interruptiva da prescrição, *verbis*: "Pela publicação da sentença ou acórdão condenatório recorríveis". Com todo respeito, reivindicar *interpretação sistemática* de instituto de ordem pública, como é o da *prescrição,* protetor e garantidor dos direitos do acusado, não autoriza, contudo, o

---

19 Cezar Roberto Bitencourt, *Tratado de Direito Penal* — Parte Geral, 26ª ed., São Paulo, Editora Saraiva, 2020, v. 1, p. 210.

abandono da dicção do texto legal, para contrariá-lo, *ignorando o seu significado literal*, não é, convenhamos, admitido no âmbito do *direito penal da culpabilidade* de um Estado Democrático de Direito.

Teria sido menos infeliz, a nosso juízo, houvesse utilizado outro meio interpretativo, v.g., o gramatical, segundo o qual, procura-se o sentido da lei através da função gramatical dos vocábulos, do significado literal das palavras utilizadas pelo legislador, ignorando, muitas vezes, que o sentido técnico de determinados termos não corresponde ao literal que a gramática normalmente lhe empresta. Realmente, por esse *método de interpretação*, deve-se atribuir ao texto legal o sentido comum da linguagem, partindo-se da presunção de que o legislador o tenha preferido.

Com efeito, o texto legal prevê expressamente que "publicação de sentença ou acórdão condenatórios recorríveis" interrompem a prescrição. *Acórdão condenatório* é uma coisa e *acórdão confirmatório* é outra coisa, completamente diferente, e o legislador brasileiro não ignorou esses significados quando optou pela locução "acórdão condenatório". Acórdão condenatório significa dizer que a decisão anterior não foi condenatória, por isso, segundo a lei, ele estabelece um marco interruptivo da prescrição, exatamente porque não houve o marco interruptivo anterior, qual seja, o da *sentença penal condenatória*, pois ela foi absolutória. E, "acórdão confirmatório" significa dizer que referida decisão está confirmando a decisão condenatória anterior, com sentido e significado absolutamente distintos de acórdão condenatório e, certamente, o STF sabe disso, ou deve saber. E mais: nesta hipótese — de *acórdão confirmatório* — já ocorreu o marco interruptório anterior, qual seja, a *sentença condenatória*, que não existe na hipótese do acórdão condenatório, pois é essa ausência que justifica, na ótica do legislador, uma nova causa interruptiva da prescrição

Recentemente, no entanto, o Plenário do Supremo Tribunal Federal (STF) — naquela linha de criminalizar *por decisão judicial, sem lei anterior*, v.g. a *criminalização da homofobia* e da simples *inadimplência do ICMS*, adotou, por maioria, equivocadamente, o entendimento de que o Código Penal não faz distinção entre acórdão condenatório inicial ou confirmatório da decisão para fins de interrupção da prescrição (HC 176.473). Como não Excelências? Como não? Quem, na verdade, não quer enxergar essa distinção é a maioria da Corte Suprema, e até poderá se confirmar essa orientação, mas tão somente porque o STF, como se diz, *tem o direito de errar por último*, mas não precisam exagerar, Excelências!

163

Na realidade, ao contrário dessa equivocada decisão majoritária do STF, o texto legal é expresso ao destacar "acórdão condenatório", e a Suprema Corte está aplicando uma *interpretação extensiva*, que não se confunde com *interpretação sistemática*, como se chegou a invocar, sem razão, para interpretar o que a lei não diz, aliás, *interpretação extensiva* que a dogmática penal não admite, principalmente para prejudicar o acusado. Não se questiona que possa ter sido realizado "pleno exercício da jurisdição penal", o fato é que o fez já quando alcançado pela prescrição, e, por isso, tenta contornar a previsão legal, aplicando, equivocadamente, interpretação sistemática *contra legem*".

Venia concessa, reivindicar, *contra legem*, interpretação sistemática de instituto de ordem pública, como é o *instituto da prescrição,* protetora e garantidora dos direitos do acusado, não se pode *abandonar a dicção legal*, para contrariar o texto expresso da lei, *ignorando o seu significado literal*, algo inadmissível no âmbito do direito penal da culpabilidade de um Estado Democrático de Direito. A rigor, repetindo nessa decisão, a Augusta Corte adotou, na verdade, *interpretação extensiva* em prejuízo da defesa, o que é *intolerável em um direito penal da culpabilidade*, como é o sistema adotado nos Estados Democráticos de Direito, como é o caso brasileiro. Aliás, quando se fala sobre essa decisão na *Academia* é motivo de espanto e preocupação com os caminhos que a Suprema Corte parece começar a adotar, ignorando os mandamentos e garantias constitucionais deste país, começando com a criminalização de condutas sem previsão legal, violando o sagrado princípio *nullum crimen nulla poena sine lege*. Na realidade, a Suprema Corte anda flertando com decisões próprias e mais afeitas aos *Estados totalitários*, ignorando os limites e os princípios garantistas da Constituição Federal de 1988, inclusive invadindo a esfera exclusiva dos outros Poderes da República. Nenhum dos Poderes pode arvorar-se dono da Constituição e achar-se no direito de reescrevê-la no dia a dia. Caros Ministros reflitam um pouco sobre isso e a bem do Estado Democrático de Direito vigente neste país, até agora, revisem esse caminho transbordante dos limites de um Estado Democrático de Direito, enquanto é tempo.

Concluindo, por tudo isso, o acórdão que confirma a sentença condenatória, por revelar pleno exercício da jurisdição penal, *interrompe o prazo prescricional*, nos termos do art. 117, inciso IV, do Código Penal, mas não o acórdão meramente confirmatório, eis que já ocorreu, antes dele, outro marco interruptivo (sentença condenatória). A decisão, por maioria, foi tomada no julgamento do *Habeas Corpus* 176.473, de triste memória, da relatoria do Ministro Alexandre de Moraes.

De acordo com o art. 117 do Código Penal — que, segundo o relator, deve ser interpretado de forma sistemática –, todas as causas interruptivas da prescrição demonstram, em cada inciso, que o Estado não está inerte, mas apenas que a prestação jurisdicional tem limites previstos em lei para ser entregue, inclusive *a duração razoável do processo*. Assim, o recebimento da denúncia (inciso I), a decisão da pronúncia, em que o réu é submetido ao tribunal do júri (inciso II), a decisão confirmatória da pronúncia (inciso III) e "a publicação da sentença ou acórdão condenatórios recorríveis" (inciso IV) interrompem a prescrição. A superação do prazo previsto em lei, em qualquer dessas fases, configura a prescrição, ainda que o processo tenha andado regularmente, e a prestação jurisdicional sendo exercida, mas superando algum desses marcos interruptivos a prescrição configura-se a prescrição. E, como instituto de ordem pública, em prol da defesa, não pode ser ignorado ou *interpretado extensivamente* para prejudicar o cidadão, representando um dos dogmas insuperáveis do direito penal da culpabilidade de um Estado Democrático de Direito.

6.5.2. Início ou continuação do cumprimento da pena (V)

O termo inicial da prescrição da pretensão executória está fixado no art. 112 e incisos e no art. 117, incisos V e VI, deste Código. O *início do cumprimento da pena* só pode ocorrer após o trânsito em julgado da sentença penal condenatória, em respeito ao *princípio da presunção de inocência* (inciso LVII do art. 5º da CF, portanto, prisões cautelares ou processuais não têm qualquer relevância para o instituto da prescrição. Com efeito, a prisão do agente, para cumprir pena, interrompe-se a prescrição, iniciada com o trânsito em julgado da sentença, para a acusação. Com a continuação da prisão, interrompida pela fuga, ou decorrente de revogação do livramento condicional, interrompe-se novamente a prescrição. No entanto, nessas duas hipóteses, a prescrição volta a correr, não pela totalidade da condenação, mas pelo resto de pena que falta cumprir (art. 113). Evidentemente, durante o período de prova do *sursis* e do livramento condicional, não corre a prescrição executória, ficando seu curso suspenso, pois é como se estivesse cumprindo a pena.

6.5.3. Início da execução provisória da pena não interrompe a prescrição

Segundo a previsão do inciso V do art. 117 do CP, interrompe-se a prescrição "pelo início ou continuação do cumprimento da pena". Historicamente, ao longo dos anos de vigência do Código Penal de 1940, doutrina e jurisprudência sempre interpretaram, corretamente, que referido dispositivo legal destina-se somente à *pretensão executória*, a qual inicia com o trânsito em julgado da sentença condenatória. O mencionado entendimento consagrou-se com a atual Constituição Federal de 1988, com a garantia da *presunção de inocência* insculpido no inciso LVII do art. 5º ao determinar que "ninguém será considerado culpado até o trânsito em julgado de sentença penal condenatória".

A equivocada decisão do STF no *Habeas Corpus* 126.292, admitindo a possiblidade de cumprimento da pena com decisão de segundo grau, isto é, com acórdão confirmatório de sentença condenatória, criou uma turbulência na interpretação do dispositivo penal mencionado. Essa interpretação do STF autorizando a possibilidade de *execução antecipada*, não alterou a natureza de execução provisória, na medida em que há recurso pendente. *Cumprimento de pena* propriamente só pode ocorrer após o trânsito em julgado de decisão condenatória, caso contrário será *execução provisória*, na medida em que mesmo iniciando a prisão, será provisória e, consequentemente, poderá ser alterada. *Cumprimento de pena*, isto é, da pretensão executória somente pode iniciar-se com o trânsito em julgado da condenação. Logo, a execução provisória – início ou prosseguimento – não tem o condão de interromper a prescrição, ao contrário do que decidiu o TRF4, no julgamento da apelação n. 5059948-18.2019.4.04.7000/PR.

Ademais, o julgamento conjunto das ADCs 43, 44 e 54 – que é, logicamente, superior ao interesse individual de um *habeas corpus* – sendo, portanto, universal, restabeleceu a coerência e o *respeito à presunção de inocência* nos termos determinados pela Constituição Federal. Portanto, a entrega da pretensão executória, isto é, o *início de cumprimento de pena só pode ocorrer a partir do trânsito em julgado* de sentença penal condenatória (LVII do art. 5º). No entanto, aquela decisão do HC 126.292, que permitiu a "prisão antecipada", ou seja, *execução provisória*, não implicou em alteração do significado do texto do inciso V do art. 117 do CP. Logo, *o início da execução provisória não é marco interruptivo da prescrição*, e não se confunde com início de *cumprimento de pena* que, repetindo, somente pode ocorrer após o trânsito em julgado. Tanto é verdade que o STF, no julgamento conjunto das ADCs 43, 44 e 54, reconheceu, mais uma vez, a *inconstitucionalidade do cumprimento de pena antes do trânsito em julgado*. Portanto, não se pode afirmar que o início de cumprimento antecipado da prisão provisória tenha o efeito de interromper a prescrição, com fundamento no dispositivo penal mencionado, por se tratar de interpretação *contra legis*, além de violar a *presunção de inocência*.

6.6. A reincidência (VI)

A reincidência, a rigor, tem dois efeitos negativos automáticos: aumentar o prazo prescricional (art. 110, *caput*) e interromper o seu curso (art. 117, VI). Segundo uma corrente, o momento de interrupção da prescrição não é determinado pela prática do segundo crime, mas pela sentença condenatória que reconhece a prática do ilícito, pressuposto daquela[20]. Em sentido contrário, outra corrente, minoritária, entende que a interrupção ocorre na data do novo crime, uma vez que a reincidência seria fática, e não jurídica. O aumento do prazo prescricional, no entanto, aplica-se tão somente à prescrição da pretensão executória. Recentemente, porém, surgiram alguns julgados, inclusive do Superior Tribunal de Justiça, admitindo o aumento decorrente da reincidência também para a prescrição intercorrente[21].

Deve-se observar, no entanto, que, em caso de crimes conexos — concurso de crimes — objeto do mesmo processo, a interrupção da prescrição relativa a qualquer deles estende-se a todos. Aliás, todas as causas interruptivas da prescrição, com exceção das previstas nos incs. V e VI — prisão e reincidência —, comunicam-se a todos os participantes do crime (art. 117, § 1º).

Os processos de júri teriam as seguintes causas interruptivas da prescrição da *pretensão punitiva*: recebimento da denúncia ou da queixa, publicação da sentença de pronúncia, trânsito em julgado do acórdão confirmatório da pronúncia e publicação da sentença condenatória. Os demais processos têm somente duas causas interruptivas: a data do recebimento da denúncia ou da queixa e a data de publicação da sentença condenatória recorrível.

Finalmente, a Lei n. 9.268/96 pretendeu dar nova redação ao art. 117 do Código Penal, acrescentando-lhe uma sétima causa interruptiva da

---

20. Mirabete, *Manual*, cit., v. 1, p. 391.
21. *Revista do Superior Tribunal de Justiça*, ano 1, 4/1481.

prescrição, qual seja: "pela decisão do Tribunal que confirma ou impõe a condenação". No entanto, no Senado, foi excluída a novidade, mantendo-se os seis incisos anteriores. Mas, por omissão, ainda assim houve uma alteração no referido dispositivo. Ocorre que esqueceram de, após o último inciso do art. 117 (VI), acrescentar uma linha pontilhada, significando que os seus dois parágrafos continuavam em vigor. Assim, a nova redação do art. 117 do Código Penal encerra-se com os seus seis incisos, ficando sem os dois parágrafos originais — o § 1º disciplinava o efeito interruptivo da prescrição em relação ao concurso de pessoas e aos delitos conexos, e o § 2º regulava a forma de contagem do prazo prescricional em razão da interrupção.

Não se pode fazer de conta que tais parágrafos continuam a existir, porque a sua supressão decorreu de um lapso, pois na verdade estão excluídos do texto legal. A disciplina que traziam servirá de subsídio para orientar a interpretação da doutrina e da jurisprudência. Contudo, mantendo o texto suprimido (como é interessante este País!), a *praxis* — seja do Governo que manteve em sua publicação oficial a inclusão dos referidos parágrafos no código vigente, seja pela Editora Saraiva, a maior editora jurídica do Brasil — manteve ambos os parágrafos inclusos no texto do Código Penal, atribuindo-lhes, portanto, uma vigência que ambos não teriam. Ou seja, continuam em vigor os seguintes parágrafos: "§ 1º Excetuados os casos dos incisos V e VI deste artigo, a interrupção da prescrição produz efeitos relativamente a todos os autores do crime. Nos crimes conexos, que sejam objeto do mesmo processo, estende-se aos demais a interrupção relativa a qualquer deles. § 2º Interrompida a prescrição, salvo a hipótese do inciso V deste artigo, todo o prazo começa a correr, novamente, do dia da interrupção (ambos com redação dada pela Lei n. 7.209, de 11-7-1984)".

7. Recebimento da denúncia: causas de rejeição e absolvição sumária

As novas redações atribuídas pela Lei n. 11.719/2008 aos arts. 396 e 399 do Código de Processo Penal preveem dois momentos distintos para o *recebimento* da denúncia ou queixa. Na medida em que é inviável, gramaticalmente falando, receber duas vezes o mesmo objeto (rerreceber), é indispensável que se defina em que momento esse *recebimento*, como marco inicial da ação penal, efetivamente ocorre. Para uma corrente, seria na primeira oportunidade em que o julgador toma conhecimento da exordial acusatória (art. 396)[22], podendo ordenar a citação do demandado; para a outra, seria a segunda, quando o magistrado recebe a *resposta* do acusado (art. 399)[23], e terá condições de examinar todas as *causas de rejeição* ou *de absolvição sumária* da pretensão acusatória. Adotamos a segunda corrente, pelas razões que abaixo declinamos.

A Lei n. 11.719/2008, tratando do *juízo de admissibilidade* da ação penal, enumerou circunstâncias, erigindo-as à condição de *causas de rejeição* (art. 395) da exordial acusatória ou de *absolvição sumária* (art. 397). Não se deve pensar que se trata de uma inovação substancial, pois todas essas possibilidades (arts. 395 e 397) já existiam entre nós, e sua utilização não era tão rara como sabemos. Na verdade, a inovação, no particular, não vai muito além do que dividir o conteúdo do revogado art. 43 — fundamentos da *inadmissibilidade* — em dois grupos: o primeiro relativo à *forma*, que se denominou causas de *rejeição*; o segundo, relativo ao *mérito*, dizendo-se causas de *absolvição sumária*; a *rejeição* faz coisa julgada formal; a *absolvição sumária* faz coisa julgada material. Mas isso também não é novidade: há anos vem-se entendendo que "rejeição" e "não recebimento" são coisas distintas: na "rejeição" há recusa pelo *mérito*, e no "não recebimento" a recusa dá-se pela *forma*.

Pelo novo sistema, o juízo de (in)*admissibilidade* dar-se-á do seguinte modo: oferecida a denúncia ou queixa, ao juiz é reconhecida, desde logo, a faculdade de *rejeição liminar* (art. 396). Evidente que esse ainda não será o momento definitivo para a *rejeição* propriamente dita, mas apenas uma possibilidade para que o magistrado o faça *inaudita altera pars*, quando a medida mostrar-se estreme de dúvidas, por exemplo; assim, à frente de uma inicial notadamente inepta, poderá o juiz "rejeitá-la" de plano, sem nem mesmo ouvir o denunciado.

A decisão que se contrapõe à "rejeição liminar", sem dúvida alguma, não pode ser confundida com "recebimento", ao menos para os efeitos jurídicos que desse ato podem advir ao acusado, como, por exemplo, início da ação penal, interrupção da prescrição, transformação de indiciado em réu etc. Pensamos que o juiz, nessa oportunidade, não rejeitando a inicial, *inaudita altera pars*, proferirá despacho meramente *ordinatório*, determinando

---

22. Nereu Jose Giacomolli, *Reforma (?) do processo penal,* Rio de Janeiro, Lumen Juris, p. 64-5.
23. Paulo Rangel, *Direito Processual Penal*, Rio de Janeiro, Lumen Juris, 2008, p. 495.

a citação. A (in)admissibilidade "stricto sensu" só acontecerá mais tarde, após a manifestação da defesa, quando o juiz poderá, examinados os argumentos defensivos, aí sim rejeitar a inicial, ou absolver sumariamente o acusado, conforme o caso; ou então receber a exordial, iniciando-se, assim, a ação penal. E, como nos parece totalmente despropositado haver dois juízos de admissibilidade, temos que o art. 396 cuida tão somente de mera possibilidade de rejeição "inaudita altera pars". Caso contrário, seria imperioso afirmar que recebimento da denúncia não equivale a juízo de admissibilidade. Para isso, seria necessário renegar conceitos doutrinários e posições jurisprudenciais consolidados há décadas.

Por outro lado, estivesse já esgotada a possibilidade de rejeição, a manifestação obrigatória do acusado (art. 396-A), em que poderá alegar "... tudo o que interesse à sua defesa...", tornar-se-ia, no mais das vezes, providência meramente formal, vazia de conteúdo, a exemplo do que antes já ocorria. Portanto, o novo modelo reclama interpretação sistemática dos dispositivos, não se podendo atribuir à expressão recebê-la-á um significado puramente textual. Trata-se, repetindo, de receber para o só efeito meramente ordinatório, isto é, tão somente para mandar citar o demandado, não se podendo confundir com o recebimento formal da preambular acusatória. Em outros termos, não rejeitando liminarmente a denúncia ou queixa, o juiz determinará a citação, para que o acusado ofereça sua resposta. Cumprida essa providência defensiva, o juiz deverá, diz a lei, absolver sumariamente o acusado quando verificar presente qualquer das hipóteses dos incisos do art. 397; ou, ainda, parece claro, repita-se por necessário, deverá rejeitar, caso só reste convencido com a resposta da defesa da presença de alguma daquelas hipóteses do art. 395.

Quanto ao disposto no art. 397, exceção feita ao inciso IV (extinta a punibilidade do agente), todos os demais (I — a existência manifesta de causa excludente da ilicitude do fato; II — a existência manifesta de causa excludente da culpabilidade do agente, salvo inimputabilidade; e III — que o fato narrado evidentemente não constitui crime) são hipóteses de inadmissibilidade com alcance de mérito, que antes denominávamos rejeição, e em que se entendia cabível recurso de apelação. A extinção de punibilidade, cujo reconhecimento não pode ser confundido com decisão absolutória, foi inserida no rol desse dispositivo pelo só fato de que, inadmitida a ação ao amparo de prescrição, por exemplo, outra denúncia ou queixa não pode ser tolerada quando oferecida em razão do mesmo fato.

170

Sintetizando, a nosso juízo, o recebimento efetivo de denúncia ou queixa ocorrerá somente no segundo momento processual (art. 399 do CPP), e não naquela primeira oportunidade (art. 396), que não passará de *mero despacho ordinatório* para oportunizar a resposta da defesa.

8. Recebimento da denúncia: contraditório antecipado e reflexos na prescrição

O grande questionamento que se faz é: afinal, o *recebimento da denúncia* ou *queixa* deve ocorrer antes ou depois da manifestação defensiva preliminar? Essa desinteligência prende-se aos possíveis reflexos que uma ou outra orientação pode produzir diretamente nesse termo prescricional (art. 117, I, do CP).

Os reclamos, que aqui e ali se fazem ouvir, de que um modelo de contraditório antecipado, em que o *recebimento da denúncia* ou *queixa* só aconteça após manifestação defensiva, ensejaria o recrudescimento da prescrição e de que a *providência citatória* pode demandar tempo significativo em alguns casos, o que retardaria o *juízo de admissibilidade*, certamente, não podem ser tomados em conta de "argumentos" para a correta aferição do novo sistema. Em primeiro lugar, o eventual retardamento em face da citação, deslocando o marco interruptivo da prescrição para o futuro, tem duplo significado: (1) aumenta, é certo, o lapso temporal entre o fato e o recebimento da denúncia ou queixa; (2) mas, em contrapartida, diminui o lapso entre o juízo de admissibilidade e a sentença condenatória recorrível. Assim, tanto pode contribuir para a prescrição quanto para evitá-la, ou seja, amplia no primeiro *lapso prescricional* (entre o fato e a sentença), mas diminui no segundo (entre o recebimento da inicial e a sentença). De outra parte, lembremos que a possibilidade de defesa preliminar, assegurada nos arts. 514 do diploma processual e 4º da Lei n. 8.038/90, igualmente reclama providência notificatória que pode retardar o juízo de admissibilidade, e nem por isso foi alguma vez questionada à luz da maior ou menor incidência de prescrição. Afora tudo isso, eventual aumento dos casos de prescrição, ainda que verdadeiro fosse, teria de ser visto como uma *consequência* do novo modelo, não nos parecendo razoável colacioná-lo à guisa de "fundamento" para *interpretar* a lei neste ou naquele sentido. Ouvem-se, igualmente, observações de que seria despropositado citar o acusado antes do recebimento da denúncia ou queixa. Em verdade, como já dissemos anteriormente, é necessário atentar para a redação do *caput* do art. 363[24], introduzida pela reforma, não nos parecendo, diante dessa regra, existir qualquer obstáculo a que a citação aconteça antes da admissibilidade. Aliás, vale repetir que a "revogada" Lei n. 5.250 (Lei de Imprensa), desde o distante ano de 1967, prevê a citação antes do recebimento da denúncia (art. 43, § 1º), e não temos conhecimento de que a doutrina tenha alguma vez questionado esse dispositivo. De outra parte, igualmente não prospera a alegação de que a admissibilidade deveria acontecer desde logo, pois seria ilógico o juiz *absolver sumariamente* antes de receber a inicial. Mais uma vez, o equívoco está em interpretar as novas regras tomando em conta o modelo anterior (revogado). A *absolvição sumária* contrapõe-se não à condenação, mas sim — e justamente — à admissibilidade da ação; tem-se, com isso, que a *absolvição sumária (art. 397), tanto quanto a rejeição (art. 395),* não só pode como deve acontecer justo no momento em que o juiz decide sobre o recebimento *ou não* da inicial.

9. Causas redutoras do prazo prescricional

O prazo prescricional é reduzido pela metade quando o agente for, ao tempo do crime, menor de 21 anos, ou, na data da sentença, maior de 70 (art. 115). A redução prevista nesse dispositivo aplica-se a qualquer espécie de prescrição, seja da pretensão punitiva, seja da pretensão executória. Logicamente, compreende-se aqui o *acórdão condenatório*, quando a sentença de primeiro grau houver sido absolutória ou quando se tratar de processo de competência originária dos tribunais. Trata-se, enfim, da decisão condenatória, passível ou não de recurso.

Mais recentemente, no entanto, o colendo Supremo Tribunal Federal começou a dar, acertadamente, interpretação teleológica ao conteúdo do art. 115 do Código Penal, atendendo à finalidade política do instituto da prescrição. Exemplo dessa orientação consta da seguinte ementa, na parte que aqui nos interessa, *verbis*:

"(...)

3. A aplicação do art. 115 do Código Penal reclama interpretação teológica e técnica interpretativa segundo a qual não se pode extrair de regra que visa a favorecer o cidadão razão capaz de prejudicá-lo, restringindo a extensão nela revelada.

---

24. "Art. 363. O processo terá completada a sua formação quando realizada a citação do acusado."

4. Consectariamente, há de se tomar a idade do acusado, não na data do pronunciamento do Juízo, mas naquela em que o título executivo penal condenatório se torne imutável na via do recurso (embargos de Declaração nos Embargos de Declaração no Inquérito n. 2.584/SP, relator o Ministro Ayres Britto, sessão de 16 de junho de 2011). A extinção da punibilidade pela prescrição, tendo em conta o benefício decorrente da senilidade (70 anos) — idade completada no dia seguinte à sessão de julgamento, mas antes da publicação e da republicação do acórdão condenatório —, encontra ressonância na jurisprudência do Supremo Tribunal Federal, que preconiza deva ser considerado o benefício, ainda na pendência dos embargos" (HC 89.969-2/RS, rel. Min. Marco Aurélio, *DJ* 5-10-2007).

10. Prescrição da pena de multa

As penas mais leves prescrevem com as mais graves, segundo a previsão do art. 118 do Código Penal. Pela previsão da Reforma Penal de 1984, se a pena de multa fosse a única *cominada*, a única *aplicada* ou a que *ainda não tivesse sido cumprida*, prescreveria em dois anos (art. 114). A alteração no art. 109, VI, desse Código, procedida pela Lei n. 12.234, de 5 de maio de 2010, não se aplica à pena de multa, quando isoladamente cominada, aplicada ou, ainda, for a única não cumprida. Dito de outra forma, a prescrição da pena de multa, quando aplicada isoladamente, continua a ocorrer em dois anos. No entanto, quando for cominada ou aplicada cumulativamente com a pena privativa de liberdade, prescreve com esta, que é mais grave (art. 118). Durante o cumprimento da pena de prisão não corre o prazo prescricional em relação à pena de multa.

A Lei n. 9.268, de 1º de abril de 1996, que, na nossa concepção, não muda a competência para a execução da pena de multa, *pretendeu alterar* também o seu prazo prescricional, dando a seguinte redação ao art. 114 do Código Penal: "Art. 114. A prescrição da pena de multa ocorrerá: I — em dois anos, quando a multa for a única cominada ou aplicada; II — *no mesmo prazo estabelecido para a prescrição da pena privativa de liberdade, quando a multa for alternativa ou cumulativamente cominada ou cumulativamente aplicada".*

Como se pode constatar, trata-se de uma previsão supérflua, que, para não dizer que não inovou, na verdade, inovou para pior: a redação do inc. I já constava da redação anterior do art. 114, e a redação do inc. II constava do art. 118, que não foi revogado por dita lei.

A rigor, trouxe duas novidades: 1ª) Excluiu o prazo de dois anos de prescrição para a pena de multa, quando esta for a *única que ainda não foi cumprida*, como permitia a previsão anterior. Agora, o prazo prescricional de dois anos vige somente para as duas primeiras hipóteses, isto é, quando a pena de multa for a única *cominada* ou a única *aplicada*. Essa circunstância fica muito clara, em primeiro lugar, pela não inclusão expressa, como fazia a redação anterior do art. 114, e, em segundo lugar, pela disposição do inc. II da nova redação, pela qual o prazo prescricional da pena de multa "cumulativamente cominada ou cumulativamente aplicada" corre no mesmo prazo da pena privativa de liberdade. Assim, quando a pena de multa for a *única que ainda não foi cumprida*, o prazo prescricional obedecerá ao lapso correspondente à pena privativa de liberdade com a qual a multa foi aplicada. 2ª) Essa segunda *inovação* chega a ser ridícula: traz um pontilhado que, pela técnica legislativa, indicaria a subsistência de seus eventuais parágrafos, que, na verdade, não existiam. Estaria pretendendo o legislador que subsista o que nunca existiu?

O lapso prescricional de dois anos tanto pode atingir a pretensão punitiva quanto a pretensão executória. Prescrevendo qualquer das pretensões estatais, seja punitiva, seja executória, a multa não poderá ser executada: estará igualmente prescrita, ao contrário de alguns entendimentos já manifestados.

Embora a competência para a execução da pena de multa, a nosso juízo, permaneça com o Ministério Público, apenas com novo procedimento, as causas suspensivas e interruptivas da prescrição não serão aquelas previstas no Código Penal (arts. 116 e 117), mas as relacionadas na Lei de Execução Fiscal (Lei n. 6.830/80) e no Código Tributário Nacional.

11. A anulação parcial de sentença penal condenatória é ilegal e viola a Súmula 401 do Superior Tribunal de Justiça

A sentença judicial é um instituto jurídico processual indivisível, isto é, não comporta validade ou nulidade parcial independentemente de sua natureza penal ou cível. Por essa razão, uma sentença condenatória não pode ser parcialmente anulada para, por exemplo, ser prolatada, parcialmente, para refazer o cálculo de aplicação da pena. Dito de outra forma, é impossível anular ou invalidar parcialmente uma sentença judicial, permanecendo hígida somente parte dela. Interpretação diversa violenta esse instituto jurídico-processual e ignora a natureza jurídica da sentença, que não pode ser parcialmente anulada para que seja prolatada novamente apenas uma parte dela. Nesse sentido, aliás, são todos os doze precedentes da Súmula 401 do

Superior Tribunal de Justiça, que tem o seguinte verbete: "O prazo decadencial da ação rescisória só se inicia quando não for cabível qualquer recurso do último pronunciamento judicial". No entanto, o Superior Tribunal de Justiça e o próprio Supremo Tribunal Federal têm ignorado tanto a orientação dessa súmula como também a natureza jurídica de uma sentença judicial, tão somente pelo objetivo de impedir possível prescrição penal.

Em outros termos, segundo Flávio Cheim Jorge, "a análise e interpretação dos citados precedentes consolidam o entendimento de que não há possibilidade de fracionamento da sentença ou acórdão, capaz de ensejar o trânsito em julgado parcial. Significa dizer: ainda que exista mais de um capítulo, para efeito de fluência do prazo recursal, a sentença rescindenda será vista como um todo indivisível".

Em síntese, o enunciado da Súmula 401 do Superior Tribunal de Justiça consagra o entendimento consolidado do Superior Tribunal de Justiça de que a *coisa julgada* não se configura parcialmente, ante a impossibilidade de fracionamento da sentença. Por esses fundamentos, na nossa concepção, os tribunais superiores têm violentado, abusivamente, o instituto jurídico-processual *sentença penal condenatória* quando decidem anular somente a aplicação da pena, para que o juiz de piso prolate novo pronunciamento somente em relação à aplicação da pena, mantendo válido o restante, somente para não alterar o marco da prescrição penal.

12. A prescrição penal na improbidade administrativa

A Lei n. 8.429/92 de improbidade administrativa prevê seu próprio *sistema de prescrição* para a punição daqueles atos ou fatos caracterizadores de improbidade, que se encontra disciplinado em seu art. 23. Contudo, para aqueles fatos ímprobos que também são definidos como infração penal, presumindo-lhes maior gravidade concreta, o legislador preferiu aplicar-lhes o sistema prescricional previsto no Código Penal (art. 142, § 2º, da Lei n. 8.112/90). Resumindo, há dois *sistemas prescricionais* distintos para as infrações administrativas: um para as *infrações puramente administrativas*, disciplinado no âmbito administrativo, e outro para aquelas infrações que também são tipificadas como crimes, definidos no Código Penal.

Na verdade, sempre que os fatos ou atos caracterizadores de *improbidade administrativa* encontrarem-se também tipificados como crimes, o *instituto da prescrição* a ser-lhes aplicado será aquele previsto no Código Penal, que é mais complexo, mais abrangente e, ao mesmo tempo, mais completo. Esse instituto está disciplinado nos arts. 108 a 118 do Código Penal. Cumpre destacar, desde logo, que o *instituto da prescrição*, no sistema penal, compõe-se de duas grandes vertentes, quais sejam, prescrição *in abstracto* e prescrição *in concreto*, acompanhando a garantia constitucional da *individualização da pena*, própria do sistema penal, que comina penas, abstratamente, às condutas definidas como crimes, as quais devem ser concretizadas na sentença penal condenatória. Em outros termos, a disciplina da prescrição penal acompanha essa dinâmica da cominação e aplicação da pena, em respeito à própria harmonia do sistema penal brasileiro e ao *princípio da individualização da pena*.

Sintetizando, quando o legislador cível adota, para a improbidade administrativa, o *instituto da prescrição* disciplinada no Código Penal (arts. 108 a 118), aplicável às condutas criminosas, o faz por inteiro, não estabelecendo nenhuma restrição ou exclusão, a despeito de saber de sua complexidade e de sua bifrontalidade, quais sejam, prescrição da pretensão punitiva abstrata e prescrição da pretensão punitiva *in concreto*, além da prescrição da *pretensão executória*. Logo, quando se fala em prescrição do Código Penal, como o legislador não faz restrição ou ressalva alguma, não cabe ao intérprete fazê-lo, sob pena de deturpar a aplicação desse instituto, com sérios prejuízos à segurança jurídica, ao devido processo legal e às garantias fundamentais insculpidas em nossa Carta Magna. Consequentemente, todas as previsões, ressalvas, divisões, suspensões e interrupções previstas no Código Penal são igualmente aplicáveis no âmbito administrativo, por força do art. 142, § 2º, da Lei n. 8.112/90, inclusive os institutos da prescrição abstrata e da prescrição em concreto.

Com efeito, é absolutamente inadmissível pretender aplicar somente a *prescrição abstrata* ou somente a prescrição *in concreto*, pois essa restrição não existe em nosso ordenamento jurídico. Cabe apenas uma ressalva interpretativa: não se pode pretender que a jurisdição cível/administrativa seja sobrestada à espera de eventual futura decisão em matéria penal. Não havendo, contudo, julgamento em matéria penal, a *prescrição* a ser considerada no âmbito administrativo será aquela conhecida como "abstrata", pois não se poderá falar em prescrição *in concreto* ante a sua inexistência, e tampouco se poderá exigir que a instância cível suspenda seu andamento à espera de uma decisão criminal.

Dito de outra forma, só se poderá falar em prescrição *in concreto* quando já existir tal prescrição na seara penal, isto é, se quando ocorrer o julgamento

176

da *improbidade administrativa* já houver ocorrido o julgamento da matéria penal correspondente. Nessa hipótese, necessariamente, a prescrição a ser considerada será a prescrição pela pena concretizada na sentença penal, porque essa é a pena *justa* e necessária definida no art. 59 do Código Penal. Nesse sentido é a orientação mansa e pacífica do Superior Tribunal de Justiça, *verbis*:

> "Administrativo. Servidor público estadual. Policial civil. Processo Administrativo Disciplinar — PAD. Ilícito administrativo também capitulado como infração penal. Prazo prescricional. Lei Penal. Pena *in concreto*. Causas suspensivas e interruptivas que devem observar a legislação estadual pertinente. Processo judicial que visa o reconhecimento de nulidade no julgamento do PAD. Causa suspensiva não configurada. Anulação do primeiro ato demissório. Segundo ato demissório alcançado pela prescrição.
>
> **1. Conquanto sejam independentes as esferas administrativa e penal, em sendo o delito funcional também capitulado como crime, o prazo prescricional a ser adotado é o previsto na legislação penal. Assim, existindo sentença penal condenatória, a prescrição da pretensão punitiva da Administração tem como baliza temporal a pena em concreto, conforme o disposto nos arts. 109 e 110 do Código Penal. Precedentes.**
>
> 2. A despeito da adoção do prazo prescricional previsto na legislação penal, na apuração de ilícito administrativo que corresponda à infração penal, devem ser aplicadas ao processo administrativo disciplinar as causas suspensivas e interruptivas previstas na legislação específica que o disciplina no âmbito de cada Unidade da Federação. Precedente.
>
> 3. (...)
>
> 4. Recurso ordinário conhecido e provido para reconhecer a extinção da pretensão punitiva do Estado em face da ocorrência da prescrição, nos termos do art. 95 da Lei Estadual n. 7.366/80 (RMS 30002/RS, Rel. Min. Laurita Vaz, Quinta Turma, *DJe* 19-12-2011). No mesmo sentido: AgRg do ESTADO DE RONDÔNIA desprovido (AgRg no AREsp 560735/RO, Min. Napoleão Nunes Maia Filho, 1ª Turma, *DJe* 19-12-2014); (MS 21045/DF, Ministra MARGA TESSLER JUÍZA FEDERAL CONVOCADA DO TRF 4ª REGIÃO, Primeira Seção, *DJe* 16-12-2014). Segurança denegada" (MS 17.535/DF, Min. Benedito Gonçalves, Primeira Seção, *DJe* 15-9-2014).

Por outro lado, os prazos prescricionais da pretensão punitiva *in abstracto* estão intimamente ligados à pretensão punitiva *in concreto*; aliás, esse vínculo é estabelecido pelo próprio texto legal, nos termos do art. 109, *caput*, combinado com o art. 110, § 1º, ambos do Código Penal. Com efeito, assim prescreve o *caput* do art. 109: "A prescrição, antes de transitar em julgado a sentença final, salvo o disposto no § 1º do art. 110 deste Código, regula-se pelo máximo da pena privativa de liberdade cominada ao crime, verificando-se...".

Em síntese, a aplicação dos mesmos prazos do art. 109 tanto para a prescrição abstrata como para a concreta integra a essência do instituto da prescrição em matéria penal, tanto que esse dispositivo — que elenca os respectivos prazos — ressalva sua aplicação na pena concretizada. Em outros termos, a aplicação da *teoria prazal* no instituto da prescrição é da essência desse instituto, e dele é legalmente indissociável, e não pode ser restringida à prescrição da pretensão punitiva abstrata, quando o texto legal não exclui expressamente sua aplicação relativa à pretensão punitiva *in concreto*.

12.1. Prazo prescricional aplicável ao terceiro

O art. 23 da Lei n. 8.429/92 estabelece o prazo de cinco anos para ajuizamento de ação por ato de improbidade administrativa, contados do término do exercício de mandato, cargo em comissão ou função de confiança, ou dentro do prazo prescricional previsto na legislação específica para os casos de demissão de servidor público.

O colendo Superior Tribunal de Justiça possui precedentes no sentido de que *o prazo prescricional aplicável ao terceiro que pratica ato de improbidade administrativa, em conjunto com agente público, rege-se pelo lapso temporal incidente para este último*, senão, leia-se:

"Administrativo. Ato de improbidade. Desvio de medicamentos. Alegação de violação do art. 535 do CPC/73. Inexistente. Alegação de cerceamento de defesa. Inexistente. Delitos praticados durante o período de 2004 a 2006, proposta a ação civil pública em 2012. Alegação de prescrição. Inexistente. Mesmo prazo. Mesma sistemática atribuída aos agentes públicos para fins de fixação do termo inicial da prescrição.

Omissis

VIII — O prazo prescricional aplicável ao terceiro que pratica ato de improbidade administrativa, em conjunto com agente público, rege-se pelo lapso temporal incidente a esse último. Conforme a jurisprudência desta Corte, 'nos termos do artigo 23, I e II, da Lei n. 8.429/92, aos particulares, réus na ação de improbidade administrativa, aplica-se a mesma sistemática atribuída aos agentes públicos para fins de fixação do termo inicial da prescrição' (STJ, AgRg no REsp 1.541.598/RJ, rel. Min. Mauro Campbell Marques, Segunda Turma, *DJe* de 13-11-2015). Nesse mesmo sentido: AgInt no REsp 1.607.040/PE, rel. Min. Assusete Magalhães, Segunda Turma, julgado em 28-3-2017, *DJe* 10-4-2017; STJ, AgRg no REsp 1.510.589/SE, rel. Min. Benedito Gonçalves, Primeira Turma, *DJe* de 10-6-2015;

REsp 1.433.552/SP, rel. Min. Humberto Martins, Segunda Turma, *DJe* de 5-12-2014; REsp 1.405.346/SP, rel. p/ acórdão Min. Sérgio Kukina, Primeira Turma, *DJe* de 19-8-2014; AgRg no REsp 1.159.035/MG, rel. Min. Eliana Calmon, Segunda Turma, *DJe* de 29-11-2013; EDcl no AgRg no REsp 1.066.838/SC, rel. Min. Herman Benjamin, Segunda Turma, *DJe* de 26-4-2011. *Omissis*" (AgInt no AREsp 986.279/RJ, rel. Min. Francisco Falcão, 2ª Turma, j. 24-10-2017, *DJe* 30-10-2017).

Sendo assim, deve-se buscar, na legislação específica, o prazo prescricional para ajuizamento de demanda objetivando demitir agente público com vínculo estável junto à Administração. Logo, traz-se a lume o disposto no art. 142 da Lei n. 8.112/90, segundo o qual "A ação disciplinar prescreverá (I) — em 5 (cinco) anos, quanto às infrações puníveis com demissão, cassação de aposentadoria ou disponibilidade e destituição de cargo em comissão; (§ 1º) o prazo de prescrição começa a correr da data em que o fato se tornou conhecido".

Vale ponderar que a lei não diz que é a data em que o fato foi apurado ou confessado, mas sim conhecido. Portanto, pela lei, a partir dali se conta o prazo de cinco anos a que alude o inciso II do art. 23 da Lei n. 8.429/92, combinado com o § 1º do inciso I do art. 142 da Lei n. 8.112/90. No entanto, no Recurso Extraordinário 852.475, o Supremo Tribunal Federal, pelo plenário, em decisão de 8 de agosto de 2018, fixou a seguinte tese: "São imprescritíveis as ações de ressarcimento ao erário fundadas na prática de ato doloso tipificado na Lei de Improbidade Administrativa".

A LEI N. 13.964/2019 DIFICULTA OU INVIABILIZA A PROGRESSÃO DE REGIMES E IGNORA OS FATORES CRIMINÓGENOS DA PENA DE PRISÃO

VIII

Sumário: 1. Considerações preliminares. 2. O objetivo ressocializador na visão da Criminologia Crítica. 3. O objetivo ressocializador "mínimo". 4. Regimes de cumprimento de pena. 4.1. Regras do regime fechado. 4.2. Regras do regime semiaberto. 4.2.1. Concessão de trabalho externo, desde o início da pena. 4.3. Regras do regime aberto. 4.4. Regras para progressão no regime disciplinar diferenciado antes da Lei n. 13.964/2019. 5. Regime inicial de cumprimento de pena. 5.1. Regime inicial nos crimes hediondos antes da Lei n. 13.964/2019. 6. Prisão domiciliar. 7. Progressão e regressão de regimes de cumprimento da pena. 7.1. Pressuposto da progressão: existência de estabelecimento penal adequado. 8. Progressão de regimes antes da Lei n. 13.964/2019. 8.1. Requisitos da progressão. 9. Regressão de regime de cumprimento de pena. 10. Trabalho prisional como elemento ressocializador. 11. Remição pelo trabalho e pelo estudo. 11.1. Remição pelo trabalho em regime aberto: possibilidade segundo os princípios da isonomia e da analogia. 12. A prática de falta grave pode revogar a remição de até 1/3 (um terço) da pena remida. 13. Prescrição de falta grave praticada após cinco anos de remição. 14. A progressão nos crimes hediondos a partir da Lei n. 9.455/97. 14.1. A progressão nos crimes hediondos a partir da Lei n. 11.464/2007. 14.2. Progressão de regime antes do trânsito em julgado de decisão condenatória (Súmula 716 do STF). 15. A progressão de regimes na previsão da Lei n. 13.964/2019. 16. Inconstitucionalidade do art. 112 da Lei de Execução Penal, com redação determinada pela Lei n. 13.964/2019, relativa à progressão de regime nos crimes hediondos.

1. Considerações preliminares

No decurso do século XIX impõe-se definitivamente a pena privativa de liberdade, que continua sendo a espinha dorsal do sistema penal atual até o século XX[1]. O predomínio da pena privativa de liberdade coincide com o progressivo abandono da pena de morte[2]. Sob o ponto de vista

---

1. H. H. Jescheck, *Tratado de Derecho Penal*, trad. Mir Puig e Muñoz Conde, Barcelona, Bosch, 1981, v. 2, p. 1068.
2. Idem, ibidem, p. 1061.

181

penológico, a mais importante há mais de um século tem sido a pena privativa de liberdade. Durante o século XIX, a pena de prisão coexistiu com a deportação às colônias[3] e os trabalhos forçados. Porém, essas modalidades punitivas foram gradualmente abandonadas. Paulatinamente se foi adquirindo consciência da necessidade de que a execução da pena de prisão fosse concebida como um sistema, como um tratamento que buscasse a reabilitação do recluso, preparando-o para o retorno à sociedade[4].

O apogeu da pena privativa de liberdade coincide com o abandono dos regimes celular e auburniano e a adoção do regime progressivo[5], consoante demonstramos longamente em nosso *Falência da pena de prisão*[6]. Embora a Espanha tenha adotado o regime progressivo desde princípios do século XX, só depois da Primeira Guerra Mundial a sua utilização generalizou-se, especialmente na Europa. A Bélgica abandonou o sistema celular, que havia seguido desde 1831, adotando em 1919 o regime progressivo[7].

A essência desse regime consiste em distribuir o tempo de duração da condenação em períodos, ampliando-se em cada um os privilégios que o recluso pode desfrutar de acordo com sua boa conduta e o aproveitamento demonstrado do tratamento reformador. Outro aspecto importante desse sistema penitenciário é o fato de possibilitar ao recluso reincorporar-se à socieda-

---

3. Elías Neuman, *Evolución de la pena*, p. 42 e 65.
4. Para Marc Ancel, a evolução do século XIX conduziria ao reconhecimento do tratamento. As preocupações humanitárias tenderiam a fazer desaparecer os castigos, as penas humilhantes, os trabalhos muito penosos, ou ao menos conter os trabalhos forçados. O movimento de ideias espiritualistas culmina, de forma muito especial, no fim do século XIX, através de certas doutrinas científicas, e também da contribuição da Escola Antropológica e Sociológica italiana, das quais se desprenderam três ideias fundamentais: o delinquente, como indivíduo, considerado em sua personalidade concreta; o estudo dos fatores sociais ou criminológicos da infração; e, finalmente, o estado perigoso, o grau de perigosidade. O tratamento aparece na legislação penal, inicialmente, de forma empírica e quase furtiva, no fim do século XIX (Marc Ancel, La noción del tratamiento en las legislaciones penales vigentes [tratamiento penitenciário], *REP*, 1968, p. 488-9).
5. O sistema progressivo tem antecedentes na Espanha, remontando ao início do século XIX, de 1802 a 1806, no presídio de Cádiz G. Lasala, El tenente D. Francisco de Abadía, *REP*, 1947, p. 83 e 93.
6. Cezar Roberto Bitencourt, *Falência da pena de prisão*, 5ª ed., São Paulo, Saraiva, 2017, resultado de nossa Tese de Doutorado.
7. Eugenio Cuello Calón, *La moderna penología*, p. 323; Francisco Bueno Arus, Panorama comparativo entre los modernos sistemas penitenciarios, in *Problemas actuales de las ciencias penales y filosofía del Derecho*, p. 385.

de antes do término da condenação. A meta do sistema tem dupla vertente: de um lado, pretende constituir um estímulo à boa conduta e à adesão do recluso ao regime aplicado, e, de outro, pretende que esse regime, em razão da boa disposição anímica do interno, consiga paulatinamente sua reforma moral e a preparação para a futura vida em sociedade. O regime progressivo significou, inquestionavelmente, um avanço penitenciário considerável desde o século XIX. Ao contrário dos regimes auburniano e filadélfico, o sistema progressivo deu importância à própria vontade do recluso, além de diminuir significativamente o rigorismo na aplicação da pena privativa de liberdade.

Os sistemas progressivos (inglês progressivo ou *mark system* e irlandês)[8], em seus diversos matizes, procuram corresponder ao inato desejo de liberdade dos reclusos, estimulando-lhes a emulação, que haverá de conduzi-los à liberdade. Exatamente aí está a grande diferença com os sistemas pensilvânico e auburniano, os quais somente pretendiam disciplinar o regime interior das prisões e a eventual correção dos reclusos no transcurso de tempo prefixado na sentença.

O ponto fundamental e decisivo do *sistema progressivo* centraliza-se na diminuição que a intensidade da pena apresenta como consequência da conduta e do comportamento do recluso. Em que pese o sucesso alcançado pelo sistema progressivo ainda na primeira metade do século passado, era necessário que se fizesse melhor preparação do recluso para voltar à liberdade plena. É esse o sistema adotado no Brasil, que sofre sérias e graves dificuldades para os condenados adquirirem o direito à progressão com as previsões da Lei n. 13.964/2019, aspectos que serão examinados adiante.

Um dos aspectos que tornam mais distante o direito à progressão é a reincidência em algum crime, independentemente da natureza da infração anterior. Vejamos, a seguir, uma análise político-criminal desse instituto reincidência, suas consequências e, igualmente, a sua natureza-jurídica como instituto penal repressivo.

2. O objetivo ressocializador na visão da Criminologia Crítica

A *Criminologia Crítica* não admite a possibilidade de que se possa conseguir a *ressocialização* do delinquente numa sociedade capitalista. Os

---

8. Bitencourt, *Falência da pena de prisão*, cit., p. 112-4.

principais argumentos que respaldam essa convicção, em síntese, são os seguintes:

a) a prisão surgiu como uma necessidade do sistema capitalista, como um instrumento eficaz para o controle e a manutenção desse sistema. Há um nexo histórico muito estreito entre o cárcere e a fábrica. *A instituição carcerária,* que nasceu com a sociedade capitalista, tem servido como instrumento para reproduzir a desigualdade e não para obter a *ressocialização do delinquente.* A verdadeira *função* e natureza da prisão está condicionada à sua origem histórica de instrumento assegurador da desigualdade social[9];

b) *o sistema penal*, dentro do qual logicamente se encontra a prisão, permite a manutenção do *sistema social*, possibilitando, por outro lado, a manutenção das desigualdades sociais e da marginalidade. O sistema penal facilita a manutenção da *estrutura vertical* da sociedade, impedindo a integração das classes baixas, submetendo-as a um processo de *marginalização.* No sistema penal encontra-se o mesmo processo discriminatório contra as classes baixas que existe no sistema escolar[10]. A *estigmatização* e o *etiquetamento* que sofre o delinquente com sua condenação tornam muito pouco provável sua reabilitação. Depois de iniciada uma carreira delitiva é muito difícil conseguir a *ressocialização.* O sistema penal, como a escola, desintegra os socialmente frágeis e os marginalizados. Entre os delinquentes e a sociedade levanta-se um muro que impede a concreta solidariedade com aqueles ou inclusive entre eles mesmos. A separação entre *honestos e desonestos*, que ocasiona o *processo de criminalização*, é uma das *funções simbólicas* do castigo e é um fator que impossibilita a realização do *objetivo ressocializador.* O sistema penal conduz à marginalização do delinquente. Os efeitos diretos e indiretos da condenação produzem, em geral, a sua *marginalização*, e essa marginalização se aprofunda ainda mais durante a execução da pena. Nessas condições, é utópico pretender *ressocializar* o delinquente; é impossível pretender a reincorporação do interno à sociedade por intermédio da pena privativa de liberdade,

---

9. Alessandro Baratta, Criminología crítica y política penal alternativa, *RIDP*, 1978, p. 48. Para mais detalhes e aprofundamento, ver Dario Melossi e Massimo Pavarini, *Cárcel y fábrica — los orígenes del sistema penitenciario*, 2ª ed., México, Siglos XVI-XIX, 1985.

10. Alessandro Baratta, Sistema penale e marginazione sociale — per la critica dell'ideologia del trattamento, p. 237 e s.

quando, de fato, *existe uma relação de exclusão* entre a prisão e a sociedade[11]. *Ressocialização é um conceito praticamente desconhecido e ignorado pelas autoridades responsáveis pelo sistema penitenciário brasileiro*, a partir, inclusive, do atual Ministro da Justiça. Esse que, em tese, é o objetivo maior da pena privativa de liberdade, é completamente ignorado em nosso sistema repressivo, aliás, o Brasil não tem nenhuma tradição nesse aspecto e nunca adotou qualquer medida no sentido de implementar medidas visando conseguir ou tentar viabilizar a finalidade ressocializadora da pena de prisão.

E o mais grave em nosso sistema penitenciário é *a inexistência de qualquer apoio ao egresso* do sistema penitenciário, que sai do sistema sem eira nem beira, não tendo nada e ninguém para auxiliá-lo a reiniciar uma vida digna e sem crimes, pelo contrário, a sociedade civil e nossos governantes fecham todas as portas aos egressos, que, sem alternativa, voltam a delinquir para sobreviver.

Os objetivos que orientam o sistema capitalista (especialmente a acumulação de riqueza) exigem a manutenção de um setor marginalizado da sociedade, tal como ocorre com a delinquência. Assim, pode-se afirmar que a *lógica do capitalismo* é incompatível com o *objetivo ressocializador*. Sem a transformação da sociedade capitalista, não há como encarar o problema da reabilitação do delinquente[12].

Para a Criminologia Crítica, qualquer reforma que se possa fazer no campo penitenciário não terá maiores vantagens, visto que, mantendo-se a mesma estrutura do sistema capitalista, a prisão manterá sua função repressiva e estigmatizadora[13]. Em realidade, a Criminologia Crítica não propõe o *desaparecimento do aparato de controle*, pretende apenas democratizá-lo, fazendo desaparecer a estigmatização quase irreversível que sofre o delinquente na sociedade capitalista[14]. O grande problema é que continuará existindo um *aparato de controle*, e ninguém garante que os novos mecanismos de "controle democrático" não continuarão sendo tão repressivos e estigmatizadores quanto os anteriores. Por outro lado, quando se produzirá a revolução? Não

---

11. Idem, ibidem.
12. Marino Barbero Santos, Marginalidad y defensa social, p. 185.
13. Alessandro Baratta, Sistema, cit., p. 49.
14. Franck Pearce, *Los crímenes de los poderosos*, México, Siglo XXI, 1980, p. 22-3. Em sentido semelhante, Jescheck, *Tratado de Derecho Penal*, trad. Mir Puig e Muñoz Conde, Barcelona, Bosch, p. 1049-50.

se pode estabelecer o momento em que ocorrerá a *transformação qualitativa* das *relações de produção*. E, enquanto esperamos essa revolução, o que acontecerá com as pessoas que se encontram no interior das prisões? Essa imprecisão é uma das debilidades das *ideias revolucionárias* da *Nova Criminologia*, visto que em outros aspectos sua crítica é importante e decisiva.

3. O objetivo ressocializador "mínimo"

Em matéria de *ressocialização*, não podem existir receitas definitivas, mas se deve operar somente com hipóteses de trabalho. O problema da *ressocialização* não pode ser resolvido com fórmulas simplistas. Se tudo for simples, incluídas as soluções, por certo os resultados serão absolutamente insatisfatórios[15]. A *criminologia moderna* prioriza a prevenção primária (causas do delito) e a secundária (obstáculos do delito), completando-se com a prevenção terciária, procurando evitar a reincidência. No entanto, a *finalidade ressocializadora* não é a única nem mesmo a *principal finalidade da pena*. Em realidade, a *ressocialização* é uma das finalidades que deve ser perseguida, na medida do possível[16]. Assim como não aceitamos o repúdio, puro e simples, do *objetivo ressocializador*, também não vemos como possível pretender que a *readaptação social* seja uma responsabilidade exclusiva das disciplinas penais, visto que isso suporia ignorar o sentido da vida e a verdadeira função das referidas disciplinas. Não se pode atribuir às disciplinas penais a responsabilidade exclusiva de conseguir a completa *ressocialização* do delinquente, ignorando a existência de outros programas e meios de controle social de que o Estado e a sociedade devem dispor com objetivo ressocializador, como são a família, a escola, a Igreja etc. A *readaptação social* abrange uma problemática que transcende os aspectos puramente penal e penitenciário. Na busca da correção ou da readaptação do delinquente, não se pode olvidar que esses objetivos devem subordinar-se à Justiça. Tal conceito é necessário dentro de qualquer relação, e não deve ser interpretado do ponto de vista estritamente individual.

Modernamente, só se concebe o *esforço ressocializador* como *uma faculdade* que se oferece ao delinquente para que, de forma espontânea, ajude a si próprio a, no futuro, levar uma vida sem praticar crimes. Esse

---

15. Friedrich Hacker, *Agresión (la brutal violencia del mundo moderno)*, Espanha, Grijalbo, 1973, p. 519.
16. Borja Mapelli Caffarena, Sistema progresivo y tratamiento, in *Lecciones de Derecho Penitenciario*, Madrid, 1989, p. 170.

entendimento configura aquilo que se convencionou chamar "tratamento ressocializador mínimo". Afasta-se definitivamente o denominado objetivo ressocializador máximo, que constitui uma invasão indevida na liberdade do indivíduo, o qual tem o direito de escolher seus próprios conceitos, suas ideologias, sua escala de valores.

Acabar com a delinquência completamente e para sempre é uma *pretensão utópica*, visto que a *marginalização* e a *dissidência* são inerentes ao homem e o acompanharão até o fim da aventura humana na Terra. No entanto, essa circunstância não libera a sociedade do compromisso que tem perante o delinquente. Da mesma forma que *este* é responsável pelo bem-estar social de toda a comunidade, *esta* não pode desobrigar-se de sua responsabilidade perante o destino daquele[17].

Para concluir, uma *teoria da pena* que não queira ficar na *abstração* ou em *propostas isoladas*, mas que pretenda corresponder à realidade, tem, no dizer de Roxin, "que reconhecer as antíteses inerentes a toda a existência social para, de acordo com o *princípio dialético*, poder superá-las numa fase posterior; ou seja, tem de *criar* uma ordem que demonstre que, na realidade, um Direito Penal só pode fortalecer a *consciência jurídica da generalidade,* no sentido de prevenção geral, se, ao mesmo tempo, preservar a *individualidade* de quem a ele está sujeito; que o que a sociedade faz pelo delinquente também é, afinal, o mais proveitoso para ela; e que só se pode ajudar o criminoso a superar a sua *inidoneidade social* de uma forma igualmente frutífera para ele e para a comunidade se, a par da consideração da sua debilidade e da sua necessidade de *tratamento*, não se perder de vista a imagem da *personalidade* responsável para a qual ele aponta"[18].

4. Regimes de cumprimento de pena

A Lei n. 7.209/84 manteve a classificação dos regimes de cumprimento de pena instituídos, pela Lei n. 6.416/77. Abandonou, contudo, a periculosidade como fator determinante para a adoção deste ou daquele regime, como fazia aquele diploma legal. Agora, os regimes são determinados fundamentalmente pela espécie e quantidade da pena e pela reincidência, aliadas ao mérito do condenado, num autêntico sistema progressivo. "O regime torna-se, agora, o estado de cumprimento de pena, em que se coloca

---

17. Claus Roxin, Sentido e limites da pena estatal, in *Problemas fundamentais de Direito Penal*, Coimbra, Veja Universidade, 1986, p. 42-3.
18. Idem, ibidem, p. 45.

o condenado, no tocante à intensidade modulada de redução da liberdade.[19]" O regime fechado será executado em estabelecimento de segurança máxima ou média; o semiaberto será executado em colônia agrícola, industrial ou estabelecimento similar; e, finalmente, o regime aberto será cumprido em casa de albergado ou em estabelecimento adequado.

Recentemente, a Lei n. 10.792/2003 instituiu o que denominou *regime disciplinar diferenciado* — a ser cumprido em cela individual —, que poderá ter duração máxima de 360 dias, sendo possível sua repetição, desde que não ultrapasse um sexto da pena.

4.1. Regras do regime fechado

No regime fechado, o condenado cumpre a pena em penitenciária e estará obrigado ao trabalho em comum dentro do estabelecimento penitenciário, na conformidade de suas aptidões ou ocupações anteriores, desde que compatíveis com a execução da pena. Nesse regime, o condenado fica sujeito ao isolamento durante o repouso noturno (art. 34, § 1º, do CP), porém, na prática, esse isolamento noturno, com os requisitos exigidos para a cela individual (art. 88 da LEP), não passa de "mera carta de intenções" do legislador brasileiro, sempre tão romântico na fase de elaboração dos diplomas legais. Com a superpopulação carcerária constatada em todos os estabelecimentos penitenciários, jamais será possível o isolamento dos reclusos durante o repouso noturno. Quem cumpre pena em regime fechado não tem direito a frequentar cursos, quer de instrução, quer profissionalizantes. E o trabalho externo só é possível (ou admissível) em obras ou serviços públicos, desde que o condenado tenha cumprido, pelo menos, um sexto da pena.

O projeto, em sua redação original, determinava que era admissível o serviço externo nas condições referidas, "desde que fossem tomadas as cautelas contra a fuga e em favor da disciplina". No entanto, considerando as condições dos apenados que cumprem pena em regime fechado, normalmente delinquentes de altíssima periculosidade, e a necessidade da eficiência do controle social, pensamos que, mesmo que não esteja expresso no Código Penal, só se poderá conceder o serviço externo, em casos de regime fechado, acautelando-se contra a fuga e tomando-se todas as

---

19. Moraes Pitombo, Os regimes de cumprimento de pena e o exame criminológico, *RT*, 583/314, 1984.

medidas necessárias em favor da disciplina. Felizmente, em boa hora, a Lei de Execução Penal (art. 37) estabeleceu a obrigatoriedade dessa exigência. Aliás, esse mandamento já era consagrado pela Lei n. 6.416/77.

Finalmente, em condenações a penas prisionais não superiores a quatro anos, só excepcionalmente se justifica a aplicação do regime fechado, isto é, somente quando as circunstâncias judiciais a recomendarem. Reconhecida a existência de circunstâncias judiciais favoráveis, o regime de cumprimento de pena deve ser mais liberal. Tratando-se de condenado reincidente, ainda assim, recomenda-se a aplicação do regime semiaberto. Não é outra a orientação do Superior Tribunal de Justiça: "é admissível a adoção do regime prisional semiaberto aos reincidentes condenados a pena igual ou inferior a quatro anos se favoráveis as circunstâncias judiciais" (Súmula 269).

4.2. Regras do regime semiaberto

No regime semiaberto, não há previsão para o isolamento durante o repouso noturno. Nesse regime, o condenado terá direito a frequentar cursos profissionalizantes, de instrução de 2º grau ou superior, servindo, inclusive, para a *remição da pena* e para a *progressão de regimes*, como veremos adiante. Também ficará sujeito ao trabalho em comum durante o período diurno, em colônia agrícola, industrial ou em estabelecimento similar. Aqui, no regime semiaberto, o trabalho externo é admissível, desde o início de seu cumprimento, inclusive na iniciativa privada, ao contrário do que ocorre no regime fechado. O serviço externo, na hipótese de progressão do regime fechado, pode ser o penúltimo estágio de preparação para o retorno do apenado ao convívio social. O próximo e derradeiro passo será o *livramento condicional*, ou a progressão para o regime aberto, dependendo das circunstâncias.

4.2.1. Concessão de trabalho externo, desde o início da pena

É bom esclarecer que o *juiz da condenação*, na própria sentença, já deverá conceder o serviço externo, sendo desnecessário o cumprimento de qualquer parcela da pena, pois, como veremos, o art. 35 do Código Penal não faz essa exigência. Ou então, posteriormente, quando, por algum fundamento, se considere desrecomendável o serviço externo de imediato, o *juiz da execução, que é o juiz natural da fase executória,* poderá concedê-lo *desde o início do cumprimento da pena*. Ressalvada a hipótese de concessão do trabalho externo na própria sentença, preferimos que o *juiz da execução*, pela segurança de sua isenção, seja a autoridade apta a decidir sobre a concessão tanto do trabalho externo como da progressão de regimes.

A exigência de *cumprimento de um sexto da pena* verifica-se apenas quando tal benefício for concedido pela direção do estabelecimento penitenciário, que, então, dependerá também da aptidão, disciplina e responsabilidade do apenado (art. 37 da LEP). Essa hipótese justifica-se, por exemplo, quando o Poder Judiciário, nas oportunidades anteriores, considerou não ser prudente a concessão de tal benefício, pelas circunstâncias apresentadas pelos fatos e/ou pelo condenado (não preenchimento dos requisitos legais). Com o cumprimento de um sexto da pena, presume-se, poderá adquirir as condições que lhe faltavam quando iniciou a cumpri-la.

Na verdade, ao contrário do que vem entendendo o Supremo Tribunal Federal, doutrinariamente, entende-se que a necessidade do cumprimento de um sexto da pena no regime semiaberto poderá ocorrer somente em duas hipóteses:

1ª) *Quando o regime semiaberto decorre de progressão do regime aberto* — nesse caso, seria razoável, em tese, cumprir esse tempo de pena, em razão de o indivíduo, que estava acostumado com o regime fechado, necessitar dessa fase para mostrar adaptação ao novo regime. Mas, ainda assim, dependendo das circunstâncias, satisfazendo os *requisitos subjetivos*, poderá receber, de imediato, o trabalho externo, concedido pelo Juiz da Execução, pois já cumpriu mais de um sexto da pena no regime anterior.

Não sendo concedido pelo magistrado, desde o início, então a "direção do estabelecimento penitenciário" poderá concedê-lo após o cumprimento de um sexto de pena, isso se não satisfizer os requisitos para a progressão ou enquanto aguardar essa decisão.

2ª) *Quando há regressão do regime aberto para o semiaberto,* ou *quando foi revogado o trabalho concedido*, pelas razões previstas no parágrafo único do art. 37 da Lei de Execução Penal. Com efeito, revogar-se-á a autorização de trabalho externo ao preso que vier a praticar fato definido como crime, for punido por falta grave ou tiver comportamento contrário aos requisitos estabelecidos no artigo (parágrafo único do art. 37 da LEP).

Na realidade, é para essas hipóteses que existe a previsão do art. 37 e parágrafo único da Lei de Execução Penal, e é por isso mesmo que esse texto legal refere-se à "prestação de trabalho externo, a ser autorizada pela direção do estabelecimento". Ou seja, trata-se de pena já em execução, caso contrário não haveria falar, e tampouco atribuir à *direção do estabelecimento penitenciário* essa decisão, como faz o art. 37 da Lei de Execução Penal. Consequentemente, a *autoridade judiciária* que fizer essas exigências — de cumprimento de um sexto de pena e a satisfação dos requisitos desse dispositivo legal — estará usurpando a atribuição da direção do estabelecimento prisional. Ademais, nota-se que o art. 35 do Código Penal, que estabelece as "regras do regime semiaberto", nada refere sobre a necessidade de cumprir alguma quantidade de pena para adquirir esse direito. Por outro lado, o art. 59, III, do Código Penal determina que compete ao juiz estabelecer "o regime inicial de cumprimento da pena privativa de liberdade". Logicamente, sendo competente para fixar o regime de pena, sê-lo-á também para estabelecer as condições de seu cumprimento, nas quais se inclui o trabalho externo.

Finalmente, depois de alguns anos, o Superior Tribunal de Justiça passou a adotar esse nosso entendimento, admitindo a desnecessidade do cumprimento de um sexto da pena para a concessão do trabalho externo, para quem cumpre pena em regime semiaberto, desde que satisfaça também os requisitos subjetivos[20]. No entanto, nossa Suprema Corte, inadvertidamente, tem errado quando é chamada a decidir a respeito desse tema! Tudo bem, os próprios dignos e cultos Ministros da Corte referem, em tom casual, que o Supremo Tribunal Federal tem o direito de errar por último!

Está completamente equivocada a decisão do então digno Presidente do Supremo, Ministro Joaquim Barbosa, ao exigir o cumprimento de um sexto de pena para autorizar trabalho externo a José Dirceu, por exemplo. Na verdade, a exigência de cumprimento de um sexto da pena é *requisito para a progressão de regime* (art. 112 da LEP). Sendo assim, quando cumprido um sexto da pena, o condenado deverá progredir para o regime aberto e, por conseguinte, não lhe será assegurado o direito ao trabalho externo, cumprindo-o como se fora o *regime fechado*, portanto, em regime mais grave do que o previsto em lei. Seria um contrassenso exigir o cumprimento de um sexto da pena para conceder os dois benefícios ao mesmo

---

20. STJ, HC 97.615/SP, rel. Min. Og Fernandes, 6ª Turma, *DJ* 10-11-2008.

tempo, trabalho externo e progressão de regime. Logo, o Plenário da Corte Suprema deverá cassar essa decisão por ser teratológica!

O equívoco do então digno Presidente da Corte Maior decorre da interpretação literal que faz do art. 37 da Lei de Execução Penal, sem o contextualizar. Essa exigência de cumprimento de um sexto ocorre somente quando a concessão do trabalho externo for atribuída à direção da casa prisional, isto é, para alguém que já se encontra cumprindo pena e que antes não satisfazia as exigências legais para recebê-la. Ademais, interpretação diferente choca-se com a previsão do art. 112 da mesma Lei de Execução Penal, o qual prevê a *progressão de regime* com o cumprimento de um sexto da pena. Assim, cumprido esse lapso temporal, o condenado tem direito a progredir para o regime aberto, o que lhe é muito mais favorável. Dessa forma, o condenado resulta prejudicado por não exercer seu direito ao trabalho externo no regime semiaberto. Convém destacar que, segundo o *caput* do art. 33 do Código Penal, a pena de *reclusão* poderá ser cumprida em qualquer dos três regimes penais, devendo-se fundamentar devidamente quando a escolha não recair no regime mais liberal. A pena de *detenção*, por sua vez, somente poderá iniciar em regime aberto ou semiaberto; a detenção jamais poderá iniciar em regime fechado, mesmo que se trate de condenado reincidente.

4.3. Regras do regime aberto

O regime aberto baseia-se na autodisciplina e no senso de responsabilidade do apenado. O condenado só permanecerá recolhido (em casa de albergado ou em estabelecimento adequado) durante o repouso noturno e nos dias de folga. O condenado deverá trabalhar, frequentar cursos ou exercer outra atividade autorizada fora do estabelecimento e sem vigilância. Com responsabilidade e disciplinadamente, o detento deverá demonstrar que merece a adoção desse regime e que para ele está preparado, sem frustrar os fins da execução penal, sob pena de ser transferido para outro regime mais rigoroso (art. 36, § 2º, do CP).

O maior mérito do regime aberto é manter o condenado em contato com a sua família e com a sociedade, permitindo que ele leve uma vida útil e prestante. Outra grande vantagem desse regime é a obrigatoriedade do trabalho, que, segundo Thomaz Alves Júnior, citado por José Henrique Pierangeli, ao se referir à prisão com trabalho, "é a pena por excelência que encerra todas as qualidades de uma verdadeira pena. O trabalho é lei

192

civilizadora do homem; acompanhar a prisão dessa circunstância não é impô-la ao homem, é sim fazer com que cumpra uma lei que está escrita nos livros santos: trabalha que eu te ajudarei"[21].

4.4. Regras para progressão no regime disciplinar diferenciado antes da Lei n. 13.964/2019

Em primeiro lugar, convém destacar que as penitenciárias federais destinam-se, em tese, a abrigar os condenados mais perigosos e os condenados a penas mais graves, todas a serem cumpridas em regime fechado. Ou, dito de outra forma, essas penitenciárias federais, por sua limitação (são apenas 5), não se destinam a condenados em regime semiaberto, mesmo que os seus próprios internos acabem progredindo para tal regime. Nessa hipótese, deverão, necessariamente, ser transferidos para outras penitenciárias que comportem o cumprimento de tal regime. Não há nisso nenhuma contradição.

Pela redação do art. 52 da Lei de Execução Penal, atribuída pela Lei n. 10.792/2003, o *regime disciplinar diferenciado* poderá ser aplicado, sem prejuízo da sanção correspondente à falta grave, nas seguintes situações: 1ª) *prática de fato previsto como crime doloso que ocasione subversão da ordem ou disciplina internas* (art. 52, *caput*); 2ª) *apresente alto risco para a ordem e a segurança do estabelecimento penal ou da sociedade* (§ 1º); e, finalmente, 3ª) *quando houver fundadas suspeitas de envolvimento ou participação, a qualquer título, em organizações criminosas, quadrilha ou bando.*

Esse regime terá "duração máxima de trezentos e sessenta dias, sem prejuízo de repetição da sanção por nova falta grave de mesma espécie, até o limite de um sexto da pena aplicada"; o recolhimento será em cela individual, admitindo visitas semanais (agora mudou para quinzenal) de duas pessoas, sem contar as crianças, com duração de duas horas. O preso terá direito a saída da cela por duas horas diárias para banho de sol, agora limitado a grupos de no máximo quatro detentos, gerando grande dificuldade para atender a todos os apenados, ante a quantidade de presos, a limitação territorial das penitenciárias e a curta duração diária do período de sol. Necessariamente deverá ser revista essa previsão de limitar a grupos

---

21. Pierangeli, Alguns aspectos do sistema de penas no projeto de Código Penal, *RT*, 580/307, 1984.

de quatro para gozarem desse direito, sob pena de descumprir esse direito dos reclusos, tornando esse regime prisional das penitenciárias federais ainda mais desumano do que já.

5. Regime inicial de cumprimento de pena

A fixação do regime inicial da execução das penas privativas de liberdade compete ao juiz da ação, isto é, da condenação. Ela integra o ato decisório final (art. 59, III, do CP). No entanto, essa fixação será sempre *provisória*, uma vez que fica sujeita à progressão ou regressão, atendendo ao mérito do condenado. Cumpre ao *juiz da execução* decidir, motivadamente, sobre a progressão ou regressão de regimes (art. 66, III, *b*, da LEP). O legislador de 1984 não foi muito feliz ao estabelecer as regras e os critérios determinantes do regime inicial de cumprimento de penas.

A obscuridade do § 2º do art. 33 do Código Penal tem determinado interpretações equivocadas e contraditórias de nossos mais respeitados penalistas. Os fatores fundamentais para determinação do regime inicial são: *natureza* e *quantidade* da pena aplicada e a *reincidência*. Esses fatores são subsidiados pelos elementos do art. 59 do Código Penal, isto é, quando aqueles três fatores (art. 33, *caput*, combinado com o seu § 2º e alíneas) não determinarem a obrigatoriedade de certo regime, então os elementos do art. 59 é que orientarão qual regime deverá ser aplicado, como o mais adequado (necessário e suficiente) para aquele caso concreto e para aquele apenado (art. 33, § 3º, do CP).

Conjugando-se o art. 33 e seus parágrafos e o art. 59, ambos do Código Penal, constata-se que existem circunstâncias em que determinado regime inicial é *facultativo*. Nesse caso, quando o regime inicial for "facultativo", os elementos determinantes serão os do art. 59 do Código Penal (art. 33, § 3º, do CP). O *caput* do art. 33 estabelece as regras gerais dos regimes penais, ou seja, a *reclusão* pode ser iniciada em qualquer dos três regimes, fechado, semiaberto e aberto; a *detenção*, somente nos regimes semiaberto e aberto, salvo necessidade de transferência ao regime fechado (regressão). Equivale dizer que pena de detenção jamais poderá iniciar o cumprimento de pena em regime fechado. Os critérios estabelecidos nas alíneas do § 2º do mesmo artigo, apesar de confusos, obscuros e lacônicos, não são contraditórios e são meros complementos das regras gerais estabelecidas no *caput*. É princípio consagrado em hermenêutica que não se pode interpretar parágrafos e incisos em flagran-

194

te contradição com a cabeça do artigo. Aliás, no caso em estudo não existe a propalada contradição. Há, isto sim, em razão de defeituosa técnica legislativa (em face de deficiente redação!), obscuridade capaz de gerar alguma perplexidade.

Pretende-se, a seguir, demonstrar que as alíneas *a* e *b* do § 2º do art. 33 referem-se tão somente à pena de reclusão. E que a alínea *c*, essa sim, refere-se tanto à pena de reclusão quanto à pena de detenção.

Senão vejamos:

1º) Quando a alínea *a* determina que a pena *superior* a oito anos deverá começar a ser cumprida em regime fechado, é evidente que está se referindo tão somente à pena de reclusão, pela simples e singela razão de que a cabeça do artigo já estabeleceu que a detenção não pode começar seu cumprimento em regime fechado. Logo, esse critério só serve para pena de reclusão.

2º) A alínea *b faculta* ao não reincidente, com pena superior a quatro anos e que não exceda oito, cumpri-la, desde o início, em regime semiaberto. Também aqui esse critério só serve para a reclusão, porque:

a) Detenção não poderá iniciar no regime aberto em razão da quantidade da pena (superior a quatro anos) e não poderá iniciar no regime fechado porque o *caput* proíbe. Logo, para a detenção não há a *faculdade* que a alínea *b* oferece para a reclusão. Para a detenção, nas circunstâncias, com pena superior a quatro anos, só pode ser o regime semiaberto.

b) Reclusão, acima de quatro anos, tanto pode começar no regime semiaberto como no fechado, mas nunca no aberto. Aqui, para os não reincidentes, com pena superior a quatro anos, os requisitos ou os elementos do art. 59 é que determinarão se será suficiente o regime semiaberto ou se terá de ser o fechado. Por isso a *faculdade*, mas somente para a pena de reclusão.

c) Pena de detenção *superior* a quatro anos, excedendo ou não a oito anos, condenado reincidente ou não, só poderá iniciar o cumprimento da pena em regime semiaberto.

3º) A alínea *c faculta* ao condenado não reincidente, com pena igual ou inferior a quatro anos, desde o início, cumpri-la em regime aberto.

Essa parece ser a maior causadora de equívocos. E essa alínea *c* é a única que se dirige às duas espécies de penas, reclusão e detenção. Mas o fato de o dispositivo dizer que o não reincidente pode iniciar o cumprimento de pena no regime aberto não está, *a contrario sensu,* afirmando que o reincidente deverá obrigatoriamente iniciar o cumprimento da pena em regime fechado, como parecem pensar, equivocadamente, Celso Delmanto e Mirabete. Não. O que a norma legal diz é que o reincidente não pode iniciar em regime aberto. Só isso! Se a pena for de reclusão de até quatro anos e o condenado for reincidente, o regime inicial poderá ser o fechado ou o semiaberto. Os requisitos do art. 59 é que determinarão qual dos dois regimes será o mais adequado, isto é, qual dos dois será necessário e suficiente para atingir os fins da pena (art. 33, § 3º, do CP).

Se, porém, a pena for de detenção, nas mesmas circunstâncias, com condenado reincidente, o regime só poderá ser o semiaberto. Condenado à pena de detenção, reincidente, não tem opção: qualquer que seja a quantidade de pena, deverá iniciar, sempre, em regime semiaberto.

Se o condenado não for reincidente, com pena de até quatro anos, ter-se-ão as seguintes possibilidades:

1ª) *Detenção*: poderá iniciar no regime semiaberto ou no aberto. Para adotar um ou outro regime, o juiz levará em conta os requisitos do art. 59 do Código Penal.

2ª) *Reclusão*: poderá iniciar em qualquer dos três regimes, fechado, semiaberto ou aberto.

Aqui, para o condenado não reincidente, com pena de até quatro anos, tem aplicação absoluta o disposto no art. 33, *caput*, 1ª parte, do Código Penal. Os três regimes são aplicáveis. Os elementos do art. 59 é que orientarão o magistrado para a adoção do regime mais adequado para o início do cumprimento da pena. Incorria em lamentável equívoco Celso Delmanto quando afirmava que, com os "critérios do § 2º deste mesmo art. 33, chega-se à contraditória conclusão de que o condenado à pena de detenção (por menor que fosse a quantidade dela), desde que se tratasse de reincidente, teria de iniciar a execução em regime fechado"[22]. Isso não é verdade. Na sequência do raciocínio, equivocava-se novamente quando sugeria que se autorizasse ao condenado reincidente em detenção a cumprir a pena, desde o início, em regime aberto. Em primeiro lugar, não é

---

22. Delmanto, *Código Penal comentado*, Rio de Janeiro, Freitas Bastos, 1986, verbete "reincidente condenado a detenção", p. 63.

necessário adotar a sugestão proposta porque o regime legal e próprio é o semiaberto e não o fechado, como pensava aquele eminente penalista; em segundo lugar, porque seria flagrantemente ilegal (art. 33, § 2º, *c*, do CP). Segundo o dispositivo citado, que impede que se inicie a execução de pena de detenção em regime aberto (para reincidente), conjugado com o art. 33, *caput*, segunda parte, que proíbe que a pena de detenção inicie em regime fechado, sobra como única alternativa o regime semiaberto. Conclui-se, portanto, que o regime estabelecido pela lei, no caso, é o semiaberto.

Diante do exposto, podem-se estabelecer, sinteticamente, algumas regras sobre o regime inicial:

1ª) *Para pena de detenção*: a) detenção só pode iniciar em regime semiaberto ou aberto; b) detenção nunca pode iniciar em regime fechado; c) detenção superior a quatro anos, reincidente ou não, só pode iniciar em regime semiaberto; d) detenção, reincidente, qualquer quantidade de pena, só pode iniciar em regime semiaberto; e) detenção até quatro anos, não reincidente, poderá iniciar em regime semiaberto ou aberto, de acordo com os elementos do art. 59.

2ª) *Para pena de reclusão*: a) reclusão superior a oito anos sempre inicia em regime fechado; b) reclusão superior a quatro anos, reincidente, sempre inicia em regime fechado; c) reclusão superior a quatro anos até oito, não reincidente, pode iniciar em regime fechado ou semiaberto, dependerá das condições do art. 59 do Código Penal; d) reclusão até quatro anos, reincidente, pode iniciar em regime fechado ou semiaberto, dependerá do art. 59; e) reclusão até quatro anos, não reincidente, pode iniciar em qualquer dos três regimes, fechado, semiaberto ou aberto, segundo recomendarem os elementos do art. 59.

Constata-se, finalmente, que o fator reincidência, quando se trata de pena de detenção, só influi no regime inicial quando for até quatro anos. Quando se tratar de reclusão, influi no regime inicial quando for até quatro anos, que poderá ser semiaberto ou fechado, e quando for superior a quatro anos até oito, que deverá ser necessariamente fechado.

5.1. Regime inicial nos crimes hediondos antes da Lei n. 13.964/2019

Consagrando sua linha de interpretação relativamente à *progressão de regime nos crimes hediondos*, o Supremo Tribunal Federal editou a Súmula Vinculante 26, com o seguinte verbete: "Para efeito de progressão de regime no cumprimento de pena por crime hediondo, ou equiparado, o juízo da execução observará a inconstitucionalidade do art. 2º da Lei n. 8.072, de 25 de julho de 1990, sem prejuízo de avaliar se o condenado preenche, ou não, os requisitos objetivos e subjetivos do benefício, podendo determinar, para tal fim, de modo fundamentado, a realização de exame criminológico".

Prosseguindo nessa linha e observando o *princípio da individualização da pena*, nossa Corte Suprema declara que *iniciar obrigatoriamente o cumprimento de pena em regime fechado* também viola referido princípio. Nesse sentido, por sua pertinência, pedimos *venia* para transcrever a essência desse julgamento, que dispensa maiores comentários, *in verbis*: "*Habeas corpus*. 2. Tráfico de entorpecentes. Paciente condenada à pena de um ano e 3 meses de reclusão. 3. Pedido de fixação de regime aberto para início do cumprimento da pena. Possibilidade. Paciente que cumpre os requisitos previstos no art. 33, § 2º, *c*, do Código Penal. Ordem deferida"[23]. Foi, na verdade, o entendimento da 2ª Turma, manifestado no HC 109.583/MS; mas, no dia 27 de junho de 2012, em Sessão Plenária, o Supremo Tribunal Federal, por maioria, reconheceu, incidentalmente, a *inconstitucionalidade* do § 1º do art. 2º da Lei n. 8.702, com redação determinada pela Lei n. 11.464, de 27 de março de 2007 (HC 111.840, rel. Min. Dias Tóffoli).

Nessa linha de entendimento da Corte Suprema, nos *crimes hediondos* segue as regras dos demais crimes para o início do cumprimento de pena (art. 33, § 2º, do CP), ou seja, condenado não reincidente só deve iniciar obrigatoriamente em regime fechado na hipótese de condenação a pena superior a oito anos de reclusão; em regime semiaberto para condenação superior a quatro anos até oito, inclusive, e mesmo condenado por crime hediondo pode começar em regime aberto condenação até a pena de quatro anos, inclusive. Dependerá, logicamente, das demais condições previstas para condenações em crimes comuns, como examinamos acima.

O fator reincidência incide sobre o início de cumprimento de pena nos crimes hediondos tal qual incide nos demais crimes, ou seja, condenado por crime hediondo a pena inferior a quatro anos deverá iniciar em regime semiaberto; condenado por crime hediondo a pena superior a quatro anos, mesmo inferior a oito, deverá iniciar o cumprimento em regime fechado.

---

23. STF, HC 109.583/MS, 2ª Turma, rel. Min. Gilmar Mendes, *DJe* 29-5-2012.

6. Prisão domiciliar

Segundo a orientação da Reforma Penal de 1984, o regime aberto, *como gênero*, *deverá* ser cumprido em: a) *prisão-albergue*, b) *prisão em estabelecimento adequado* e c) *prisão domiciliar* (arts. 33, § 1º, *c*, do CP e 117 da LEP). Fácil é concluir que a *prisão domiciliar* constitui somente *espécie* do *gênero* aberto e, como exceção, exige a presença de mais requisitos para a sua concessão.

A *prisão domiciliar*, indiscriminadamente concedida durante a vigência da lei anterior, com graves prejuízos à *defesa social*, recebeu restrições na Reforma Penal de 1984. Mas, apesar da crise pelo seu mau uso antes da Reforma Penal, o legislador brasileiro não a suprimiu. Ao contrário, adotou-a. Porém, restringiu e estabeleceu com precisão as suas hipóteses. A Lei n. 7.210, de 11 de julho de 1984, afastou peremptoriamente a possibilidade de concessão de prisão domiciliar fora das hipóteses previstas no art. 117. Proibiu a praxe pouco recomendada de alguns magistrados que concediam a prisão domiciliar sob o argumento de que "inexistia casa de albergado", com irreparáveis prejuízos para a defesa social e que em muito contribuía para o desprestígio da Justiça Penal. A Exposição de Motivos foi incisiva nesse particular: "reconhecendo que a prisão-albergue não se confunde com a prisão domiciliar, o Projeto declara, para evitar dúvidas, que o regime aberto não admite a execução da pena em residência particular, salvo quando se tratar de condenado maior de setenta anos ou acometido de grave doença e de condenada com filho menor ou deficiente físico ou mental ou, finalmente, de condenada gestante (art. 116)". Trata-se, aí, de exceção plenamente justificada em face das condições pessoais do agente. No mesmo sentido é a lição de Reale Júnior e Dotti, que, comentando sobre a impossibilidade da concessão de prisão domiciliar fora das hipóteses excepcionadas pela Lei de Execução Penal, afirmam: "Por fora da legalidade, a prisão-albergue, porque o Estado não está provendo de meios a execução do regime aberto seria o mesmo que abolir formalmente o regime fechado pela falta de condições humanas e materiais para a sua boa aplicação"[24].

---

24. Reale Júnior, Ariel Dotti, Antunes Andreucci e Moraes Pitombo, *Penas e medidas de segurança no novo Código*, cit., p. 66.

Por longo tempo seguimos essa orientação, mas o caos em que se transformou o sistema penitenciário nacional e o desinteresse do Poder Público em investir pesadamente no setor para melhorar as condições de cumprimento de pena levam-nos a adotar outro entendimento. Finalmente nossas Cortes Superiores (STF e STJ) também começaram a perceber a gravidade do sistema, a desumanidade do quotidiano do cumprimento de penas, sendo impossível alguém ingressar nas prisões e sair de lá melhor do que entrou.

No início da década de noventa, o Supremo Tribunal Federal pôs termo às decisões controvertidas, decidindo que a *prisão domiciliar* somente será cabível nas hipóteses previstas no art. 117 da Lei de Execução Penal[25]. Por meio dos HC 69.119-6[26] e 70.682-2[27], a 2ª Turma do Supremo Tribunal Federal, por unanimidade[28], ratificou as decisões anteriores, assegurando que, não havendo casa de albergado, se deve garantir ao preso o trabalho fora da prisão, com recolhimento noturno e em dias de descanso e feriados. Contudo, as inegáveis deficiências do sistema penitenciário nacional e a conhecida má vontade do Poder Público em investir nesse setor obrigaram o Supremo Tribunal Federal a render-se à necessidade de flexibilizar a aplicação da prisão domiciliar, sempre que não houver possibilidade de cumprir a pena em regime aberto, por falta de casa de albergado ou estabelecimento adequado.

Concluindo, é inadmissível que o condenado cumpra pena em regime fechado em razão da inexistência de vaga no regime semiaberto, ou que permaneça em qualquer desses dois regimes, ante a ausência de casa de albergado. Deve, ainda que excepcionalmente, ser concedido ao condenado o recolhimento domiciliar, enquanto não houver vaga no estabelecimento devido. Significa dizer, em outros termos, que a natureza do regime não transmuda para outro menos grave, pela ausência de vaga no regime legal a que tinha direito, mas, tão somente, que, por exceção, ficará em regime mais liberal, enquanto a vaga não existir, como têm decidido, acertadamente, nossas duas Cortes Superiores.

---

25. HC 68.012/SP, rel. Min. Celso de Mello (*RTJ*, 142/164); HC 68.118-2 e 68.123-9, rel. Min. Moreira Alves (*DJ* 22-3-1991).
26. *DJ* 29-5-1992.
27. *DJ* 4-2-1994.
28. *Lex Jurisp.* 169/354 e 184/357.

7. Progressão e regressão de regimes de cumprimento da pena

7.1. Pressuposto da progressão: existência de estabelecimento penal adequado

Recentemente, em Sessão Plenária de 29 de junho de 2016, o Supremo Tribunal Federal aprovou a *Súmula Vinculante 56*, com o seguinte verbete: "A falta de estabelecimento penal adequado não autoriza a manutenção do condenado em regime prisional mais gravoso, devendo-se observar, nessa hipótese, os parâmetros fixados no RE 641.320/RS". A partir dessa *súmula*, finalmente, o Supremo Tribunal Federal passa a atribuir, como sempre sustentamos, a responsabilidade ao Estado pelas misérias do cárcere, pela falência da pena de prisão, pela desumanidade do cumprimento de penas nas penitenciárias nacionais, por descumprir as determinações da Lei de Execução Penal e da própria Constituição Federal, como veremos adiante.

Com base nessa *Súmula Vinculante* (56), o Ministro Celso de Mello concedeu liminar na Reclamação 24.951, garantindo a um condenado, beneficiado com progressão para o regime semiaberto, o direito de aguardar em *prisão domiciliar* o surgimento de vaga em estabelecimento adequado ao cumprimento nesse regime. O autor da *reclamação* informou nos autos que permanecia, injustamente, em regime fechado porque o estabelecimento em que se encontrava era compatível somente com o regime fechado. Postulou, liminarmente, a concessão de *prisão domiciliar* nos termos da Súmula Vinculante 56 da Corte Suprema, acima transcrita.

Na concessão da liminar, o digno e culto Ministro Celso de Mello, com a autoridade de decano da Suprema Corte, destacou que os fatos retratados na inicial traduzem verdadeira afronta ao comando contido na referida Súmula Vinculante, além de caracterizarem *intolerável excesso de execução*, vulnerando a proibição constante no art. 185 da Lei de Execução Penal. Ademais, reiterou o digno relator que a responsabilidade pela falta de condições adequadas do sistema penitenciário nacional é tributável ao Estado, que não adota as medidas necessárias ao adimplemento de um dever básico estabelecido na própria Lei de Execução Penal. Nessa linha, destacou o Ministro Celso de Mello, *verbis*: "Não tem sentido impor ao sentenciado, a quem se reconheceu, jurisdicionalmente, o direito subjetivo à progressão para regime mais favorável, a submissão a regime mais gravoso, sob o fundamento de que inexistem vagas em estabelecimentos penais adequados".

Subjacentemente, o juízo da Vara das Execuções Criminais de Osasco (SP) já havia reconhecido que o reclamante preenchia as condições subjetivas e objetivas necessárias para ingressar no regime penal semiaberto. Contudo, manteve-o em regime fechado porque o estabelecimento não era compatível com regime semiaberto, aliás, como ocorre na imensa maioria das casas penitenciárias deste país. Vergonhosamente, o Estado se omite nesse dever constitucional, diga-se de passagem, na medida em que nossa *Carta Magna proíbe a aplicação de penas de morte, cruéis e degradantes*, além de assegurar aos presos respeito à sua integridade física e moral (incisos XLVII e XLIX do art. 5º).

Enfim, com robusta e incontestável fundamentação, concluiu o digno Relator, Ministro Celso de Mello: "não se revelando aceitável que, por crônicas deficiências estruturais do sistema penitenciário ou por incapacidade de o Estado prover recursos materiais que viabilizem a implementação das determinações impostas pela Lei de Execução Penal — que constitui exclusiva obrigação do Poder Público —, venha a ser frustrado o exercício de direitos subjetivos que lhe são conferidos pelo ordenamento positivo, como, por exemplo, o de ingressar, desde logo, quando assim ordenado pelo Juízo das Execuções Penais (como sucede no caso), no regime penal semiaberto".

Nesses termos, considerando que o reclamante tem o direito de cumprir a pena no regime que lhe foi assegurado, ele não pode ser submetido a regime mais gravoso. Por isso, o Ministro Relator concedeu a liminar determinando que o reclamante permaneça em prisão domiciliar até o surgimento de vaga em estabelecimento adequado ao cumprimento da pena em regime semiaberto.

8. Progressão de regimes antes da Lei n. 13.964/2019

Os regimes de cumprimento da pena direcionam-se para maior ou menor intensidade de restrição da liberdade do condenado, sempre produto de uma sentença penal condenatória. A sanção aplicada possibilita ao apenado progredir ou regredir nos regimes, ampliando ou diminuindo o seu *status libertatis*. O ponto propulsor de conquista ou de perda de maiores regalias no cumprimento da pena privativa de liberdade consiste no mérito ou demérito do condenado (arts. 33, § 2º, do CP e 112 da LEP). A Reforma

Penal de 1984 adotou, como se constata, um *sistema progressivo* de cumprimento da pena, que possibilita ao próprio condenado, através de seu procedimento, da sua conduta carcerária, direcionar o ritmo de cumprimento de sua sentença, com mais ou menos rigor. Possibilita ao condenado ir conquistando paulatinamente a sua liberdade, ainda durante o cumprimento da pena, de tal maneira que a pena a ser cumprida não será sempre e necessariamente a pena aplicada. A partir do regime fechado, fase mais severa do cumprimento da pena, possibilita o Código a conquista progressiva de parcelas da liberdade suprimida.

Na *progressão* evolui-se de um regime mais rigoroso para outro menos rigoroso. Na *regressão* dá-se o inverso. Contudo, na progressão, além do *mérito do condenado* (bom comportamento)[29], é indispensável que ele tenha cumprido, pelo menos, parte da pena no "regime anterior", nos termos do *art. 112 da Lei de Execução Penal* (embora a Lei n. 13.964/2019 tenha alterado esse artigo, praticamente eliminando o *sistema progressivo,* para os reincidentes, no sistema penitenciário brasileiro, em um retrocesso de mais de século em relação ao sistema penitenciário internacional)[30]. Isso quer dizer que o condenado não poderá passar direto do regime fechado para o regime aberto sem passar obrigatoriamente pelo regime semiaberto. O inverso não é verdadeiro, ou seja, o condenado que não se adequar ao regime aberto poderá regredir, diretamente, para o regime fechado, sem passar necessariamente pelo regime semiaberto. Essa possibilidade ocorre porque o art. 118 da Lei de Execução Penal, ao contrário do art. 112, permite a transferência para "qualquer" dos regimes mais rigorosos.

Repetindo, é bom frisar que não basta o simples cumprimento de determinado lapso temporal da pena para o condenado ter direito à progressão (esse é somente o requisito temporal). É indispensável que o apenado demonstre que merece a progressão e que está preparado para cumprir a sanção imposta em regime menos rigoroso, sem prejudicar os fins da pena. Como lembram Miguel Reale Júnior e René Ariel Dotti, "não se acolheu a orientação adotada em algumas legislações e advogada por uma parte da

---

29. Nova redação do art. 112 da Lei de Execução Penal atribuída pela Lei n. 10.792/2003.

30. Cezar Roberto Bitencourt, *Falência da pena de prisão — causas e alternativas*, 5ª ed., rev. e atual., São Paulo, Saraiva, 2017. Trata-se de nossa Tese de Doutorado, defendida na Universidade de Sevilha, Espanha. Consultar, principalmente, a quem interessar possa, os dois primeiros capítulos sobre a origem e evolução do sistema progressivo.

doutrina, consistente em não fixar o *quantum* mínimo de cumprimento da pena para a transferência de regime e o livramento condicional. O arbítrio, no caso, seria fonte de injustiças e revoltas com sacrifício dos objetivos da pena e da disciplina do ambiente penitenciário"[31].

Tratando-se de regime aberto, além do cumprimento de parcela da pena e do mérito do condenado, deve-se observar se o beneficiário preenche os requisitos do art. 114 da Lei de Execução Penal, ou seja, se o apenado está trabalhando ou se demonstra a possibilidade de vir a fazê-lo imediatamente, e, se apresenta, pelos seus antecedentes e pelo resultado dos exames a que se submeteu, fundados indícios de que se ajustará com autodisciplina e senso de responsabilidade ao novo regime.

O *sistema progressivo*, adotado pela Reforma Penal de 1984, sofre profundas modificações, um verdadeiro retrocesso, em decorrência das alterações patrocinadas pela Lei n. 10.792/2003 (e, principalmente, agora pela absurda e drástica Lei n. 13.964/2019), que, dentre tantas outras alterações, *exclui* expressamente o *parecer da Comissão Técnica de Classificação* e o *exame criminológico*, além de criar o denominado *regime disciplinar diferenciado*. Para progredir, teoricamente, o condenado deverá cumprir, pelo menos, uma parcela da condenação, e "merecer" o "benefício" evolutivo. Esse *merecimento*, contudo, será valorado pelo "bom comportamento carcerário", certificado pelo diretor do estabelecimento penitenciário. Não definiu, contudo, o novo diploma legal o que seja esse *bom comportamento*, lacuna que, certamente, será fonte de profundas divergências.

Não se admite em hipótese alguma que o condenado possa cumprir pena em regime mais grave que o determinado na decisão condenatória, ao contrário de afirmação, absolutamente equivocada, em sentido diverso[32]. Não se pode esquecer de que o tempo na prisão arrasta-se letargicamente num clima de angústia, insegurança e ansiedade, agravando inclusive a saúde mental do recluso. O *condenado tem o direito público subjetivo* de cumprir sua pena nos termos em que lhe foi concedida na decisão condenatória, sendo inadmissível que as deficiências por culpa do Estado recaiam sempre sobre os ombros do condenado.

---

31. Reale Júnior *et alii*, Penas e medidas, cit., p. 96-7.

32. Rogério Greco, *Código Penal comentado*, 4ª ed., Niterói, Impetus, 2010, p. 103: "Apesar da respeitável opinião do professor gaúcho, o que não podemos tolerar é que alguém cumpra sua pena de forma mais grave do que fora determinado em sua condenação".

Essa, enfim, era a realidade anterior à entrada em vigor da questionável, em vários aspectos, Lei n. 13.964/2019, inclusive, com algumas *inconstitucionalidades*, já reconhecidas em ADIs pelo Supremo Tribunal Federal (ADIs 6.298, 6.299 e 6.300). Vejamos adiante os aspectos que, para o bem e para o mal, foram alterados pelo referido diploma legal.

8.1. Requisitos da progressão

A Lei de Execução Penal (Lei n. 7.210/84) estabelecia que a obtenção de transferência de um regime mais rigoroso para outro menos rigoroso (progressão) ficava condicionada à existência de alguns requisitos, que poderíamos classificar de *materiais* (cumprimento de um sexto da pena e mérito do condenado) e *formais* (exame criminológico, quando necessário, e parecer da Comissão Técnica de Classificação):

a) *um sexto da pena*: é a exigência de cumprimento de uma parcela da pena no regime anterior, no direito vigente, fixado em um sexto, no mínimo. Como salienta Celso Delmanto, o legislador não estabeleceu se esse percentual deve ser considerado sobre a pena aplicada ou sobre o restante da pena a cumprir. Na primeira operação não há problema. Evidentemente terá de ser sobre a pena aplicada, e não sobre o saldo restante. Na segunda operação é que poderia surgir a dúvida. Delmanto afirma que, "embora nos pareça que se desejou aludir ao total da pena e não à sua parte ainda não exaurida pela execução (pois a hipótese não é de extinção da punibilidade), na dúvida, a interpretação deverá ser a mais favorável (um sexto do restante)"[33]. *Se parece que o legislador desejou aludir ao total*, então não há dúvida fundada que autorize a busca de uma interpretação mais favorável. Porém, cumpre reconhecer que a disposição legal não é suficientemente clara;

b) *mérito do condenado*: é a demonstração que o condenado deverá dar durante a execução da pena de que está apto para ser transferido para um regime menos rigoroso, que agora passou a ser comprovado com o denominado "atestado de conduta carcerária", para o recluso que ostente "bom comportamento carcerário". É a capacidade, a aptidão, é a comprovação da existência de condições que façam presumir que ele, condenado, está preparado para ir conquistando progressivamen-

---

33. Delmanto, *Código Penal*, cit., p. 62.

te a sua liberdade, adaptando-se a um regime mais liberal, *sem preju-ízo para os fins da execução da pena.*

Essa simplificação procedimental da progressão permite, inclusive, a sua obtenção por meio de *habeas corpus*, na medida em que não demanda mais dilação probatória, como demonstrou, com propriedade, Andrei Schmidt[34], e o próprio Supremo Tribunal Federal já concedeu (HC 85.688);

c) *reparação do dano, quando se tratar de crime contra a administração pública*: a Lei n. 10.763/2003 acrescentou o § 4º ao art. 33, que passou a exigir a *reparação do dano* ou a *devolução do produto do ilícito*, para que o condenado por crime contra a administração pública obtenha a progressão do regime.

Na verdade, esse texto legal deve ser interpretado com ressalvas, isto é, com a visão de que as normas penais, especialmente as restritivas, não podem ignorar o sistema jurídico em que se inserem, no caso, o princípio da *individualização da pena* (art. 5º, XLVI, da CF), que, segundo a Constituição Federal, deve obedecer ao *sistema progressivo* e, acima de tudo, visa à *recuperação do condenado*. Por isso, essa previsão legal, da forma como consta do texto, pode simplesmente inviabilizar a *progressão de regimes*, violando a Constituição brasileira.

Com efeito, a previsão acrescida pela Lei n. 10.763/2003 deve ser interpretada nos termos do art. 83, IV, do Código Penal, que, para obtenção do livramento condicional, estabelece a *obrigação de reparar o dano*, "salvo efetiva impossibilidade de fazê-lo". Em síntese, a progressão deve ser uma conquista do condenado pelo seu merecimento (bom comportamento carcerário) e pressupõe o cumprimento mínimo de um sexto da pena no regime anterior (art. 112 da LEP).

O *exame criminológico* e o *parecer da Comissão Técnica de Classificação* foram suprimidos pela lei antes mencionada, deixando, portanto, de ser exigidos para progressão de regimes, livramento condicional e indulto. No entanto, como são institutos importantes, e continuam mantidos nos arts. 7º e 8º da Lei de Execução Penal, para a individualização do início da execução da pena merecem ser considerados.

---

34. Andrei Zenkner Schmidt, *Boletim do IBCCrim*, n. 134, janeiro de 2004, p. 2-3.

1) *Exame criminológico*: é a pesquisa dos antecedentes pessoais, familiares, sociais, psíquicos, psicológicos do condenado, para a obtenção de dados que possam revelar a sua personalidade. Esse assunto será mais bem examinado em outro tópico.

2) *Parecer da Comissão Técnica de Classificação*: essa comissão é encarregada de elaborar um programa individualizador e de acompanhar a execução das penas privativas de liberdade. Compete-lhe também propor ao juízo das execuções penais as progressões e regressões dos regimes, bem como as conversões emitindo os respectivos pareceres (art. 6º da LEP). Deve essa comissão aferir o mérito do condenado e a provável adaptabilidade em regime menos rigoroso. Esse parecer, como toda *perícia*, não vincula o magistrado, mas não deixa de ser um subsídio importantíssimo a ser analisado pelo juiz das execuções penais em seu ato decisório.

9. Regressão de regime de cumprimento de pena

A Reforma Penal, preocupada com o direito individual, não descurou também da defesa social. Ao adotar a progressão como instituto democrático e recomendável na recuperação do condenado, não podia deixar sem remédio a hipótese de que o condenado beneficiado pela progressão viesse a, posteriormente, demonstrar sua incompatibilidade com o novo regime, com graves prejuízos à defesa social e aos fins da pena. Previu então o instituto da regressão, ou seja, a transferência de um regime para outro mais rigoroso. O condenado que cumpre pena em regime aberto pode ser transferido para regime semiaberto ou fechado, e o que cumpre em regime semiaberto poderá ser transferido para o regime fechado. A regressão está prevista como obrigatória, para qualquer dos regimes mais rigorosos, quando o sentenciado pratica fato definido como crime doloso ou falta grave, ou sofre condenação, por crime anterior, cuja pena, somada ao restante da pena em execução, torna incabível o regime atual (art. 118 da LEP).

Quando o condenado se encontra em regime aberto, poderá ocorrer a regressão também se frustrar os fins da pena ou se, podendo, *não pagar a multa* (arts. 36, § 2º, do CP e 118, § 1º, da LEP). Nessas hipóteses, bem como nas hipóteses de prática de fato definido como crime doloso ou falta grave, o condenado deve ser ouvido previamente (art. 118, § 2º, da LEP).

As faltas graves, para penas privativas de liberdade, estão elencadas no art. 50 da Lei de Execução Penal.

10. Trabalho prisional como elemento ressocializador

A Lei de Execução Penal estabelece que o trabalho do condenado, "como dever social e condição de dignidade humana, terá finalidade educativa e produtiva" (art. 28). O trabalho prisional é a melhor forma de ocupar o tempo ocioso do condenado e diminuir os efeitos criminógenos da prisão e, a despeito de ser obrigatório, hoje é um *direito-dever* do apenado e será sempre remunerado (art. 29 da LEP). A jornada normal de trabalho não pode ser inferior a seis nem superior a oito horas diárias, com repouso aos domingos e feriados (art. 33 da LEP). Não poderá ter remuneração inferior a três quartos do salário mínimo e estão assegurados ao detento as garantias e todos os benefícios da previdência social, inclusive a aposentadoria, apesar de não ser regulado pela Consolidação das Leis do Trabalho (art. 28, § 2º, da LEP).

A remuneração obtida com o trabalho prisional tem destinação prevista na própria Lei de Execução Penal (art. 29, §§ 1º e 2º), a saber: a) indenização dos danos causados pelo crime, desde que determinados judicialmente e não reparados por outros meios; b) assistência à família; c) pequenas despesas pessoais; d) ressarcimento do Estado pelas despesas realizadas com a manutenção do condenado, proporcionalmente; e) o saldo restante, se houver, deve ser depositado em caderneta de poupança para formação de pecúlio, que será entregue ao condenado quando sair da prisão.

O condenado por crime político não está obrigado ao trabalho (art. 200 da LEP), nem o preso provisório (art. 31, parágrafo único, da LEP), mas, se trabalharem, terão os mesmos direitos dos demais presos.

11. Remição pelo trabalho e pelo estudo

O instituto da remição de parte da pena pelo trabalho teve origem no direito penal militar da guerra civil espanhola, na década de 1930, permanecendo previsto no art. 100 do Código Penal espanhol anterior, apesar das contundentes críticas que o trabalho prisional andou recebendo nos últimos tempos no direito europeu[35].

Remir significa resgatar, abater, descontar, pelo trabalho realizado dentro do sistema prisional, parte do tempo de pena a cumprir, desde que não

---

35. A previsão do art. 100 do Código Penal espanhol anterior acabou sendo revogada pela "disposición final séptima, segunda", do atual Código Penal espanhol (LO n. 10/95).

seja inferior a seis horas nem superior a oito. Significa que, pelo trabalho (agora também pelo estudo), o condenado fica *desobrigado* de cumprir determinado tempo de pena. *Remição* com "ç" (desobrigação, resgate) não se confunde com *remissão com* "ss", que tem o significado de perdão. Finalmente, a *praxis* jurisprudencial foi confirmada pela Lei n. 12.433/2011, que passou a determinar a *remição* também pelo *estudo* do condenado. Convém destacar, no entanto, que *trabalho* e *estudo* não podem ser realizados e "contabilizados" nos mesmos horários, isto é, não podem ser simultâneos, devendo ser cumpridos em horários distintos. Em outros termos, a Lei de Execução Penal, com a redação determinada pela Lei n. 12.433/2011, permite a *cumulação de remição* pelo estudo e pelo trabalho (art. 126 § 3º), desde que cumpridos em horários compatíveis.

Com efeito, a *remição* que era feita na base de três dias de trabalho por um de pena sofreu um acréscimo, relativamente ao *estudo*, com a alteração da Lei de Execução Penal, nos seguintes termos: "Art. 126. O condenado que cumpre a pena em regime fechado ou semiaberto poderá remir, por trabalho ou por estudo, parte do tempo de execução da pena: § 1º A contagem de tempo referida no *caput* será feita à razão de: I — 1 (um) dia de pena a cada 12 (doze) horas de frequência escolar — atividade de ensino fundamental, médio, inclusive profissionalizante, ou superior, ou ainda de requalificação profissional — divididas, no mínimo, em 3 (três) dias; II — 1 (um) dia de pena a cada 3 (três) dias de trabalho". A divisão das doze horas de estudo pelos três dias não precisa ser aritmética, isto é, pode ser mais horas em um dia, menos em outro (por exemplo, seis horas em um dia, e três em cada um dos outros, ou mesmo dois em um e quatro em outro), enfim, desde que as doze horas sejam divididas em três dias, correspondendo, na média, a quatro horas por dia. Assim, cada três dias de *estudo*, com um mínimo de doze horas, *remirá* um dia de pena.

A *remição pelo estudo* foi estendida também para o cumprimento de pena em regime *aberto* e *fruição de liberdade condicional* (art. 126, § 6º), ao contrário da *remição pelo trabalho*, que continua, segundo o texto legal, limitada ao cumprimento de pena nos *regimes fechado* e *semiaberto* (art. 126, *caput*), sendo mantido pela nova redação. Como o trabalho era *pressuposto* para o ingresso no *regime aberto*, não havia remição para aqueles que ingressavam nesse regime. Contudo, com a admissão da *remição pelo estudo*, por isonomia, abre-se a possibilidade, em tese, para quem cumpre pena em regime aberto também poder obter *remição pelo trabalho*, a exemplo daquele que estiver frequentando curso de educação regular ou profissionalizante (art. 126, § 6º). No entanto, no HC 189.914/RS[36], a nosso juízo, equivocadamente, a 6ª Turma do Superior Tribunal de Justiça considerou inaplicável a remição, pelo trabalho, em regime aberto. Examinaremos esse aspecto no tópico seguinte.

O estudo fora da prisão deve ser comprovado mensalmente (art. 129, § 1º), por meio de declaração da respectiva unidade de ensino, a frequência e o aproveitamento escolar. A contrário senso, o estudo realizado no interior do estabelecimento prisional não precisa dessa formalidade, embora deva ser certificado ou atestado pelo diretor da unidade prisional. O *preso provisório* (cautelarmente), que não está obrigado ao trabalho, se trabalhar ou estudar também poderá remir parte de sua futura condenação (art. 126, § 7º).

O tempo remido em função das horas de estudo será acrescido de 1/3 (um terço) no caso de *conclusão do ensino* fundamental, médio ou superior durante o cumprimento da pena, desde que certificada pelo órgão competente do sistema de educação (art. 126, § 5º), que pode ser a própria unidade de ensino, sendo desnecessário que o MEC forneça essa comprovação. Em nosso juízo, o cálculo desse acréscimo (um terço) deve ser feito no final do total remido, independentemente de ter concluído o curso há mais tempo. Trata-se de inovação que, certamente, estimulará o preso a não abandonar os estudos, considerando que é sabidamente alta a evasão escolar também no âmbito do sistema prisional.

Estendendo a remição ao estudo do prisioneiro, o legislador, mais uma vez, acabou seguindo o melhor entendimento doutrinário/jurisprudencial: com efeito, por todas as razões que o estudo apresenta, acrescidas do efeito de evitar a ociosidade do preso, por construção *pretoriana* (aliada ao entendimento doutrinário), a dedicação ao estudo no interior das prisões também justifica a *remição*, nas mesmas condições do trabalho. Nesse sentido, em boa hora, o Superior Tribunal de Justiça editou a Súmula 341, com o seguinte enunciado: "A frequência a curso de ensino formal é causa de remição de parte do tempo de execução de pena sob regime fechado ou semiaberto". Aliás, é compromisso do Estado ao aplicar a pena privativa de liberdade promover a reeducação e a reinserção social do condenado.

---

36. *DJ* 27-2-2012.

Estudar, especialmente se encontrando recluso em uma prisão, é tão ou mais nobre que o próprio trabalho, pois o estudo engrandece e dignifica a natureza humana, além de cumprir um dos fins da pena. Enfim, os tribunais consagraram o instituto da *remição pelo estudo*, e o legislador veio disciplinar o *modus operandi* desse direito do recluso, regrando a sua concessão. Impede-se, assim, que cada juiz continue adotando um critério subjetivo e variável de número de horas de estudo para efetuar o desconto de um dia de pena, tratando desigualmente quem se encontra nas mesmas condições.

O legislador definiu expressamente as atividades que são consideradas "estudo" ou "frequência escolar", de forma a não deixar dúvidas: atividade de *ensino fundamental, médio, inclusive profissionalizante,* ou *superior,* ou ainda de *requalificação profissional* (art. 126, § 1º, I). Destacou, ainda, que os cursos a serem frequentados podem ser na forma "presencial" ou "telepresencial", desde que certificados pelas autoridades educacionais competentes.

Ao condenado será comunicada a relação de seus dias remidos (art. 129, § 3º); ante a ausência de previsão legal do período dessa comunicação, acreditamos que seja razoável interpretar como obrigatória essa *comunicação anual*, aliás, como já lhe era assegurada a declaração anual do restante de sanção a cumprir (art. 41, XVI, da LEP), sob pena de responsabilidade da autoridade judiciária competente. Parece-nos que uma declaração mensal dessa natureza oneraria em demasia a estrutura do sistema penitenciário, sem maiores resultados práticos, na medida em que todo preso tem direito a essa declaração para fins de cálculo de seus *direitos* (também denominados benefícios) *penitenciários* (progressão, livramento condicional etc.).

A remição, por fim, passou a ser *considerada tempo de pena cumprido, para todos os efeitos* (art. 128), e não somente para indulto e livramento condicional, afastando, definitivamente, aquela polêmica sobre ser pena cumprida ou desconto de pena a cumprir. Como *norma penal material mais benéfica*, tem efeito retroativo. Representa, na verdade, uma grande vantagem a todos os prisioneiros, enfim, implicando verdadeiro acréscimo do cumprimento de pena, para todos os efeitos.

A doutrina, de um modo geral, começou a sustentar que a remição deve ser concedida mesmo sem a realização do trabalho prisional, se este não ocorrer porque o Estado não ofereceu as condições necessárias, por considerá-lo *um direito do condenado*. Parte da doutrina e da jurisprudência, em um primeiro momento, não concordou com essa concepção. Contudo, com o passar do tempo e a omissão do Estado em procurar viabilizar a existência de trabalho por meio de convênios para os reeducandos, não restou alternativa senão aderir à concepção de que, se o Estado não oferece condições para a realização do trabalho penitenciário, deve reconhecer esse direito a todos aqueles que manifestarem interesse em trabalhar durante a execução penal.

Concluindo, terão direito à remição todos os condenados que manifestarem interesse em trabalhar durante a execução penal, inclusive aqueles que não puderem executá-lo porque o Estado não ofereceu as condições necessárias. A omissão ou deficiência do Estado não pode prejudicar um direito assegurado aos reeducandos. No entanto, somente poderão receber a remição os condenados que *efetivamente* realizarem o trabalho prisional, nos termos estabelecidos na legislação específica. Finalmente, a remição deverá, sempre, ser declarada pelo juiz, ouvidos o Ministério Público e a defesa (art. 126, § 8º).

11.1. Remição pelo trabalho em regime aberto: possibilidade segundo os princípios da isonomia e da analogia

Com o respeito que merece de todos nós, a decisão no julgamento do HC 189.914/RS[37], que não admitiu a *remição pelo trabalho*, em regime aberto, seguindo o voto condutor da Ministra Relatora Maria Thereza de Assis Moura, é seletiva e discriminatória[38], violando o *princípio da isonomia*, insculpido no texto constitucional, além de revelar-se altamente criminógena. Aliás, a despeito da inexistência, na época, de previsão legal, essa decisão afronta o princípio consagrado pelo próprio Superior Tribunal de Justiça, na Súmula 341, com o seguinte enunciado: "A frequência a curso de ensino formal é causa de remição de parte do tempo de execução de pena sob regime fechado ou semiaberto".

O tratamento isonômico daquele que *estuda* com quem *trabalha* foi o fundamento maior desse enunciado sumular. Nesse sentido, invocamos o profundo e corajoso magistério de Luiz Flávio Gomes, que pontifica: "Cuida-se, desde logo, de um pensamento jurisprudencial indiscutivelmente criminógeno, dotado de alta periculosidade para a estabilidade

---

37. *DJ* 27-2-2012.

38. Nesse sentido, ver artigo de Luiz Flávio Gomes, "Remição pelo trabalho no regime aberto: Por que não?", publicado na Revista Eletrônica *Conjur*, em 15 de março de 2012, criticando a referida decisão, que chocou os especialistas das Ciências Penais.

social da sociedade brasileira, na medida em que, não incentivando o trabalho (tão decantado pela doutrina cristã e pelas teorias econômicas, sobretudo da modernidade, que tem em Max Weber seu expoente proeminente), contribui inescapavelmente para a proliferação da reincidência (e, portanto, da criminalidade e da insegurança), trazendo alto conteúdo explosivo para a destruição da já cambaleante ressocialização (...) A danosidade humanitária e criminológica da decisão é flagrantemente manifesta. Ela precisa ser superada. Darwin não morreu. O ser humano continua evoluindo (apesar das involuções). Por justiça ou por simples razão de bom senso, não há como discriminar o estudo do trabalho (se é que queremos dar vida, ainda que em estado terminal e vegetativa, para o princípio da ressocialização)"[39].

Com efeito, essa surpreendente decisão da 6ª Turma do Superior Tribunal de Justiça não deixa de ser contraditória, na medida em que, quando não havia previsão legal para a remição pelo estudo, as duas Turmas (5ª e 6ª) desse sodalício passaram a aplicá-la, por *analogia* ao trabalho, chegando, inclusive, a sumulá-la, como já referimos. Na verdade, a despeito de a *remição pelo trabalho* estar prevista para os regimes fechado e semiaberto, o acréscimo legal da *remição pelo estudo*, nos três regimes, recomenda o *tratamento isonômico* e também que se aplique a *remição pelo trabalho* em regime aberto; segue-se, assim, o fundamento que orientou a edição da Súmula 341, qual seja, a isonomia. Ora, se está legalmente autorizada a *remição pelo estudo*, também no regime aberto, o mesmo direito, à luz do fundamento da Súmula 341, deve ser conferido, por *analogia*, a quem trabalha. Em outros termos, não se pode negar o mesmo direito a quem trabalha. Realmente, antes da Lei n. 12.433/2011 previa-se a remição pelo trabalho e não pelo estudo; o novo texto legal, por sua vez, prevê a remição, no regime aberto, pelo estudo e não pelo trabalho, voltando a consagrar um tratamento desigual e discriminatório.

Não se pode ignorar, contudo, que tanto o *trabalho* quanto o *estudo* concorrem diretamente para a ressocialização do condenado, que, segundo nossos diplomas legais (CP e LEP), é a finalidade grande da pena privativa de liberdade. Conceder remição pelo trabalho aos condenados em

---

39. Luiz Flávio Gomes, Remição pelo trabalho no regime aberto: Por que não?, publicado na Revista Eletrônica *Conjur*, em 15 de março de 2012, criticando a referida decisão, que chocou os especialistas das Ciências Penais.

regime aberto constitui estímulo para a sua *ressocialização*. Aliás, o Estado compromete-se, ao aplicar a pena privativa de liberdade, em promover a reeducação e a *reinserção social do condenado*. Em outros termos, o condenado é recolhido à prisão para ser *ressocializado*, e trabalhar e estudar na prisão são os melhores instrumentos na busca dessa almejada ressocialização do condenado. Estudar, especialmente recluso em uma prisão, é tão nobre quanto trabalhar, pois ambos engrandecem e dignificam o ser humano, além de cumprirem os *fins ressocializadores da pena*.

Desafortunadamente, afastar a possibilidade de remir a pena em regime aberto pela prestação de trabalho significa facilitar a marginalização do condenado, bem como do egresso do sistema penitenciário, trazendo em seu bojo considerável efeito criminógeno. Além de o Estado não oferecer as mínimas condições propiciadoras da ressocialização no interior dos presídios, essa orientação que a 6ª Turma do Superior Tribunal de Justiça adotou dificulta ainda mais a recuperação do condenado e também do egresso (em cumprimento de livramento condicional) ao não o incentivar ao trabalho durante o regime aberto, pois não é o Estado que lhe oferece trabalho, mas o próprio que o busca, numa demonstração de que se encaminha para a ressocialização.

Para finalizar este tópico, adotamos a lúcida conclusão de Luiz Flávio Gomes, *in verbis*: "Sabemos o quanto os egressos do sistema penitenciário brasileiro são discriminados. Quando esse mesmo egresso, de forma heroica, consegue trabalho, não há como não lhe premiar com a remição, dando-lhe estímulo para a vida reta, vida social adequada. Se o estudo, no regime aberto, dá direito à remição, não há como negar o mesmo direito para quem trabalha (onde existe a mesma razão deve reinar o mesmo direito). A falta de lei específica aqui, em relação ao trabalho, pode ser suprida facilmente com o emprego da analogia, aplicando-se (analogicamente) a lei que permite o mesmo benefício em relação ao estudo"[40].

12. A prática de falta grave pode revogar a remição de até 1/3 (um terço) da pena remida

A prática de *falta grave*, que antes revogava todo o tempo remido, a partir da Lei n. 12.433/2011 poderá revogar, no máximo, até *um terço* da

---

40. Luiz Flávio Gomes, Remição pelo trabalho no regime aberto: Por que não?, cit.

pena remida (art. 127, § 8º). Permite-se, assim, ao juiz uma avaliação pormenorizada e discricionária em cada caso. Consequentemente, dependerá da gravidade da falta, podendo essa redução ser bem inferior a um terço, que é seu teto. A revogação incidirá sobre o total da pena remida, somando--se aquela remida pelo trabalho com a remida pelo estudo. Trata-se de *norma penal material posterior mais benéfica*, que, por conseguinte, *retroage* para alcançar as remições anteriores, inclusive daqueles que já perderam o tempo remido. Essa previsão legal é, indiscutivelmente, *norma penal material*, disciplinadora de direitos básicos do condenado, tendo, obrigatoriamente, efeito retroativo. Incide, em outros termos, diretamente sobre o *quantum* da pena, sendo, por conseguinte, norma de direito penal material por excelência.

O Superior Tribunal de Justiça, no HC 200.046/RS, considerou que essa norma penal material — redução de até um terço da pena remida — deve *retroagir*, por ser mais benéfica, para alcançar as faltas graves praticadas antes do início de vigência da Lei n. 12.433/2011. Nesse sentido, merece destaque a referida decisão, cuja ementa transcrevemos abaixo:

"NOVA LEI. PERDA. DIAS REMIDOS. PRINCÍPIO. RETROATIVIDADE. A Turma concedeu *habeas corpus* de ofício para, reformando o acórdão e a decisão de primeiro grau, na parte referente à perda total dos dias remidos, determinar o retorno dos autos ao juízo de execuções, para que se complete o julgamento, aferindo o novo patamar da penalidade à luz da superveniente disciplina do art. 127 da LEP. Os ministros entenderam que, a partir da vigência da Lei n. 12.433/2011, que alterou a redação do art. 127 da LEP, a penalidade consistente na perda de dias remidos pelo cometimento de falta grave passa a ter nova disciplina, não mais incide sobre a totalidade do tempo remido, mas apenas até o limite de 1/3 desse montante, cabendo ao juízo das execuções, com certa margem de discricionariedade, aferir o quantum ao levar em conta a natureza, os motivos, as circunstâncias e as consequências do fato, bem como a pessoa do faltoso e seu tempo de prisão, consoante o disposto no art. 57 da LEP. Por se tratar de norma penal mais benéfica, deve a nova regra incidir retroativamente, em obediência ao art. 5º, XL, da CF/88"[41].

Mais uma vez, em termos de *direito intertemporal*, o Tribunal da Cidadania, houve-se com acerto. Acarretará, sem dúvida alguma, muito trabalho à Defensoria Pública e ao Juízo das Execuções Penais, que terão milhares e milhares de execuções para revisar.

---

41. HC 200.046/RS, rel. Min. Laurita Vaz, j. 18-8-2011.

13. Prescrição de falta grave praticada após cinco anos de remição

Por fim, como as penas são, regra geral, muito longas, temos sustentado que se faz necessário estabelecer *limite temporal* para essa *perda dos dias remidos*. Sugerimos que se adote, por analogia, a previsão constante do art. 64, I, do Código Penal, que estabelece uma espécie de "prescrição" de cinco anos entre o trânsito em julgado da condenação pelo crime anterior e a prática da nova infração penal. Dito de outra forma, não se deve aplicar a perda do tempo remido se a *falta grave* for praticada mais de cinco anos após a conquista da remição.

Em outros termos, *remição conquistada há mais de cinco anos incorpora-se aos direitos públicos subjetivos do detento,* e não pode mais lhe ser subtraída, nem mesmo por eventual falta grave. Acreditamos que a revogação de remição conquistada nos últimos cinco anos, nos termos legais (isto é, até um terço), já representa uma severa punição, que observa, inclusive, o *princípio da proporcionalidade*. Não se pode desconhecer a dificuldade de sobreviver no interior das prisões e as deficiências do sistema prisional, as quais não podem ser atribuídas exclusivamente ao detento, como se tem feito ao longo de todos os tempos.

Haveria, digamos, uma espécie de *preclusão*, ou, se preferirem, de *decadência* do direito do Estado de aplicar a punição ao detento para suprimir-lhe um direito conquistado há mais de cinco anos. Parece-nos mais do que razoável, pois, se a *reincidência* desaparece para o indivíduo que se encontra em liberdade, por que fazer uma punição retroagir para suprimir uma conquista do detento há mais de cinco anos? Seria irrazoável e desarrazoado entendimento em sentido contrário, *venia concessa*.

14. A progressão nos crimes hediondos a partir da Lei n. 9.455/97

A doutrina, em geral, sempre teve grandes dificuldades em aceitar a *proibição da progressão* nos chamados "crimes hediondos", a despeito da então orientação da jurisprudência de nossos Tribunais Superiores. Nossa contrariedade à *proibição da progressão* era mais abrangente, pois, na nossa ótica, além de violar o *sistema progressivo de cumprimento* de pena e desprezar *o objetivo ressocializador* atribuído à sanção penal, e, por extensão, a *individualização da pena*, ignorava a política criminal admitida e recomendada para um Estado democrático de direito. No entanto, o advento da Lei n. 9.455/97, que tipifica e disciplina o *crime de tortura*, ofereceu, enfim, um *fundamento jurídico* inquestionável para *reinterpretar a proibição* que constava do § 1º do art. 2º da Lei n. 8.072/90, ao estabelecer que o condenado por crime de *tortura "iniciará* o cumprimento da pena em regime fechado", o que, em outros termos, consiste na *adoção do sistema progressivo.*

Há certa unanimidade nacional sobre o entendimento de que a Constituição fixou um *regime comum* para os crimes de tortura, tráfico ilícito de entorpecentes e drogas afins, terrorismo e os definidos como crimes hediondos (art. 5º, XLIII, da CF), equiparando-os quanto à sua *danosidade social.* Com o novo tratamento que a Lei n. 9.455/97 estabeleceu para o cumprimento da pena decorrente de condenação pelo crime de tortura — inegavelmente mais benéfico —, reconhecendo o direito à *progressão*, estava autorizada a *interpretação extensiva* da nova dicção legal, para estendê-la às demais infrações definidas como *crimes hediondos*, inclusive retroativamente. Afora a regra geral de hermenêutica que permite, no direito criminal, a *interpretação extensiva* da *lei mais benéfica*, há o *tratamento uniforme* que a Constituição Federal estabeleceu a essa modalidade de infrações penais.

Não se podia ignorar, por outro lado, que a *disciplina do cumprimento* de pena constante dos dois diplomas legais era conflitante, ou, na linguagem que estamos utilizando, era *desuniforme*: de um lado, proibia a *progressão de regime* para os *crimes hediondos*, terrorismo e tráfico de entorpecentes (Lei n. 8.072/90); de outro lado, admitia o *regime progressivo* para o *crime de tortura* (Lei n. 9.455/97). Contudo, como o ordenamento jurídico é composto por um *sistema harmônico* e racional de normas, eventuais e aparentes contradições devem encontrar solução adequada no próprio sistema, através das regras de *hermenêutica* e dos princípios gerais de direito. Nesse sentido, subscrevemos a conclusão lapidar de Alberto Silva Franco, segundo o qual: "Não há razão lógica que justifique a aplicação do regime progressivo aos condenados por tortura e que negue, ao mesmo tempo, igual sistema prisional aos condenados por crimes hediondos ou tráfico ilícito de entorpecentes. Nem sob o ponto de vista do princípio da lesividade, nem sob o ângulo político-criminal, há possibilidade de considerar-se a tortura um fato delituoso menos grave em confronto com os crimes já referidos"[42].

---

42. Alberto Silva Franco, O regime progressivo em face das Leis 8.072/90 e 9.455/97, *Boletim do IBCCrim*, n. 58, edição especial de setembro de 1997, p. 2.

Passamos a sustentar, desde então[43], que, a partir da edição da Lei n. 9.455/97, dever-se-ia reconhecer a aplicabilidade do *sistema progressivo* aos crimes *hediondos e afins*, sem restrições, inclusive retroativamente. Contudo, ignorando o *conteúdo uniformizador* do inciso XLIII[44] do art. 5º da Constituição Federal, o Supremo Tribunal Federal resolveu sumular o entendimento que dava tratamento diferenciado à *tortura* dos demais crimes elencados no referido inciso, como se tivessem naturezas distintas, a despeito de terem sido tratados *uniformemente* pelo texto constitucional. A referida súmula (698) tem o seguinte enunciado: "Não se estende aos demais crimes hediondos a admissibilidade de progressão no regime de execução da pena aplicada ao crime de tortura". No entanto, somente em 2006, após algum tempo sob a égide desse entendimento sumulado, o Supremo Tribunal Federal, em sua constituição plenária, num verdadeiro despertar cívico, através do HC 82.959[45], declarou a *inconstitucionalidade do § 1º do art. 2º da Lei n. 8.072/90* (Lei dos Crimes Hediondos), que previa o cumprimento da pena em *regime integralmente fechado* nos crimes hediondos e assemelhados, com voto histórico do Ministro Gilmar Mendes. Nessa oportunidade, sendo Relator o Ministério Marco Aurélio, a Suprema Corte "sentenciou": "A progressão no regime de cumprimento da pena, nas espécies fechado, semiaberto e aberto, tem como razão maior a *ressocialização do preso* que, mais dia ou menos dia, voltará ao convívio social (...). Conflita com a *garantia da individualização da pena* — artigo 5º, inciso XLVI, da Constituição Federal — a imposição, mediante

---

43. Ver, nesse sentido, as várias edições anteriores (todos os anos) do volume 1 de nosso *Tratado de Direito Penal*, desde 1997, o qual já se encontra na 26ª edição, mantendo a mesma tese, como agora.

44. "A lei considerará crimes inafiançáveis e insuscetíveis de graça ou anistia a prática da tortura, o tráfico ilícito de entorpecentes e drogas afins, o terrorismo e os definidos como crimes hediondos...".

45. "Pena — Regime de cumprimento — Progressão — Razão de ser. A progressão no regime de cumprimento da pena, nas espécies fechado, semiaberto e aberto, tem como razão maior a ressocialização do preso que, mais dia ou menos dia, voltará ao convívio social. Pena — Crimes hediondos — Regime de cumprimento — Progressão — Óbice — Art. 2º, § 1º, da Lei n. 8.072/90 — Inconstitucionalidade — Evolução jurisprudencial. Conflita com a garantia da individualização da pena — Art. 5º, inciso XLVI, da Constituição Federal — A imposição, mediante norma, do cumprimento da pena em regime integralmente fechado. Nova inteligência do princípio da individualização da pena, em evolução jurisprudencial, assentada a inconstitucionalidade do artigo 2º, § 1º, da Lei n. 8.072/90" (HC 82.959, rel. Min. Marco Aurélio, j. 23-2-2006, *DJ* 1º-9-2006).

norma, do cumprimento da pena em regime integralmente fechado. Nova inteligência do *princípio da individualização da pena*, em evolução jurisprudencial, assentada a inconstitucionalidade do artigo 2º, § 1º, da Lei n. 8.072/90" (HC 82.959/SP).

De certa forma, essa nova orientação, louvável, diga-se de passagem, assumida pelo Pretório Excelso afrontou o conteúdo da Súmula 698[46], que, a rigor, por coerência, deve ser revogada. Aliás, esse entendimento do Supremo Tribunal Federal acabou sendo reforçado pela sua *Súmula vinculante 26*, com o seguinte enunciado: "Para efeito de progressão de regime no cumprimento de pena por crime hediondo, ou equiparado, o juízo da execução observará a inconstitucionalidade do art. 2º da Lei 8.072, de 25 de julho de 1990, sem prejuízo de avaliar se o condenado preenche, ou não, os requisitos objetivos e subjetivos do benefício, podendo determinar, para tal fim, de modo fundamentado, a realização de exame criminológico".

E, acrescentamos nós, exigir o cumprimento de 50% a 70% da pena, como faz a lei *sub examine*, sem cometimento de nenhuma falta grave, por vários anos, *equivale a suprimir ou impedir a individualização da fase executória da pena*, bem como a *ressocialização do condenado* (que é um dos objetivos mais importantes da segregação penal). E, principalmente, suprimir o *livramento condicional* como previsto nos incisos VI e VIII do art. 112, o que implica o cumprimento integral da pena em regime fechado, exatamente como previa a redação original da revogada Lei n. 8.072/90, que o Supremo Tribunal Federal já havia declarado *inconstitucional* (HC 82.959).

Dois aspectos *fundamentais* merecem destaque nesse julgamento (HC 82.959), tão esperado pela comunidade jurídica especializada: a) o reconhecimento do *sistema progressivo* e da *individualização da pena* como direitos e *garantias fundamentais* e b) a eficácia *erga omnes* de declaração de inconstitucionalidade em *controle difuso ou aberto* (art. 102, I, *a*, CF), limitada pelo efeito *ex nunc*, é bem verdade. O primeiro aspecto esclarece os limites reservados ao *legislador infraconstitucional*: ou seja, como o *sistema progressivo* de cumprimento da pena também é uma *garantia constitucional*, concede ao legislador ordinário o poder de disciplinar *a*

---

46. Súmula "prejudicada" pela Lei n. 11.464/2007, que alterou a redação da Lei n. 8.072, autorizando a progressão de regime nos crimes hediondos.

individualização da pena nas fases legislativa, judicial e executória, *mas não lhe autoriza*, contudo, *excluí-la* ou *impedi-la*, em nenhuma dessas etapas, sob pena de violar esse preceito fundamental. Exatamente aí residia a *inconstitucionalidade* do dispositivo questionado, que obrigava o cumprimento integral da pena em regime fechado, nos crimes hediondos e assemelhados, a exemplo exatamente do que ocorre com as previsões constantes especificamente nos incisos VI e VIII, *que não admitem sequer o livramento condicional!* Seria inócuo, por conseguinte, incluir a *individualização da pena* entre os direitos e as garantias fundamentais[47] e, ao mesmo tempo, permitir que o legislador ordinário, a seu alvedrio, pudesse suprimir ou anular seu conteúdo. Ora, se foi inconstitucional lá na Lei n. 8.072/90, é, igualmente cá, na Lei n. 13.964, com previsão semelhante (dito com outras palavras), que exige o cumprimento fechado integral da pena de prisão (sem progressão e sem livramento condicional)!

O segundo aspecto, não menos importante, foi o efeito *erga omnes* que o Supremo Tribunal Federal atribuiu à sua decisão em julgamento de *controle difuso de constitucionalidade;* aplicou, por analogia, o disposto no art. 27 da Lei n. 9.868/99, que se refere a julgamento de hipóteses de *controle concentrado ou abstrato de constitucionalidade* (ADIn ou ADC). Com essa decisão, destacou o editorial do *Boletim do IBCCrim*, "acolheu o *entendimento* de que, em se tratando de controle incidental ou difuso, é pertinente à Corte Suprema estender os efeitos da decisão a outras situações processuais suscetíveis de serem alcançadas pelo reconhecimento, *in concreto,* de inconstitucionalidade. E assim o fez, em nome da segurança jurídica e do excepcional interesse social, conceitos revestidos também de carga constitucional"[48]. Essa decisão — com eficácia *erga omnes* e efeito *ex nunc* — permitiu que, em outros processos, que ainda se encontrassem em fase recursal ou executória (cuja pena ainda não tenha sido integralmente cumprida), pudessem, igualmente, ser beneficiados pelo *sistema progressivo*, desde que seus requisitos fossem

---

47. Espera-se que o Supremo Tribunal Federal enfrente, o mais breve possível, a questão da *inconstitucionalidade do regime disciplinar diferenciado*, pois, em nosso juízo, viola diversos princípios, entre os quais o da *individualização da pena*; não podemos, como afirma Nucci, "ficar alheios a mais uma tentativa do Poder Executivo, que contou com a complacência do Legislativo, de *golpear a individualização da pena*" (grifamos). Guilherme de Souza Nucci, *Individualização da pena*, 2ª ed., São Paulo, Revista dos Tribunais, 2007, p. 273.
48. *Boletim do IBCCrim*, n. 161, abril de 2006, p. 1.

examinados, casuisticamente, pelo juiz competente. Referida decisão não ficou, por conseguinte, limitada ao processo objeto de exame no *Habeas Corpus* 82.959, e tampouco permitiu que outros juízes ou tribunais pudessem recusar seu cumprimento invocando, como obstáculo, o disposto no inciso X do art. 52 da Constituição Federal.

Referida decisão, na realidade, tornou sem objeto a competência do Senado Federal, como destaca o hoje Ministro Luís Roberto Barroso, com a lucidez de sempre: "A verdade é que, com a criação da ação genérica de inconstitucionalidade, pela EC n. 16/65, e com o contorno dado à ação direta pela Constituição de 1988, essa competência atribuída ao Senado tornou-se um anacronismo. Uma decisão do Pleno do Supremo Tribunal Federal, seja em controle incidental ou em ação direta, deve ter o mesmo alcance e produzir os mesmos efeitos. Respeitada a razão histórica da previsão constitucional, quando de sua instituição em 1934, já não há mais lógica razoável em sua manutenção"[49]. Em sentido semelhante, veja-se o magistério do constitucionalista Ministro Gilmar Mendes, *in verbis*: "A amplitude conferida ao controle abstrato de normas e a possibilidade de que se suspenda, liminarmente, a eficácia de leis ou atos normativos, com eficácia geral, contribuíram, certamente, para que se quebrantasse a crença na própria justificativa desse instituto, que se inspirava diretamente numa concepção de separação de Poderes — hoje necessária e inevitavelmente ultrapassada. Se o Supremo Tribunal pode, em ação direta de inconstitucionalidade, suspender, liminarmente, a eficácia de uma lei, até mesmo de uma Emenda Constitucional, por que haveria a declaração de inconstitucionalidade, proferida no controle incidental, valer tão somente para as partes?"[50].

Por fim, cautelosamente, o Supremo Tribunal Federal atribuiu a essa tão esperada decisão o efeito *ex nunc*, impedindo que retroaja até alcançar aqueles que já cumpriram integralmente suas condenações, nos termos da orientação jurisprudencial anterior. Dessa forma, nossa Corte Suprema buscou impedir possíveis ações reparatórias por cumprimento indevido de penas integralmente em regime fechado.

---

49. Luís Roberto Barroso, *O controle de constitucionalidade no Direito brasileiro*, São Paulo, Saraiva, 2004, p. 92.

50. Gilmar Ferreira Mendes, *Direitos fundamentais e controle de constitucionalidade*, 3ª ed., São Paulo, Saraiva, 2004, p. 266.

14.1. A progressão nos crimes hediondos a partir da Lei n. 11.464/2007

Finalmente, a Lei n. 11.464, de 27 de março de 2007, seguindo a orientação consagrada pelo Supremo Tribunal Federal naquele julgamento do HC 82.959, minimiza os equivocados excessos da Lei n. 8.072/90, alterando os parágrafos do seu art. 2º, com as seguintes inovações: a) o cumprimento da pena iniciará em regime fechado; b) a progressão nos crimes hediondos ocorrerá após o cumprimento de dois quintos (2/5), sendo o apenado primário, e de três quintos (3/5), se reincidente; c) em caso de sentença condenatória, o juiz decidirá fundamentadamente se o réu poderá apelar em liberdade. Mas em nenhuma hipótese vedou o livramento condicional, ao contrário do que faz a ora questionada Lei n. 13.964/2019.

No entanto, deve-se considerar que essa lei, embora tida como de natureza processual, na verdade projeta sérios e graves efeitos materiais na execução da pena, agravando sobremodo o regime de cumprimento. Por isso, em nosso juízo, lei como essa não pode retroagir para abranger fatos praticados antes de sua vigência. No mesmo sentido, manifesta-se Luiz Flávio Gomes, *in verbis*: "crimes ocorridos a partir do dia 29-3-2007: a Lei n. 11.464/2007 foi publicada dia 29-3-2007. Entrou em vigor nessa mesma data. Cuidando-se de norma processual penal com reflexos penais, em sua parte prejudicial (*novatio legis in peius*) só vale para delitos ocorridos de 29-3-2007 em diante. Em outras palavras: o tempo diferenciado de cumprimento da pena para o efeito da progressão (2/5 ou 3/5) só tem incidência nos crimes praticados a partir do primeiro após o dia 29-3-2007"[51].

Finalmente, para uniformizar a interpretação da nova disciplina da progressão de regime nos *crimes hediondos*, o Supremo Tribunal Federal, repetindo no particular, editou a Súmula Vinculante 26, dispondo: "Para efeito de progressão de regime no cumprimento de pena por crime hediondo, ou equiparado, o juízo da execução observará a inconstitucionalidade do art. 2º da Lei n. 8.072, de 25 de julho de 1990, sem prejuízo de avaliar se o condenado preenche, ou não, os requisitos objetivos e subjetivos do benefício, podendo determinar, para tal fim, de modo fundamentado, a realização de exame criminológico".

---

51. Luiz Flávio Gomes & Antonio García-Pablos de Molina, *Direito Penal; Parte Geral*, São Paulo, Revista dos Tribunais, 2007, p. 855, v. 2.

14.2. Progressão de regime antes do trânsito em julgado de decisão condenatória (Súmula 716 do STF)

Desafortunadamente, desde o final da última década do milênio passado, têm aumentado assustadoramente as *prisões cautelares*, que nem sempre têm observado o limite legal de duração (81 dias). A longa demora dos trâmites processual-recursais tem levado inúmeros recorrentes a cumprir grande parte de suas sanções em regimes mais graves que aquele aplicado na sentença ou mesmo previsto em lei para o caso concreto. Por outro lado, invariavelmente, esses indivíduos (que são presos provisórios) têm sido constrangidos a desistir de seus recursos para receberem a *progressão de regimes*, sob o argumento falacioso de que durante a fase recursal é proibida a progressão de regimes. Sensível a essa violência, a que milhares de pessoas eram submetidas, o Colendo Supremo Tribunal Federal, em boa hora, houve por bem editar a Súmula 716, com o seguinte enunciado: "Admite-se a progressão de regime de cumprimento de pena ou a aplicação imediata de regime menos severo nela determinada, antes do trânsito em julgado da sentença condenatória".

Com essa oportuna súmula de nossa mais alta Corte de Justiça, corrige-se flagrante injustiça que vinha se perpetuando em nossos pretórios injustificadamente. Ninguém desconhece as deficiências do sistema penitenciário brasileiro, que, aliás, de sistema, só tem o nome; assim, sonegar o direito a progredir de regime, quando estiverem satisfeitos seus requisitos formais e materiais, significa punir mais severamente ao arrepio de nosso ordenamento jurídico. Essa justa preocupação de nosso Pretório excelso foi complementada com a edição da Súmula 717: "Não impede a progressão de regime de execução da pena, fixada em sentença transitada em julgado, o fato de o réu se encontrar em prisão especial". Com efeito, uma coisa não inviabiliza a outra, porque a prisão especial aplica-se a todo e qualquer regime de cumprimento de pena. Ademais, essa *progressão* justifica-se para quando o sujeito não fizer mais jus à prisão especial, pois, assim, quando sair dessa espécie de prisão, poderá ingressar no seu verdadeiro regime.

15. A progressão de regimes na previsão da Lei n. 13.964/2019

O Código Penal e a Lei de Execução Penal disciplinam, conjuntamente, os regimes de cumprimento da pena de prisão; aquele estabelece os limites, as condições e circunstâncias da *progressão* (art. 33 e parágrafos) e da *regressão* (art. 118 da LEP), determinando na sentença o regime em que a pena deverá ser iniciada (aberto, semiaberto ou fechado). Mas a Lei de Execução Penal estabelece a quantidade de cumprimento necessária para a progressão de regimes do fechado para o semiaberto e deste para o aberto. Nesse sentido, o art. 112, na versão anterior, previa a possibilidade de progressão para regime menos rigoroso quando o condenado tivesse cumprido um sexto da pena no regime anterior, e apresentasse bom comportamento carcerário, certificado pelo diretor do estabelecimento. Ou seja, para a progressão para qualquer dos regimes de cumprimento da pena era exigível o cumprimento de, pelo menos, um sexto da pena no regime anterior. Significa, por essa redação, que o condenado só pode progredir para o regime imediatamente menos rigoroso, diretamente, e nunca pular, por exemplo, do regime fechado diretamente para o aberto, porque este não é diretamente o regime posterior ao fechado. Por isso, a locução "regime anterior" impede que o condenado progrida do regime fechado para o aberto, sem passar antes pelo regime semiaberto. No entanto, o inverso não é verdadeiro, ou seja, a *regressão* poderá ocorrer, eventualmente, direta do aberto para o fechado, desde que concretamente fundamentado.

Os crimes hediondos que inicialmente não admitiam progressão de regimes, no entanto, ganharam disciplina própria para a progressão de regimes, nos termos da Lei n. 11.464, de 27 de março de 2007, que seguiu a orientação consagrada pelo Supremo Tribunal Federal com o julgamento do HC 82.959, já mencionado. Com efeito, referido diploma legal estabeleceu a progressão de regimes para os crimes hediondos da seguinte forma: a) o cumprimento da pena iniciará em regime fechado; b) a progressão nos crimes hediondos ocorrerá após o cumprimento de dois quintos (2/5), ou seja, 40%, para o apenado primário, e de três quintos (3/5), ou seja, 60%, se reincidente. Ademais, o condenado poderá apelar em liberdade, especialmente se respondeu o processo em liberdade, mas o magistrado deverá decidir fundamentadamente.

Embora o *caput* do art. 112 da Lei de Execução Penal não apresente diferença significativa, com as previsões anteriores, mantém, de um lado, a previsão do *sistema progressivo* evoluindo do regime fechado para regime menos rigoroso, embora impeça, por outro lado, o direito ao *livramento condicional* nas hipóteses de reincidência em crime hediondo, implicando o cumprimento da pena inteiramente recluso, violando dessa forma o *princípio da individualização da pena* e do *sistema progressivo* nesses casos.

Adota como critérios para exigência de maior ou menor tempo de cumprimento da pena antes da progressão os *fatores reincidência* e *violência ou grave ameaça* à pessoa. Esses, aliás, são os critérios utilizados nos primeiros quatro incisos do art. 112 da Lei de Execução Penal, cujo tempo exigido de cumprimento varia de 16% a 30%, mostrando-se, nesse particular, mais do que razoável. Os dois primeiros incisos são para os crimes praticados sem violência ou grave ameaça à pessoa (16% e 20%), respectivamente; os outros dois incisos seguintes (III e IV) destinam-se a crimes praticados com violência ou grave ameaça à pessoa (25% e 30%). Pena menor para não reincidentes e maior para reincidentes, com absoluta proporcionalidade, é bom que se diga.

No inciso V, por sua vez, o legislador determina o cumprimento de 40% da pena para poder postular a progressão de regime, exatamente como já era previsto pela legislação anterior, satisfeitas, em todas as hipóteses, as demais exigências legais, tais como bom comportamento carcerário, atestado pelo diretor do estabelecimento.

Porém, o acerto dessa previsão legal, em nosso juízo, para por aqui, pois a partir do inciso VI o legislador flerta com a inconstitucionalidade, sobretudo por, praticamente, inviabilizar a progressão de regimes ao impedir a progressão de regimes, como, por exemplo, nos incisos VI e VIII, que impedem o direito ao livramento condicional. Nesses dois incisos, o condenado acabará, inevitavelmente, cumprindo toda a pena totalmente recluso, violando os princípios da individualização da pena e do sistema progressivo. Relativamente ao inciso VII, que, além de exigir, no mínimo, o cumprimento de 60% (sessenta por cento) da pena aplicada, a eventual prática de falta grave anula todo o tempo cumprido, devendo reiniciar do zero o cumprimento de 60% do restante da pena. Por isso, nesses três incisos o legislador ultrapassa o limite da constitucionalidade, invadindo a seara da *inconstitucionalidade*, como demonstraremos adiante.

16. Inconstitucionalidade do art. 112 da Lei de Execução Penal, com redação determinada pela Lei n. 13.964/2019, relativa à progressão de regime nos crimes hediondos

A nova redação do **art. 112 da Lei de Execução Penal**, determinada pela Lei n. 13.964/2019[52], praticamente *suprime* ou, no mínimo, *inviabiliza* o

---

52. "Art. 112. A pena privativa de liberdade será executada em forma progressiva com a transferência para regime menos rigoroso, a ser determinada pelo juiz, quando o preso tiver cumprido ao menos:

exercício do direito à *progressão de regimes*, aliás, já considerado pelo **Supremo Tribunal Federal (HC 82.959)** uma das *garantias fundamentais asseguradas* pela Constituição Federal em seu art. 5º, XLVI. Proíbe, igualmente, em algumas hipóteses, o *direito ao livramento condicional* (incisos VI, *a*, e VIII do *caput* do mesmo art. 112), obrigando o condenado a cumprir o total da pena em *regime integralmente recluso*, inclusive sem direito, sequer, à saída temporária (§ 2º). Inegavelmente, nas hipóteses desses dois incisos (VI e VIII), principalmente, o texto legal viola frontalmente o *princípio constitucional da individualização da pena* (inciso XLVI do art. 5º) e o *sistema progressivo*, além do disposto no inciso VII, que exige o cumprimento de, pelo menos, 60% (sessenta por cento) da pena aplicada, em regime integralmente fechado, o que também *inviabiliza a progressão de regimes* e, com menos rigor, a *individualização da execução da pena*.

Ademais, está previsto para todas as hipóteses, que, ao longo dos anos, o eventual "cometimento de *falta grave* durante a execução da pena privativa de liberdade **interromperá o prazo para a obtenção da progressão no regime de cumprimento da pena**" (§ 6º). Exige-se, ademais, "boa conduta carcerária", comprovada pelo diretor do estabelecimento" (§ 1º), ignorando que o sistema penitenciário não se assemelha a um "estabelecimento destinado a moças de fino trato". Convém registrar, ainda, que

---

(...)

VI — 50% (cinquenta por cento) da pena, se o apenado for:

a) condenado pela prática de crime hediondo ou equiparado, com resultado morte, se for primário, vedado o livramento condicional;

b) condenado por exercer o comando, individual ou coletivo, de organização criminosa estruturada para a prática de crime hediondo ou equiparado; ou

c) condenado pela prática do crime de constituição de milícia privada;

VII — 60% (sessenta por cento) da pena, se o apenado for reincidente na prática de crime hediondo ou equiparado;

VIII — 70% (setenta por cento) da pena, se o apenado for reincidente em crime hediondo ou equiparado com resultado morte, vedado o livramento condicional.

§ 1º Em todos os casos, o apenado só terá direito à progressão de regime se ostentar boa conduta carcerária, comprovada pelo diretor do estabelecimento, respeitadas as normas que vedam a progressão.

(...)

§ 6º O cometimento de falta grave durante a execução da pena privativa de liberdade interrompe o prazo para a obtenção da progressão no regime de cumprimento da pena, caso em que o reinício da contagem do requisito objetivo terá como base a pena remanescente."

esses incisos do VI ao VIII do *caput* do art. 112 da Lei de Execução Penal referem-se à condenação por crime hediondo ou equiparado, mas que, igualmente, têm direito ao sistema progressivo, como já o reconheceu a Corte Suprema (HC 82.959).

Não se trata apenas da existência de previsão de *falta grave ou da boa conduta carcerária*, que já existia, mas de todo o somatório com a exigência de cumprimento de 60% (sessenta por cento) a 70% (setenta por cento) da pena aplicada, sem direito a livramento condicional, significando, *basicamente*, a exigência de cumpri-la toda *sem progressão*, ou seja, cumprir toda a pena recluso. Em outros termos, nega-se, direta ou indiretamente, três garantias fundamentais do condenado, quais sejam, o *direito à progressão*, a *individualização da pena* e o objetivo maior da prisão, a *ressocialização* para retornar à sociedade em condições de nela conviver livremente.

Postas essas considerações — para enfrentar o problema central criado pela Lei n. 13.964/2019 —, faz-se necessária uma análise mais aprofundada, inclusive com uma evolução sobre a proibição da aplicação do instituto da *progressão de regimes* no cumprimento de penas nos chamados *crimes hediondos* (Lei n. 8.072/90). Em sua redação original, referido diploma legal proibia a *progressão de regimes* e foi objeto de longos e calorosos debates, por muitos anos, tanto na doutrina especializada quanto na própria Suprema Corte. Segundo a doutrina majoritária[53], da qual fazíamos parte, aquela previsão violava o *princípio da individualização da pena* e o *sistema progressivo*, adotados por nosso ordenamento jurídico.

Na verdade, cumprindo disposição constitucional, o Código Penal e a Lei de Execução Penal *individualizam a aplicação da pena e o seu cumprimento*, exercendo uma espécie de *função delegada* pela Constituição Federal (art. 5º, XLVI)[54]. À lei ordinária compete fixar os parâmetros dentro dos quais o julgador deverá efetivar a *individualização da pena*, observando, evidentemente, o comando da Constituição Federal. Por essa razão, o legislador ordinário pode dispor, nos limites das prerrogativas que lhe foram conferidas pela norma constitucional, que, nos *crimes hediondos*, o tempo de cumprimento da pena *no regime fechado* possa ser maior (um quarto ou um terço, por exemplo) que aquele previsto para as demais infrações

---

53. Por todos, Alberto Silva Franco, O regime progressivo em face das Leis 8.072/90 e 9.455/97, *Boletim do IBCCrim*, n. 58, edição especial de setembro de 1997, p. 2.
54. "A lei regulará a individualização da pena...".

penais. Não significa, contudo, que possa impedir a progressão de regime *ou violar a individualização da pena,* ao contrário do que ocorre com as previsões dos incisos VI a VIII, acrescentados ao art. 112 pela Lei n. 13.964/2019. Nos incisos VI e VIII, *praticamente, inviabiliza a progressão de regimes* (além de inviabilizar a progressão, impede o livramento condicional); no inciso VII, também, praticamente, a *inviabiliza,* exigindo o cumprimento de 60% e a supressão integral do tempo cumprido decorrente da prática de falta grave, pois, como nos outros dois incisos, determina a *perda integral do tempo já cumprido,* iniciando novamente do zero.

Em outros termos, o *texto constitucional* permite ao legislador ordinário regular, em cada fase (legal, judicial e executória), a *individualização da pena,* mas não o autoriza, contudo, *suprimi-la ou inviabilizá-la* em qualquer de suas etapas, sob pena de violar o núcleo essencial do princípio *da individualização penal,* reconhecida, finalmente, pelo Supremo Tribunal Federal, como direito e *garantia individual fundamental* (art. 5º, XLVI, da CF). Da forma como está, abstratamente, na lei, não há nenhum espaço para o exercício do *direito à ressocialização do condenado,* nem como expectativa, desestimulando-o a comportar-se para buscá-lo. Essa desesperança, desde Foucault, transforma qualquer condenado em "fera na jaula", nada mais tendo a perder! Façamos, a seguir, uma retrospectiva desse tratamento dos crimes hediondos, desde a sua origem, pela Suprema Corte.

A DESUMANIDADE DO ISOLAMENTO CELULAR E DO REGIME DISCIPLINAR DIFERENCIADO NAS PENITENCIÁRIAS FEDERAIS

IX

Sumário: 1. Considerações preliminares. 2. Crítica ao regime de isolamento celular. 3. A criação das penitenciárias federais como alternativa aos presos mais perigosos. 4. O regime disciplinar diferenciado. 4.1. Considerações preliminares. 5. Agravação do regime disciplinar diferenciado pela Lei n. 13.964/2019. 6. Conteúdo da previsão legal do regime disciplinar diferenciado. 6.1. As hipóteses de aplicação do regime disciplinar diferenciado.

1. Considerações preliminares

O regime celular teve seus precedentes no final do século XVIII na Pensilvânia, período em que a pena de prisão representava um grande avanço, superando a pena de morte e as demais penas corporais. Uma das associações que exerceram maior influência nas primeiras experiências que foram definindo o sistema celular foi a *Philadelphia Society for Alleviating the Miseries of Public Prison*, fundada em 1787. Melossi e Pavarini citam alguns dados que revelam, para a época, seus propósitos reformistas e filantrópicos. Por exemplo, a ata constitutiva da sociedade diz em seu preâmbulo: "Quando consideramos que os deveres de caridade que se fundam nos preceitos e nos exemplos do fundador da Cristandade podem ser anulados pelos pecados e delitos de nossos irmãos criminosos; tudo isso nos leva a estender nossa compaixão a esta parte da humanidade que é escrava dessas misérias. Com humanidade devem-se prevenir os sofrimentos inúteis... e devem-se descobrir e sugerir formas de castigo que possam — em vez de perpetuar o vício — ser instrumentos para conduzir nossos irmãos do erro à virtude e à felicidade"[1].

---

1. D. Melossi e M. Pavarini, *Cárcel y fábrica*, cit., p. 168.

Ordenou-se, por meio de uma lei, a construção de um edifício celular no jardim da prisão (preventiva) de *Walnut Street* (construída em 1776), com o fim de aplicar o *solitary confinement* aos condenados. Não se aplicou, contudo, o sistema celular completo; impôs-se o isolamento em celas individuais somente aos mais perigosos; os outros foram mantidos em celas comuns. A estes, por sua vez, era permitido trabalhar conjuntamente durante o dia. Aplicou-se a rigorosa lei do silêncio[2]. As ideias que os quaqueiros aplicaram no sistema filadélfico não se originaram somente em suas próprias convicções teológicas e morais, mas também foram influenciadas pelas ideias de Howard e de Beccaria[3].

O sistema filadélfico, em suas ideias fundamentais, não se encontra desvinculado das experiências promovidas na Europa a partir do século XVI. Segue as linhas fundamentais que os estabelecimentos holandeses e ingleses adotaram[4]. Também apanhou parte das ideias de Beccaria, Howard e Bentham, assim como os conceitos religiosos aplicados pelo direito canônico[5].

A experiência iniciada em *Walnut Street*, onde já começavam a aparecer claramente as características do regime celular, sofreu em poucos anos graves estragos e converteu-se em um grande fracasso[6]. A causa fundamental desse fracasso foi o extraordinário crescimento da população penal que se encontrava recolhida na prisão de *Walnut Street*. Ao enfrentar esses fracassos e retrocessos, a sociedade da Pensilvânia e a sociedade da Filadélfia, para o alívio das misérias das prisões públicas, ambas inspiradas nos quaqueiros, solicitaram nova oportunidade a um sistema fundado na separação[7]. As pressões foram aceitas e construídas duas novas prisões, nas quais os presos eram encarcerados separadamente: a Penitenciária

---

2. John Lewis Gillin, *Criminology and penology*, 3ª ed., Nova Iorque, D. Applenton-Century Co. 1945, p. 276.
3. Norval Morris, *El futuro de las prisiones*, p. 21.
4. Ver as origens desses sistemas em nosso *Falência da pena de prisão*, 5ª ed., São Paulo, Saraiva, 2017, capítulo II.
5. Cezar Roberto Bitencourt, *Falência da pena de prisão*, 5ª ed., São Paulo, Saraiva, 2017, capítulo II, p. 89 e s.
6. John Lewis Gillin, *Criminology and penology*, cit., p. 277. O regime disciplinar perdeu-se totalmente, e a prisão converteu-se em um lugar onde imperava a desordem, transformando-se em uma escola do crime.
7. C. Hibbert, *Las raíces del mal* — una historia social del crimen y su represión, España, Ed. Luiz de Caralt, 1975, p. 178.

Ocidental — *Western Penitenciary* —, em Pittsburgh, em 1818, seguindo o desenho panótico de J. Bentham, e a Penitenciária Oriental — *Eastern Penitenciary* —, concluída em 1829, seguindo o desenho de Jonh Haviland. Na prisão ocidental (*Western*) foi utilizado o regime de isolamento absoluto, em que não se permitia sequer o trabalho nas celas. Em 1829, concluiu-se que esse regime era impraticável, e, por essa razão, ao inaugurar a prisão oriental (*Eastern*), no mesmo ano, decidiu-se aliviar o isolamento individual, permitindo algum trabalho na própria cela. Por isso é que Von Hentig afirmava que o verdadeiro sistema filadélfico iniciou-se realmente em 1829, com a conclusão da Penitenciária Oriental, na qual se aplica um rigoroso isolamento. A permissão de algum trabalho na cela não diminui o problema do isolamento, uma vez que se tratava de trabalhos tediosos e, frequentemente, sem sentido. Por outro lado, nem sempre esse trabalho na cela pôde ser realizado. Von Hentig definiu os efeitos do isolamento dizendo que: "depois da dureza dos trabalhos forçados declarou-se, sem horror, como novo procedimento coativo a forçosa ociosidade. A tortura se refina e desaparece aos olhos do mundo, mas continua sendo uma sevícia insuportável, embora ninguém toque no apenado. O repouso e a ordem são os estados iniciais da desolação e da morte"[8].

As características essenciais dessa forma de purgar a pena fundamentam-se no isolamento celular dos intervalos, na obrigação estrita do silêncio, na meditação e na oração. Esse sistema reduzia drasticamente os gastos com vigilância, e a segregação individual impedia a possibilidade de introduzir uma organização do tipo industrial nas prisões[9]. Melossi e Pavarini afirmam que o sistema filadélfico não era completamente original, já que "A *Maison de France* belga e o modelo do *Panótico* de Bentham — aplicado parcialmente na Inglaterra — prenunciavam claramente a introdução da prisão de tipo celular"[10]. Sob o ponto de vista ideológico, Melossi e Pavarini interpretam o sistema celular como estrutura ideal que satisfaz as exigências de qualquer instituição que requeira a presença de pessoas sob uma vigilância única, que serve não somente às prisões, mas a fábricas, hospitais, escolas etc. Já não se trataria de um sistema penitenciário criado para melhorar as prisões e conseguir a recuperação do delinquente, mas de eficiente

---

8. Hans von Hentig, *La pena*, p. 225.
9. D. Melossi e M. Pavarini, *Cárcel y fábrica*, cit., p. 169.
10. Idem, ibidem.

instrumento de dominação, servindo, por sua vez, como modelo para outro tipo de relações sociais.

2. Crítica ao regime de isolamento celular

Não se pode afirmar que o regime celular foi amplamente aplicado em sua concepção original, em razão da observação imediata dos prejuízos, que ocasionava o isolamento absoluto. A crítica principal que se fez ao regime celular foi referente à tortura refinada que o isolamento total significava. Sobre esse aspecto, Von Hentig fez um comentário muito revelador ao descrever a visita que Charles Dickens fez à *Eastern Penitenciary*: "A *Eastern Penitenciary* recebeu, em 1842, um célebre visitante. Não era somente um jurista, pois em toda a sua vida se havia interessado pelo delito e o delinquente. Ao contrário de outros visitantes, foi de cela em cela. Colocado em um ponto de confluência das galerias, ficou aterrorizado diante do silêncio que outros haviam admirado tanto. Ruídos apagados procedentes da cela de um sapateiro ou de um tecelão e que atravessavam as grossas paredes e as portas tornavam o silêncio ainda mais deprimente. Põem no preso — conta — uma carapuça escura quando ingressa na prisão. Desse modo levam-no à sua cela, de onde não sairá mais até que se extinga a pena. Jamais ouve falar da mulher ou dos filhos, do lar ou dos amigos, da vida ou da morte que estão além do seu caminho. Além do vigilante não vê nenhum rosto humano, nem ouve nenhuma outra voz. Está enterrado em vida[11], e só com o transcurso lento dos anos poderá voltar novamente à luz. As únicas coisas vivas ao seu redor são um estado angustiante, torturante e um imenso desespero".

Os resultados do *isolamento* foram desastrosos. Von Hentig, referindo-se às observações de Dickens, descreve casos dramáticos, nos quais se demonstrava o grave prejuízo que o isolamento total ocasionava[12]. Dickens considerou, acertadamente, que o isolamento se convertia na pior tortura, com efeitos mais dolorosos que os que o castigo físico podia produzir, sem que seus danos fossem evidentes e sem que aparecessem no corpo do

---

11. Hans von Hentig, *La pena*, cit., p. 225.

12. Idem, ibidem, p. 226. Dickens afirma — ao contrário da ideia original de 1842 — que não havia nenhuma relação pessoal entre os vigilantes e os presos. Os funcionários ignoravam tanto o nome quanto o tempo de pena dos prisioneiros, embora tivessem de levar-lhes comida diariamente.

condenado[13]. Dickens chegou a afirmar que não podia viver como um homem feliz sob um amplo céu ou deitar-se em seu leito durante a noite sabendo que alguma criatura humana, pelo tempo que fosse, era submetida àquele castigo em uma cela silenciosa.

Ferri percebeu com muita clareza a inconveniência e inutilidade penológica do sistema celular. Em uma conferência realizada em 1885 sob o título de *Lavoro e Celii dei Condenati*, afirmou que o sistema celular era uma das aberrações do século XIX. No mesmo sentido expressou-se em sua obra *Sociologia criminal*, considerando *que é um sistema desumano, estúpido e inutilmente dispendioso*[14]. Nesse ponto, sua análise mantém-se plenamente atual. Vale a pena citá-lo:

> A prisão celular é desumana porque elimina ou atrofia o instinto social, já fortemente atrofiado nos criminosos e porque torna inevitável entre os presos a loucura ou a extenuação (por onanismo, por insuficiência de movimento, de ar etc.) ... A Psiquiatria tem notado, igualmente, uma forma especial de alienação que chama *loucura penitenciária*, assim como a clínica médica conhece a *tuberculose das prisões*. O sistema celular não pode servir à reparação dos condenados corrigíveis (nos casos de prisão temporária), precisamente porque debilita, em vez de fortalecer o sentido moral e social do condenado e, também, porque se não se corrige o meio social é inútil prodigalizar cuidados aos presos que, assim que saem de sua prisão, devem encontrar novamente as mesmas condições que determinaram seu delito e que uma previsão social eficaz não eliminou (...). O sistema celular é, além disso, ineficaz porque aquele isolamento moral, propriamente, que é um dos seus fins principais, não pode ser alcançado. Os reclusos encontram mil formas de comunicar-se entre si, seja durante as horas de passeio, seja escrevendo sobre os livros que lhes são dados para ler, seja escrevendo sobre a areia dos pátios que atravessam, fazendo sons nos muros das celas, golpes que correspondem a um analfabeto convencional (...). Por último, o sistema celular é muito caro para ser mantido[15].

As críticas de Enrico Ferri continuam atualíssimas, sendo o fundamento mais importante para reprovação do sistema celular no século XIX, passando pelo século XX, como continua sendo, neste século XXI, tão brutal, desumano, impiedoso e cruel o *isolamento celular* imposto no cumprimento de pena no interior das penitenciárias federais, nas quais os reclusos apenas têm o direito de sair duas horas por dia para o "banho de sol". O *isolamento*

---

13. Gillin, John Lewis, *Criminology and penology*, cit., p. 285.
14. Enrico Ferri, *Sociología criminal*, t. 2, p. 291.
15. Enrico Ferri, *Sociología criminal*, p. 317-8.

celular é a tônica do cumprimento de pena em regime *celular individual*, como demonstraremos adiante.

Na origem do sistema celular, no início do século XIX, ratificando, as diferentes associações que se interessavam pelo problema carcerário na Pensilvânia tinham a esperança de conseguir o arrependimento dos prisioneiros por meio do isolamento celular. Possuíam um arraigado sentido místico do homem e um excessivo otimismo sobre os resultados que pretendiam obter com o isolamento absoluto. No entanto, a experiência ocasionou graves prejuízos aos presos, tais como os que narramos acima, o que vem demonstrar, mais uma vez, os perigos que encerra o pensamento utópico, especialmente no campo penitenciário.

No século XX, a Espanha afasta definitivamente o regime celular, adotando o sistema progressivo[16]. Mas, de qualquer maneira, esse regime quase não foi aplicado durante o século XIX, com exceção de alguma experiência isolada nas Prisões-Modelo de Madri e de Vitória[17]. Acima de qualquer interesse pelo sistema celular, concentrou-se em discussões teóricas. Não se pode afirmar que o regime celular tenha sido totalmente desprezado. Em circunstâncias especiais, admite-se um regime que resulta parecido com o filadélfico.

Apesar dos graves efeitos que o isolamento total tem produzido, continua sendo utilizado, infelizmente, como eficaz instrumento de controle penitenciário. Sobre esse aspecto, Giovani Jervis refere-se ao *tratamento* a que são submetidos os presos políticos da Alemanha Ocidental, que foram encerrados em celas privadas de estímulos e completamente isolados do exterior: "O silêncio é absoluto, a janela é tapada e a luz é forte e difusa durante as vinte e quatro horas do dia. O sistema pode atingir maior perfeição reduzindo-se ao mínimo o mobiliário, pintando tudo de branco, parando os relógios, fazendo horários de comida irregulares e assim sucessivamente. Tudo se fundamenta nas condições definidas pela Psicologia como *carência sensorial*, que, como já se observou na KGB, e como se tem comprovado em observações experimentais, há alguns anos, simplesmente faz enlouquecer. O prisioneiro submetido a este isolamento não consegue identificar o significado das palavras, apenas procura adivinhar o que se

---

16. Carlos García Valdés, *Régimen penitenciario de España*, p. 32.
17. José Anton Oneca, *La prevención general*, p. 505.

passa, já que tudo se apresenta com tal uniformidade que se perde a noção do tempo e de localização. Nem mesmo as visitas deixam alguma coisa e após meia hora não se pode fazer outra coisa que não reconstruir maquinalmente se a visita ocorreu hoje ou em qualquer outro dia"[18].

As afirmações de Jervis, pelo menos quanto à Alemanha Ocidental, foram motivo de séria preocupação para a Anistia Internacional, que expressou em seu informe do ano de 1977 o seguinte: "Alguns aspectos das condições carcerárias da RFA preocuparam, também, a Anistia Internacional, sobretudo aqueles relacionados com o confinamento solitário e práticas isolacionistas. Embora tais práticas tenham afetado prisioneiros de diversas categorias, as denúncias recebidas com maior frequência são relativas aos casos de prisioneiros pertencentes ao Exército Vermelho. Em abril de 1977 vários deles — presos por acusações ou condenações judiciais por participações em atos de terrorismo — fizeram greve de fome em protesto contra os diversos graus de confinamento solitário e isolamento em que alguns deles eram mantidos"[19].

Poderia o regime fechado que foi aplicado na Alemanha Federal aos delinquentes condenados por delitos de terrorismo, e que tem preocupado seriamente a Anistia Internacional, ser catalogado como tortura. Para admitir essa possibilidade, é necessário conceituar a tortura, atendendo à definição que dá a "Declaração da Proteção das Pessoas contra a Tortura e Outros Tratamentos ou Penas Cruéis, Desumanas ou Degradantes", promulgada pela Resolução da Assembleia Geral da ONU n. 3.452 (XXX), de 9 de dezembro de 1975. O art. 1º a define assim: "Para efeitos da presente Declaração entender-se-á por tortura todo ato pelo qual um funcionário público, ou outra pessoa por instigação sua, inflija intencionalmente a uma pessoa penas ou sofrimentos graves, sejam físicos ou mentais, com o fim de obter dela ou de terceiro informação ou confissão, castigá-la por ato que haja cometido ou do qual seja suspeito ou de intimidar a essa pessoa. Não se consideram torturas as penas ou sofrimentos que sejam consequência da privação legítima de liberdade, ou sejam inerentes ou incidentais a esta, na medida em que estejam em consonância com as Regras Mínimas para o Tratamento dos Reclusos"[20].

---

18. Giovani Jervis, La tecnología de la tortura, in *La ideología de las drogas y la cuestión de las drogas ligeras*, Espanha, Anagrama, 1977, p. 121-2.

19. Relatório da Anistia Internacional, publicado em 1978, p. 199.

20. Relatório, p. 36.

3. A criação das penitenciárias federais como alternativa aos presos mais perigosos

O regime fechado a que foram submetidos os delinquentes terroristas na então República Federal Alemã não se ajusta às Regras Mínimas de Genebra, considerando-se que um regime de isolamento estrito agrava os sofrimentos inerentes à pena privativa de liberdade (art. 57 das Regras Mínimas de Genebra). Referido regime também não pretende reduzir as diferenças existentes entre a vida na prisão e a vida no exterior, servindo apenas para debilitar o sentido de responsabilidade do recluso ou o sentimento de sua própria dignidade. Nesse sentido se pode afirmar que um regime fechado estrito como o que se aplicou aos delinquentes terroristas na Alemanha Federal constitui refinada tortura.

Aliás, não é nada diferente do regime fechado isolado em cela individual aplicado nas penitenciárias federais, e por longos anos, como ocorre com a maioria dos presos, e, principalmente, com os condenados que cumprem o odioso e inconstitucional *regime disciplinar diferenciado*. Desse paradoxo se pode tirar a seguinte conclusão: o sistema penitenciário, apesar de todos os esforços para convertê-lo em instrumento de ressocialização, não pode deixar de cumprir o papel de eficaz instrumento de controle e dominação.

Ao longo desse tempo todo, a história da prisão, especialmente em regime fechado, nunca se aproximou do *objetivo pretendido de reparar o crime e ressocializar o delinquente*. No entanto, equivocadamente, além do caos do sistema penitenciário brasileiro, que virou uma *fábrica de delinquente*, surgem as terríveis *penitenciárias federais*, exclusivamente para regime fechado, e, o mais grave, com *isolamento celular*, revelando-se mais do que um sistema desumano, caracteriza verdadeiramente o cumprimento de "pena cruel", proibida pela Constituição Federal (art. 5º, XLVII, e). Não é incomum os internos permanecerem algemados dentro de sua própria cela individual. E, para piorar, não satisfeitos com isso, nossos governantes criaram o odioso *regime disciplinar diferenciado*, desumano, impolítico e cruel, cuja desumanidade e inconstitucionalidade examinamos em tópico próprio.

Os regimes penitenciários contêm sempre uma estranha união de funções antitéticas: por um lado devem servir como instrumento para impor ordem e segurança e, por outro, devem propiciar a reabilitação do delinquente, que, ao longo do tempo, não tem passado de uma promessa falaciosa, nunca perseguida pelo sistema penitenciário brasileiro. Mas quando um regime penitenciário "moderno" utiliza um sistema celular estrito, similar ao pensilvânico, a exemplo do que ocorre nas *penitenciárias federais brasileiras,* regimes superados na primeira metade do século XX, destinados exclusivamente a presos em regime fechado, é evidente que se abandonou totalmente o interesse em conseguir a *reabilitação do condenado.* A metodologia adotada nas penitenciárias federais nega completamente esse direito assegurado na Lei de Execução Penal, no Código Penal e na própria Constituição Federal. Das boas intenções que impulsionaram os homens idealizadores do sistema celular restou somente um feito irrefutável: o confinamento solitário converteu-se em excelente instrumento de dominação e controle, e, por essa razão, ainda é utilizado em algumas prisões modernas como as brasileiras, que acabamos de mencionar. Dentro desse inevitável paradoxo desenvolvem-se alguns dos sistemas penitenciários modernos, como, repetindo, ocorre nas penitenciárias federais brasileiras, violando o *princípio da humanidade da pena.*

4. O regime disciplinar diferenciado

4.1. Considerações preliminares

A Lei n. 10.792/2003 modificou a Lei de Execução Penal (Lei n. 7.210/84), instituindo o denominado *regime disciplinar diferenciado,* com muito mais rigidez em sua execução e, principalmente, consagrando o temível e *desumano isolamento celular por longo período, inicialmente previsto para* o máximo de 360 dias (um ano), prorrogável por igual tempo, foi elevado, finalmente, pela Lei n. 13.964/2019, para dois anos, com possibilidade de prorrogações indeterminadas. A despeito de o Conselho Nacional de Política Criminal e Penitenciária haver opinado contrariamente à instituição de dito regime, a *vontade político-repressora* de nossos governantes acabou prevalecendo.

Alguns Estados — como Rio de Janeiro e São Paulo, onde o sistema penitenciário sempre foi mais calamitoso — já haviam editado alguma resolução disciplinando o regime disciplinar diferenciado. Para contextualizarmos esse tema, convém que façamos, preliminarmente, uma pequena retrospectiva desde a entrada em vigor da Lei de Execução Penal (Lei n. 7.210/84), que se anunciava como uma verdadeira revolução positiva no sistema penitenciário brasileiro, e, a bem da verdade, é bom que se diga, houve efetivamente uma grande evolução ante a anterior desorganização e desumanização da violenta sistemática penitenciária brasileira, que sequer poderia ser chamada de "sistema penitenciário", por sua absoluta deficiência e desestruturação sistemática e conjuntural.

Com efeito, poucos anos após a entrada em vigor da Lei de Execução Penal — janeiro de 1985 —, a doutrina começou a reclamar que os direitos e garantias assegurados no referido diploma legal não estavam sendo aplicados no quotidiano forense; acrescentava — parte da jurisprudência de nossos tribunais — que referida Lei era moderna e avançada demais, e não havia estrutura adequada para aplicá-la corretamente, além da dificuldade de fiscalizar seu cumprimento. A partir dos anos de 1994/95, esse discurso muda e começa a ser substituído por segmento representativo do Poder Público (Judiciário, Ministério Público e Técnicos do Ministério da Justiça), que advogava a necessidade de reformular a Lei de Execução Penal para, finalmente, poder ser cumprida pelo então novo sistema penitenciário nacional.

Antevendo esse "golpe reformador", começamos a denunciá-lo em dezenas de congressos e seminários de direito penal de que participamos sobre as verdadeiras intenções de ditas reformas: além de representar a confissão do fracasso do Poder Público na tentativa de melhorar o sistema penitenciário brasileiro, havia o objetivo *dissimulado* de alterar a Lei de Execução Penal para afastar a crítica contundente sobre a falência da pena de prisão[21] e a violação dos direitos dos apenados assegurados no referido diploma legal.

Alertávamos, nessa denúncia, que o governo, com a pretendida reforma da Lei de Execução Penal, não pretendia tornar exequíveis os preceitos contidos na lei a ser alterada e modernizá-los, como alguns incautos imaginavam, mas, ao contrário, desejava, ardorosamente, suprimir determinados direitos e garantias, que a "linguagem oficial" chama de "benefícios penitenciários", ou seja, *era uma reforma para piorar o sistema penitenciário,* pois, assim, o Poder Público não seria mais criticado por descumprir os direitos do cidadão condenado assegurados pela Lei Penitenciária (Lei n. 7.210/84).

---

21. Ver, a respeito, a obra sob o título de *Falência da pena de prisão*, 5ª ed., São Paulo, Saraiva, 2017, resultante de nossa Tese de Doutorado, *Crisis de la pena privativa de libertad.*

Ou seja, parodiando a velha parábola evangélica, "se Maomé não vai à montanha, a montanha vai a Maomé!". Em outros termos, em vez de o governo melhorar a sua política penitenciária para adequar-se aos preceitos legais — muitos deles inclusive insculpidos na própria Carta Magna —, adota a posição inversa: já que não pode ou não quer atender a tais mandamentos, simplifica tudo: não muda a política penitenciária para atender às previsões da Lei de Execução Penal, mas muda referida lei — piorando-a, isto é, suprimindo aqueles preceitos que já vinha descumprindo — para, assim, adequá-la à sua péssima administração penitenciária, caótica, desumana e altamente criminógena, ou seja, uma verdadeira fábrica produtora de delinquentes.

Enfim, aquela pretendida reforma da Lei de Execução Penal, que tanto nos assustava, está aí, corporificada na lei (Lei n. 10.792, de 1º-12-2003, *DOU* 2-12-2003), que cria, entre outras monstruosidades, o odioso *regime disciplinar diferenciado*. Essa posição assumida pelo governo de plantão (não importa quem seja o titular da hora, não muda a filosofia da política penitenciária no País) passa a adotar o proscrito *direito penal de autor*, de cunho nazifascista, ressuscitado por movimentos raciais e capitaneados, no plano político-criminal, por Günther Jakobs, com seu "direito penal do inimigo". Como destaca, com muita propriedade, Paulo César Busato, "a imposição de uma fórmula de execução da pena diferenciada segundo características do autor relacionadas com 'suspeitas' de sua participação na criminalidade de massas não é mais do que um 'direito penal de inimigo', quer dizer, trata-se da desconsideração de determinada classe de cidadãos como portadores de direitos iguais aos demais a partir de uma classificação que se impõe desde as instâncias de controle. A adoção do *regime disciplinar diferenciado* representa o tratamento desumano de determinado tipo de autor de delito, distinguindo evidentemente entre cidadãos e 'inimigos'"[22].

Essa previsão legal do *regime disciplinar diferenciado* remonta a Mezger, hoje reconhecido colaborador do nazismo, conforme denuncia Muñoz Conde[23], quando sugeriu a "culpabilidade pela condução de vida". Considera-se núcleo da culpabilidade, segundo essa concepção de Mezger, não o *fato*, mas o *autor*. O que importa realmente para a *censura* é a personali-

---

22. Paulo César Busato, Regime disciplinar diferenciado, cit., p. 140.
23. Francisco Muñoz Conde, *Edmund Mezger y el derecho penal de su tiempo — estudios sobre el derecho penal en el nacionalsocialismo,* 4ª ed., Valencia, Tirant lo Blanch, 2003.

dade do agente, ou seu caráter, ou a sua conduta social, em última análise, o que ele é, e não *o que* faz, não *como* faz. Uma concepção dessas, voltada exclusivamente para o autor, e perdendo de vista o fato em si, o seu aspecto objetivo, pode levar, como de fato levou, na Alemanha nazista, a um *arbítrio estatal* desmedido, a uma intervenção indevida no modo de ser do indivíduo. Nesse sentido, pune-se alguém por ser determinada pessoa, porque apresenta determinadas características de personalidade, e não porque fez algo, em última análise. Essa concepção justificaria, por exemplo, intervenções cada vez mais em desacordo com a proteção de direitos e garantias individuais, podendo chegar, numa fase mais avançada, a um arbítrio sutil, modelando, inclusive, a personalidade do indivíduo. É exatamente isso que propõe a orientação político-criminal que fundamenta o brutal e desumano *regime disciplinar diferenciado*, agora, desafortunadamente elevado para dois anos, podendo ser prorrogado sucessivamente.

5. Agravação do regime disciplinar diferenciado pela Lei n. 13.964/2019

Ratificando todo o acima exposto, agora passaremos a examinar, sucintamente, as alterações acrescidas pela confusa e inoportuna Lei n. 13.964/2019, que transforma esse já desumano, aberrante, cruel e degradante *regime disciplinar diferenciado*, deixando-o ainda pior, mais grave, mais radical e mais impiedoso, podendo até ser denominado de uma espécie *sui generis* de "pena cruel", na sua forma de execução, aliás, proibida expressamente pela Constituição Federal (art. 5º, XLVII, e). Não faremos, contudo, análise completa do conteúdo de todos os incisos e parágrafos do art. 52, mas apenas da essência do que efetivamente representa o "regime disciplinar diferenciado", sem ampliarmos muito o que já abordamos em outras obras, como o *Tratado de Direito Penal*. No entanto, consideramos excessivo o número de novos incisos (sete no *caput*, dois no § 1º e dois no § 4º) e de novos parágrafos (sete, tendo sido revogado o segundo, cujo texto foi incluído no II inciso do § 1º) incluídos com a nova redação.

Houve, igualmente, muitas e graves novas restrições na disciplina desse regime, inclusive sobre visitas de familiares[24] (que antes eram semanais,

---

24. "III — visitas quinzenais, de 2 (duas) pessoas por vez, a serem realizadas em instalações equipadas para impedir o contato físico e a passagem de objetos, por pessoa da família ou, no caso de terceiro, autorizado judicialmente, com duração de 2 (duas) horas."

agora passaram a ser quinzenais), tudo gravado e filmado, aliás, constituindo grave violação da garantia constitucional à privacidade dos familiares. Determina, por outro lado, que somente grupos de quatro apenados, por vez, podem sair para o "banho de sol, inviabilizando, praticamente, que todos tenham esse direito respeitado diariamente (art. 52, *caput*, IV), quer pela falta de espaço físico (pela quantidade de detentos), quer pela limitada quantidade de horas-dia de sol, especialmente com as penitenciárias lotadas.

As entidades representativas dos direitos humanos precisam visitar, com urgência, as *penitenciárias federais* e fiscalizar, por alguns dias, o funcionamento diário e o tratamento desumano imprimido aos seus internos, inclusive constatar o que representa o *isolamento permanente* em celas individuais, por longos e longos anos, sem contato com ninguém. Esse *isolamento*, por longo período, é capaz de enlouquecer e deprimir qualquer pessoa e jamais terá condições de *recuperar* alguém para a sociedade, que é um dos mais importantes objetivos da pena de prisão: a *ressocialização do condenado*.

6. Conteúdo da previsão legal do regime disciplinar diferenciado

As restrições consagradas pela Lei n. 10.792/2003, que criou o *regime disciplinar diferenciado*, foram profundamente agravadas pela Lei n. 13.964/2019, como demonstramos acima, e o aspecto mais sério é que *não se destinam e não se fundamentam em fatos*, mas destinam-se a determinadas *espécies de autores*, impondo isolamento celular, agora, pela nova lei, de até dois anos (inciso I), podendo ser renovado, repetidamente, sem limitação (antes a renovação era, por uma vez, limitada a seis meses). Com efeito, a imposição do regime disciplinar diferenciado não decorre da prática de determinado crime, mas porque, na avaliação subjetiva de determinada *instância de controle*, determinado indivíduo representa "alto risco" social ou carcerário (inciso I do § 1º), ou então porque há simples *"suspeitas" de envolvimento ou participação, a qualquer título, em organização criminosa, associação criminosa ou milícia privada* (inciso II do § 1º), capaz de fazer "inveja" ao proscrito nacional-socialismo alemão das décadas de 1930 e 1940 do século passado.

Com efeito, à luz desses dois diplomas legais, percebe-se que às instâncias de controle *não importa o que se faz* (direito penal do fato), mas sim *quem faz* (direito penal de autor). Em outros termos, não se pune pela prática de fato determinado, mas sim pela qualidade, personalidade ou caráter de *quem o faz*, num autêntico direito penal de autor[25]. Nesse sentido, merece ser destacada a percuciente lição de Paulo César Busato, *in verbis*: "... o fato de que apareça uma alteração da Lei de Execuções Penais com características pouco garantistas tem raízes que vão muito além da intenção de controlar a disciplina dentro do cárcere e representam, isto sim, a obediência a um modelo político-criminal violador não só dos direitos fundamentais do homem (em especial do homem que cumpre pena), mas também capaz de prescindir da própria consideração do criminoso como ser humano e inclusive capaz de substituir um modelo de Direito penal do fato por um modelo de Direito penal de autor"[26].

Pela nova redação atribuída pela Lei n. 13.964/2019 ao art. 52 da Lei de Execução Penal[27], no particular, repetindo a previsão da lei anterior, quando

---

25. José Miguel Zugaldía Espinar, *Fundamentos de Derecho Penal*, Valencia, Tirant lo Blanch, 1993, p. 360.

26. Paulo César Busato, Regime disciplinar diferenciado, cit., p. 138.

27. "Art. 52. A prática de fato previsto como crime doloso constitui falta grave e, quando ocasionar subversão da ordem ou disciplina internas, sujeitará o preso provisório, ou condenado, nacional ou estrangeiro, sem prejuízo da sanção penal, ao regime disciplinar diferenciado, com as seguintes características:

I — duração máxima de até 2 (dois) anos, sem prejuízo de repetição da sanção por nova falta grave de mesma espécie;

II — recolhimento em cela individual;

III — visitas quinzenais, de 2 (duas) pessoas por vez, a serem realizadas em instalações equipadas para impedir o contato físico e a passagem de objetos, por pessoa da família ou, no caso de terceiro, autorizado judicialmente, com duração de 2 (duas) horas;

IV — direito do preso à saída da cela por 2 (duas) horas diárias para banho de sol, em grupos de até 4 (quatro) presos, desde que não haja contato com presos do mesmo grupo criminoso;

V — entrevistas sempre monitoradas, exceto aquelas com seu defensor, em instalações equipadas para impedir o contato físico e a passagem de objetos, salvo expressa autorização judicial em contrário;

VI — fiscalização do conteúdo da correspondência;

VII — participação em audiências judiciais preferencialmente por videoconferência, garantindo-se a participação do defensor no mesmo ambiente do preso.

§ 1º O regime disciplinar diferenciado também será aplicado aos presos provisórios ou condenados, nacionais ou estrangeiros:

I — que apresentem alto risco para a ordem e a segurança do estabelecimento penal ou da sociedade;

II — sob os quais recaiam fundadas suspeitas de envolvimento ou participação, a qualquer título, em organização criminosa, associação criminosa ou milícia privada, independentemente da prática de falta grave.

o fato "ocasione subversão da ordem ou disciplina internas", o *preso provisório* ou *condenado*, além da sanção penal correspondente, é passível de sujeição ao "regime disciplinar diferenciado", cujas características são destacadas no próprio dispositivo. Por essa redação, o *regime disciplinar diferenciado* poderá ser aplicado nas seguintes situações: 1ª) prática de fato previsto como crime doloso *que ocasione subversão da ordem ou disciplina internas* (art. 52, *caput*); 2ª) presos que *apresentem alto risco para a ordem e a segurança* do estabelecimento penal ou da sociedade (§ 1º, I); e, finalmente, 3ª) quando recaiam *fundadas suspeitas de envolvimento ou participação*, a qualquer título, em organização criminosa, associação criminosa ou milícia privada, independentemente da prática de falta grave (§ 1º, II). Constata-se que, na 3ª hipótese, a Lei n. 13.964/2019 acrescentou, alternativamente, a *suspeita de participação em "milícia privada, independentemente da prática de falta grave*, ou seja, sem prova e sem contraditório o sujeito já é punido.

6.1. As hipóteses de aplicação do regime disciplinar diferenciado

Vejamos, sucintamente, cada uma das três hipóteses previstas como geradoras de aplicação do denominado *regime disciplinar diferenciado*:

1ª) *Prática de fato previsto como crime doloso "que ocasione subversão da ordem ou disciplina internas"* (art. 52, *caput*)

Para a aplicação do *regime disciplinar diferenciado*, no entanto, não é suficiente a prática de crime doloso, por si só, que recebe a sua sanção

---

§ 2º (Revogado).

§ 3º Existindo indícios de que o preso exerce liderança em organização criminosa, associação criminosa ou milícia privada, ou que tenha atuação criminosa em 2 (dois) ou mais Estados da Federação, o regime disciplinar diferenciado será obrigatoriamente cumprido em estabelecimento prisional federal.

§ 4º Na hipótese dos parágrafos anteriores, o regime disciplinar diferenciado poderá ser prorrogado sucessivamente, por períodos de 1 (um) ano, existindo indícios de que o preso:

I — continua apresentando alto risco para a ordem e a segurança do estabelecimento penal de origem ou da sociedade;

II — mantém os vínculos com organização criminosa, associação criminosa ou milícia privada, considerados também o perfil criminal e a função desempenhada por ele no grupo criminoso, a operação duradoura do grupo, a superveniência de novos processos criminais e os resultados do tratamento penitenciário.

(...)."

correspondente, mas é necessário que referido crime *ocasione a subversão da ordem ou disciplina*, para que se possa aplicar o dito RDD. Não se trata, portanto, da prática do fato em si, cuja pena lhe é cominada, mas que dele decorra grave subversão da ordem ou da disciplina internas, isto é, no interior do estabelecimento penitenciário.

Há uma exigência *cumulativa*, qual seja, prática do crime doloso e a sua consequência extratípica, qual seja, subverter a ordem ou disciplina internas. Em outros termos, é indispensável que a prática de uma conduta definida como crime produza, em razão de sua concretização, a *subversão da ordem ou disciplina internas (caput), independentemente da natureza ou espécie do crime.* Mas, ainda assim, *a prática de crime doloso e a consequente subversão da ordem ou disciplina* não bastam para impor o regime disciplinar diferenciado, que é, em última instância, uma "sanção" cruel, degradante e violadora do *princípio da humanidade da pena.* Com efeito, em cada caso concreto, o juiz deverá examinar, num segundo momento, isto é, superadas as questões de adequação típica, a real necessidade da adoção dessa monstruosidade — que é o regime disciplinar diferenciado, própria de um *direito penal de autor*, proscrito nos Estados Democráticos de Direito.

Esse exame, certamente, deverá ser realizado tendo em vista que se trata de uma *medida cautelar*, ou seja, deve ser conduzido pelos princípios orientadores das medidas cautelares, quais sejam, o *fumus boni juris* e o *periculum in mora* e, por isso, como destaca Guilherme Nucci, "é preciso que o magistrado encarregado da execução penal tenha a sensibilidade que o cargo lhe exige para avaliar a real e efetiva necessidade de inclusão do preso, especialmente do provisório, cuja inocência pode ser constatada posteriormente, no RDD"[28].

A questão mais complexa, sem dúvida alguma, é a definição teórica do que seja *subversão da ordem ou disciplina internas*, e especialmente a sua aplicação casuística, quando for o caso. Afinal, o que se entenderá por *subversão da ordem ou disciplina internas?* Em que isso consiste? Necessariamente deverá, para configurar-se, ocasionar concretamente, no interior do estabelecimento prisional, profunda alteração da ordem ou da disciplina, de molde a substituir os monitores, coordenadores e guardas penitenciários, a ponto de os detentos estarem obtendo o controle da penitenciária. É,

---

28. Guilherme de Souza Nucci, *Individualização da pena*, cit., p. 275.

digamos, um *estado de emergência*, pois somente excepcionalidade dessa natureza poderia justificar uma violência oficial tão absurda como o questionado RDD.

Essa preocupação não diminui, mesmo que a decisão e a definição passem, necessariamente, pelo crivo do Poder Judiciário, sob os auspícios do contraditório, da ampla defesa e do devido processo legal. A violência e a gravidade da "sanção" estão na sua essência e na sua motivação, assim nada e ninguém poderá descaracterizar esse aspecto, salvo a sua revogação definitiva. Convém registrar, ademais, que o *juiz das execuções criminais*, que é, em tese, a autoridade competente para aplicá-lo e fiscalizá-lo, após ouvir o Ministério Público e a Defesa, deverá decidir, fundamentadamente, nos termos previstos no texto constitucional (art. 93, IX, da CF), sob pena de nulidade. Mais do que nunca, se não houver forma de evitar a decretação desse esdrúxulo e inconstitucional regime, que se observe rigorosamente o *procedimento* previsto nos arts. 59 e 60 da Lei de Execução Penal, assegurando-se todas as garantias constitucionais fundamentais.

E, por fim, não se pode perder de vista que se estará aplicando uma sanção gravíssima a alguém sem julgamento de mérito, isto é, sem a demonstração e comprovação de culpabilidade, visto que no processo criminal, no mérito, ainda poderá ser reconhecido inocente e, consequentemente, absolvido. Daí a necessidade de redobrada cautela na sua aplicação. E, nesse caso, o juízo criminal deve imprimir a celeridade possível na conclusão da ação penal para, dentro do possível, impedir o prolongamento de uma punição a alguém que pode ser, ao final, reconhecido como inocente.

2ª) *Presos que "apresentem alto risco para a ordem e a segurança" do estabelecimento penal "ou" da sociedade* (§ 1º, I)

Nessa hipótese — disciplinada no inciso I do § 1º do art. 52 — deve ser observado que são contempladas duas situações, alternadamente, e não cumulativamente: o *elevado risco* mencionado pode ser tanto para o estabelecimento penal quanto para a sociedade, ou para um ou para outra. Mas, afinal, o que é *alto risco para a ordem e a segurança do estabelecimento penal ou da sociedade*? Paulo César Busato também, com acerto, questiona: "A submissão ao *regime diferenciado* deriva da presença de um *alto grau de risco para a ordem e segurança do estabelecimento penal ou da sociedade. Porém, a respeito de que estamos falando? Não seria da realização de um delito ou de uma falta grave regulada pela administração da* cadeia, porque esta já se encontra referida na redação principal do mesmo artigo, que trata exatamente dela. Que outra fonte de risco social ou penitenciário pode decorrer de comissões que não sejam faltas nem delitos?"[29].

Na verdade, essa previsão do inciso I do § 1º é absolutamente contraditória: com efeito, o *caput* do art. 52 institui o RDD para presos (provisórios ou condenados) que pratiquem crime doloso no interior do estabelecimento prisional. Logo, referido parágrafo não pode dispor diferentemente, sem o fazer de forma expressa, ou seja, não é possível que outros presos — provisórios ou condenados — ingressem diretamente no regime disciplinar diferenciado, sem que já se encontrem no interior de algum estabelecimento, e onde tenham praticado um crime doloso com as características e consequências previstas nos dispositivos em exame. A prática do crime doloso, nas circunstâncias mencionadas, é o fundamento da aplicação do referido regime, que é a mais grave sanção "disciplinar-penal" de que se tem notícia, pois é, repetindo, uma verdadeira pena cruel, desumana e degradante, contrariando a proibição constante do texto constitucional brasileiro. Consequentemente, é inadmissível, pela previsão legal, *que algum preso já ingresse no sistema penitenciário* diretamente no *regime disciplinar diferenciado*, visto que o fundamento legal para sua aplicação é a prática, no interior de uma penitenciária, de *fato definido como crime doloso*, que produza consequência da natureza das previstas nesse diploma legal.

A única possibilidade, que nos parece razoável, para salvar o texto legal é estender a interpretação do *caput* do art. 52, para conjugá-la com essa previsão de seu inciso I do § 1º, nos seguintes termos: quando da prática do fato definido como crime doloso, no interior da penitenciária, não decorrer a *"subversão da ordem ou disciplina internas"*, mas se constatar que, *in concreto*, prisioneiros envolvidos nesse fato *"apresentem alto risco para a ordem e a segurança"* do estabelecimento penal (I do § 1º). Dessa forma, pelo menos, há um fato definido como crime doloso, como exige a previsão legal, como causa, de "alto risco para a ordem e a segurança do estabelecimento penal", como efeito. Assim, pode-se evitar a abstração contida no referido parágrafo, se for examinado isoladamente.

Quanto ao *alto risco para a ordem* e a *segurança da sociedade*, com o devido respeito, somente indivíduos ideologicamente perturbados poderão

---

29. Paulo César Busato, Regime disciplinar diferenciado, cit., p. 139.

enxergar, em delinquentes comuns, mesmo integrando bandos ou quadrilhas, tamanho poder ofensivo e destruidor, a exemplo do que ocorreu com os fundamentos do golpe militar de 1964, que via comunismo e terrorismo em todo lugar. Ademais, para quem já está preso, que risco é esse a que poderia expor a sociedade, de forma a justificar regime de cumprimento de pena tão draconiano?

3ª) *Quando "houver fundadas suspeitas de envolvimento ou participação", a qualquer título, em organizações criminosas, associação criminosa ou milícia privada,* independentemente da prática de falta grave (§ 1º, II)

Esta é a hipótese mais absurda de toda previsão do *odioso regime disciplinar diferenciado*, pois, além de adotar *um direito penal de autor*, em vez do direito penal do fato, transforma o primado da certeza em meras presunções e suspeitas, proscritas do *direito penal da culpabilidade*, próprio de um Estado Democrático de Direito. Essa preocupação doutrinária ganha relevo quando se têm em conta os abusos do "poder de denunciar" que se têm praticado no Brasil, a partir da última década do século passado, e, como acabamos de ver, denúncia contra o Presidente da OAB, Dr. Felipe Santa Cruz, e o mesmo Procurador Federal denuncia o jornalista, que sequer foi investigado, impedido por liminar do Supremo Tribunal Federal, Glenn Greenwald, configurando, em tese, típico crime de abuso de autoridade.

Nesse sentido, é impossível não transcrever parte do texto impecável do jurista Demóstenes Torres[30], *verbis*:

> "Exemplos sólidos do autoritarismo são as diversas denúncias oferecidas contra pessoas que ousam pronunciar-se de acordo com sua consciência. Simbólica é a denúncia ofertada em desfavor do presidente nacional da OAB, Felipe Santa Cruz, por ter ele supostamente ofendido o hoje ministro da Justiça e Segurança Pública, Sergio Moro. O abuso é tão intenso que se pretendeu até mesmo afastá-lo da Presidência da Ordem, que deve(ria) ser um órgão independente e livre de ingerência do Ministério Público Federal. Óbvio que a tentativa fracassou; mas a intenção que subjaz a tais atos e a coragem com que são praticados, sem que se importem com qualquer limite legal, são sintomas nucleares de que a pedrada pode atingir qualquer um que ouse, ainda que modestamente, contrapor-se ao pensamento fascistoide.

---

30. Demóstenes Torres, A irresistível tentação de censurar — Impulso seduz Ministério Público — Caça algo que afronte sua ideologia. Disponível em: https://www.poder360.com.br/opiniao/justica/a-irresistivel-tentacao-de-censurar-por-demostenes-torres/. Acesso em: 29 jan. 2020.

No mesmo sentido, é a recente denúncia oferecida contra o jornalista Glenn Greenwald. Autor de importantes divulgações envolvendo atos praticados pelos procuradores da Operação Lava Jato, em conluio com o então juiz federal Sergio Moro, foi ele vítima do "centralismo democrático stalinista" ministerial, tendo sido espancado penalmente pela suposta invasão de celulares de autoridades.

E com o agravante de que Glenn tinha em seu favor liminar concedida pelo Supremo Tribunal Federal, que obstava qualquer tipo de investigação criminal contra si, relacionada a tais fatos (interpretação feita por Pedro Bó: mandou não investigar; denunciar, não há alusão). É bom que se esclareça que a investigação tem duas etapas: uma na polícia, chamada de persecutio criminis ou inquérito policial, e outra em juízo, chamada de ação penal ou persecutio criminis in judicio. Vê-se que o episódio é bom teste para a eficácia da nova lei de abuso de autoridade.

Porém, se ainda há juízes em Berlim, no Brasil não é diferente. Não por outra razão, a denúncia dirigida contra o presidente da OAB nacional foi rejeitada pelo juiz federal Rodrigo Parente Paiva Bentemuller, da 15ª Vara da Seção Judiciária do DF, que disse: 'Demonstra-se cabalmente que o denunciado não teve intenção de caluniar o ministro da Justiça (*animus caluniandi*), imputando-lhe falsamente fato criminoso, mas sim, apesar de reconhecido um exagero do pronunciamento, uma intenção de criticar a atuação do ministro (*animus criticandi*), quando instado a se manifestar acerca de suposta atuação tida como indevida no âmbito da Operação Spoofing por parte de Sergio Moro'".

Quanto ao tacanho pedido de afastamento da Presidência, assentou:

"É descabido falar em afastamento do presidente da Ordem dos Advogados do Brasil, tendo em vista a ausência de cometimento de delito no caso apresentado. Eventual pronunciamento acima do tom por parte de representante da OAB não deve ser motivo para seu desligamento temporário do cargo por determinação do Judiciário, cabendo à própria instituição avaliar, dentro de suas instâncias ordinárias, a conduta de seu presidente, legitimamente eleito por seus pares, através do sistema representativo".

Não se pode permitir que órgãos estatais se transmudem em típicos Ministérios da Verdade Orwellianos. O filtro a que um veículo de comunicação deve ser submetido é apenas o da opinião pública, tenha a qualidade que tiver. Eventuais excessos se resolvem nas esferas dos crimes contra a honra e ações indenizatórias. E mais, determinado tipo de imprensa é alimentada por vazamentos seletivos e criminosos feitos pelas próprias autoridades investigadoras; estas sim deveriam ser punidas, exemplarmente, fazendo cessar o conluio solerte.

Quando examinamos o crime de "quadrilha ou bando", nessa mesma linha, anos atrás, fizemos a seguinte afirmação: "... não se pode deixar de deplorar o uso abusivo, indevido e reprovável que se tem feito no quotidiano forense, a partir do episódio Collor de Mello, denunciando-se, indiscriminadamente, por *formação de quadrilha*, qualquer concurso de mais de três pessoas, especialmente nos chamados crimes societários, em autêntico louvor à *responsabilidade penal objetiva*, câncer tirânico já extirpado do ordenamento jurídico brasileiro. Essa prática odiosa beira o *abuso de autoridade* (abuso do poder de denunciar)"[31].

Criticamente, no mesmo sentido, questiona o Procurador de Justiça Prof. Paulo César Busato: "... a mera suspeita de participação em bandos ou organizações criminosas justifica o tratamento diferenciado. Porém, se o juízo é de suspeita, não há certeza a respeito de tal participação e, não obstante, já aparece a imposição de uma pena diferenciada, ao menos no que se refere à sua forma de execução"[32]. Enfim, é desnecessário aprofundar-se para concluir pela *inconstitucionalidade* da previsão legal criadora do questionado *regime disciplinar diferenciado* — principalmente dessa modalidade —, a qual, diga-se de passagem, abordamos superficialmente. Trata-se de regime, enfim, que terá "duração de dois anos, sem prejuízo de repetição da sanção por nova falta grave de mesma espécie".

---

31. Cezar Roberto Bitencourt, *Tratado de Direito Penal*, São Paulo, Saraiva, 2019, v. 4, p. 504. Esse texto consta de inúmeras edições do mesmo do volume do *Tratado de Direito Penal*.
32. Paulo César Busato, Regime disciplinar diferenciado, cit., p. 141.

PARTE ESPECIAL

INDUZIMENTO, INSTIGAÇÃO E AUXÍLIO A SUICÍDIO OU A AUTOMUTILAÇÃO

Sumário: 1. Considerações preliminares. 2. Bem jurídico tutelado. 3. Natureza jurídica da morte e das lesões corporais de natureza grave. 4. Sujeitos ativo e passivo. 5. Tipo objetivo: adequação típica. 5.1. Prestação de auxílio mediante omissão. 6. Tipo subjetivo: adequação típica. 7. Consumação e tentativa de auxílio ao suicídio ou à automutilação. 7.1. *Nomen iuris* e estrutura do tipo penal. 7.2. Crime material: plurissubsistente. 7.3. Espécie de tentativa. 8. Classificação doutrinária. 9. Causas de aumento de pena e transformação da imputação. 9.1. Duplicação da pena em razão da motivação, da menoridade ou diminuição da capacidade de resistência (§ 3º). 9.2. A pena é aumentada até o dobro se a conduta for realizada por meio da rede de computadores, de rede social ou transmitida em tempo real (§ 4º). 9.3. A pena é aumentada em metade se o agente for líder ou coordenador de grupo ou de rede virtual (§ 5º). 9.4. A infeliz transformação de um crime tentado em outro consumado mais grave. 9.5. A vulnerabilidade absoluta da vítima converte suicídio e automutilação em homicídio. 9.5.1. Abrangência do conceito de vulnerabilidade e da violência implícita. 9.6. Autoria mediata e a teoria do domínio do fato. 10. Questões especiais. 11. Pena e ação penal.

1. Considerações preliminares

Antes de fazermos as considerações preliminares especificamente sobre o induzimento e instigação ao suicídio, bem como sobre a automutilação, pedimos escusas, para dedicarmos algumas palavras sobre o infeliz texto produzido pela Lei n. 13.968, de 26 de dezembro de 2019, alterando o conteúdo original do art. 122 do Código Penal, para acrescer, inadequadamente, o "estímulo à automutilação"; não que tal conduta não deva ser criminalizada, mas pela forma escolhida pelo legislador para fazê-lo. Com a nova redação, a conduta descrita no *caput* do art. 122 foi transformada em *crime formal*, e o crime material propriamente, que seria, em tese, praticamente o mesmo que se encontrava no *caput*, foi deslocado para o § 2º, com o acréscimo da *automutilação*, sendo colocado, pode-se afirmar, em um plano secundário, *mutilando* a previsão clássica do Código Penal de 1940 sobre o *suicídio*. Com efeito, a redação do *caput* desse dispositivo ficou assim: "induzir ou instigar alguém a suicidar-se ou a praticar automutilação ou prestar-lhe auxílio material para que o faça", cominando-lhe a pena de seis meses a dois anos de reclusão.

Constata-se que a descrição do *caput* foi transformada em um crime sem resultado, meramente *formal*, portanto, e, ao contrário da previsão anterior, consuma-se com a própria ação, sem a produção de resultado algum. A rigor, referido crime limita-se a *instigar, induzir* ou *auxiliar* alguém a praticar a conduta ou condutas desejadas, sem qualquer resultado, e nisso consiste a nova descrição do crime do *caput*, com a pena correspondente de seis meses a dois anos de reclusão, que era de dois a seis anos, se o crime se consumasse, e de um a três anos se da tentativa de suicídio resultasse lesão corporal de natureza grave. Agora, o crime material de "estimular" a prática do suicídio, propriamente, foi deslocado para o seu § 2º, nos seguintes termos: "se o suicídio se consuma ou se da automutilação resulta morte, a pena é de reclusão, de 2 (dois) a 6 (seis) anos". Esse, portanto, mas com outros termos, era, basicamente, o crime material previsto anteriormente no *caput* do mesmo artigo, acrescido, agora, do crime da *automutilação*, que, em nosso juízo, ficaria melhor em dispositivo autônomo, independente, respeitando a fisionomia, tecnicamente impecável, da antiga redação, sem *deformá-la*, ou, fazendo um trocadilho, sem *mutilá-la*, como acabou acontecendo com esse infeliz, impróprio, inadequado e mal redigido texto da *novatio legis*.

Aqui se observa um fenômeno *contraditório*, aliás, sem nenhuma técnica metodológica na redação de tipos penais, desdobrando a criminalização no sentido inverso, isto é, desmembrando o tipo anterior, deixando no *caput* somente a descrição formal (sem resultado material) da instigação e induzimento ao suicídio (acrescentado da automutilação). O crime de resultado propriamente (suicídio ou mutilação) foi deslocado para o § 2º, criando uma certa *disfuncionalidade metodológica* e, inclusive, interpretativa. Teria sido mais adequado ou, no mínimo, menos infeliz, na nossa concepção, manter-se a mesma redação do *caput* do art. 122, apenas acrescentando a nova figura da *automutilação,* visto que era esse o desejo do legislador contemporâneo. Contudo, repetindo, deveria, por absoluta impropriedade técnica, ter sido vetado esse texto, possibilitando, em uma outra oportunidade, a tipificação autônoma do crime de "estímulo" à automutilação, respeitando-se, pelo menos, a anatomia original do invejável Código Penal de 1940, por sua estrutura metodológica, sistematização e precisão terminológica.

Embora não se reconheça ao ser humano a *faculdade* de dispor da própria vida, a ação de *matar-se* escapa à consideração do direito penal. A não incriminação do suicídio não exclui, contudo, o seu caráter *imoral* e *ilícito*. Fundamentos utilitaristas, basicamente, tornam inócua a sua definição como crime e sua consequente punição. Se o fato consumou-se, o *suicida* deixou de existir e escapou do direito penal assim como lhe escapou a própria vida. Se, eventualmente, o suicida falhar em sua tentativa, qualquer sanção que lhe pudesse ser imposta serviria somente para reforçar-lhe a deliberação de morrer. Ademais, não haveria oportunidade para a sanção penal exercer qualquer de suas finalidades, "nem — como afirmava Aníbal Bruno — a ação segregadora, porque aí autor e vítima estão dentro do mesmo indivíduo, nem a influência intimidativa, porque quem não temeu a morte e a angústia de matar-se não poderá ser sensível à injunção de qualquer espécie de pena, e somente fora de todo domínio penal, e mesmo do poder público, se poderia exercer sobre o suicida frustrado uma influência emendativa ou dissuasória"[1].

Não sendo criminalizada a ação de *matar-se* ou a sua tentativa, a *participação* nessa *conduta atípica*, consequentemente, tampouco poderia ser penalmente punível, uma vez que, segundo a *teoria da acessoriedade limitada*, adotada pelo ordenamento jurídico brasileiro, a punibilidade da *participação em sentido estrito*, que é uma atividade secundária, "exige que a conduta principal seja típica e antijurídica"[2]. A despeito dessa correta orientação político-dogmática, as legislações modernas, considerando a importância fundamental da vida humana, passaram a prever uma figura *sui generis* de crime, quando alguém, de alguma forma, concorrer para a realização do suicídio. Nosso Código Penal de 1940 (ainda em vigor, na sua Parte Especial), nessa mesma linha, adotou a seguinte fórmula: "Art. 122. Induzir, instigar alguém a suicidar-se ou prestar-lhe auxílio para que o faça: Pena — reclusão, de 2 (dois) a 6 (seis) anos, se o suicídio se consuma; ou reclusão, de 1 (um) a 3 (três) anos, se da tentativa de suicídio resulta lesão corporal de natureza grave".

Na verdade, os verbos nucleares do tipo penal descrito no art. 122 — *induzir, instigar* e *auxiliar* — assumem conotação completamente dis-

---

1. Aníbal Bruno, *Crimes contra a pessoa*, 5ª ed., Rio de Janeiro, Ed. Rio, 1979, p. 133-4.
2. Cezar Roberto Bitencourt, *Tratado de Direito Penal; Parte Geral*, 26ª ed., São Paulo, Saraiva, v. 1, p. 586.

tinta daquela que têm quando se referem à *participação em sentido estrito*. Não se trata de *participação* — no sentido de atividade acessória, secundária, como ocorre no instituto da *participação "stricto sensu"* —, mas de atividade principal, nuclear típica, representando a conduta proibida lesiva direta do bem jurídico *vida*. Por isso, quem realizar qualquer dessas ações, em relação ao sujeito passivo, não será *partícipe,* mas autor do *crime de concorrer para o suicídio alheio*, visto que sua atividade não será acessória, mas principal, única, executória e essencialmente típica. E essa *tipicidade* não decorre de sua natureza acessória, mas de sua definição legal caracterizadora de conduta proibida. Não vemos, aí, nenhuma incoerência dogmática.

2. Bem jurídico tutelado

O *bem jurídico* tutelado, indiscutivelmente, é a vida humana. Ferri sustentava que o homem pode livremente renunciar à vida, e, por isso, a lei penal não deveria intervir[3]. Não existe o "direito de morrer" de que falava Ferri, na medida em que não há um direito sobre a própria vida, ou seja, um direito de dispor, validamente, sobre a sua vida. Em outros termos, a vida é um bem jurídico indisponível! Lembrava Heleno Fragoso que "não há direitos e deveres jurídicos perante si mesmo"[4]. O fundamento da *participação em suicídio* não é, como sustentava Carrara, "a inalienabilidade do direito à vida" (§ 49). A vida não é um bem que se aceite ou se recuse simplesmente. Só se pode renunciar ao que se possui, e não o que se é. "O direito de viver — pontificava Hungria — não é um direito sobre a vida, mas à vida, no sentido de correlativo da obrigação de que os outros homens respeitem a nossa vida. E não podemos renunciar o direito à vida, porque a vida de cada homem diz com a própria existência da sociedade e representa uma função social"[5].

Afora a insensatez que seria criminalizar o *suicídio* em si, observando-se as finalidades declaradas da sanção criminal, sob o ponto de vista *repressivo*, seria indefensável uma pena contra um cadáver (*mors omnia solvit); sob o ponto de vista *preventivo*, seria absolutamente inócua a "coação

---

3. Enrico Ferri, *L'omicidio-suicidio*, p. 527, apud Nélson Hungria, *Comentários ao Código Penal*, 5ª ed., Rio de Janeiro, Forense, 1979, v. 5, p. 226.
4. Heleno Cláudio Fragoso, *Lições de Direito Penal; Parte Especial*, cit., v. 1, p. 70.
5. Hungria, *Comentários ao Código Penal*, cit., p. 227.

psicológica" contra quem não se intimida sequer com a superveniência imediata da própria morte. Por política criminal, o Estado renuncia à punição de quem, desorientado, desequilibrado e amargurado, lança-se em busca da própria morte como solução dos seus conflitos interiores, com os quais — além de não conseguir resolvê-los — não consegue conviver. Nem mesmo seria legítimo pensar na punição da simples *tentativa de suicídio*, como destaca Nélson Hungria, "pois tanto importaria aumentar no indivíduo o seu desgosto pela vida e em provocá-lo, consequentemente, à secundação do gesto de autodestruição".

O suicídio ofende interesses morais e éticos do Estado, e só não é punível pela inocuidade de tal proposição, aliás, bem como a *automutilação* agora acrescido paralelamente à regulação penal da indução, instigação ou auxílio ao suicídio. No entanto, a ausência de tipificação criminal dessa conduta não lhe afasta a ilicitude, já que a supressão de um bem jurídico indisponível caracteriza sempre um ato ilícito. Nesse sentido manifestava-se Arturo Rocco, afirmando que "a participação em suicídio é, portanto, um crime, porque é participação em um fato (suicídio) que, se não é crime, não é, entretanto, um ato juridicamente lícito, e não é lícito precisamente porque não é o exercício de nenhum direito subjetivo (sobre a própria vida)"[6]. O ordenamento jurídico vê no *suicídio* e na própria *automutilação* um fato imoral e socialmente danoso, que deixa de ser penalmente indiferente quando concorre — em qualquer dos dois fatos — com a atividade da vítima outra energia individual provinda da manifestação da vontade de outro ser humano. E é exatamente sua natureza ilícita que legitima, excepcionalmente, a *coação* exercida para impedi-lo (art. 146, § 3º, II, do CP), sem constituir o crime de *constrangimento ilegal*[7]. Assim, embora não seja considerado crime (faltando-lhe tipicidade e culpabilidade), constata-se que tanto o *suicídio* quanto *automutilação* não são indiferentes para o direito penal. E, para reforçar a proteção da vida humana ante a dificuldade e inocuidade em punir o suicídio, o legislador brasileiro, com acerto, pune toda e qualquer *participação em suicídio*, seja

---

6. Arturo Rocco, *L'oggetto del reato e della tutela giuridica penale — contributo alle teorie generali del reato della penal*, Imprenta, Milano, F. Bocca, 1913, p. 16-7.
7. No caso das "testemunhas de Jeová", especialmente nas transfusões de sangue, a intervenção médica compulsória está protegida pelo art. 146, § 3º, do Código Penal; uma hipótese *sui generis* de estado de necessidade.

moral, seja material. A repressão, enfim, da *participação em suicídio* é politicamente justificável, e a sanção penal é legitimamente aplicável, objetivando suas finalidades declaradas.

Por fim, para que se possa falar em crime, é indispensável que resulte morte ou, no mínimo, lesão corporal de natureza grave. Igualmente, para se falar em crime, a *automutilação* induzida ou instigada necessita, no mínimo, de que resulte lesão grave ou gravíssima (§ 1º). Não sobrevindo nenhum desses resultados, não se poderá falar em crime.

3. Natureza jurídica da morte e das lesões corporais de natureza grave

Segundo a corrente majoritária da doutrina nacional, o resultado morte ou lesão corporal grave constitui *condição objetiva de punibilidade* do crime de participação em suicídio. Nélson Hungria sustentava que, "embora o crime se apresente consumado com o simples induzimento, instigação ou prestação de auxílio, a punição está condicionada à superveniente *consumação* do suicídio ou, no caso de mera tentativa, à produção de *lesão corporal de natureza grave* na pessoa do frustrado desertor da vida"[8]. No entanto, deve-se adotar outra concepção, a partir da nova construção do art. 122, transformando-o em um crime formal, com a inclusão da *automutilação*, bem como a cominação de penas pela simples prática das mesmas ações tipificadas, independentemente da produção de qualquer resultado, como deixa claro sua construção tipológica e a respectiva cominação de seis meses a dois anos de reclusão. Aliás, essa interpretação fica cristalizada ao ser complementada com o disposto em seus §§ 1º e 2º da nova tipificação. Mas esses aspectos examinaremos mais adiante.

Podem-se destacar na doutrina duas correntes relativamente à definição das *condições objetivas de punibilidade*: de um lado, a orientação segundo a qual as condições objetivas de punibilidade, como acontecimentos futuros e incertos, são indispensáveis para a integração jurídica do crime. Elas integrariam o conceito amplo de tipo penal, que abrangeria não apenas aqueles elementos constitutivos fundamentadores do injusto, mas também aqueles que condicionam a sua punibilidade; de outro lado, sustenta-se

---

8. Hungria, *Comentários ao Código Penal*, cit., p. 236. No mesmo sentido, Aníbal Bruno, *Crimes contra a pessoa*, cit., p. 137.

que as condições objetivas de punibilidade pressupõem a existência de um crime completo e acabado com todos os seus elementos constitutivos, representando, somente, condição indispensável para a concreta aplicação da sanção criminal[9]. Assim, referidas condições não constituiriam elementos ou requisitos do crime, que já estaria perfeito e acabado, mas apenas condicionariam a imposição da respectiva sanção penal. Filiamo-nos a esta segunda orientação, muito bem sintetizada por Regis Prado[10], nos seguintes termos: "De fato, as condições objetivas de punibilidade são alheias à noção de delito — ação ou omissão típica, ilícita ou antijurídica e culpável — e, de conseguinte, ao nexo causal. Ademais, atuam objetivamente, ou seja, não se encontram abarcadas pelo dolo ou pela culpa. São condições exteriores à ação e delas depende a punibilidade do delito, por razões de política criminal (oportunidade e conveniência)".

Para nós, no entanto, contrariando o entendimento majoritário, a *morte* e as *lesões corporais graves* não podem ser consideradas simples *condições objetivas da punibilidade*, em razão da própria definição que temos dessas *condições*, como alheias à constituição do crime, além de não serem abrangidas pelo dolo ou pela culpa. Ora, como a morte e as lesões corporais graves integram a definição legal do crime de *participação em suicídio* e, por conseguinte, devem ser abrangidas pelo dolo, à evidência não se confundem com tais condições objetivas de punibilidade. Nesse sentido já se manifestava Jiménez de Asúa, afirmando que: "Não faltaram escritores — Soler, por exemplo — que enumeraram entre as condições objetivas de punibilidade, a consumação do suicídio, no crime de indução a que outro se lhe suprima a vida, conforme consignamos antes. Observamos, no entanto, que isto não é uma *condição objetiva de punibilidade*, mas a própria essência da instigação e do mandado. Se o crime não se consuma, o instigador ou mandante não é responsável"[11]. Modernamente, socorre-nos, com muita propriedade, Fernando de Almeida Pedroso, afirmando que a morte e as lesões graves, no crime de participação em suicídio, "não constituem condições objetivas de punibilidade, pois representam o objetivo e

---

9. Luiz Regis Prado, *Curso de Direito Penal brasileiro; Parte Geral*, São Paulo, Revista dos Tribunais, 1999, p. 481.
10. Idem, ibidem, p. 482.
11. Luís Jiménez de Asúa, *La ley y el delito*, 1954, p. 456.

propósito a que se direcionava e voltava o intento do agente. Trata-se no caso, portanto, do resultado naturalístico ou tipológico do crime"[12].

Ninguém discute que a infração penal em exame — na forma tipificada no Código Penal de 1940 — constitui um *crime material*, embora *sui generis*, na medida em que, para muitos, não admite a figura tentada, a despeito de sua punição expressa constante do nosso Código Penal (§ 1º). Ora, nos crimes materiais o *resultado* integra o próprio tipo penal, ou seja, para a sua consumação, é indispensável que o resultado ocorra, tanto que, nesses crimes, a ausência do resultado da ação perpetrada caracteriza a tentativa. A *morte* e as *lesões corporais* são o resultado pretendido pelo agente. Por isso, no crime de *participação em suicídio*, a não ocorrência da morte ou da lesão corporal grave *torna a conduta atípica* e não constitui simplesmente causa impeditiva da punibilidade, como pretende a corrente contrária. Nessa mesma linha, orienta-se Damásio de Jesus, para quem "a morte e as lesões corporais de natureza grave devem estar no âmbito do dolo do terceiro participante. Logo, constituem o tipo e não se revestem dos caracteres das condições objetivas de punibilidade"[13].

4. Sujeitos ativo e passivo

O *sujeito ativo* do crime de participação em suicídio ou em automutilação pode ser qualquer pessoa, não requerendo nenhuma condição particular, pois se trata dos chamados *crimes comuns*. É indispensável, no entanto, que o sujeito ativo seja capaz de *induzir, instigar* ou *auxiliar* a colocação em prática da *vontade de alguém de suicidar-se ou automutilar-se*. Não se admite, porém, como *sujeito ativo*, à evidência, a própria vítima, uma vez que não é crime uma pessoa *matar-se ou mutilar-se*. Essa conduta, isoladamente, constitui um indiferente penal. *Típica* é a conduta de *participar* — moral ou materialmente — do suicídio de outrem (mas o *auxílio* tem que ser material, agora expressamente determinado). Da mesma forma, embora o modismo atual sustentando a *responsabilidade penal da pessoa jurídica*, esta, ainda que produza o material ingerido pela vítima, causador de sua morte, não poderá ser *sujeito ativo* desse crime.

---

12. Fernando de A. Pedroso, *Homicídio — participação em suicídio, infanticídio e aborto*, Rio de Janeiro, Aide, 1995, p. 217.

13. Damásio E. de Jesus, *Direito Penal; Parte Especial*, São Paulo, Saraiva, 1979, v. 2, p. 90. No mesmo sentido, Heleno Cláudio Fragoso, *Lições de Direito Penal*, cit., v. 1, p. 72-3.

Embora se trate de "participação em suicídio ou em automutilação", essa infração penal admite tanto a *coautoria* quanto a *participação em sentido estrito*. Assim, se alguém *induz* outrem a suicidar-se ou automutilar-se, aquele será autor do crime; se, no entanto, duas pessoas, de comum acordo, praticarem essa mesma atividade, serão coautoras; se, porém, alguém induzir outrem a *instigar* uma terceira pessoa a suicidar-se, o "indutor" será *partícipe* (teve uma atividade meramente acessória), e o "instigador" será autor da *participação em suicídio ou em automutilação*, pois realizou a atividade típica descrita no modelo legal. Deve-se ter presente, enfim, que as atividades de *partícipes* e *coautores* não se confundem. E *induzir, instigar* e *auxiliar*, que, como regra geral, descrevem a atividade do *partícipe*, nesse tipo penal, *constituem* o núcleo do tipo penal, isto é, representam as condutas tipificadas e quem as pratica será autor ou coautor e não mero partícipe. Nesse caso, *induzir, instigar e auxiliar* não representam somente uma atividade secundária, meramente acessória, como seria a participação em sentido estrito, mas identificam a própria conduta proibida violadora do tipo penal.

Sujeito passivo, por sua vez, será a pessoa induzida, instigada ou auxiliada a suicidar-se ou a automutilar-se. Pode ser qualquer ser humano vivo, capaz de entender o significado de sua ação e de determinar-se de acordo com esse entendimento. Como, nesse crime, *a vítima se autoexecuta*, é indispensável essa capacidade de discernimento[14]. Caso contrário, estaremos diante de um homicídio praticado por meio da *autoria mediata, especialmente agora com a previsão do § 7º, acrescido pela Lei n. 13.968, de 26 de dezembro de 2019.* É indispensável que a atividade humana destine-se a participar do *suicídio* ou da *automutilação* de uma pessoa determinada, não se configurando o crime em exame quando visar um número indeterminado de pessoas[15], como, por exemplo, a publicação de uma obra literária recomendando, como alternativa honrosa de vida, o suicídio ou a automutilação, ainda que leve a esse desiderato um sem-número de pessoas.

---

14. Flávio Augusto Monteiro de Barros, *Crimes contra a pessoa*, São Paulo, Saraiva, 1997, p. 46.
15. Enrico Altavilla fala em três modalidades de suicídio, segundo as causas que o originam: ocasionais, passionais e anormais (*La psicologia del suicidio*, Napoli, 1910).

Contudo, a partir do disposto no § 4º, com a redação determinada pela Lei n. 13.968/2019, a prática desse crime "por meio *da rede de computadores, de rede social ou transmitida em tempo real*" poderá, por esse meio especial, visar um *número indeterminado de vítimas*, pelo alcance, pela abrangência e pela capacidade de atingir grande número de destinatários simultaneamente; aliás, para ser mais específico, será praticamente impossível *visar uma única vítima ou pretender que apenas determinado indivíduo* seja atingido pela rede mundial de computadores ou por rede social, como previsto no dispositivo retro mencionado.

Se, no entanto, a vítima for forçada a suicidar-se ou automutilar-se, ou não tiver condições de oferecer resistência alguma (§ 7º), haverá, inequivocamente, homicídio, e não participação em suicídio.

5. Tipo objetivo: adequação típica

A conduta típica consiste em *induzir* (suscitar, fazer surgir uma ideia inexistente), *instigar* (animar, estimular, reforçar uma ideia existente) ou *auxiliar* (ajudar materialmente) *alguém* a *suicidar-se*, ou, no caso da nova e atual redação do texto, *automutilar-se*. Trata-se de um tipo penal de conteúdo variado, isto é, ainda que o agente pratique, cumulativamente, todas as condutas descritas nos verbos nucleares, em relação à mesma vítima, praticará um mesmo crime. *Induzir* significa suscitar o surgimento de uma ideia, tomar a iniciativa intelectual, fazer surgir no pensamento de alguém uma ideia até então inexistente. Por meio da *indução*, o indutor anula a vontade de alguém, que, finalmente, acaba suicidando-se *ou automutilando-se*; logo, a intervenção daquele é que decide o resultado final; por isso, a conduta do indutor é mais *censurável* do que a conduta do instigador, que veremos adiante. Essa forma de "instigação" *lato sensu* — por meio da indução —, os autores têm denominado "determinação", quando se referem à *participação em sentido estrito*, que nós, também lá, preferimos chamá-la *induzimento*, para manter a harmonia com o sentido que é utilizado nesse tipo penal. *Instigar,* por sua vez, significa animar, estimular, reforçar uma ideia existente. Ocorre a *instigação* quando o instigador atua sobre a vontade do autor, no caso, do instigado. O instigador limita-se a provocar a resolução de vontade da indigitada vítima, não tomando parte nem na execução nem no domínio do fato. Tanto no induzimento quanto na instigação é a própria vítima que se autoexecuta.

É indiferente o *meio* utilizado tanto para o *induzimento* quanto para a *instigação*, desde que persuadam ou animem o *suicida* a agir: persuasão, conselho, dissuasão etc. Para que haja essa forma de "participação moral", é necessária uma *influência* decisiva no processo de formação da vontade, abrangendo os aspectos *volitivo* e *intelectivo*. Afastam-se, assim, o *erro* e a *coação*: aquele suprime a *consciência*; e esta, a *liberdade*. Não é suficiente *criar* uma situação tentadora para a vítima, o que poderia configurar cumplicidade. A "contribuição" deve dirigir-se a um fato específico, assim como a um "candidato" ou "candidatos" determinados ao suicídio ou à automutilação. Em resumo, o induzimento e a instigação são espécies de "participação moral" em que o sujeito ativo age sobre a vontade do autor, quer provocando para que surja nele a vontade de cometer o crime (induzimento), quer estimulando a ideia existente (instigação), mas, de qualquer modo, influindo *moralmente* para a prática do crime, no caso, na prática de um ato imoral e ilícito.

Prestar auxílio representa, ao contrário das duas modalidades anteriores, uma "participação" ou contribuição material do sujeito ativo, que pode ser exteriorizada mediante um comportamento, um auxílio material. Pode efetivar-se, por exemplo, por meio do empréstimo da arma do crime. *Auxiliar*, segundo o magistério de Magalhães Noronha, "é ajudar, favorecer e facilitar. Diante da oração do dispositivo é assistência *física*; é forma de concurso *material*. Auxilia quem dá ao suicida o revólver ou o veneno; quem ensina ou mostra o modo de usar a arma; quem impede a intervenção de pessoa, que poderia frustrar o ato de desespero etc."[16]. O auxílio pode ocorrer desde a *fase da preparação* até a *fase executória* do crime, ou seja, pode ocorrer antes ou durante o suicídio ou a automutilação, *desde que não haja intervenção nos atos executórios*, caso contrário, estaremos diante de homicídio, como exemplifica Manzini: o agente puxa a corda de quem se quer enforcar; segura a espada contra a qual se atira o suicida; provoca imissão de gás no quarto onde a vítima está acamada e deseja morrer; ajuda a amarrar uma pedra no pescoço de quem se joga ao mar.

Um aspecto muito peculiar deve-se destacar em todas as modalidades de condutas tipificadas relativas à participação em suicídio ou automutilação que objetivam a morte ou mutilação de alguém que "tem o desejo de sui-

---

16. Magalhães Noronha, *Penal*, v. 2, cit., p. 43.

cidar-se ou automutilar-se", ressalvada a primeira hipótese, na qual o sujeito ativo *induz* a vítima, que, como já afirmamos, não tinha essa resolução de suicidar-se ou automutilar-se[17]. Nada impede que a *prestação de auxílio* também ocorra sob a forma de *omissão*, quando o sujeito ativo tem o *dever jurídico de evitar o suicídio (ou a automutilação)*, como seria o caso, por exemplo, do carcereiro que deixa, propositadamente, o preso com a cinta, para facilitar-lhe o enforcamento, sabendo dessa intenção do suicida.

Por derradeiro, qualquer que seja a forma ou espécie de "participação", moral ou material, é indispensável a presença de dois requisitos: *eficácia causal* e *consciência de "participar"* na ação voluntária de outrem de suicidar-se ou automutilar-se. É insuficiente a exteriorização da vontade de "participar". Não basta realizar a atividade descrita no tipo penal se esta não influir na atividade final do suicida. Não tem relevância a "participação" se o "suicídio" ou a "automutilação" não for, pelo menos, tentado. Que importância teria o empréstimo da arma se o suicida não a utiliza na sua autoexecução ou nem sequer se sente encorajado a praticá-lo com tal empréstimo? Por outro lado, é indispensável saber que "coopera" na ação de suicidar-se de outrem ou de automutilar-se, mesmo que a vítima desconheça ou até recuse a "cooperação". O *sujeito ativo* precisa ter *consciência* e *vontade* de participar na autoexecução e no resultado dessa ação.

Enfim, induzir, instigar e auxiliar que, teoricamente, representariam mera atividade de *partícipe*, neste tipo, constituem o núcleo do tipo penal. Assim, quem realizar qualquer dessas ações, em relação ao sujeito passivo, não será *partícipe,* mas autor do crime. Por isso, é um equívoco falar em *participação* quando se trata de um único sujeito ativo; ainda que houvesse mais de um sujeito ativo que, de comum acordo, realizasse qualquer das atividades representadas pelos verbos nucleares do tipo, seriam coautores e não partícipes. Na verdade, as condutas de autores ou coautores dirigem-se à pessoa do próprio "candidato" ao suicídio ou à automutilação e não se destinam a influenciar a decisão deste ou aquele possível autor do fato.

---

17. Alfonso Serrano Gomes, *Derecho Penal; Parte Especial*, Madrid, Dykinson, 1997, p. 43. Relativamente à *indução ao suicídio*, ainda, muito interessante a seguinte afirmação de Alfonso Serrano Gomes, que a considera um verdadeiro homicídio, *in verbis*: "Estamos diante de um homicídio, pelo que esta figura não tem razão de ser. Devia desaparecer do Código Penal e condenar-se como homicida quem consegue que outro se suicide ao induzi-lo eficazmente a isso" (*Derecho Penal*, cit., p. 45).

Nada impede, no entanto, que *alguém* desempenhe a atividade de *partícipe*, instigando, induzindo ou auxiliando o sujeito ativo a realizar uma das condutas descritas no tipo penal. Mas, nessa hipótese, não estará desenvolvendo sua ação diretamente relacionada à vítima, mas sim em relação ao autor material do fato que o executará. Não se pode esquecer de que "o partícipe não pratica a conduta descrita pelo preceito primário da norma penal, mas realiza uma atividade secundária que contribui, estimula ou favorece a execução da conduta proibida. Não realiza atividade propriamente executiva"[18]. *Alguém,* expressão utilizada no tipo penal, significa outro ser humano, além do sujeito ativo. O *suicídio,* em si mesmo considerado, não é crime. *Matar-se* é uma conduta atípica. O mesmo ocorre com a ação de *automutilar-se,* não constitui crime, desde que não o faça, por exemplo, para receber um seguro previamente adquirido.

Por fim, ainda que as várias condutas — *induzir, instigar e auxiliar* — sejam todas praticadas, o sujeito ativo participará de um único crime, uma vez que este tipo penal é daqueles classificados pela doutrina como de *conteúdo variado* ou de *ação múltipla.*

5.1. Prestação de auxílio mediante omissão

A questão sobre a possibilidade da prática deste crime por meio da *prestação de auxílio,* sob a forma omissiva, não tem sido muito pacífica na doutrina e na jurisprudência. Para Nélson Hungria, no entanto, "A prestação de auxílio pode ser comissiva ou omissiva. Nesse último caso, o crime só se apresenta quando haja um dever jurídico de impedir o suicídio"[19]. Na verdade, essa afirmação de Hungria está plenamente de acordo com o sistema estrutural do nosso Código, o qual adota a *teoria da equivalência das condições,* que não distingue *causa* e *condição.* Para que se admita a *prestação de auxílio* ao suicídio ou a automutilação mediante omissão, é indispensável, contudo, a existência do *dever jurídico de evitar* que alguém coloque em prática o ato de suicidar-se[20] ou automutilar-se.

Deixar de impedir um evento que se tem o *dever jurídico* de evitar é, sem sombra de dúvida, uma forma de prestar auxílio (contribuir, concorrer, auxiliar etc.) para a ocorrência de tal evento. Diante do art. 13 do Código Penal,

---

18. Cezar Roberto Bitencourt, *Manual de Direito Penal; Parte Geral,* cit., p. 436.
19. Hungria, *Comentários ao Código Penal,* cit., p. 232.
20. Em sentido semelhante, Serrano Gomes, *Derecho Penal,* cit., p. 47.

que não distingue *causa* e *condição*, não há como negar essa possibilidade. Deve-se analisar esse tema à luz da doutrina relativa aos crimes *omissivos impróprios*, na qual a figura do *agente garantidor* ocupa especial relevo. Nesses crimes, o *garante* não tem simplesmente o *dever de agir*, mas a obrigação de *agir para evitar que determinado resultado ocorra*. Equivoca--se a orientação que não admite o *auxílio ao suicídio* sob a modalidade *omissiva imprópria*. Deixar de impedir a ocorrência de um evento que se tem o dever jurídico de evitar é, com certeza, uma forma de *prestar auxílio* à sua realização.

6. Tipo subjetivo: adequação típica

O dolo é o elemento subjetivo do tipo e consiste na vontade livre e consciente de provocar a morte da vítima por meio do suicídio ou sua automutilação, ou, no mínimo, assunção do risco de levá-la a esse desiderato. A vontade do agente deve abranger a ação, o resultado e o nexo causal: vontade e consciência do fato, vontade de alcançar o resultado morte ou mutilação, não através de ação própria, mas da autoexecução. O agente deve, em outros termos, ter consciência e vontade de levar a vítima ao suicídio ou à automutilação. O dolo não se limita à *ação participativa*, que é um simples *meio*, mas estende-se, necessariamente, ao fim desejado, que é a morte ou a automutilação da vítima. Deve querer que esta efetivamente se suicide ou se automutile, ou seja, são objetos do dolo "o fim proposto, os meios escolhidos e, inclusive, os efeitos colaterais representados como necessários à realização do fim pretendido"[21].

Ao dolo do agente deve corresponder a intenção da vítima de suicidar--se ou de automutilar-se. Não haverá crime se, por exemplo, a vítima estivesse zombando de alguém que acreditava em sua insinuação e, por erro, vem a falecer. Solução diferente deveria ser dada, lembra Fragoso, com acerto, "se a morte fosse condição objetiva da punibilidade, pressuposta a idoneidade da ação, em que muitos julgam estar o momento consumativo. Esse entendimento, como já deixamos consignado, é insustentável"[22]. Nada impede que o dolo orientador da conduta do agente configure-se em sua forma eventual. A doutrina procura citar alguns exemplos que, para ilustrar, invocaremos: o pai que expulsa de casa a "filha desonrada", havendo fortes

---

21. Cezar Roberto Bitencourt, *Manual de Direito Penal; Parte Geral*, cit., 5ª ed., p. 249.
22. Fragoso, *Lições de Direito Penal*, cit., p. 74-5.

razões para acreditar que ela se suicidará; o marido que sevicia a esposa, conhecendo a intenção desta de vir a suicidar-se, reitera as agressões. A *consciência* e a *vontade*, que representam a essência do dolo, também devem estar presentes no *dolo eventual*, para configurar determinada *relação de vontade* entre o resultado e o agente, que é exatamente o elemento que distingue o dolo da culpa. É fundamental, enfim, que o agente represente a possibilidade de levar a vítima ao suicídio e anua à sua ocorrência, assumindo o risco de produzi-lo.

Não há previsão da *forma culposa* dessa infração penal. Quando o agente, por culpa, leva alguém a *suicidar-se* ou *se automutilar*, tampouco responderá por homicídio culposo, e o fundamento dessa premissa é irretorquível: se a cooperação voluntária à morte do suicida não constitui homicídio doloso, como poderá constituir homicídio culposo a cooperação imprudente ao suicídio? Se o mesmo ato não constitui homicídio quando praticado dolosamente, como poderá sê-lo quando é praticado culposamente? Normativamente, não se confundem os atos destinados à *causação* direta do homicídio e aqueles destinados a levar alguém a suicidar-se. Ante a ausência de previsão da modalidade culposa da participação em suicídio, a provocação culposa deste constitui conduta atípica.

7. Consumação e tentativa de auxílio ao suicídio ou à automutilação

Consuma-se a *participação em suicídio* com a morte da vítima e a participação na automutilação com a sua execução material pela própria vítima. Consuma-se a ação criminosa quando o tipo penal está inteiramente realizado, isto é, quando o fato concreto se subsume no tipo abstrato da lei penal. Sem a supressão da vida da vítima, não se pode falar em *suicídio consumado, mesmo que a ação produza lesão corporal grave,* visto que a ela o preceito primário não se refere[23]. Do mesmo modo, sem a efetiva mutilação do próprio corpo pela vítima, seja decepando seus membros, superiores ou inferiores, inteiros ou parte deles, seja deformando seu rosto ou o próprio corpo, tampouco se pode falar em *automutilação consumada*. Com essa afirmação, deixamos claro, desde logo, que a produção de lesões

---

23. Veja, em sentido contrário: Magalhães Noronha, *Direito Penal; Parte Especial*, 15ª ed., v. 2, p. 48; Paulo José da Costa Junior, *Comentários*, cit., p. 23; Damásio de Jesus, *Direito Penal*, cit., p. 94.

corporais graves não consuma o tipo penal na forma de suicídio; contudo, dependendo da natureza, extensão ou profundidade da lesão deformando o seu corpo ou decepando seus membros, certamente, estar-se-á diante da consumação da nova figura da automutilação.

Aliás, lesões corporais de natureza grave, como caracterizadoras da tentativa perfeita, apareciam na redação anterior, somente no preceito secundário, quando determinava, expressamente, *"se da tentativa de suicídio resulta lesão corporal de natureza grave"*. Convém destacar que, ao contrário do que afirmava Hungria, mero *induzimento, instigação* ou *auxílio* não consumam o crime de participação em suicídio[24], a menos que se tratasse de *crime formal*, mas os crimes que deixam vestígios são definidos como crimes materiais por excelência, e esse não era diferente.

No entanto, com a nova redação atribuída pela Lei n. 13.968/2019, a conduta descrita no *caput* do art. 122 foi transformada em *crime formal*, e a do *crime material* propriamente, que seria, em tese, praticamente a mesma que se encontrava no *caput*, foi deslocada para o § 2º, com o acréscimo da *automutilação*, sendo colocada, pode-se afirmar, em um plano secundário, mutilando a previsão clássica do Código Penal de 1940. Com efeito, a redação do *caput* desse dispositivo ficou assim: "induzir ou instigar alguém a suicidar-se ou a praticar automutilação, ou prestar-lhe auxílio material para que o faça". Constata-se que a descrição do *caput* foi transformada em um crime sem resultado, meramente formal, portanto, e, ao contrário da previsão anterior, consuma-se com a própria ação, sem a produção de resultado algum. A rigor, referido crime limita-se a *instigar ou induzir alguém a praticar a conduta ou condutas desejadas*, e nisso consiste o novo crime do *caput*, com a pena correspondente de seis meses a dois anos de reclusão. Esse aspecto *puramente formal* da conduta não era punível na previsão original do Código Penal de 1940, consequentemente, não pode retroagir para alcançar condutas praticadas antes do dia 26 de dezembro de 2019, data da publicação da referida lei, que entrou imediatamente em vigor.

Agora, o *crime material* de "estimular" ou auxiliar materialmente a prática do suicídio ou da automutilação, propriamente, foi deslocado para o seu § 2º, nos seguintes termos: se o suicídio se consuma ou se da automutilação resulta morte, a pena é de reclusão, de 2 (dois) a 6 (seis) anos, a mes-

---

24. Hungria, *Comentários*, cit., p. 235.

ma que era prevista na redação do *caput* anterior. Essa, portanto, e com outros termos, era, basicamente, o crime material previsto no *caput* do mesmo artigo, acrescido do *crime da automutilação*, que, em nosso juízo, repetindo, ficaria melhor em dispositivo autônomo, respeitando a metodologia, tecnicamente impecável, da antiga redação, sem *deformá-la*, ou, fazendo um trocadilho, *mutilá-la*, como acabou acontecendo com esse infeliz, impróprio, inadequado e mal redigido texto da *novatio legis*.

Essa infração penal, agora desdobrada em crime formal e crime material, admite tentativa? Claramente a figura descrita no *caput* da nova redação, como *crime formal*, por excelência, isto é, sem resultado, não admite tentativa, aliás, não apenas por isso, mas porque o seu *iter criminis* não permite fracionamento, não há como interromper ou fracionar as condutas ali descritas! Contudo, como *crime material*, a figura descrita no § 2º admite a tentativa das condutas que descreve. No entanto, trata-se de uma *figura complexa* que prevê no próprio tipo a sua forma tentada, que poderíamos chamar de *tentativa qualificada*, na medida em que a pune somente se decorrer *lesão de natureza grave*. A antiga doutrina tradicional, especialmente aquela de meados do século passado, de um modo geral, afirmava, singelamente, que esse tipo penal não admitia tentativa[25]. Contudo, acreditamos que já é hora de aprofundar um pouco mais a reflexão sobre esse tema (afirmação que fazemos desde o início da década de 1990), especialmente levando em consideração a definição do *tipo penal* (participação em suicídio e automutilação), sua natureza de *crime material* e o próprio instituto da *tentativa*, que pode estar sempre presente naqueles crimes cuja ação admite fracionamento. Façamos uma pequena análise desses aspectos especiais.

7.1. *Nomen iuris* e estrutura do tipo penal

O tipo penal descrito no art. 122 ficou conhecido tanto na doutrina quanto na jurisprudência como "participação em suicídio", abrangendo as três modalidades definidas de participação (induzimento, instigação e au-

---

25. Nélson Hungria, *Comentários*, cit., p. 236-7; Aníbal Bruno, *Crimes contra a pessoa*, cit., p. 144-5; Magalhães Noronha, *Direito Penal; Parte Especial*, 15ª ed., v. 2, p. 48-9; Damásio de Jesus, *Direito Penal*, cit., p. 95; Paulo José da Costa Jr., *Comentários*, cit., p. 24; Julio Fabbrini Mirabete, *Manual de Direito Penal; Parte Especial*, São Paulo, Atlas, 1987, v. 2, p. 66; Flávio Augusto Monteiro de Barros, *Crimes contra a pessoa*, cit., p. 50.

xílio); ninguém discute o sentido técnico-jurídico do vocábulo "participação", que é de todos conhecido. O significado da palavra *suicídio*, por sua vez, seja no campo etimológico, antropológico, sociológico, ético, moral ou jurídico, não apresenta diferenças significativas. Em todas essas áreas do conhecimento humano, suicidar-se tem o sentido de matar-se, de autoexecutar-se, ou seja, de eliminação da vida pelo próprio suicida. E mais: só haverá *suicídio* com a superveniência do resultado morte produzido pelo próprio. Em outros termos, sem supressão da vida, isto é, sem o resultado morte, não se poderá falar em suicídio. Ninguém, coerentemente, poderá falar em suicídio consumado de pessoa viva! A supressão da vida (a morte) integra o próprio tipo penal. E, para concluir, a *lesão corporal de natureza grave* como consequência da participação de alguém que livre e conscientemente queria o resultado morte, provocado pela própria vítima, é a comprovação mais contundente de que, a despeito do dolo do agente, o resultado ficou aquém do pretendido (qual seja, a morte), e isso não é outra coisa senão tentativa.

Por outro lado, o *preceito secundário*, isto é, a sanção penal, deixa muito claro que existe, normativamente, a possibilidade de o *suicídio* apresentar-se sob duas formas: *consumada* e *tentada!* Ora, ao cominar-lhe a pena de dois a seis anos de reclusão, "se o suicídio se consuma", está-se admitindo a possibilidade de essa conduta ficar na forma tentada, e que, igualmente, deverá ser sancionada, embora com outros limites. E, ademais, a segunda parte do preceito secundário, que é de uma clareza meridiana, espanta qualquer dúvida que pudesse existir e confirma a possibilidade de ocorrer *tentativa punível* da infração conhecida como "participação em suicídio", embora com critério distinto daquele estabelecido no antigo parágrafo único do art. 14 do Código Penal (agora renumerado para § 1º), aliás, lá expressamente ressalvado.

7.2. Crime material: plurissubsistente

Há igualmente entendimento dominante tanto na doutrina quanto na jurisprudência de que o crime de *participação em suicídio* inclui-se nos chamados *crimes materiais*. Nos crimes materiais, a execução pode desdobrar-se em vários atos sucessivos, de tal sorte que a ação e o resultado típicos separam-se espacialmente, permitindo a observação e a constatação clara dos diversos estágios do *iter criminis*. Esses crimes denominam-se *plurissubsistentes* e admitem o fracionamento da ação em atos distintos, sem lhes afastar a unidade delitiva, e é exatamente essa circunstância que permite identificar a possibilidade da tentativa. São os *crimes unissubsistentes*, que se constituem de ato único, cujo processo executivo unitário não permite fracionamento, pois a ação coincide temporalmente com a consumação. É um contrassenso admitir a participação em suicídio como crime material e negar-lhe a possibilidade do *conatus*. Não é razoável, igualmente, admitir, em tese, a possibilidade da tentativa, mas sustentar que, no nosso ordenamento jurídico, ela é impunível, ante o disposto na segunda parte do preceito primário, que prevê a punição da lesão corporal grave, pois esta não se confunde com tentativa de homicídio, inclusive em sua punição.

Na verdade, o texto legal (§ 1º) destaca que é punível "se automutilação ou da tentativa de suicídio resulta lesão corporal de natureza grave ou gravíssima...". Como negar-lhe a possibilidade de tentativa ou, então, negar-lhe a punibilidade, diante de tanta clareza? Podemos questionar a espécie de tentativa, a natureza de sua constituição, os limites de sua punibilidade, os critérios utilizados para o seu sancionamento etc., mas não podemos afirmar que ela é impossível, ou, então, o que é pior, que ela seja impunível!

Os seguidores de Nélson Hungria, que sustentam a impossibilidade da tentativa, confundem esse crime — que é material — com um *crime formal*. Essa infração penal, embora descreva um resultado, este não precisa verificar-se para ocorrer a consumação. Nesses crimes, "basta a ação do agente e a vontade de concretizá-lo, configuradoras do dano potencial, isto é, do *eventus periculi* (ameaça, injúria verbal). Afirma-se que no crime formal o legislador antecipa a consumação, satisfazendo-se com a simples ação do agente..."[26], exatamente o que não ocorre no crime de *participação em suicídio*, no qual a ausência concreta do resultado torna a conduta atípica. O próprio Hungria não só se encarregou de confundir esse crime com um *crime formal* como contribuiu na divulgação desse equívoco, afirmando que "não se pode abstrair que o crime não é o evento 'suicídio' visado pelo réu, mas o fato de *induzir, instigar* ou *prestar auxílio* ao suicídio"[27]. Essa afirmação de Hungria seria correta se se tratasse de *crime formal*, o que, como já procuramos demonstrar, não é verdadeiro. Na realidade, o que levou o grande *Mestre* brasileiro a equi-

---

26. Cezar Roberto Bitencourt, *Manual de Direito Penal*, cit., p. 183.
27. Hungria, *Comentários*, cit., p. 237.

vocar-se, nesse particular, foi a interpretação não menos equivocada de que o resultado do *crime de participação em suicídio* não passa de simples *condição objetiva de punibilidade*. Assim, era inevitável que em cima de uma premissa falsa acabasse chegando a uma conclusão igualmente equivocada. Na realidade, Nélson Hungria contradizia-se, repetidamente, quando tratava desse tema. Com efeito, antes de afirmar a "impossibilidade jurídica da tentativa", linhas atrás, ao traçar um paralelo entre o Código Penal anterior e o atual, afirmava o seguinte: "É, portanto, uma inovação do atual Código a punibilidade desse crime, mesmo no caso de *simples tentativa de suicídio*, desde que desta resulte lesão corporal grave, isto é, qualquer das lesões previstas nos §§ 1º e 2º do art. 129"[28] (grifo acrescentado). Ou seja, nesse crime, Hungria disse e se desdisse!

7.3. Espécie de tentativa

Outro fator que deve ter contribuído para a desinteligência a respeito da existência ou inexistência, possibilidade ou impossibilidade da figura tentada desse crime foi a especial cominação da pena para o *conatus* no próprio preceito secundário, fugindo à regra geral do nosso Código Penal. A definição e a punibilidade da tentativa estão localizadas no art. 14, II e seu parágrafo único, respectivamente. A regra geral, segundo esse dispositivo, é que se puna a tentativa com a mesma pena do crime consumado, reduzida de um a dois terços. Mas o próprio parágrafo único ressalva a possibilidade de o Código prever formas diferenciadas de punir a tentativa, sem desnaturar-lhe sua condição de crime tentado. A cominação prevista para a "tentativa de suicídio", quando sobrevier lesão corporal grave, configura uma dessas formas ressalvadas, a exemplo do que também ocorre com o crime previsto no art. 352 do Código Penal (evadir-se ou tentar evadir-se). Nesse caso, o Código pune a tentativa, abstratamente, com a mesma pena do crime consumado, o que não quer dizer que referido tipo penal não admita tentativa. Os limites abstratos da pena aplicável são os mesmos tanto para a infração consumada quanto para a figura tentada (evasão ou tentativa de evasão). Concretamente, contudo, a pena será adequada em sua individualização, quando, certamente, deverá ser considerada a maior ou menor censura e a maior ou menor gravidade do resultado alcançado.

---

28. Hungria, *Comentários*, cit., p. 236.

Com efeito, para encontrarmos a tipicidade e a punibilidade da tentativa, estamos acostumados a fazer um exercício de conjugação de normas, a norma principal, tipificadora do crime consumado, de um lado, e, de outro lado, a norma de extensão, dita secundária, que cria "novos tipos penais", transformando em puníveis fatos que seriam atípicos se não houvesse essa norma de extensão, em razão do princípio da reserva legal. Na verdade, como tivemos oportunidade de afirmar, "a tipicidade da tentativa decorre da conjugação do tipo penal com o dispositivo que a define e prevê a sua punição, que tem eficácia extensiva, uma vez que, por força dele, é que se amplia a proibição contida nas normas incriminadoras a fatos que o agente realiza de forma incompleta"[29].

Para concluir a análise da admissibilidade da tentativa, nessa infração penal, convém lembrar a tradicional classificação das espécies de tentativa consagrada pela doutrina: tentativa perfeita e tentativa imperfeita. A diferença fundamental entre as duas espécies reside no seguinte: na tentativa imperfeita, o processo executório é interrompido durante o seu curso, impedindo ao agente a realização de todos os atos necessários à obtenção do resultado querido; na tentativa perfeita, a fase executória realiza-se integralmente, faltando somente o resultado pretendido, que, tanto nessa espécie quanto naquela, não ocorre por circunstâncias estranhas ao querer do agente. Ora, segundo esse entendimento, a lesão corporal grave será o resultado parcial da atividade do agente, que fica aquém do desejado, que seria a morte da vítima. Trata-se, na verdade, da espécie definida como *tentativa perfeita*, na medida em que a execução se conclui, mas o suicídio não se consuma. Com efeito, o *iter criminis* percorre toda a fase executória, desenvolvendo-se toda a atividade necessária e idônea para produzir o resultado, que não sobrevém por circunstâncias alheias à vontade do agente.

É verdade que o texto legal faz exigências especiais para punir a tentativa, isto é, não pune toda e qualquer tentativa. Em primeiro lugar, aquela tentativa que não produz qualquer resultado, conhecida como tentativa branca, é impunível, constituindo uma conduta atípica; em segundo lugar, a tentativa imperfeita, aquela que é interrompida no curso da execução, em tese, não poderá produzir resultado penalmente relevante; em terceiro

---

29. Cezar Roberto Bitencourt, *Manual de Direito Penal*, cit., p. 409; Damásio de Jesus, *Direito Penal*, cit., p. 287.

lugar, para que a tentativa perfeita seja punível, é necessário que produza, pelo menos, lesão de natureza grave. A simples lesão leve, por política criminal, é impunível. Precisa-se ter presente que a *participação em suicídio* constitui um "crime complexo", ou melhor, um crime cujo "processo executório é complexo", uma vez que a sua realização exige a participação voluntária tanto do sujeito ativo quanto do sujeito passivo, e, para a sua consumação, é indispensável que a atividade dos dois sujeitos — ativo e passivo — seja eficaz. Esse crime é plurissubjetivo, ou, se preferirem, de concurso necessário.

Em nosso juízo, ao contrário do que se tem afirmado, o Código Penal brasileiro não considera o *crime de suicídio consumado*[30], quando determina a punição diferenciada para a hipótese de sobrevir somente *lesão corporal grave*. Ao contrário, nessa hipótese, pune a tentativa, uma tentativa diferenciada, uma *tentativa qualificada*, mas sempre uma tentativa, na medida em que, além de distinguir o tratamento dispensado à não consumação da supressão da vida da vítima, reconhece-lhe uma *menor censura*, à qual atribui igualmente uma menor punição, em razão do menor *desvalor do resultado*: a punição do crime consumado é uma e a punição do crime tentado (com lesão grave) é outra.

Em síntese, a *participação em suicídio ou automutilação*, nos termos do nosso Código Penal, não admite *tentativa branca* (sem a lesão grave). Pune somente a *tentativa cruenta*, e, mais que isso, no mínimo, com lesão grave, caso contrário, não será punível.

8. Classificação doutrinária

Crime comum porque pode ser praticado por qualquer pessoa independentemente de condição ou qualidade especial; *formal*, na nova previsão do *caput* com redação determinada pela Lei n. 13.968/2019; *material*, pois somente se consuma com a ocorrência do resultado, que é uma exigência do próprio tipo penal; *simples*, na medida em que protege somente um bem jurídico: a vida humana, ao contrário do chamado crime complexo; *crime de dano*, pois o elemento subjetivo orientador da conduta visa ofender o bem jurídico tutelado e não simplesmente colocá-lo em perigo; *crime de conteúdo variado*, ou seja, ainda que o agente realize as

---

30. Flávio Augusto Monteiro de Barros, *Crimes contra a pessoa*, cit., p. 49.

272

três condutas contidas no tipo penal, ainda assim cometerá crime único; *instantâneo*, pois se esgota com a ocorrência do resultado, por outro lado, instantâneo não significa praticado rapidamente, mas, uma vez realizados os seus elementos, nada mais se poderá fazer para impedir sua consumação; *instantâneo de efeitos permanentes*, embora seja instantâneo, é de efeito permanente, pois o fato de o agente continuar a se beneficiar com o resultado, como no furto, não altera sua qualidade de instantâneo. A ação é instantânea, mas os efeitos são permanentes, como, *v.g.*, a morte da vítima ou lesões graves ou gravíssimas; *unissubjetivo* (pode ser cometido por uma única pessoa, não necessitando de mais de um parceiro); *plurissubsistente* (a conduta pode ser desdobrada em vários atos, dependendo do caso concreto).

9. Causas de aumento de pena e transformação da imputação

As causas especiais de aumento (majorantes) deste crime estão relacionadas nos §§ 3º ao 5º do art. 122, as quais foram tipificadas de uma forma muito peculiar, ou, digamos, assistemática, violentando a estrutura metodológica utilizada pelo Código Penal de 1940, mantida pela Reforma Penal de 1984. Essa nova sistemática adotada pelo legislador dificulta, inclusive, sua interpretação e aplicação, como veremos a seguir.

Paradoxalmente, define e comina pena primeiro à tentativa (§ 1º) e depois ao crime consumado (§ 2º), ao contrário de todos os demais crimes tipificados no Código Penal, ou seja, nessa nova redação, o legislador começa pelo fim, isto é, definindo primeiramente a tentativa e só depois a figura consumada do crime, e o fez expressamente.

A regra geral do Código Penal é tão somente definir a figura típica, com todas as suas elementares constitutivas, deixando o trabalho interpretativo a cargo da doutrina e da jurisprudência, inclusive de avaliação e valoração sobre a possibilidade ou não da forma tentada. Esse método político-legislativo aqui adotado pelo legislador contemporâneo destrói, tipologicamente e tecnicamente, a tipificação do crime de induzimento, instigação e auxílio a suicídio, tão somente para acrescentar a proibição da automutilação, que poderia, com melhor sistematização, ser incluída no Código Penal em um tipo penal autônomo, independente, em dispositivo legal específico para esse crime, pois se trata de coisas completamente diferentes, inclusive o próprio bem jurídico.

9.1. Duplicação da pena em razão da motivação, da menoridade ou diminuição da capacidade de resistência (§ 3º)

O § 3º determina a duplicação da pena se o crime for praticado por motivo egoístico, torpe ou fútil, bem como se a vítima for menor de 14 anos ou tiver diminuída, por qualquer causa, a capacidade de resistência. Vejamos, sucintamente, o significado de cada uma dessas causas especiais de duplicação da pena.

A) Por motivo egoístico, torpe ou fútil

A.a) Motivo egoístico

Essa motivação do crime apresenta, quanto ao aspecto subjetivo, uma inovação que a previsão do *caput*, sem essa majoração, não exige, qual seja, o *elemento subjetivo especial do tipo* ou, em outros termos, o especial fim de agir, que é o *motivo egoístico*. Egoísmo, na expressão de Magalhães Noronha, "é o excessivo amor ao interesse próprio, sem consideração pelo dos outros"[31]. Por isso, quando o egoísmo for o móvel da ação, esta será consideravelmente mais *desvaliosa*, justificando-se a maior punição ante o alto grau de insensibilidade e falta de caráter revelado pelo agente. Essa obstinação pela busca de vantagem pessoal, a qualquer preço, chegando ao extremo de sacrificar uma vida humana, impõe a necessidade da proporcional elevação da sanção penal correspondente.

A.b) Motivo torpe

Torpe é o motivo que atinge mais profundamente o sentimento ético-social da coletividade; é o motivo repugnante, abjeto, vil, indigno, que repugna à consciência média. O motivo não pode ser ao mesmo tempo torpe e fútil. A torpeza afasta naturalmente a futilidade. O *ciúme*, por si só, como sentimento comum à maioria da coletividade, não se equipara ao motivo torpe. Na verdade, o *ciúme patológico* tem a intensidade exagerada de um sentimento natural do ser humano, que, se não serve para justificar a ação criminosa, tampouco serve para qualificá-la. O motivo torpe não pode coexistir com o motivo fútil.

---

31. Magalhães Noronha, *Direito Penal; Parte Especial*, 15ª ed., v. 2, p. 49.

Nem sempre a *vingança* é caracterizadora de motivo torpe, pois a *torpeza* do motivo está exatamente na causa da sua existência. Em sentido semelhante, sustenta Fernando de Almeida Pedroso que "a vingança, como sentimento de represália e desforra por alguma coisa sucedida, pode, segundo as circunstâncias que a determinaram, configurar ou não o motivo torpe, o que se verifica e dessume pela sua origem e natureza"[32]. Com efeito, os fundamentos que alimentam o sentimento de vingança, que não é protegido pelo direito, podem ser nobres, relevantes, éticos e morais; embora não justifiquem o crime, podem privilegiá-lo, quando, por exemplo, configurem relevante valor social ou moral, *v.g.*, quando o próprio pai mata o estuprador de sua filha. E um crime privilegiado não pode ser ao mesmo tempo qualificado por motivo fútil ou torpe. O Superior Tribunal de Justiça, em acórdão relatado pelo Ministro Félix Fischer, já decidiu nesse sentido, inclusive para afastar a natureza hedionda do fato imputado: "A vingança, por si, isoladamente, não é motivo torpe. (...) III — A troca de tiros, em princípio, sem outros dados, afasta a qualificadora do inciso IV do art. 121, § 2º, do Código Penal. IV — Se, inequivocamente, sem qualquer discussão, a *imputatio facti* não apresenta situação típica própria de homicídio qualificado, os efeitos processuais da Lei n. 8.072/90 devem ser, ainda que provisoriamente, afastados. V — Consequentemente, inexistindo motivos para a segregação *ad cautelam*, deve o acusado aguardar o julgamento em liberdade. *Habeas corpus* deferido"[33].

A.c) Motivo fútil

Fútil é o motivo insignificante, banal, desproporcional à reação criminosa. Motivo fútil não se confunde com *motivo injusto*, uma vez que o *motivo justo* pode, em tese, excluir a ilicitude, afastar a culpabilidade ou privilegiar a ação delituosa. Vingança não é motivo fútil, embora, eventualmente, possa caracterizar motivo torpe. O ciúme, por exemplo, não se compatibiliza com motivo fútil. Motivo fútil, segundo a Exposição de Motivos, é aquele que, "pela sua mínima importância, não é causa suficiente para o crime". Na verdade, essa declaração da Exposição de Motivos não é das mais felizes, porque, se for "causa suficiente para o crime", justificá-lo-á, logo, será

---

32. Fernando de Almeida Pedroso, *Homicídio — participação em suicídio, infanticídio e aborto*, cit., p. 114.
33. STJ, HC 5.356, rel. Min. Félix Fischer.

excludente de criminalidade. *Motivo fútil* não se confunde com *motivo injusto*, pois este não apresenta aquela desproporcionalidade referida na Exposição de Motivos. E um motivo aparentemente insignificante pode, em certas circunstâncias, assumir determinada relevância. Por outro lado, todo motivo que não *justifique*[34] o crime, excluindo-lhe a antijuridicidade ou eximindo a culpabilidade, é, tecnicamente, sempre *injusto*; sendo *justo* o motivo, não se poderá falar em crime.

A insuficiência de motivo não pode, porém, ser confundida com *ausência de motivos*. Aliás, motivo fútil não se confunde com *ausência de motivo*. Essa é uma grande aberração jurídico-penal. Fazemos aqui, apenas para reflexão, uma conclusão provocativa sobre a ilogicidade do sistema penal: a presença de um motivo, fútil ou banal, qualifica o homicídio. No entanto, a completa *ausência de motivo*, que, teoricamente, deve tornar mais censurável a conduta, pela gratuidade e maior reprovabilidade, não o qualifica. *Absurdo lógico:* homicídio motivado é qualificado; homicídio sem motivo é simples. Mas o princípio da reserva legal não deixa alternativa, não havendo como considerá-lo qualificado, embora seja permitido ao julgador, ao efetuar a dosimetria penal, sopesar a *gratuidade* da violência que levou à morte de alguém, valorando negativamente a ausência de motivo. Não há dúvida alguma de que a "ausência de motivo" revela uma perigosa anormalidade moral que atinge as raias da demência".

B) Vítima menor de 14 anos

O texto legal anterior não estabelecia qual deveria ser o limite da idade do menor, obrigando-nos a uma interpretação sistemática, passando, inclusive, pela análise da imputabilidade penal. Essa deficiência, pelo menos, foi suprida pelo atual diploma legal, a despeito de seus equívocos e seus excessos. Não se pode esquecer, contudo, que o menor, para ser vítima de suicídio ou automutilação, precisa dispor de certa capacidade de discernimento e de ação. Como, nesse crime, a vítima se autoexecuta, é indispensável que tenha essa capacidade de entender e deliberar, bem como capacidade de se autoexecutar[35], caso contrário, estaremos diante de um *homicídio* praticado por meio de *autoria mediata, agora expressamente pre-*

---

34. As causas *justificadoras* do crime encontram-se relacionadas no art. 23 do Código Penal; são as chamadas excludentes.

35. Flávio Augusto Monteiro de Barros, *Crimes contra a pessoa*, cit., p. 46.

vista no § 7º do art. 122, mas, doutrinariamente, já fazíamos essa afirmação, mesmo sem lei expressa.

Mas, afinal, a partir de que idade — questionávamos antes deste diploma legal — o menor adquirirá essa capacidade mínima para reunir as condições para ser vítima (sujeito passivo) de suicídio e de automutilação, e, ao mesmo tempo, fundamentar a majoração da pena contra o autor dessa violência, em razão de sua menoridade? Seria a partir dos 14 anos, quando o art. 224, *a*, não considera válida sua manifestação de vontade e o art. 218 não o considera corruptível? O art. 61, II, *h*, utiliza o termo *criança* para agravar a pena aplicada, e, para essa finalidade, doutrina e jurisprudência têm entendido como criança aquele cuja idade não ultrapassa os sete ou oito anos. A *imputabilidade penal*, por sua vez, está estabelecida para os maiores de 18 anos. Veja-se, assim, a importância e a dificuldade que havia para definir qual o limite que deve ser entendido como prática desse crime contra menor. Finalmente, este diploma legal de 2019 definiu, certo ou errado, a idade inferior a 14 anos (menor de quatorze), para evitar equívocos ou excessos em sua interpretação, trazendo, quando mais não seja, segurança jurídica com uma única definição sobre o sentido do termo menoridade para esse crime.

Já vimos que o agente não responde por esse crime, mas por homicídio, quando a vítima não apresentar capacidade de discernimento ou houver ausência de qualquer capacidade de resistência. Antes dessa lei, em nosso juízo, a majorante *sub examine* só era aplicável a menor com idade entre 14 e 18 anos. Ademais, a menoridade penal cessa aos 18 anos (art. 27). Para não maior de 14 anos, o Código Penal já considerava o *consentimento inválido* e contra quem, quando vítima, já *presumia a violência*, eventual induzimento, instigação ou auxílio ao suicídio *tipificará o crime de homicídio*. Antes era presunção, agora é lei. Enfim, considerando a idade da vítima, poderemos ter as seguintes hipóteses: o sujeito ativo responderá por *homicídio* quando a vítima não for maior de 14 anos; por *participação em suicídio*, com pena duplicada, quando a vítima tiver entre 14 e 18 anos (§ 3º); e por *participação em suicídio* ou automutilação com a pena normal quando a vítima tiver 18 anos completos.

C) Capacidade de resistência diminuída por qualquer causa

Esta majorante do § 3º prevê também somente a redução da capacidade de resistência e não a sua ausência ou eliminação. Essa incapacidade relativa (resistência diminuída) poderá decorrer de herança genética, enfermidade, embriaguez ou qualquer outro fator ou causa que dificulte, diminua ou reduza a capacidade de resistir da vítima. Exemplos: induzir um ébrio a suicidar-se; instigar um demente ao suicídio, auxiliar alguém a mutilar-se etc. A capacidade de resistência pode ser diminuída por qualquer causa, seja em razão de desenvolvimento mental incompleto ou retardado, seja em razão de enfermidade, embriaguez, drogodependência ou senilidade, ou que, por qualquer causa, não pode oferecer resistência, como pela vulnerabilidade da vítima, que, por qualquer outra causa, não pode oferecer resistência.

A ausência absoluta de capacidade de resistência tipifica o crime de homicídio e não a simples participação em suicídio ou automutilação, como exemplifica o disposto no § 7º. Em outros termos, haverá homicídio se a vítima for *forçada a suicidar-se ou a automutilar-se*, sobrevindo a própria morte, ou não tiver condições, nessas hipóteses, de oferecer alguma resistência à ação do agente.

9.2. A pena é aumentada até o dobro se a conduta for realizada por meio da rede de computadores, de rede social ou transmitida em tempo real (§ 4º)

O texto legal fala expressamente "se a conduta for realizada por meio da rede de computadores, de rede social ou transmitida em tempo real", e não apenas transmitida, após realizada, por esses meios modernos de comunicação virtual. Na verdade, nessa hipótese, a rede de computadores ou a rede social são utilizadas como meio para a prática do crime, e não apenas como meio para transmitir a sua prática, ou seja, quando através delas se induz, instiga ou auxilia alguém a suicidar-se ou a automutilar-se. Convenhamos que não é muito difícil de conseguir, inclusive coletivamente, com a transmissão de programas motivacionais negativos, estimular, incentivar, persuadir alguma mente fraca, deprimida, suicida em potencial ou depressiva a suicidar-se, movida por tais programações. Talvez possa haver alguma dificuldade probatória, mas aí já estaremos no âmbito do procedimento penal, e, nessa hipótese, passa a ser um problema do âmbito processual, e nela dever-se-á encontrar a solução devida.

A gravidade da conduta, autorizando aumento até o dobro da pena aplicada, reside no fato de sua abrangência mundial e o potencial para incentivar quantidade indeterminada de pessoas à prática desse crime. Realmente, a utilização desses "meios de comunicação virtual" para a prática de crime, cujos destinatários (e podem ser muitos) são pessoas fracas da cabeça ou com sérios problemas mentais ou existenciais, apresenta gravidade absurda que justifica tamanha majoração de pena.

9.3. A pena é aumentada em metade se o agente for líder ou coordenador de grupo ou de rede virtual (§ 5º)

Nessa previsão do § 5º, o limite de majoração de pena é bem mais modesto do que o dos parágrafos anteriores — aumenta em metade a pena aplicada —; mesmo assim, o faz em limite determinado, como fizeram os dois parágrafos anteriores. Constata-se que, na tipificação do crime de suicídio e automutilação, o legislador optou por adotar o critério fixo para as causas especiais de aumento que, metodologicamente, não apresentam nenhum desvio ou erro que comprometa sua tipificação. No entanto, convém destacar que esse não é o melhor critério nem o mais adequado, porque não deixa margem ao julgador para adequar melhor a pena na hora da dosimetria penal de acordo com as circunstâncias que cercam o fato concreto, especialmente nos §§ 3º e 4º, os quais determinam a duplicação da pena, em uma operação automática, o que impede a adequada dosimetria penal. Critério como esse contraria a orientação, desde o iluminismo, de permitir melhor adequação da pena ao aplicá-la no caso concreto; aliás, entendimento que o legislador (de 1940 e 1984) preferiu adotar, como regra, o critério variável para fixar as majorantes, tanto aquelas previstas na parte geral como as previstas na parte especial do Código Penal.

Por outro lado, desde a promulgação da Lei n. 13.850/2013, é a primeira vez que o legislador não a utiliza, aliás, acertadamente, para agravação de pena (seja como majorante, seja como qualificadora), a participação em organização criminosa, preferindo referir-se a "grupo" ou "rede virtual", pois, se adotasse a utilização de "organização criminosa", reduziria muito a possibilidade de essa agravação configurar-se. Contudo, não se trata aqui, neste parágrafo, da ocorrência ou da participação de reunião de pessoas (grupo) ou da utilização de rede virtual, mas somente de *o agente ser líder ou coordenador de grupo ou de rede virtual*, que é coisa bem diferente. A configuração de grupo poderá ocorrer com muito mais frequência, permitindo, assim, a sua aplicação em muitos mais casos concretos, pois bastará que o dito grupo componha-se de pelo menos três pessoas (duas pessoas não formam grupo, mas poderão, no máximo, configurar uma coautoria simples, a despeito da equivocada previsão para os crimes contra o tráfico de entorpecentes).

Deve-se destacar, contudo, que, inadvertidamente, o legislador majora a pena somente para a participação do "líder ou coordenador" de grupo (ou de rede social) e não de outros componentes do grupo ou da rede social, que, se participarem, não configurará essa majorante.

9.4. A infeliz transformação de um crime tentado em outro consumado mais grave

No § 6º, inovando na forma de definir ou tipificar condutas criminosas, o legislador transforma esta infração penal, *que é contra a vida* (estímulo ao suicídio ou à automutilação), naquela descrita no § 2º do art. 129, *que é crime contra a integridade física* (lesão corporal grave), dificultando, inclusive, a sua interpretação e aplicação. Curiosamente, nessa inovação metodológica de majorar a punição de um crime tentado, transformando-o em outro mais grave (§ 2º do art. 129), consumado, cujo bem jurídico é distinto, com pena muito superior a que seria aplicável se o agente houvesse consumado o crime pretendido (art. 122), não encontra similar no Código Penal de 1940, ainda em vigor. No entanto, convém destacar, desde logo, que, para a ocorrência dessa *transformação* de um crime tentado em outro consumado, mais grave, é indispensável a ocorrência simultânea dos dois pressupostos legais: de um lado, a *gravidade* da lesão sofrida pela vítima, e, de outro lado, a *vulnerabilidade* da suposta vítima, como descrito ao final do § 6º. A falta de qualquer dessas duas elementares típicas inviabiliza a transformação do crime, em sua forma tentada, do § 2º do art. 122, nas lesões corporais graves consumadas descritas no art. § 2º do art. 129.

A consequência dessa transformação ficou racionalmente indefensável, pois a punição da tentativa com lesões corporais graves ou gravíssimas (§1º), paradoxalmente, resulta maior do que a da sua consumação (§ 2º), pela sua transformação no crime do § 2º do art. 129. Dito de outra forma, o crime consumado descrito no § 2º do art. 122 tem uma pena máxima de seis anos de reclusão, enquanto o crime descrito no § 2º do art. 129 tem a pena máxima de oito anos de reclusão, principalmente considerando que a conduta do agente fora apenas tentada. Enfim, se o autor do crime de "estimular" a vítima a suicidar-se ou se automutilar consumá-lo, estará sujeito a uma pena máxima de seis anos de reclusão. No entanto, paradoxalmente, não o consumando, mas resultando a vítima com lesão grave ou gravíssima, nos termos do § 6º, estará sujeito a uma pena máxima de oito anos de reclusão (art. 129, § 2º). Com efeito, se consumar seu intento, sofrerá uma pena menor (seis anos), contudo, não o consumando, mas resultando lesão grave ou gravíssima, sujeitar-se-á a uma pena bem mais grave. Convenhamos que se trata da "lógica do absurdo" comparar a punição de um crime tentado com a de um crime consumado, bem mais grave, e com bens jurídicos distintos.

Como explicar esse paradoxo, se o legislador, aliado aos jurisconsultos, não avaliam reflexivamente o que estão produzindo? Provavelmente, o autor de uma conduta como a que ora examinamos, sabendo que a vítima se encontra hospitalizada com essa gravidade, ficará rezando para que vá a óbito para assim minimizar a sua pena! Lamentavelmente, doutrinadores, professores e aplicadores da lei não são auscultados quando da elaboração desses diplomas legais esdrúxulos, pois, com seus conhecimentos e experiências relevantes, poderiam se não eliminar, pelo menos, ajudar a diminuir absurdos e heresias jurídicas com os quais, com tanta frequência nos últimos tempos, temos sido brindados pelo parlamento brasileiro, especialmente na seara criminal.

Concluindo, a pena prevista para o crime consumado é a reclusão de dois a seis anos (§ 2º), como era na previsão anterior; para a tentativa, desde que produza lesão corporal de natureza grave, a pena é de um a três anos de reclusão (§ 1º). Contudo, a ação tipificada no art. 122 pode tornar-se ainda mais desvaliosa, quer em razão do que a impulsiona (§§ 1º e 2º), quer em razão das condições pessoais da vítima (§ 3º), quer seja realizada pelas redes sociais ou transmitidas em tempo real (§ 4º), e, finalmente, se o agente for líder ou coordenador de grupo ou rede social (§ 5º). Nas hipóteses previstas nos §§ 3º e 4º, a pena é duplicada. Na hipótese do § 5º, a pena será reduzida pela metade.

Mas, em nosso juízo, o paradoxo mais grave e mais absurdo verifica-se na previsão do § 6º, quando compara a previsão do § 1º do art. 122 com a previsão do § 2º do art. 129 (lesão corporal gravíssima), cujo resultado da ação criminosa é, basicamente, o mesmo, qual seja, "lesão gravíssima" da vítima. No entanto, na hipótese do § 1º, a pena cominada é de um a três anos de reclusão, enquanto na hipótese do § 2º do art. 129, com o mesmo resultado lesão gravíssima, a pena cominada, contudo, é de oito anos de reclusão, ou seja, quase o triplo daquela. Questiona-se, afinal, haveria algum fundamento para esse disparate (?), qual seria, afinal, a razão dessa disparidade de tratamento para uma ação que produz, como disse, basicamente, o mesmo resultado, pelo menos aquele mais grave (lesão gravíssima)?

A rigor, esse fundamento, embora insuficiente, está na *vulnerabilidade* do sujeito passivo dessa incriminação, usando a terminologia do legislador quando criminalizou o *estupro de vulnerável*. Com efeito, o sujeito passivo, na hipótese do § 6º, é, alternativamente, "menor de 14 (quatorze) anos, enfermo ou deficiente mental, ou quem, por qualquer outra causa não pode oferecer resistência". Na verdade, a *vulnerabilidade do sujeito passivo* (vítima) torna a mesma conduta com o mesmo resultado mais grave (lesão gravíssima) muito mais desvaliosa que a prevista no § 1º, mas, sem sombra de dúvidas, não o suficiente para justificar aplicação de uma pena máxima, que para o § 1º é de três anos de reclusão, e para o § 6º é de oito anos, qual seja, a pena cominada no § 2º do art. 129 para o § 6º deste artigo. No entanto, ainda que admitamos — e admitimos — que vítimas vulneráveis como as aqui relacionadas sejam razões suficientes para agravar a pena, contudo, não pode chegar ao absurdo de praticamente triplicar a sanção prevista no § 1º, resultando profundamente desproporcional, e a proporcionalidade, sabemos todos, é princípio constitucional que nunca pode ser violado em matéria criminalizadora e punitiva.

Com efeito, embora a condição das vítimas elencadas acresça maior desvalia na conduta praticada, a sua punição não pode ser superior à atribuída à própria conduta principal incriminada (§ 2º), cujo desvalor está na finalidade de conduzir o ser humano a suicidar-se ou automutilar-se. Aliás, o desvalor da ação normalmente concorre com o desvalor do resultado, às vezes, prepondera um, as vezes prepondera outro, como demonstramos quando examinamos essa temática em nosso *Tratado de Direito Penal, Parte Geral*[36], e é com base nessa preponderância que o legislador comina as penas. Isso fica muito claro quando comparamos um homicídio doloso com um homicídio culposo, nos quais o resultado é o mesmo, morte de alguém, mas as condutas de ambos são absolutamente distintas (uma dolosa, outra culposa), bem como a sanção de cada um, até vinte anos para o doloso e até três para o culposo, ambos com o mesmo resultado morte. De notar-se, repetindo, que o resultado, igualmente desvalioso, é o

---

36. Cezar Roberto Bitencourt, *Tratado de Direito Penal; Parte Geral*, 25ª ed., São Paulo, Saraiva, 2019, v. 1, p. 390.

mesmo, tanto no crime doloso quanto no culposo, qual seja, a morte de alguém. No entanto, a grande distinção reside no desvalor da ação, que, inegavelmente, é muito mais desvaliosa no crime doloso do que aquela do culposo, por isso a justificada grande desproporção entre as penas cominadas, para a produção do mesmo resultado.

Em outros termos, a previsão constante do § 6º do art. 122 do Código Penal, com a nova redação determinada pela Lei n. 13.968, sofre do vício de *inconstitucionalidade*, por violar o princípio da *proporcionalidade*. Para melhor se compreender o significado e abrangência dessa concepção, recomendamos que se consulte o que desenvolvemos sobre o referido princípio quando examinamos o crime tipificado no art. 273[37], para não nos alongarmos aqui sobre o mesmo tema.

9.5. A vulnerabilidade absoluta da vítima converte suicídio e automutilação em homicídio

A despeito da semelhança do texto do § 7º com aquele do § 6º que acabamos de examinar, o paradoxo que lá apontamos não se faz presente nesse parágrafo, em razão do conteúdo diverso de ambos. Explica-se: naquele § 6º, transforma-se um crime tentado (§ 1º) em outro crime consumado, com pena muito mais grave (§ 2º do art. 129); no § 7º, em primeiro lugar, não existe essa *transmutação* de crime tentado para crime consumado, pois ambos são consumados, e mantém a imputação da prática de um crime contra a vida, alterando somente a sua capitulação, para o crime de homicídio simples; em segundo lugar, o resultado morte se faz presente nas duas capitulações (§ 2º do art. 122 e art. 121).

Neste particular, agiu com acerto o questionado legislador, pois, nas mesmas hipóteses que relacionou no parágrafo anterior, a vítima que não tem capacidade para consentir e concorrer diretamente para que sua vida seja suprimida, não há outra capitulação possível que não a do art. 121 do Código Penal. Elogiável, nesse sentido, a decisão do legislador, criando essa previsão legal absolutamente correta, além de preencher uma grande lacuna do nosso direito penal positivo, facilitando a capitulação do crime de homicídio, sem artificialismo jurídico-dogmático.

---

37. Cezar Roberto Bitencourt. *Tratado de Direito Penal; Parte Especial*, 13ª ed., São Paulo, Saraiva, 2019, v. 4.

Trata-se, a rigor, de reclassificação do "crime de suicídio ou automutilação" para o crime de homicídio — por determinação legal — praticado mediante autoria mediata, visto que o agente, querendo, por qualquer razão, suprimir a vida da vítima, astuciosamente, a leva a automatar-se ou automutilar-se (com resultado morte), pois se trata de alguém "incapaz de entender o caráter ilícito da ação" e, consequentemente, sem capacidade para consentir e, muito menos, para autodeterminar-se e eliminar sua própria vida. A rigor, o agente aproveita-se da fragilidade da situação de vulnerável da vítima, incapaz de consentir, para executar a sua vontade assassina, para levá-la a realizar a ação que o agente queria, sem "sujar as mãos", agindo, no entanto, como autêntico autor mediato, e, por isso, deve responder pelo crime de homicídio, exatamente como, agora, o texto legal prevê.

9.5.1. Abrangência do conceito de vulnerabilidade e da violência implícita

O legislador atribui, a exemplo do que fez em relação a alguns crimes contra a dignidade sexual (*v.g.*, estupro de vulnerável etc.) a condição de *vulnerável* ao *menor de 14 anos* ou a quem, por *enfermidade* ou *deficiência mental*, não tem o *necessário discernimento para a prática do ato*, ou que, *por qualquer outra causa*, *não possa oferecer resistência*. Embora o texto legal não diga, nem aqui, nem quando disciplinou os crimes contra a dignidade sexual, o enfermo ou deficiente mental não precisa, necessariamente, ser inimputável, pois não se lhe está atribuindo a prática de crime algum. Na realidade, o texto legal, lá e cá, está reconhecendo a condição de vulnerável e carente de maior proteção penal às hipóteses que menciona, reconhecendo sua maior incapacidade de se proteger ou, como dito no texto legal, de oferecer resistência.

Com efeito, o legislador reconhece a vulnerabilidade do menor de 14 anos e a estende ao enfermo ou deficiente mental, aliás, o § 6º, ao contrário do § 7º, adota fórmula conhecida para contemplar a *equiparação da vulnerabilidade* do menor de 14 anos ao portador de doença ou enfermidade mental, qual seja, "ou a quem, por enfermidade ou deficiência mental, não tem o necessário discernimento para a prática do ato". Ademais, em ambos os §§ 6º e 7º, o legislador adotou uma *interpretação analógica* (ou que, *por qualquer outra causa*, não pode oferecer resistência). Embora o § 7º não tenha destacado expressamente como vulnerável a "enfermidade ou deficiência mental da vítima", inegavelmente, ela está incluída na cláusula

284

genérica "por qualquer outra causa, não pode oferecer resistência", constante dos dois parágrafos.

Trata-se de presunção legal absoluta de vulnerabilidade, ou seja, a própria lei determina que a vítima, nas circunstâncias que elenca, é, indiscutivelmente, *vulnerável* e ponto-final. Não se questiona esse aspecto, ele é incontestável, trata-se de presunção *juris et jure*, que não admite prova em sentido contrário. Não importa nem mesmo que o exame concreto demonstre que a *vulnerabilidade* constatada é *relativa*, isto é, incompleta, apresenta-se em seu grau menor, pois, mesmo assim, essa conclusão é irrelevante, pois estamos falando da supressão da vida de alguém, ao contrário do que pode ocorrer na hipótese de estupro de vulnerável, conforme demonstramos no volume 4 de no *Tratado de Direito Penal*.

Enfim, para concluir este tópico, destacamos que o legislador adotou aqui três espécies ou modalidades de vulnerabilidade, quais sejam, em síntese: a) *real* (do menor de 14 anos); b) *equiparada* (do enfermo ou deficiente mental prevista só no § 7º); e, finalmente, c) *por interpretação analógica* (quem, por qualquer outra causa, não pode oferecer resistência). Aliás, repetindo, lembramos que, embora a vulnerabilidade equiparada, ou seja, a do enfermo ou deficiente mental, não tenha sido prevista no texto do § 7º, certamente, uma interpretação sistemática não pode deixar de incluí-la nesse rol genérico.

9.6. Autoria mediata e a teoria do domínio do fato

A doutrina consagrou a figura da *autoria mediata*, e algumas legislações, como a alemã (§ 25, I) e a espanhola (art. 28 do CP de 1995), admitem expressamente a sua existência. "É autor mediato quem realiza o tipo penal servindo-se, para execução da ação típica, de outra pessoa como *instrumento*."[38] A *teoria do domínio do fato* molda com perfeição a possibilidade da figura do *autor mediato,* como ocorre na hipótese prevista no § 7º da nova redação do art. 122. Todo o processo de realização da figura típica, segundo essa teoria, deve apresentar-se como obra da vontade reitora do "homem de trás", o qual deve ter absoluto controle sobre o executor do fato. Originariamente, a autoria mediata surgiu com a finalidade de preencher as lacunas que ocorriam com o emprego da "teoria da acessoriedade ex-

---

38. Jescheck, *Tratado,* cit., p. 919.

trema da participação". A consagração da *acessoriedade limitada* não eliminou, contudo, a importância da autoria mediata. Modernamente, defende-se a prioridade da autoria mediata diante da participação em sentido estrito. Em muitos casos se impõe a *autoria mediata*, mesmo quando fosse possível, sob o ponto de vista da *acessoriedade limitada*, admitir a participação (caso do executor inculpável), desde que o homem de trás detenha o domínio do fato. Nessas circunstâncias, o decisivo para distinguir a natureza da responsabilidade do "homem de trás" reside no *domínio do fato*. O *executor*, na condição de instrumento, *deve encontrar-se absolutamente subordinado em relação ao mandante*, caso típico do descrito no § 2º combinado com o § 7º, ora *sub examine, pela vulnerabilidade e incapacidade de decidir da vítima*. Antes resultava de pura interpretação doutrinário-jurisprudencial, agora se encontra expressamente determinado nesse § 7º do art. 122.

O *autor mediato* realiza a ação típica por meio de outrem, *in casu* da própria vítima, como instrumento humano, cuja atuação pode ocorrer nas seguintes hipóteses: a) em virtude da situação de *erro* em que se encontra, devido à falsa representação da realidade (erro de tipo), ou do significado jurídico da conduta que realiza (erro de proibição), que é provocada pelo "homem de trás", b) *coagido*, devido à ameaça ou violência utilizada pelo homem de trás[39], ou c) num contexto de inimputabilidade (com a utilização de inimputáveis)[40]. As hipóteses mais comuns de *autoria mediata* decorrem, portanto, do *erro*, da *coação irresistível* e do uso de *inimputáveis ou de "vulneráveis"* para a prática de crimes, como ocorre na hipótese prevista no referido § 7º. No entanto, nada impede a possibilidade de sua ocorrência em ações *justificadas* do executor, quando, por exemplo, o agente provoca deliberadamente uma situação de exclusão de criminalidade para aquele, que não é o caso *sub examine*.

Todos os pressupostos necessários de punibilidade devem encontrar-se na pessoa do "homem de trás", no *autor mediato (aquele que se aproveita da situação de vulnerabilidade descrito no § 7º)*, e não no executor, *autor*

---

39. Caracterizando os casos de *domínio da vontade* por meio da *coação*, referido por Claus Roxin, *Autoria y dominio del hecho*, trad. da 7ª edição alemã por Joaquín Cuell Contreras e José Luis Serrano González de Murillo, Madrid, Marcial Pons, 2000 p. 167 e s.

40. Caracterizando os casos de *domínio da vontade* por meio da *utilização de inimputáveis*, referido por Claus Roxin, *Autoria y dominio del hecho*, cit., p. 259 e s.

imediato. Com base nesse argumento, Soler e Mir Puig, seguindo a orientação de Welzel, admitem, em princípio, a possibilidade de autoria mediata nos *crimes especiais* ou *próprios*, desde que o autor mediato reúna as qualidades ou condições exigidas pelo tipo[41]. Já nos "crimes de mão própria", será impossível a figura do *autor mediato*. Além desses casos especiais, a autoria mediata encontra seus limites quando o *executor* realiza um comportamento conscientemente doloso, o que não é o caso que ora examinamos, exatamente pela vulnerabilidade e impossibilidade de consentir da própria vítima colacionada no § 7º. Aí o "homem de trás" deixa de ter o *domínio do fato*, compartindo-o, no máximo, com quem age imediatamente, na condição de coautor, ou então fica na condição de partícipe, quando referido domínio pertence ao consorte.

A *teoria do domínio do fato* ganhou ao longo dos anos uma dimensão muito maior do que a simples referência aos crimes cometidos à época do nacional-socialismo, alcançando sofisticado desenvolvimento com os trabalhos levados a efeito pelo aclamado Prof. Claus Roxin. Nem uma teoria *puramente objetiva* nem outra *puramente subjetiva* são adequadas para fundamentar a essência da autoria e fazer, ao mesmo tempo, a delimitação correta entre autoria e participação. A *teoria do domínio do fato*, partindo do conceito restritivo de autor, tem a pretensão de sintetizar os aspectos objetivos e subjetivos, impondo-se como uma *teoria objetivo-subjetiva*. Embora o *domínio do fato* suponha um controle final, "aspecto subjetivo", não requer somente a *finalidade*, mas também uma posição objetiva que determine o efetivo domínio do fato. Autor, segundo essa teoria, é quem tem o poder de decisão sobre a realização do fato. Mas é indispensável que resulte demonstrado que quem detém posição de comando *determina* a prática da ação, sendo irrelevante, portanto, a simples "posição hierárquica superior", sob pena de caracterizar autêntica responsabilidade objetiva. Autor, enfim, é não só o que executa a ação típica (autoria imediata), como também aquele que se utiliza de outrem, como instrumento, para a execução da infração penal (autoria mediata). Como ensinava Welzel, "a conformação do fato mediante a vontade de realização que dirige de forma planificada é o que transforma o autor em senhor do

---

41. A favor: Soler, *Derecho Penal argentino*, cit., v. 2, p. 247-8; Mir Puig, *Derecho Penal*, cit., p. 325.

fato"[42]. Porém, como afirma Jescheck, não só a vontade de realização resulta decisiva para a autoria, mas também a importância material da parte que cada interveniente assume no fato[43]. Em outros termos, para que se configure o *domínio do fato*, é necessário que o *autor* tenha controle sobre o *executor* do fato, e não apenas ostente uma posição de superioridade ou de representatividade institucional, como se chegou a interpretar na jurisprudência brasileira. Ou seja, *é insuficiente que haja indícios de sua ocorrência*, aliás, como é próprio do direito penal do fato, que exige um *juízo de certeza* consubstanciado em prova incontestável.

A *teoria do domínio* do fato reconhece a figura do *autor mediato*, desde que a realização da figura típica apresente-se como obra de sua vontade reitora, sendo reconhecido como o "homem de trás", e controlador do executor. Essa teoria tem as seguintes consequências: 1ª) a realização pessoal e plenamente responsável de todos os elementos do tipo fundamentam sempre a autoria; 2ª) *é autor quem executa o fato utilizando outrem como instrumento (autoria mediata)*; 3ª) é autor o coautor que realiza uma parte necessária do plano global ("domínio funcional do fato"), embora não seja um ato típico, desde que integre a resolução delitiva comum. Ou, dito em outros termos, numa linguagem roxiniana[44], o *domínio do fato* pode ser exercido das seguintes formas: i) *pelo domínio da ação*, que ocorre quando o agente realiza pessoalmente o fato típico, agindo, por conseguinte, como autor e não como simples partícipe (instigador ou cúmplice); ii) *pelo domínio da vontade*, que ocorre quando o executor, isto é, o autor imediato, age mediante coação ou incorrendo em erro, não tendo domínio de sua vontade, que é controlada ou dominada pelo "homem de trás", que é o autor mediato, como veremos adiante. Assim, o "homem de trás" tem o domínio da vontade e o controle da ação, sendo o verdadeiro autor, ainda que mediato; iii) *pelo domínio funcional do fato*, que ocorre na hipótese de coautoria, em que há, na dicção de Jescheck, uma *exemplar divisão de trabalho*, quando o agente realiza uma contribuição importante, ainda que não seja um ato típico, mas se revele necessária no plano global.

---

42. Hans Welzel, *Derecho Penal alemán*, cit., p. 145.
43. Jescheck, *Tratado*, cit., p. 898.
44. Claus Roxin, *Autoria y domínio del hecho en Derecho Penal*, cit., p. 147.

10. Questões especiais

a) *Greve de fome*

Afinal, o médico que tem o *dever* de assistir e velar pela vida do *grevista de fome*, especialmente no sistema prisional, poderá ser penalmente responsabilizado por comissão e também por omissão: de um lado, se deixar o grevista morrer sem ministrar-lhe, forçadamente, a alimentação necessária; de outro lado, ao forçar-lhe tal alimentação, não poderá estar praticando possível coação ilegal?! O tema não é novo e está longe de encontrar uma orientação pacífica. As razões que podem levar a uma "greve de fome" podem ser as mais variadas — ideológica, política, ética, social, religiosa, utilitarista (chamar a atenção pública, melhorar as condições prisionais, busca de notoriedade, evitar a execução da pena, *v.g.*, sequestradores do caso Diniz etc.) —, mas, em regra, o grevista *não tem a intenção de morrer*, embora, no decurso do "desjejum", possa acabar mudando de ideia e acabe admitindo ou aceitando a morte.

O médico, em princípio, não pode ministrar alimentação contra a vontade de quem se encontra, por opção, em "jejum voluntário". Contudo, essa regra não é absoluta e admite ressalvas, seguindo aquela orientação que inicialmente expusemos, segundo a qual *não existe um direito sobre a vida, mas um direito à vida*, e tampouco existe um "direito de morrer", de que falava Ferri. Assim, é vedado ministrar, forçadamente, alimentação ao grevista, *desde que se encontre em "pleno uso de suas faculdades mentais"* e não haja *"grave risco de vida"*. Não se pode esquecer, destaca com acerto Serrano Gomes, que o debilitamento que pressupõe a falta de alimentos e, especialmente, de água "pode influir na capacidade de decidir do sujeito, e, inclusive, pode, eventualmente, estar pressionado por questões políticas"[45].

O médico, na hipótese de greve de fome de prisioneiros, *tem o dever* de velar pela saúde e, por extensão, pela vida dos grevistas. Há determinado momento em que a não intervenção, com alimentação, permitirá que o grevista sofra lesões irreversíveis. Nesse momento, a intervenção médica, ministrando alimentação ou medicação necessária, estará protegida pelo disposto no art. 146, § 3º, do Código Penal. Ademais, o médico está na

---

45. Serrano Gomes, *Derecho Penal*, cit., p. 49.

posição de *garantidor*, e, pelo nosso direito, conjugando-se a previsão do dispositivo que acabamos de citar com a prescrição do art. 13, responderá pela morte do grevista, na forma *omissiva imprópria*, embora sejam muito raras mortes de prisioneiros em razão de greve de fome. O mesmo pode ocorrer com as "Testemunhas de Jeová", especialmente nas *transfusões de sangue*, cuja negativa decorre de motivos religiosos. A *transfusão* determinada pelo médico, quando não houver outra forma de salvar o paciente, está, igualmente, amparada pelo disposto no art. 146, § 3º, do Código Penal. Eventual violação da *liberdade de consciência* ou da *liberdade religiosa* cede ante um *bem jurídico superior* que é a vida, na inevitável *relação de proporcionalidade* entre os bens jurídicos tutelados.

Quando os familiares ou pessoas encarregadas de menores ou incapazes negarem a assistência médica — mesmo por motivos religiosos —, quer ocultando a gravidade da situação, quer não apresentando o menor ou incapaz em um centro médico especializado, se sobrevier a morte, responderão por homicídio na forma *omissiva imprópria*[46]. Adotam orientação contrária Díez Ripollés e Silva Sanchez, entre outros, negando a posição de garantia do médico, em razão da oposição do paciente; Silva Sanchez, ademais, acrescenta a desnecessidade de pena; Bajo Fernandez os acompanha nesse entendimento, salvo se houver lei expressa[47], como ocorre no direito brasileiro (art. 13, § 2º, do CP).

b) *Suicídio a dois*

O chamado suicídio a dois pode apresentar alguma dificuldade, na medida em que a punibilidade está diretamente relacionada à atividade desenvolvida por cada um dos participantes e o resultado produzido.

c) *Duelo americano ou roleta russa*

Define-se como roleta russa, típica das películas americanas, aquela aposta em que os contendores rolam o tambor de arma contendo somente um projétil, disparando, cada um em sua vez, na própria direção. A solução indica a responsabilidade do sobrevivente pela "participação em suicídio", pois, com essa prática, no mínimo, instigou a vítima ao suicídio. Se, no

---

46. Serrano Gomes, *Derecho Penal*, cit., p. 52.
47. Díez Ripollés y Gracia Martin, *Delitos contra bienes jurídicos fundamentales*, Valencia, Tirant lo Blanch, 1993, p. 249.

entanto, algum dos contendores for coagido a participar da "aposta", sobrevivendo o *coator,* este responderá por homicídio doloso.

d) *Pacto de morte ou "suicídio a dois"*

Verifica-se o "pacto de morte" quando duas pessoas combinam, por qualquer razão, o duplo suicídio. Nessa hipótese, o sobrevivente responderá por homicídio quando tiver praticado o ato executório. No entanto, se somente houver *induzido, instigado ou auxiliado* seu parceiro, responderá pelo suicídio, na forma do art. 122. Se nenhum morrer, aquele que realizou atividade executória contra o parceiro responderá por tentativa de homicídio, e aquele que ficou somente na "contribuição" responderá pela tentativa qualificada, se houver pelo menos lesão corporal grave.

Nesse particular, são extremamente elucidativos os exemplos sugeridos por Damásio de Jesus[48], que pedimos *venia* para transcrever:

1º) A e B trancam-se em um quarto hermeticamente fechado. A abre a torneira de gás; B sobrevive.

Nesse caso, B responde por participação em suicídio.

2º) O sobrevivente é quem abriu a torneira: nessa hipótese, responde por homicídio, uma vez que praticou o ato executório de matar.

3º) Os dois abrem a torneira de gás, não se produzindo qualquer lesão corporal em face da intervenção de terceiro: ambos respondem por tentativa de homicídio, uma vez que praticaram ato executório de matar: A em relação a B; B em relação ao sujeito A.

4º) Suponha-se que um terceiro abra a torneira de gás. Os dois se salvam, não recebendo lesão corporal de natureza grave. Responderiam os dois por participação em suicídio? E o terceiro? Na verdade, os dois não respondem por nada, pois a conduta que praticaram é atípica. O terceiro, que praticou ato executório de matar, responde por dupla tentativa de homicídio.

5º) Os dois sofrem lesão corporal de natureza grave, sendo que A abriu a torneira de gás, e B não. *A* responde por tentativa de homicídio; *B,* por *participação em suicídio.*

11. Pena e ação penal

Para a figura formal do *caput,* criada por esse texto legal, comina-se a pena de seis meses a dois anos de reclusão, modalidade não prevista na redação anterior. Por sua vez, para qualquer das duas figuras consumadas,

---

48. Damásio de Jesus, *Direito Penal,* cit., p. 96-7.

a pena é de reclusão de dois a seis anos (§ 2º); se resultar somente *lesão corporal grave ou gravíssima* (§ 1º), tanto da *automutilação*, quanto da tentativa frustrada do *suicídio*, a pena será de um a três anos. No entanto, nas formas *majoradas* previstas nos §§ 3º e 4º, a pena será duplicada, ou seja: segundo o § 3º — I — *se o crime for praticado por motivo egoístico, torpe ou fútil;* ou II — *se a vítima for menor ou tiver diminuída, por qualquer causa, a capacidade de resistência*; segundo o § 4º, a pena será aumentada até o dobro *se a conduta for realizada por meio da rede de computadores, de rede social ou transmitida em tempo real*. Por sua vez, segundo o § 5º, a pena será aumentada de metade *se o agente for líder ou coordenador de grupo ou de rede virtual*.

Por outro lado, o § 6º determina que, "se do crime de que trata o § 1º deste artigo (automutilação ou tentativa de suicídio) resulta *lesão corporal de natureza gravíssima* e for cometido contra menor de 14 anos ou *contra pessoa vulnerável*[49], o agente responderá pelo crime de lesões corporais gravíssimas previstas no § 2º do art. 129 do Código Penal. De notar-se que, nessa hipótese, exige-se que ocorram, *simultaneamente*, duas condicionantes, quais sejam, *lesão corporal gravíssima*, e, igualmente, *que seja praticado contra vítima menor de 14 anos ou que se trate de alguém que apresente a qualidade ou condição especial de vulnerabilidade* que menciona.

E, finalmente, segundo o § 7º, o agente responderá pelo *crime de homicídio simples* se o crime de que trata o § 2º do art. 122 (se o suicídio se consuma ou se da automutilação resulta morte da vítima) for "cometido contra menor de 14 (quatorze) anos ou contra quem não tem o necessário discernimento para a prática do ato, ou que, por qualquer outra causa, não pode oferecer resistência".

A *ação penal* é pública incondicionada. No entanto, não custa recordar, toda ação pública admite ação penal *privada subsidiária*, nos termos da Constituição Federal, desde que haja inércia do Ministério Público.

---

49. "[...] menor de 14 (quatorze) anos ou contra quem, por enfermidade ou deficiência mental, não tem o necessário discernimento para a prática do ato, ou que, por qualquer outra causa, não pode oferecer resistência [...]."

ALTERAÇÕES NO CRIME DE ROUBO MAJORADO | XI

Sumário: 1. Considerações preliminares. 2. Roubo majorado ("qualificado", § 2º). 2.1. Se a violência ou ameaça é exercida com emprego de arma. 2.1.1. O emprego de arma de brinquedo, a Súmula 174 do Superior Tribunal de Justiça e a revogação do inciso I do § 2º. 2.1.2. Revogação do inciso I do § 2º do art. 157. 2.2. O emprego de arma branca. 2.3. Elevação da pena mínima no roubo qualificado. 3. Eventual presença de duas causas de aumento. 4. A tipificação do crime de roubo recebeu várias modificações da Lei n. 13.654/2018. 4.1. A revogação do inciso I do § 2º do art. 157 excluiu a majorante arma branca. 4.2. Acréscimo trazido pelo inciso VI ao § 2º do art. 157 — subtração de substâncias explosivas ou de acessórios. 4.3. A inclusão do § 2º-A ao art. 157 do Código Penal prevê duas causas especiais de aumento de pena. 4.3.1. Se a violência ou ameaça é exercida com emprego de arma de fogo. 4.3.2. Destruição ou rompimento de obstáculo mediante o emprego de explosivo ou de artefato análogo que cause perigo comum. 4.4. Emprego de arma de fogo de uso restrito ou proibido duplica a pena do *caput*. 5. Roubo qualificado: resultado de lesão grave ou morte. 5.1 Pela lesão corporal grave (inciso I). 5.2 Pelo resultado morte (inciso II): latrocínio. 5.2.1 Resultado morte decorrente de grave ameaça: não tipifica latrocínio. 5.3 Morte de comparsa: inocorrência de latrocínio. 6. Tentativa de latrocínio: pluralidade de alternativas. 7. Latrocínio com pluralidade de vítimas. 8. Concurso do crime de roubo com o de quadrilha. 9. Pena e ação penal. 9.1 Inconstitucionalidade da proibição de progressão de regime nos crimes hediondos.

1. Considerações preliminares

A Lei n. 13.654/2018 já havia alterado o § 2º, revogando o seu inciso I, que majorava a pena se o roubo fosse praticado com emprego de arma, e, ao mesmo tempo, acrescentou o inciso VI, com a seguinte redação: "se a subtração for de substâncias explosivas ou de acessórios que, conjunta ou isoladamente, possibilitem sua fabricação, montagem ou emprego". Acrescentara, ainda, o § 2º-A, prevendo que "A pena aumenta-se de 2/3 (dois terços): I — se a violência ou ameaça é exercida com emprego de arma de fogo; e II — se há destruição ou rompimento de obstáculo mediante o emprego de explosivo ou de artefato análogo que cause perigo comum".

A Lei n. 13.964, de 24 de dezembro de 2019, por sua vez, alterou também, como veremos, de forma *atabalhoada* o roubo majorado, acrescentando o inciso VII ao § 2º do art. 157, com a seguinte redação: "se a violência ou grave ameaça é exercida com emprego de arma branca". Incluiu ainda o § 2º-B, com o seguinte texto: "Se a violência ou grave ameaça é exercida com emprego de arma de fogo de uso restrito ou proibido, aplica-se em dobro a pena prevista no *caput* deste artigo". Em outros termos, o novo diploma legal define as espécies de armas cujo emprego pode majorar a pena: branca e de fogo, não deixando margem para se sustentar, como majorante, o uso das denominadas *armas impróprias*, que armas não são, mas instrumentos ou objetos de outra natureza utilizados como meio para facilitar a prática desse crime.

Para melhor contextualizarmos referidas alterações, faremos, neste capítulo, a inclusão dos respectivos comentários à figura do "roubo majorado", com as alterações acrescidas pelas Leis n. 13.654/2018 e 13.964/2019, que lhe deram nova fisionomia. Acreditamos que a adoção dessa metodologia facilita não apenas a compreensão das alterações trazidas pela Lei n. 13.964/2019, como também permite uma visão abrangente das múltiplas alterações ocorridas nesse crime de roubo nos últimos anos, quer revogando incisos, quer acrescentando incisos e parágrafos, em um vai e vem absolutamente desnecessário, pois já se tratava de um crime extremamente grave e complexo. Talvez as alterações mais adequadas sejam aquelas que incluíram, como majorantes, a utilização de arma de fogo de uso restrito ou proibido e de explosivos, que passaram a ser comuns nos roubos em caixas automáticos do sistema bancário, entre outras hipóteses.

Com efeito, impõe-se essa forma de exame considerando que, nesse período, houve uma confusa alteração da fisionomia do crime de roubo, ora suprimindo, ora incluindo novos incisos e parágrafos na sua tipificação, dificultando no dia a dia, inclusive, o exame adequado da norma aplicável, questões de retroatividade, de vigência de incisos etc.

2. Roubo majorado ("qualificado", § 2º)

Embora alguns doutrinadores não façam distinção entre *majorantes* e *qualificadoras*, ou, pelo menos, não lhe atribuam relevância, não abrimos mão da *precisão terminológica*, especialmente porque grande parte de nossos leitores é de acadêmicos de Direito, que necessitam, desde logo, acostumar-

294

-se com a precisão terminológica do Direito Penal, merecendo boa orientação doutrinária. Por isso, convém registrar que as circunstâncias enunciadas nos parágrafos do art. 157 constituem simples majorantes ou, se preferirem, causas de aumento de pena. As *qualificadoras*, por sua vez, constituem verdadeiros tipos penais derivados com novos limites, mínimo e máximo, enquanto as *majorantes*, como simples causas modificadoras da pena, somente estabelecem sua variação, mantendo os mesmos limites, mínimo e máximo, fixados no tipo penal.

Ademais, as majorantes funcionam como modificadoras somente na terceira fase do cálculo da pena (art. 68), ao contrário das qualificadoras, que fixam novos limites (mínimo e máximo), mais elevados, dentro dos quais será estabelecida a pena-base, com cálculo da pena, independentemente do crime simples ou majorado. Assim, o elenco constante do § 4º do art. 155[1] constitui a figura qualificada do crime de furto, ao passo que o relacionado no dispositivo *sub examine* configura roubo, com pena majorada. Façamos, a seguir, uma análise individualizada de cada uma dessas majorantes, acrescidas daquelas trazidas pela Lei n. 13.964/2019.

2.1. Se a violência ou ameaça é exercida com emprego de arma

Essa previsão original do Código Penal de 1940 foi revogada pela Lei n. 13.654/2018, mas acabou restabelecida pela Lei n. 13.964/2019, que a redefiniu no § 2º, como "com o emprego de arma branca", nos seguintes termos: "VII — se a violência ou grave ameaça é exercida com emprego de arma branca". Nota-se que essa nova redação, ao contrário daquela revogada, adjetivou a arma empregada como *branca*, enquanto o texto revogado adotava simplesmente a utilização de "arma", sem adjetivá-la, permitindo, de certa forma, a utilização de qualquer tipo de arma, com potencial variado. O novo texto ficou melhor na medida em que a antiga redação permitiu, inclusive, que se adotasse, jurisprudencialmente, o emprego de "armas de brinquedo" como tipificadora dessa majorante, por mais incrível que isso nos pareça.

Segundo a dicção do texto legal, é necessário o *emprego efetivo* de arma, sendo insuficiente o simples *portar*. Para Luiz Regis Prado, no entanto, "é

---

1. "A pena é de reclusão, de 2 (dois) a 8 (oito) anos, e multa, se crime é cometido: I — com destruição ou rompimento de obstáculo à subtração da coisa; II — com abuso de confiança, ou mediante fraude, escalada ou destreza; III — com emprego de chave falsa; IV — mediante concurso de duas ou mais pessoas."

suficiente para a caracterização da majorante que o sujeito ativo porte a arma ostensivamente, de modo que ameace a vítima, vale dizer, não é imprescindível que venha a fazer uso do instrumento para praticar a violência ou grave ameaça, sob pena de esvaziamento da *ratio legis*"[2]. Divergimos desse entendimento, uma vez que a tipificação legal condiciona *a ser a violência ou grave ameaça* "exercida" com o "emprego de arma", e "empregá-la" significa uso efetivo, concreto, real, isto é, a utilização da arma no cometimento da violência. Não era outro o magistério de Sebastian Soler, que, ao comentar o Código Penal argentino, com previsão semelhante ao nosso, pontificava: "A lei exige que o roubo tenha sido cometido com armas, o que não quer dizer que o ladrão apenas as *tenha*, razão pela qual acreditamos sinceramente infundado levantar dúvidas a esse respeito ante o texto de nossa lei. Outras leis, não a nossa, merecem censura por referir-se ao mero fato de portá-la"[3].

A *inidoneidade lesiva da arma* (de brinquedo, descarregada ou simplesmente à mostra), que pode ser suficiente para caracterizar a ameaça tipificadora do roubo (*caput*), não tem o mesmo efeito para qualificá-lo, a despeito do que pretendia o equivocado entendimento do Superior Tribunal de Justiça, em boa hora revogado pela Súmula 174, atendendo à súplica unânime da doutrina nacional[4]. No entanto, posteriormente, em 2001 referida súmula foi cancelada pela 3ª Sessão do próprio Superior Tribunal de Justiça. Contudo, aquele texto original do CP de 1940 foi revogado e substituído expressamente por duas modalidades de armas, branca e de fogo, e, como demonstramos na introdução desta obra, não se confundem com "armas de brinquedo" e não podem a elas ser equiparadas.

O fundamento dessa majorante reside exatamente na possibilidade de maior dano que o emprego de arma (revólver, faca, punhal etc.) representa e não no temor maior sentido pela vítima[5]. Por isso, é necessário que a arma apresente idoneidade ofensiva, qualidade inexistente em arma descarregada, defeituosa ou mesmo de brinquedo. Enfim, a potencialidade lesiva e o perigo que uma arma verdadeira apresenta não existem nos instrumentos antes

---

2. Luiz Regis Prado, *Curso de Direito Penal brasileiro*, cit., v. 2, p. 394.

3. Sebastian Soler, *Derecho Penal argentino*, Buenos Aires, TEA, 1970, v. 4, p. 266.

4. A postura do Superior Tribunal de Justiça, ao revogar a malfadada Súmula 174, reconhecendo o equívoco que seu conteúdo representava, é uma demonstração de grandeza, que só enaltece essa respeitável Corte Superior de Justiça.

5. Damásio de Jesus, *Direito Penal*, cit., v. 2, p. 341.

referidos. Pelas mesmas razões, não admitimos a caracterização dessa majorante com o uso de arma inapta a produzir disparos, isto é, *inidônea* para o fim a que se destina.

Em síntese, a maior probabilidade de dano propiciada pelo emprego de arma amplia o *desvalor da ação*, tornando-a mais grave; ao mesmo tempo, a probabilidade de maior êxito no empreendimento delituoso aumenta o *desvalor do resultado*, justificando-se a majoração de sua punibilidade. Contudo, convém ficar atento à movimentação da jurisprudência do Superior Tribunal de Justiça, que, sobre este tópico, anda bastante volúvel, podendo ser alterada a qualquer momento.

2.1.1. O emprego de arma de brinquedo, a Súmula 174 do Superior Tribunal de Justiça e a revogação do inciso I do § 2º

Na mesma linha de pensamento, o emprego de "arma de brinquedo" pode tipificar o crime de roubo, pois representa um facilitador para sua execução, mas não o torna qualificado ou *majorado*, pois, como já afirmamos, a razão de ser da qualificadora reside na maior potencialidade lesiva e no maior perigo que a *arma verdadeira* produz, e não na maior intimidação sentida pela vítima. Esse sentimento, que serve para caracterizar a grave ameaça tipificadora do roubo, não produz o mesmo efeito para majorá-lo, sob pena de incorrer-se em grosseiro *bis in idem*.

A velha doutrina, de décadas passadas, que atribuía conteúdo subjetivo à majorante, admite sua caracterização com o simples emprego de "arma de brinquedo". Nélson Hungria, eterno defensor de todas as mazelas do Código Penal de 1940, admitindo um caráter subjetivo baseado na intimidação da vítima, respaldado nas antigas lições de Maggiore e Manzini, afirmava que "a ameaça com uma arma ineficiente (ex.: revólver descarregado) ou fingida (ex.: um isqueiro com feitio de revólver), mas ignorando a vítima tais circunstâncias, não deixa de constituir a majorante, pois a *ratio* desta é a *intimidação* da vítima, de modo a anular-lhe a capacidade de resistir"[6]. No entanto, essa superada orientação não encontra nenhuma repercussão na moderna doutrina penal (Damásio de Jesus, Heleno Fragoso, Weber Martins Batista, Luiz Regis Prado, Luiz Flávio Gomes, Guilherme de Souza Nucci, entre tantos outros), que, à unanimidade, rechaça interpretações extensivas, abrangentes

---

6. Nélson Hungria, *Comentários ao Código Penal*, cit., v. 7, p. 58.

ou analógicas. Contudo, nossos tribunais superiores (STF e STJ), em incompreensível conservadorismo, continuaram acolhendo aquela vetusta orientação[7], ignorando que o fundamento da majorante, ao contrário do que imaginava Hungria, não é a intimidação da vítima, mas a lesividade e o perigo representados pela arma verdadeira.

Foi nessa linha ultrapassada que o Superior Tribunal de Justiça, na contramão da história, resolveu sumular essa orientação (1996), divorciada dos sãos princípios democráticos e jurídicos orientadores de um direito penal da culpabilidade, nos seguintes termos: "Nos crimes de roubo, a intimidação feita com arma de brinquedo autoriza o aumento da pena" (Súmula 174).

Não entraremos na discussão sobre o fundamento da majorante, relativamente à *mens legis* ou *mens legislatore*, que são irrelevantes a partir da publicação do texto legal, uma vez que se deve analisar o que a lei diz e não o que poderiam pretender seus criadores. A lei exige o *emprego de armas*, e "arma de brinquedo" não é *arma*, mas brinquedo. Nessa concepção, acompanha-nos Andrei Zenckner Schmidt, ao afirmar: "Creio que qualquer pessoa, ao ser indagada acerca do significado de uma arma de brinquedo, diria que se trata de um brinquedo, e não de uma arma; um equívoco metodológico, contudo, permitiu um dos nossos mais elevados tribunais afirmar que 'arma de brinquedo' é 'arma' (Súmula 174 do STJ)"[8]. Com efeito, não se pode confundir o "emprego de arma fictícia", que é idôneo para ameaçar e, por conseguinte, para tipificar o crime de roubo, com emprego efetivo de arma verdadeira que qualifica o crime.

Na verdade, a doutrina reconhece a existência de apenas duas espécies de armas, *próprias e impróprias*. Ignoram-se, como destaca Weber Martins Batista, as razões que levaram o notável Ministro Nélson Hungria a criar, valendo apenas para essa espécie de roubo, uma *terceira classe de armas*, aquelas que não são capazes de ofender fisicamente, de ferir ou de matar, mas que podem, pelo engano, infundir medo[9]. Como o legislador não se socorreu de nenhuma fórmula genérica, equiparando à arma "qualquer objeto capaz de intimidar", é impossível admitir majoração do roubo ameaçado

---

7. Heleno Fragoso já lamentava que o Supremo Tribunal Federal aceitasse esse entendimento (*Lições de Direito Penal*, 11ª ed., Rio de Janeiro, Forense, 1995, v. 1, p. 209).

8. Andrei Zenckner Schmidt, *O princípio da legalidade penal no Estado Democrático de Direito*, Porto Alegre, Livr. do Advogado, 2001, p. 189.

9. Weber Martins Batista, *O furto e o roubo no Direito e no processo penal*, cit., p. 254.

com *brinquedo* como se fosse com *arma*. O próprio princípio da tipicidade impede essa interpretação extensiva. Aliás, Hungria sustentava, ardorosamente, que "a lei penal deve ser interpretada restritivamente quando prejudicial ao réu, e extensivamente, no caso contrário"[10]. Menos mal que o próprio Superior Tribunal de Justiça, por intermédio de suas duas Turmas com jurisdição em matéria criminal, capitaneado pelo Ministro Félix Fischer, movimentou-se no sentido de revogar a indigitada Súmula 174. Devemos saudar a sensibilidade, inteligência e, principalmente, bom senso de nossos ministros.

2.1.2. Revogação do inciso I do § 2º do art. 157

Com o advento da Lei n. 13.654/2018, que revogou o inciso I do § 2º (o emprego de arma), sepulta-se o debate sobre o reconhecimento de "arma de brinquedo" como configuradora dessa extinta previsão da utilização de "arma" no crime de roubo. Com efeito, ao admitir como majorante somente a utilização de "arma de fogo" (§ 2º-A, I) e de arma branca (§ 2º, VII) exclui-se, *ipso facto*, a infeliz renovação jurisprudencial na tentativa de utilizar a suposta "arma de brinquedo" como majorante do roubo (STJ, REsp 1.662.618/MG, 5ª Turma, *DJe* 22-6-2017). Significa dizer que esse diploma legal, admitindo como majorante somente o uso de arma branca (§ 2º, VII) e arma de fogo (§ 2º-A, I), tornou inaplicável a majorante pela utilização de suposta "arma de brinquedo", não contemplada na lei, em respeito ao *princípio da tipicidade estrita*. No entanto, convém destacar que na hipótese do uso de arma de fogo a majoração da pena é de dois terços (§ 2º-A), enquanto no emprego de arma branca a majoração é de um terço (§ 2º-A, VII).

Ademais, ao revogar essa previsão legal, torna-se, indiretamente, norma penal mais benigna (revogação), retroagindo para beneficiar o infrator que, eventualmente, teve a pena majorada pelo uso desse tipo de arma. Será competente para examinar sua incidência o juízo da execução, mediante postulação do interessado. Contudo, convém destacar que, surpreendentemente, pouco mais de um ano dessa revogação, esse novo diploma legal traz expressamente, como majorante, a utilização de "arma branca", sendo expressa nesse sentido, o que não ocorria na dicção original da tipificação do crime de roubo.

---

10. Nélson Hungria, *Comentários ao Código Penal*, cit., v. 7, p. 86.

É de se lamentar esse vai e vem do instável legislador, que parece brincar de faz e desfaz com sua função legislativa (criando complexidades sérias em sua aplicação), gerando insegurança jurídica, ao alterar, ao sabor de simples impulsos sensoriais, a criminalização e descriminalização de determinados comportamentos em pequenos lapsos temporais. Ignora que as normas penais materiais podem ter efeitos retroativos (normas penais mais benignas) e, eventualmente, até ultrativos. Só a norma penal mais grave nunca pode retroagir[11].

2.2. O emprego de arma branca

Após escrevermos sobre a Lei n. 13.654/2018 para atualização da edição de 2020 comentado essa alteração, eis que, quando já iniciada a impressão da 26ª edição de nosso *Tratado de Direito Penal*, surge, desafortunadamente, outra alteração legislativa voltando a tipificar também a majorante do "emprego de arma branca" (não sendo suficiente o simples portá-la), que antes era abrangida pelo vocábulo "arma", que admitia tanto a arma branca quanto a arma de fogo. Realmente, a Lei n. 13.964/2019 acrescentou o inciso VII ao § 2º, *sub examine*, qual seja, o "emprego de arma branca" (faca, facão, canivete, navalha, bisturi etc.) para o *exercício da violência ou grave ameaça*, majorando a pena do crime de roubo. Tivemos que suspender a impressão daquela edição para acrescentar os comentários à nova lei anticrime. São tantas leis alterando esse crime que não dá nem tempo para comentar uma alteração, que já surge outra modificação. Esse novo diploma legal, por ser mais grave (*reformatio in pejus*), não pode retroagir para atingir fatos praticados até o dia 23 de janeiro (inclusive) do corrente ano de 2020.

Consideramos "arma branca", referida pelo legislador no novo inciso VII (antes de revogada era implícita), as que denominamos "armas próprias", *v.g.*, as que acabamos de citar, todas tradicionalmente conhecidas como *armas*. A *contrario sensu*, qualquer outro instrumento (pedaço de madeira, pedaço de pau, um taco de bilhar ou outro objeto qualquer) impropriamente utilizado para a execução da violência ou grave ameaça não se insere no vocábulo "arma branca", porque realmente de arma não se trata, como é o caso também das "folclóricas armas de brinquedo", aliás, prudentemente

---

11. Ver, nesse sentido, o nosso *Tratado de Direito Penal; Parte Geral*, 22ª ed., São Paulo, Saraiva, 2016, p. 207.

afastadas pela Súmula 174 do Superior Tribunal de Justiça, a qual, no entanto, foi cancelada pelo próprio tribunal em 2001, infelizmente.

Por isso, admiti-las, ainda que as denominando "armas impróprias" ou "armas de brinquedo", significa ampliar a dicção do texto legal, pois o legislador explicitou as duas espécies de armas que majoram a pena do roubo, e, qualquer delas — impróprias ou de brinquedo — não integram a nova definição legal de "arma branca" e "arma de fogo" para majorar a pena aplicável. Ademais, representaria uma *autêntica interpretação extensiva*, ampliando a abrangência do tipo penal, para prejudicar o infrator, violando o *princípio da tipicidade estrita*. Por outro lado, convém que se destaque que a situação de agora é completamente diferente da previsão anterior do Código Penal, quando o legislador usava como majorante "o emprego de arma", simplesmente, que poderia ser interpretado como um texto aberto e, exagerando, até admitir as chamadas "armas impróprias" ou mesmo "de brinquedo", adotado pelo Superior Tribunal de Justiça. Contudo, agora o legislador foi mais preciso e especificou as modalidades de armas que podem tornar o roubo majorado, quais sejam, arma branca e arma de fogo, entre as quais, indiscutivelmente, não se incluem aquelas denominadas "armas impróprias e "armas de brinquedo".

Caso contrário, uma interpretação diferente, como se fazia anteriormente, implicará ampliar a abrangência do tipo penal, violando o *princípio da tipicidade estrita*, pois consideraria um crime majorado não previsto em lei. Não mais serão admissíveis as questionadas "armas de brinquedo" (já afastadas pela Súmula 174, infelizmente revogada pelo STJ), porque, além de violarem, repetindo, a tipicidade estrita, ampliam o âmbito do proibido, afora o fato de que, como qualquer cidadão sabe, inclusive as crianças, "arma de brinquedo" é *brinquedo*, embora, por vezes, os tribunais superiores insistam em ignorar esse aspecto, a despeito de "arma de brinquedo" não representar nenhum real perigo a ninguém. Eventualmente pode até causar alguma intimidação à vítima, não mais que suficiente para representar a ameaça que constitui uma das duas modalidades possíveis do crime de roubo previsto no *caput* do art. 157 do Código Penal.

2.3. Elevação da pena mínima no roubo qualificado

No roubo qualificado pelo resultado *lesão grave*, a reclusão será de sete a quinze anos; *se for morte* (latrocínio), será de vinte a trinta anos, como já previa a redação anterior[12]. Antes da vigência dessa lei, na hipótese de *lesão grave*, a pena mínima prevista era de cinco, e não sete anos de reclusão. Foi um aumento isolado, sem nenhuma justificativa lógica, política ou técnica, na medida em que não fez o mesmo em relação ao *latrocínio*. Igualmente, não estendeu à *extorsão* (art. 158) as novas majorantes incluídas no § 2º do art. 157, ou seja, aquelas acrescentadas nos incisos IV e V do § 2º.

3. Eventual presença de duas causas de aumento

Havendo a incidência de mais de uma *causa de aumento*, três correntes disputam a preferência dos especialistas: a) *deve-se proceder somente a um aumento, fundamentado numa das causas existentes* — se houver mais de uma majorante, as demais podem ser consideradas agravantes ou, não havendo previsão legal, simples circunstâncias judiciais (art. 59), valorável na fixação da pena-base; b) *o aumento, quando variável* (v.g., *um sexto a dois terços, ou um terço até metade*), *deve ser proporcional ao número de causas incidentes* — assim, configurando-se somente uma *majorante*, o aumento pode limitar-se ao mínimo; incidindo, contudo, mais de uma, a elevação deve ser maior, podendo atingir inclusive o máximo da majoração permitida, *v.g.*, até metade, dois terços etc. Essa tem sido a orientação preferida pelos tribunais superiores — Supremo Tribunal Federal e Superior Tribunal de Justiça[13]; c) *a existência de mais de uma causa de aumento não significa, por si só, a elevação da pena na mesma proporção* — o julgador, exercendo seu poder discricionário, pode optar por um único aumento, pois o que deve ser considerado é a gravidade do meio empregado ou do *modus operandi*, e não o número de incisos do § 2º que se possa configurar.

O legislador da reforma de 1984 pretendeu eliminar todas as dificuldades apresentadas pela dosimetria penal, que se instalara sob a égide do Código Penal anteriormente vigente, alimentadas, é bem verdade, pela disputa entre Nélson Hungria e Roberto Lyra, cada um patrocinando um entendimento. Com efeito, concorrendo mais de uma causa de aumento ou de diminuição "previstas na parte especial, pode o juiz limitar-se a um só aumento ou a uma

---

12. "Art. 157, § 3º — Se da violência resulta lesão corporal grave, a pena é de reclusão de 7 a 15 anos, além da multa; se resulta morte, a reclusão é de 20 a 30 anos, sem prejuízo da multa."

13. STF, 1ª Turma, HC 77.187/SP, rel. Min. Sydney Sanches, j. 30-6-1998, *DJU* 16-4-1999, p. 27; STJ, 5ª Turma, HC 9.219/SE, rel. Min. Edson Vidigal, j. 8-6-1999, *DJU* 16-8-1999, p. 85.

só diminuição, prevalecendo, todavia, a causa que mais aumente ou diminua" (art. 68, parágrafo único, do CP)[14]. Esse, enfim, é o parâmetro legal, e o aplicador não se pode distanciar demasiadamente dessa orientação, sob pena de violar o princípio da individualização da pena.

Por isso, em nossa concepção, o ideal é reunir as duas primeiras correntes que citamos anteriormente, ou seja: proceder apenas a um aumento (aplicando somente uma majorante na segunda fase da dosimetria penal) (1ª), mas proceder a essa variação proporcional ao número de causas de aumento incidentes (2ª), isto é, a maior ou menor elevação acompanhará tanto a intensidade quanto a quantidade de majorantes. Assim, concorrendo uma majorante, a elevação da pena, em princípio, deve ser o mínimo previsto; se, no entanto, apresentar-se mais de uma (*v.g.*, roubo duplamente majorado — com emprego de arma e em concurso de pessoas), a única majoração deverá assumir nível mais elevado. Nada impede, porém, que se prefira adotar apenas uma majorante, aplicável na segunda fase do cálculo de penas, utilizando-se as demais como agravantes genéricas ou mesmo como circunstâncias judiciais, conforme o caso. Essa variante sugerida atende ao Estado Democrático de Direito e ao princípio da individualização da pena, amparando-se numa dupla *finalidade utilitária penal*, ou seja: além do "máximo de bem-estar" para os "não desviados", deve-se alcançar também o "mínimo de mal-estar" necessário aos "desviados", seguindo a orientação de um direito penal mínimo e garantista.

Nesse particular, as duas novas majorantes — incisos IV e V do § 2º — pouco ou quase nada acrescentaram, na medida em que, como já destacamos, concorrendo duas ou mais *causas de aumento* (majorantes), pelo entendimento majoritário, defende-se atualmente a aplicação somente de uma dessas majorantes, devendo funcionar as demais como circunstâncias agravantes ou, na ausência de previsão legal, podendo ser reconhecidas como meras circunstâncias judiciais. Assim, as duas novas majorantes raramente ganharão aplicação prática, uma vez que, na maioria das vezes, o crime de roubo já apresentará uma majorante, quer pelo emprego de arma, quer pelo concurso de pessoas. Como as duas novas majorantes não são relacionadas no art. 61 do Código Penal, restar-lhes-á funcionar como simples circunstâncias judiciais, via de regra.

---

14. Cezar Roberto Bitencourt, *Tratado de Direito Penal; Parte Geral*, cit., v. 1, p. 847.

4. A tipificação do crime de roubo recebeu várias modificações da Lei n. 13.654/2018

Como enunciamos acima, na configuração do crime de roubo, a Lei n. 13.654/2018 realizou várias alterações, sendo duas delas relativas ao § 2º do art. 157, revogando o inciso I e acrescentando outros. Aproveitou para inserir um novo parágrafo, o § 2º-A, além de atribuir nova redação ao § 3º, do mesmo dispositivo legal, conforme demonstraremos adiante. Relativamente às novas "majorantes" previstas para o crime de *roubo*, convém destacar, desde logo, que o legislador simplesmente "transportou", digamos assim, as mesmas hipóteses que incluiu como as duas novas qualificadoras do crime de furto, sem tirar nem pôr.

4.1. A revogação do inciso I do § 2º do art. 157 excluiu a majorante arma branca

Primeiro, revogou-se o inciso I do § 2º do art. 157 do Código Penal, o qual aumentava a pena do crime de roubo de um terço até metade se a *violência ou grave ameaça* fosse exercida com "emprego de arma", sem fazer distinção entre *arma branca* e *arma de fogo*. Essa revogação do inciso I do § 2º constitui, inequivocamente, previsão legal mais benéfica (*novatio legis in mellius*), devendo, portanto, retroagir para atingir todos os roubos praticados com emprego de arma branca antes da vigência desse diploma legal. As condenações, portanto, acrescidas dessa "majorante" (utilização de arma branca ou simulacro de arma) devem ser anuladas automaticamente, cabendo, logicamente, ao juízo de execução determinar a adequação da pena, excluindo a relativa a essa causa especial de aumento.

O legislador, criteriosa e acertadamente, optou por excluir da abrangência da majorante os objetos ou artefatos (considerados arma branca, inclusive a arma de brinquedo) que, embora possam ser utilizados para ferir ou intimidar alguém e, consequentemente, suficientes para tipificar o crime de roubo, não têm idoneidade para majorá-lo. Em compensação, a pena para o *roubo* praticado com o uso de *arma de fogo* tornou-se muito mais severa, pois a *majoração* inserta no § 2º-A *agora, em nosso juízo, exageradamente*, é fixada em dois terços, impedindo que o julgador exerça seu poder discricionário para adequá-la melhor ao caso concreto.

Cominação dessa natureza mostra-se absurda na medida em que invade o papel do julgador e o impede de adequar, com parcimônia, a pena abstrata ao caso concreto. Ademais, tal como ficou, pode-se afirmar, atinge, inadequadamente, o nível de gravidade de uma verdadeira "qualificadora" do crime de roubo, embora com ela não se confunda em razão da metodologia estrutural das qualificadoras, as quais, como se sabe, tipificam um verdadeiro novo "tipo penal qualificado", com a cominação de mínimo e máximo para a figura qualificada.

Não se ignora, diga-se de passagem, que a conduta de utilizar *arma de fogo* é consideravelmente mais grave que o uso de *arma branca* para a prática da mesma espécie de crime, pelas consequências que pode produzir. No entanto, a revogação expressa do referido inciso pelo novel diploma legal não pode ser ignorada, buscando dar interpretação que acabe anulando essa previsão legal. Considerando que o legislador foi contundente ao definir que somente *arma de fogo* apresenta gravidade suficiente para *majorar* a punição do crime de roubo a mão armada, convém destacar como o próprio ordenamento jurídico brasileiro define o que se concebe, juridicamente, como *arma de fogo*. Invoca-se, para tanto, o Decreto n. 3.665, de 20 de novembro de 2000, o qual define em seu art. 3º, XIII, que se caracteriza como arma de fogo toda: "arma que arremessa projéteis empregando a força expansiva dos gases gerados pela combustão de um propelente confinado em uma câmara que, normalmente, está solidária a um cano que tem a função de propiciar continuidade à combustão do propelente, além de direção e estabilidade ao projétil".

Sepulta-se, assim, definitivamente, o debate sobre o reconhecimento de "arma de brinquedo" como configuradora daquela extinta previsão da utilização de "arma" no crime de roubo, pois o legislador declinou o que pode ser considerado armas. Mais que isso, torna-se obrigatória a revisão de eventual condenação empregando-se como majorante a utilização de arma branca ou "arma de brinquedo". Por outro lado, os roubos praticados mediante uso de *arma de fogo*, antes da vigência desse diploma legal, não sofrem a majoração de dois terços da pena, por se tratar de *novatio legis in pejus,* e, consequentemente, não poder retroagir. Nesse caso, a majoração penal pelo uso de arma de fogo limitar-se-á ao parâmetro de um terço até metade, até entrar em vigor a Lei n. 13.964.

Diante dessas considerações, pode-se concluir:

a) deve-se reconhecer que o legislador desejou (*mens legislatoris*), simplesmente, equiparar o roubo praticado com *arma branca* ao roubo simples (art. 157, *caput*, do CP), devendo-se, contudo, ter presente que a publicação da lei acrescenta-lhe autonomia e, por isso, deve ser interpretada de acordo com os métodos específicos para interpretação de toda norma penal;

b) a majoração do emprego de arma branca foi revogada e não ganhou nova contemplação, ao contrário da arma de fogo;

c) pode-se considerar que a utilização de *arma branca* deve ser avaliada pelo julgador na primeira fase do cálculo da pena, como *circunstância judicial* (art. 59 do CP), na nossa concepção, como "circunstância do crime", reputando-a como negativa, não se olvidando, contudo, o que o dispositivo legal em apreço elenca;

d) enfim, uma conclusão obrigatória: relativamente a armas brancas, bem como a simulacro de armas, *v.g.*, "arma de brinquedo", houve *novatio legis in mellius*, revogando tacitamente a sua admissão como arma, e, expressamente, a previsão relativamente a arma branca.

Com efeito, a Lei n. 13.654/2018, ao admitir como majorante somente a utilização de "arma de fogo" (§ 2º, I) e ao revogar o inciso I do § 2º, que previa o "emprego de arma", excluiu como majorante o *emprego de arma branca*, que não se confunde com *arma de fogo*. Provavelmente, por um lapso do legislador, mas por um bom período o Código Penal ficou sem essa majorante, que foi reincluída pela Lei n. 13.964/2019. O fato de decorrer de equívoco do legislador não autoriza sua reinclusão automática no direito positivo com esse argumento. A verdade é que entre a vigência desses dois diplomas legais não existiu a majorante do emprego de arma branca. E, ao mesmo tempo, excluiu, *ipso factum*, a infeliz renovação jurisprudencial na tentativa de utilizar a suposta "arma de brinquedo" como majorante do roubo (STJ, REsp 1.662.618/MG, 5ª Turma, *DJe* 22-6-2017).

4.2. Acréscimo trazido pelo inciso VI ao § 2º do art. 157 — subtração de substâncias explosivas ou de acessórios

O art. 157 recebeu, como nova *causa de aumento*, o acréscimo do inciso VI ao § 2º, prevendo o aumento da pena do roubo de um terço até metade se a subtração for de *substâncias explosivas ou de acessórios* que, conjunta ou isoladamente, possibilitem sua fabricação, montagem ou emprego. Constata-se que o legislador adotou aqui para o crime de roubo, como *causa de aumento*, o conteúdo que acresceu, como *qualificadora*, ao crime de furto, prevista pelo novo § 7º, razão pela qual se adota a utilização das mesmas considerações que lá fizemos[15].

---

15. Cezar Roberto Bitencourt, *Tratado de Direito Penal; crimes contra o patrimônio*, 16ª ed., São Paulo, Saraiva, 2020, v. 3, capítulos I e III.

Pune-se com maior rigor, a exemplo do *furto qualificado*, a simples *subtração de substâncias explosivas ou de acessórios*, por sua própria natureza e finalidade, qual seja, possibilitar sua fabricação, montagem ou emprego como explosivo, que, certamente, será para a prática de outros crimes. Não se pune a utilização, como *meio*, de *substâncias explosivas*, que seria mais grave, mas o simples fato de ser *objeto da subtração*, na presunção, *iuris et de iuri*, de que se destinam à prática de crimes. Somente presunção dessa natureza pode justificar majoração de tal gravidade em razão do objeto da subtração, consideração que, aliás, vale também para a hipótese da qualificadora correspondente prevista para o crime de furto (§ 7º do art. 155).

4.3. A inclusão do § 2º-A ao art. 157 do Código Penal prevê duas causas especiais de aumento de pena

A anatomia do crime de *roubo* em nosso Código Penal, ao contrário do que ocorre com o crime de *furto*, não contempla a tipificação de qualificadoras, limitando-se a consagrar em sua definição *causas de aumento* (majorantes). A Lei n. 13.654/2018 diploma legal *sub examine* segue essa orientação, prevendo mais duas *causas de aumento*; por sua gravidade e adotando aumento fixo, teria sido mais feliz se, finalmente, as tivesse incluído como *qualificadoras*, pois assim, pelo menos, permitiria ao julgador dosar melhor a pena em cada caso concreto, com limites mínimo e máximo. Na verdade, as novas *causas de aumento* trazem grave exasperação, na medida em que cominam, de forma fixa, a elevação da pena-base em dois terços, impedindo a adequação, pelo julgador, às circunstâncias fáticas e à gravidade da situação. Faltou, na realidade, um pouco de criatividade ao legislador, que, para o crime de *roubo*, repetiu as mesmas hipóteses que incluiu como qualificadoras do crime de furto, quais sejam, *subtração de substâncias explosivas ou de acessórios* (§ 2º, VI) e *emprego de explosivo ou de artefato análogo* (§ 2º-A, II).

4.3.1. Se a violência ou ameaça é exercida com emprego de arma de fogo

Quanto à *arma de fogo*, a causa de aumento permanece, embora tenha sido excessivamente exasperada para dois terços, pois foi incluída pelo § 2º-A, I, da Lei n. 13.654/2018 *sub examine*. A previsão expressa de *violência* ou *ameaça* exercida com emprego de *arma de fogo* exclui a *majoração* quando qualquer delas for realizada com a utilização de *arma branca*, e, principalmente, pela revogação do inciso I do § 2º, que admitia arma de qualquer natureza. Essa causa de aumento — *emprego de "qualquer arma"* — previa a majoração de pena de um terço até metade (antigo inciso I do § 2º). Trata-se, portanto, de *novatio legis in pejus*, não podendo retroagir a fatos anteriores à sua vigência.

Segundo a dicção do texto legal, é necessário o *emprego efetivo* de *arma de fogo*, sendo insuficiente o simples *portá-la*, uma vez que a tipificação legal condiciona *ser a violência ou grave ameaça* "exercida com emprego de arma de fogo", e "empregá-la" significa uso efetivo, concreto, real, isto é, a utilização de *arma de fogo* no cometimento da violência. Não era outro o magistério de Sebastian Soler, que, ao comentar o Código Penal argentino, com previsão semelhante ao nosso, pontificava: "A lei exige que o roubo tenha sido cometido com armas, o que não quer dizer que o ladrão apenas as *tenha*, razão pela qual acreditamos sinceramente infundado levantar dúvidas a esse respeito ante o texto de nossa lei. Outras leis, não a nossa, merecem censura por referir-se ao mero fato de portá-la"[16].

4.3.2. Destruição ou rompimento de obstáculo mediante o emprego de explosivo ou de artefato análogo que cause perigo comum

Cabe aqui a mesma análise realizada no exame do crime de furto em nosso *Tratado*, relativo ao emprego de explosivo ou artefato análogo na prática do crime de furto, para onde remetemos o prezado leitor[17]. Destina-se, contudo, essa previsão à hipótese corriqueira de *roubos* praticados contra empresas transportadoras de valores ou caixas eletrônicos, em que criminosos utilizam explosivos para destruir carros-fortes, caixas eletrônicos, portas e paredes, objetivando apoderar-se dos valores transportados ou armazenados. No entanto, a simples utilização de violência à coisa não caracterizará o crime de roubo, se não for acompanhado de violência ou grave ameaça à pessoa.

De plano, pode-se afirmar que, basicamente, o que dissemos para o crime de *furto* aplica-se ao crime de *roubo*, sendo desnecessário repeti-lo por inteiro, relativamente ao "emprego de explosivo ou de artefato análogo que cause perigo comum". Com efeito, na execução do crime de *roubo*, se houver "destruição ou rompimento de obstáculo mediante o emprego de

---

16. Sebastian Soler, *Derecho Penal argentino*, cit., v. 4, p. 266.
17. Cezar Roberto Bitencourt, *Tratado de Direito Penal; crimes contra o patrimônio*, cit., v. 3, capítulos I e III.

explosivo ou de artefato análogo", configurará essa majorante especial, sendo a pena aplicada elevada, obrigatoriamente, em dois terços. Denominamos "especiais" as novas *majorantes do crime de roubo*, por serem extremamente graves, para distingui-las das anteriormente previstas. Configurando, simultaneamente, qualquer das outras majorantes (causas de aumento), o julgador poderá, nos termos do art. 68 do Código Penal, aplicar somente uma delas, no caso a que mais aumente, ou seja, a "especial", prevista no § 2º-A. Considerando a gravidade dessas ditas *causas especiais*, acreditamos que o magistrado deverá aplicar somente uma delas, a mais grave, para evitar indevida punição excessiva.

A elementar normativa "destruição ou rompimento de obstáculo", copiada do crime de furto qualificado (art. 155, § 4º, I), apresenta duas hipóteses distintas: destruição e rompimento. *Destruir* significa desfazer completamente o *obstáculo*, demoli-lo, ao passo que *romper* é arrombar, arrebentar, cortar, serrar, perfurar, deslocar ou forçar, de qualquer modo, o obstáculo, com ou sem dano à substância da coisa. Há *destruição* quando ocorre a demolição, o aniquilamento ou o desaparecimento de eventual obstáculo que, de alguma forma, sirva de proteção ao objeto da subtração. O *rompimento*, por sua vez, consiste no arrombamento, deslocamento ou supressão do obstáculo, visando facilitar a subtração da coisa alheia. Relativamente à elementar normativa "meio que cause perigo comum", remetemos o leitor para as considerações que fizemos ao examinarmos a mesma elementar constitutiva do crime de furto qualificado.

4.4. Emprego de arma de fogo de uso restrito ou proibido duplica a pena do *caput*

A inclusão do § 2º-B ao art. 157 do Código Penal, pela Lei n. 13.964/2019, prevê causa especial *sui generis* de aumento de pena, ou seja, duplica a pena prevista no *caput* do art. 157 "se a violência ou grave ameaça for exercida com o emprego de arma de fogo de uso restrito ou proibido". Aliás, a Lei n. 13.964 fez apenas duas inclusões neste art. 157: além deste § 2º-B, incluiu o inciso VII no § 2º-A. Os demais acréscimos e inovações foram incluídos pela Lei n. 13.654/2018. Constata-se que qualquer coisa ou qualquer argumento é suficiente para majorar ou qualificar uma grande gama de crimes, mas nos limitaremos, neste espaço, a analisar essa majoração, pela urgência de tempo e limitação de espaço. No entanto, o que não pode passar despercebido é a voracidade dos governantes em ampliar as punições de condutas definidas como crime, inclusive aquelas que datam de quase um século, como o crime de roubo tipificado no Código Penal de 1940. A despeito da miséria do cárcere, de sua desumanidade, de sua inaptidão para recuperar alguém e, principalmente, da omissão permanente dos mesmos governantes em investir na melhoria e humanização de sua estrutura, nos tempos atuais talvez algumas figuras típicas realmente mereçam elevação de suas punições.

Porém, nessas horas o incansável e intempestivo legislador brasileiro, movido por interesses nem sempre republicanos e democráticos, age, muitas vezes, de afogadilho. Ou seja, sem consultar os grandes especialistas, o meio acadêmico, a doutrina e a jurisprudência, de um modo geral, bem como sem um levantamento sério, científico-metodológico, adota critérios sem qualquer parâmetro confiável ou recomendável para exasperar punições aleatoriamente, criando, muitas vezes, verdadeiros monstrengos jurídico-legislativos, como ocorre com essa previsão do § 2º-B, acrescentado pela Lei n. 13.964/2019, que ora examinamos.

Nesse diploma do apagar das luzes de 2019, entre outros aspectos altamente questionáveis (*v.g.*, art. 91-A), criou mais uma absurda *majorante sui generis,* cuja configuração determina que seja dobrada a pena cominada no *caput* do art. 157, cujo limite máximo é dez anos de reclusão, além da pena pecuniária. Ou seja, segundo esse texto legal, pelo simples "emprego de arma de fogo de uso restrito ou proibido", comina-se em "dobro a pena prevista no *caput* do referido artigo", qual seja, dez anos de reclusão. Em outros termos, a pretensão seria de aplicar, nesses casos, 20 anos de reclusão, que é equivalente à pena aplicável ao crime mais grave contra a vida, qual seja, o homicídio, *matar alguém.*

As demais majorantes previstas no § 2º têm a cominação de elevação de um terço até metade, mas da pena aplicada e não da pena cominada no *caput* do artigo, ao contrário da esdrúxula previsão adotada por esse § 2º-B. A rigor, essa previsão de elevar a pena de uma *causa especial de aumento* até o "dobro da pena prevista no *caput*" do artigo constitui um *erro metodológico* crasso, inadmissível mesmo para os neófitos em direito penal e, com mais rigor, para o legislador que se socorre dos técnicos do parlamento nacional, os denominados "jurisconsultos" da Nação. Com efeito, estes conhecem ou devem conhecer o *processo legislativo* e, principalmente, a *metodologia* impecável utilizada pelo legislador brasileiro que elaborou e sistematizou com tanto esmero linguístico o Código Penal de 1940 e, notadamente, com a dinâmica metodológica que utilizou na cominação e aplicação da pena. Na verdade, além da heresia que representa essa forma de "legislar em matéria penal" do legislador contemporâneo, demonstra absoluto desconhecimento do sistema escalonado de *individualização e aplicação da pena*, que utiliza o *sistema trifásico* consagrado no art. 68 do Código Penal, o qual parte do pressuposto de que existem circunstâncias judiciais, circunstâncias legais e causas especiais de aumento ou de diminuição, dentre as quais, é bom que se destaque, não se incluem as qualificadoras (figuras qualificadas), pois estas constituem, como já afirmamos, verdadeiros tipos penais mais graves, com limites mínimo e máximo distintos e bem mais graves que os do tipo básico ou simples.

Por tais razões, sucintamente expressas acima, nenhuma *causa de aumento* ou *de diminuição* de pena pode ser prevista sobre a pena cominada no *caput*, como se fez nesse infeliz § 2º-B, visto que o sistema trifásico apoia-se na estrutura metodológica que prevê as majorações ou minorações em cima da pena aplicada no julgamento (individualização) e não naquela prevista no *caput* do artigo, como fez o atual legislador. Essa forma utilizada praticamente inviabiliza a adequada realização da dosimetria da pena no sistema adotado pelo nosso Código Penal. No caso *sub examine*, deveria ser considerado o disposto nesse § 2º-B *uma causa especial de aumento*, isto é, que a elevação do dobro, como pretendeu, equivocadamente, o legislador, incida sobre a pena encontrada na fase anterior (1ª ou 2ª, dependendo das circunstâncias), e não sobre a pena cominada no *caput*. Lembramos aos incautos, os quais, certamente, não são nossos leitores, que, na primeira fase, o julgador deve examinar as *circunstâncias judiciais*; na segunda, se houver, examinará as *agravantes e atenuantes legais*, se existirem; e, na terceira fase, é hora de valorar a existência de *causas especiais de aumento ou de diminuição* (também conhecidas como majorantes e minorantes). Quando não houver agravantes e atenuantes, aquela que seria a terceira fase incidirá diretamente sobre o resultado da valoração das circunstâncias judiciais (da primeira fase) ou das circunstâncias legais, se existirem. Porém, não se pode olvidar que, em qualquer das fases da dosimetria penal, as majorações ou diminuições, fixas ou variáveis, sempre incidirão sobre o resultado da operação anterior, a partir da pena-base, no percentual, quando houver previsão, fixa ou variável, mas nunca, jamais, sobre a previsão abstrata contida no tipo penal, como pretendeu o *inexperiente* legislador.

5. Roubo qualificado: resultado de lesão grave ou morte

O § 3º do art. 157, com redação determinada pela Lei n. 13.654/2018, dispõe que: "Se da violência resulta: I — lesão corporal grave, a pena é de reclusão, de 7 (sete) a 18 (dezoito) anos, além de multa; II — morte, a reclusão é de 20 (vinte) a 30 (trinta) anos". A pena relativamente ao resultado morte ficou inalterada, enquanto relativamente ao resultado lesão grave foi elevado o máximo para 18 anos.

As duas hipóteses elencadas no dispositivo em exame caracterizam condições de exasperação da punibilidade em decorrência da efetiva maior gravidade do resultado. Comparando o texto legal com outras previsões semelhantes do Código Penal — "se da violência resulta lesão corporal grave" ou "se resulta morte" —, constata-se que, pela técnica legislativa empregada, pretendeu o legislador criar duas figuras de *crimes qualificados pelo resultado*, para alguns, *crimes preterdolosos*.

A exemplo do que ocorre com a lesão corporal de natureza grave, a morte, em princípio, deve decorrer de culpa. Contudo, normalmente, o resultado mais grave — lesão ou morte — é produto de *culpa*, que complementaria a conhecida figura do *crime preterdoloso* — dolo no antecedente e culpa no consequente, como a doutrina gosta de definir. Ter-se-ia, assim, o crime patrimonial executado, dolosamente, com violência, acrescido de um resultado mais grave, resultante de culpa, a lesão grave ou a morte da vítima. Essa, pelo menos, é a estrutura clássica do crime preterdoloso. A regra, repetindo, é que, nesses crimes, o resultado agravador seja sempre produto de *culpa*. Contudo, na hipótese em apreço, a extrema gravidade das sanções cominadas uniu o entendimento doutrinário, que passou a admitir a possibilidade, indistintamente, de o resultado agravador poder decorrer tanto de culpa quanto de dolo, direto ou eventual.

Há outra unanimidade sobre esses resultados agravadores: a impossibilidade de o agente responder pelo resultado mais grave, sem culpa, especialmente a partir da reforma penal de 1984.

A locução "lesão corporal de natureza grave" deve ser interpretada em sentido amplo, para abranger tanto as lesões graves (art. 129, § 1º) quanto as gravíssimas (art. 129, § 2º). Ademais, a lesão corporal tanto pode ser produzida na vítima da *res furtiva* quanto em qualquer outra pessoa que venha a sofrer a violência. As qualificadoras — lesão grave ou morte — aplicam-se às modalidades de roubo próprio e impróprio. No entanto, a lesão corporal de natureza leve (art. 129, *caput*) é absorvida pelo crime de roubo, constituin-

312

do a elementar normativa "violência física". Assim, quem, ao subtrair coisa alheia móvel, fere, sem gravidade, a vítima não responde por dois crimes — roubo e lesão corporal leve; a lesão corporal leve constitui apenas a elementar exigida pelo tipo descritivo do crime de roubo.

A segunda parte do § 3º do art. 157 tipifica o crime conhecido como *latrocínio* (o Código Penal não utiliza essa terminologia), que é *matar alguém* para subtrair coisa alheia móvel.

A Lei n. 8.072, de 25 de julho de 1990, definiu o latrocínio como *crime hediondo*, excluído de anistia, graça, indulto, fiança e liberdade provisória, com cumprimento de pena integralmente em regime fechado. Nesses casos, a prisão temporária é de trinta dias, e, em caso de condenação para apelar, o Supremo Tribunal Federal vem fazendo nos últimos anos uma tentativa de *constitucionalizar o direito penal*, assegurando o *direito de apelar em liberdade* a todo acusado que se encontrar respondendo a processo criminal nessa condição.

As "majorantes" do § 2º, porém, não se aplicam ao latrocínio. As *causas especiais de aumento* de pena previstas para os crimes de roubo, inscritas no § 2º do art. 157 do CP, não são aplicáveis em nenhuma das hipóteses contidas no § 3º.

Dito isso, podemos examinar, individualmente, cada uma das "qualificadoras" pela gravidade do resultado.

5.1. Pela lesão corporal grave (inciso I)

A Lei n. 13.654/2018 dividiu o § 3º em dois incisos (I. lesão grave, pena de 7 a 18 anos; II. morte — manteve a mesma pena de 20 a 30 anos de reclusão). A lesão grave qualificadora do roubo é aquela tipificada nos §§ 1º e 2º do art. 129, que, necessariamente, deve decorrer, pelo menos, de culpa do agente (art. 19). Assim, se, ao praticar um roubo, o sujeito ativo causar lesões corporais leves, não responderá por elas, que ficam absorvidas pelo roubo, subsumidas na elementar violência. Contudo, se essas lesões forem de natureza grave (§§ 1º e 2º — graves ou gravíssimas), responderá pelo crime do art. 157, § 3º, primeira parte (agora, inciso I, com a redação da Lei n. 13.654/2018), independentemente de tê-las produzido dolosa ou culposamente. É indispensável, evidentemente, que a gravidade da lesão seja comprovada mediante perícia.

Pode-se afirmar, com certa segurança, que doutrina e jurisprudência não discrepam quanto à aplicação do disposto no § 3º tanto ao *roubo próprio* quanto ao *impróprio*; é indiferente que o agente produza o resultado mais grave na vítima (lesão grave ou morte) para cometer a subtração, durante sua execução ou após sua realização. É desnecessário que a vítima da violência seja a mesma da subtração da coisa alheia, desde que haja conexão entre os dois fatos; nesse caso, tratando-se de vítima da violência distinta daquela da subtração, haverá dois sujeitos passivos, sem desnaturar a unidade do crime complexo, que continua único.

Sintetizando, é indiferente que o resultado mais grave seja voluntário ou involuntário, justificando-se a agravação da punibilidade desde que esse resultado não seja produto de caso fortuito ou força maior, ou seja, desde que decorra, pelo menos de culpa; aplica-se, indistintamente, tanto ao roubo próprio quanto ao impróprio. Ademais, a *violência* tanto pode ser praticada contra a vítima da subtração como contra terceira pessoa, como acontece normalmente no roubo comum.

5.2. Pelo resultado morte (inciso II): latrocínio

A morte da vítima é a qualificadora máxima deste crime. Tudo o que dissemos sobre o roubo qualificado pelas lesões corporais graves aplica-se ao roubo com morte. Exatamente como na lesão grave, a morte pode resultar em outra pessoa que não a dona da coisa subtraída, havendo, igualmente, dois sujeitos passivos. Poderia o legislador ter adotado o *nomen juris* "latrocínio"; não o fez, provavelmente, porque preferiu destacar que, a despeito dessa violência maior — lesão grave ou morte —, o latrocínio continua sendo *roubo,* isto é, um crime, na essência, de natureza patrimonial.

Observando-se a sistemática de nosso Código Penal, constata-se que o art. 157, § 3º, pretendeu tipificar um *crime preterdoloso*, uma vez que a locução utilizada, "se resulta", indica, normalmente, resultado decorrente de culpa, e não meio de execução de crime, no caso roubo próprio ou impróprio. No entanto, como já referimos no tópico anterior, a severidade das penas cominadas não se harmoniza com crime preterdoloso. Procurando minimizar a inocuidade congênita da estrutura tipológica em apreço, a doutrina passou a sustentar a possibilidade de o resultado morte ser produto de dolo, culpa ou preterdolo[18], indiferentemente.

---

18 Heleno Cláudio Fragoso, *Lições de Direito Penal*, v. 1, p. 210.

314

Toda sanção agravada em razão de determinada consequência do fato somente pode ser aplicada ao agente se este houver dado *causa*, pelo menos culposamente. Com o latrocínio não é diferente, aplicando-se integralmente o consagrado princípio *nulla poena sine culpa*, e rechaçando-se completamente a responsabilidade objetiva. No entanto, não se pode silenciar diante de um *erro crasso* do legislador, que *equiparou dolo* e *culpa*, pelo menos quanto às consequências nesse caso específico. Na verdade, o evento morte, no latrocínio, tanto pode decorrer de *dolo*, de *culpa* ou de *preterdolo*, e se lhe atribuir a mesma sanção com a gravidade que lhe é cominada (20 a 30 anos de reclusão), o que agride o bom senso e fere a sistemática do ordenamento jurídico brasileiro. Este, nos *crimes culposos*, releva o *desvalor do resultado*, destacando, fundamentalmente, o *desvalor da ação*, v. g., no homicídio doloso (6 a 20 anos) e no culposo (1 a 3 anos).

Enfim, uma coisa é matar para roubar ou para assegurar a impunidade ou o produto do crime; outra, muito diferente, é provocar esses mesmos resultados involuntariamente. As consequências, num plano de razoabilidade, jamais poderão ser as mesmas, como está acontecendo com este dispositivo. Nesse particular, recomendamos, *venia concessa*, ao prezado leitor uma passagem d'olhos no que escrevemos a respeito quando abordamos as lesões corporais graves e gravíssimas no segundo volume desta mesma obra.

A *diversidade de vítimas fatais* não altera a tipificação criminosa, continuando a configurar *latrocínio único*, sem concurso formal, cujo número de vítimas deve ser avaliado na dosagem de pena, nos termos do art. 59.

A maior dificuldade no tratamento desses crimes reside na definição da *tentativa*, que tem sido objeto de imensa controvérsia e complexidade, grande parte em decorrência da deficiente técnica legislativa, que tem dificultado as soluções estritamente jurídicas.

5.2.1. Resultado morte decorrente de grave ameaça: não tipifica latrocínio

Em relação à tipificação do crime de latrocínio, merece destaque a elementar típica da *violência*, uma vez que, examinando o *caput* do art. 157 e o texto de seu § 3º, definidor desse crime, constata-se uma séria distinção: no *caput*, tipifica-se o emprego da "grave ameaça ou violência a pessoa"; e no parágrafo referido, o resultado agravador deve *resultar* de "violência". Essas redações estão muito claras nos respectivos textos legais, não exigindo nenhum esforço demonstrativo, o que permite não nos alongarmos sobre o assunto. Por outro lado, também é desnecessário discorrer longamente sobre os distintos significados das locuções "grave ameaça" e "violência a pessoa", que, aliás, já foram trabalhadas neste mesmo capítulo. Assim, a *vexata quaestio* limita-se à diferença de tipificação entre o crime de roubo, comum, normal, se assim se pode referir, e aquele qualificado pelo resultado, emoldurado no § 3º.

A *violência* contida no § 3º é somente a física (*vis corporalis*), e não a moral (*vis compulsiva*). O resultado agravador — lesão grave ou morte — para tipificar a figura insculpida no dispositivo em exame deve, necessariamente, "resultar" de *violência*, que, como demonstramos à saciedade (itens 5.1 e 5.2), não se confunde com *grave ameaça*, especialmente na sistemática adotada em nosso Código Penal. Assim, por exemplo, no caso de alguém que é assaltado e, mesmo *sem o emprego de violência física*, assusta-se com a presença de arma, sofrendo um enfarto e vindo a falecer, não se tipifica o crime de latrocínio. Nessa hipótese, a alternativa legal surge por meio do *concurso de crimes*: roubo e homicídio; este poderá ser doloso ou culposo, dependendo das circunstâncias fáticas, do elemento subjetivo etc.

Entendimento contrário, satisfazendo-se simplesmente com a *relação causal* entre o roubo e o resultado mais grave, sem examinar o pressuposto da *elementar violência*, não resiste ao crivo dos princípios da *tipicidade estrita* e da *reserva legal*, representando, quanto ao excesso, autêntica responsabilidade objetiva, totalmente afastada pela reforma penal de 1984 e pela Constituição Federal de 1988.

5.3. Morte de comparsa: inocorrência de latrocínio

A morte de qualquer dos participantes do crime (*sujeito ativo*) não configura latrocínio. Assim, se um dos comparsas, por divergências operacionais, resolve matar o outro durante um assalto, não há falar em latrocínio, embora o direito proteja a vida humana, independentemente de quem seja seu titular, e não apenas a da vítima do crime patrimonial. Na realidade, a morte do comparsa, nas circunstâncias, não é meio, modo ou forma de agravar a *ação desvaliosa* do latrocínio, que determina sua maior reprovabilidade. A violência exigida pelo tipo penal está intimamente relacionada aos sujeitos passivos naturais (patrimonial ou pessoal) da infração penal, sendo indispensável essa *relação causal* para configurar o crime preterdoloso especialmente agravado pelo resultado.

No entanto, convém ter cautela ao analisar essas questões, pois também aqui tem inteira aplicação o erro quanto à pessoa (art. 20, § 3º, do CP). Se o

316

agente, pretendendo matar a vítima, acaba matando o coautor, responderá pelo crime de latrocínio, como se tivesse atingido aquela; logo, é latrocínio. Não haverá latrocínio, por sua vez, quando a própria vítima reage e mata um dos assaltantes. A eventual morte de comparsa em virtude de reação da vítima, que age em legítima defesa, não constitui ilícito penal algum, sendo paradoxal pretender, a partir de uma conduta lícita da vítima, agravar a pena dos autores.

6. Tentativa de latrocínio: pluralidade de alternativas

Há inúmeras correntes sobre as diferentes possibilidades fático-jurídicas das formas tentadas do crime de latrocínio. Tratando-se de crime complexo, cujos crimes-membros são o roubo e a morte, surgem grandes dificuldades interpretativas quando algum de seus componentes não se consuma. Sem sombra de dúvida, porém, quando não se consumar nem a subtração nem a morte, a tentativa será de latrocínio. Ocorrendo somente a subtração e não a morte, admite-se igualmente a tentativa de latrocínio. Quando se consuma somente a morte, e não a subtração, as divergências começam a aparecer.

Sem pretender esgotar as inúmeras possibilidades admitidas pela doutrina e pela jurisprudência, passamos a elencar algumas: **1)** *homicídio e subtração consumados*: é pacífico o entendimento de que há latrocínio consumado; **2)** *homicídio consumado e subtração tentada*: há diversas correntes: *a)* latrocínio consumado (Súmula 610); *b)* tentativa de latrocínio; *c)* homicídio qualificado consumado em *concurso com tentativa de roubo*; *d) apenas homicídio qualificado*; **3)** *homicídio tentado e subtração consumada*: são apresentadas duas soluções: *a)* tentativa de latrocínio (STF); *b)* tentativa de homicídio qualificado (pela finalidade); **4)** *homicídio tentado e subtração tentada*: tentativa de latrocínio (STF). Vejamos algumas hipóteses:

a) Homicídio consumado + roubo tentado

> *Latrocínio — Tentativa — Configuração —* "Frente à teoria finalista, descabe falar em tentativa de roubo quando o agente haja tentado subtrair certo bem da vítima cuja morte foi objetivada mediante disparos de arma de fogo — Precedente: *habeas corpus* 48.952/SP, relatado pelo Ministro Antonio Neder perante a Jurisprudência 61/321" (STJ, HC 73.924-5, rel. Min. Marco Aurelio, *DJU*, 20 set. 1996, p. 34537).

> *Latrocínio — Tentativa —* "O fato de não se haver chegado à subtração da *res* é inidôneo a concluir-se pela simples tentativa de roubo qualificado, uma vez verificada a morte da vítima. A figura do roubo não pode ser dissociada da alusiva à morte. Precedentes: *habeas corpus* 62.074/SP e 65.911/SP, relatados pelos Ministros Sydney Sanches e Carlos Madeira perante a Primeira e Segunda Turmas, com

arestos veiculados nos Diários da Justiça de 5 de outubro de 1984 e 20 de maio de 1988, respectivamente" (STJ, HC 73.597-5, rel. Min. Marco Aurelio, *DJU*, 13 set. 1996, p. 33233; *RT, 736*:553).

"Tratando-se de latrocínio, crime complexo, a circunstância de não se haver consumado um dos crimes-membros não tem força para fragmentar a unidade dessa espécie de crime. O tipo qualificado se mantém invariável: subtração, acompanhada pela morte, consumada ou tentada" (TAPR, AC, rel. Des. Antonio Lopes de Noronha, *RT, 731*:636).

b) Homicídio tentado + roubo tentado = tentativa de latrocínio

Latrocínio — Tentativa — Caracterização — Vítima que foge da cena do crime — Réu que faz vários disparos contra esta, errando o alvo — Crime patrimonial que não se consumou por circunstâncias alheias à vontade dos agentes — "Como a violência característica do roubo se traduziu, com clareza e nitidez, numa tentativa de homicídio, o crime a reconhecer é o latrocínio tentado" (TACrimSP, AC 935.381, rel. Des. Régio Barbosa, *RT, 720*:480).

c) Homicídio tentado + roubo consumado

Latrocínio — Tentativa — Subtração consumada — Homicídio tentado — Desclassificação de roubo qualificado — Inadmissibilidade — Aplicação e inteligência dos arts. 157, § 3º, e 14, do CP — "Ocorrendo subtração consumada e homicídio tentado sucedeu a tentativa de latrocínio, crime complexo, cujo elemento subjetivo é um só, o dolo, sendo que o resultado, morte tentada ou consumada, opera apenas como simples critério legal de fixação da reprimenda, não para classificação de roubo qualificado" (TACrimSP, AC, rel. Des. Aroldo Viotti, *RT*, 727:536).

d) Roubo e latrocínio tentado

"Latrocínio tentado. Extensão da condenação ao corréu que não efetuou os disparos contra a vítima. No crime de latrocínio tentado, a condenação deve se estender ao corréu que não efetuou os disparos contra a vítima, pois a violência foi empregada para assegurar a impunidade de ambos" (TACrimSP, AC 1209387-7, rel. Des. Amador Pedroso, j. 7-8-2000).

"Roubo e latrocínio tentado. Continuidade delitiva. Unificação de penas. Impossibilidade. Roubo e latrocínio são crimes do mesmo gênero mas não da mesma espécie, impossibilitando o reconhecimento da continuidade delitiva" (STJ, HC 12.182-SP, rel. Min. Félix Fischer, *DJU*, 18 set. 2000).

7. Latrocínio com pluralidade de vítimas

Apesar de o latrocínio ser um *crime complexo*, mantém sua unidade estrutural inalterada, mesmo com a ocorrência da morte de mais de uma das vítimas. A pluralidade de vítimas não configura continuidade delitiva e tampouco qualquer outra forma de concurso de crimes, havendo, na verdade, um único latrocínio. A própria orientação do Supremo Tribunal Federal firmou-se no sentido de que a *pluralidade de vítimas não implica a pluralidade de latrocínios*[19]. Não se pode ignorar que o *crime-fim* inicialmente pretendido foi o de *roubo* e não um duplo ou triplo latrocínio, ou melhor, não duas ou três mortes. A ocorrência de mais de uma morte não significa a produção de mais de um resultado, que, em tese, poderia configurar o concurso formal de crimes. Na verdade, a eventual quantidade de mortes produzidas em um único roubo representa a maior ou menor gravidade das consequências, cuja valoração tem sede na dosimetria penal, por meio das operadoras do art. 59 do Código Penal.

Embora para a configuração do § 3º do art. 157 do CP seja secundária a ocorrência da subtração patrimonial, e o fundamental seja, por excelência, a nota de violência contra a pessoa, durante a tentativa ou a consumação do roubo, é a danosidade social que essa conduta produz ou pode produzir que fundamenta a exacerbada punição contida no dispositivo. Mas essa "retribuição" pública já está contida na sanção cominada.

8. Concurso do crime de roubo com o de quadrilha

A cumulação da qualificadora do crime de roubo — emprego de arma — com a qualificadora de quadrilha armada exige elaborada reflexão. O *crime de quadrilha* é autônomo, independe dos demais crimes que vierem a ser cometidos pelo *bando*. Trata-se de *crime permanente*, que se consuma com o ato da associação ou formação de quadrilha em si mesmo; sua unidade perdura a despeito dos diversos *crimes-fins* cometidos pelos integrantes do grupo criminoso: não se dissocia e não se alia a outras infrações penais, mantendo a unidade e individualidade típicas.

A condenação por *quadrilha armada* não absorve nenhuma das cláusulas especiais de aumento da pena de roubo previstas no art. 157, § 2º, I, II e III, do Código Penal. Tanto os membros de uma quadrilha armada podem cometer o roubo sem emprego de armas quanto cada um deles pode praticá-lo em concurso com terceiros, todos estranhos ao bando.

---

19 Precedentes do STF: HC, rel. Min. Carlos Velloso, *RT*, *734*:625); HC 75006-1/SP, rel. Min. Maurício Corrêa, j. 27-5-1997.

9. Pena e ação penal

No *roubo simples* a pena é de reclusão, de quatro a dez anos (*caput* e § 1º); no *roubo majorado (qualificado)* a pena é elevada de um terço até metade; no *roubo qualificado pelo resultado — lesão grave —* a reclusão será de *sete* (aumentada pela Lei n. 9.426/96) a quinze anos; se for *morte (latrocínio)*, será de vinte a trinta anos. Em todas as hipóteses, a pena de prisão será cumulativa com a de multa.

A ação penal, como não poderia deixar de ser, é, em qualquer hipótese, de natureza pública incondicionada. A competência para julgar o crime de latrocínio, a despeito de um dos crimes-membros ser contra a vida, é da competência do juiz singular. Essa *opção político-criminal foi feita pelo legislador brasileiro de 1940 e tem sido respeitada pela legislação posterior, pela doutrina e jurisprudência brasileiras.*

9.1. Inconstitucionalidade da proibição de progressão de regime nos crimes hediondos

O Supremo Tribunal Federal, em sua constituição plenária, através do *Habeas Corpus* 82.959, declarou a inconstitucionalidade do § 1º do art. 2º da Lei n. 8.072/90 (Lei dos crimes hediondos), que previa o *cumprimento da pena* em regime *integralmente fechado* nos crimes hediondos e assemelhados, com voto histórico do Ministro Gilmar Mendes.

Dois aspectos fundamentais merecem destaque nesse julgamento tão esperado pela comunidade jurídica especializada: (a) o reconhecimento do *sistema progressivo* e o da individualização da pena como *direitos e garantias fundamentais*, e (b) a eficácia *erga omnes* de declaração de inconstitucionalidade em *controle difuso ou aberto* (art. 102, I, *a*, da CF), limitada pelo efeito *ex nunc*. O primeiro aspecto esclarece os limites reservados ao legislador ordinário: o *sistema progressivo* de cumprimento da pena é uma garantia constitucional. O legislador ordinário pode disciplinar a individualização da pena nas fases legislativa, judicial e executória, mas não pode excluí-la em nenhuma dessas etapas, sob pena de violar esse preceito fundamental. Exatamente aí reside a inconstitucionalidade do dispositivo questionado que obrigava o cumprimento integral da pena em regime fechado, nos crimes hediondos e assemelhados. Seria inócuo, por conseguinte, incluir a *individualização da pena* entre os direitos e as garantias fundamentais e, ao mesmo tempo, permitir que o legislador ordinário, a seu alvedrio, pudesse suprimir ou anular seu conteúdo.

O segundo aspecto, não menos importante, foi o efeito *erga omnes* que o STF atribuiu à sua decisão em julgamento de *controle difuso de constitucionalidade*; aplicou, por analogia, o disposto no art. 27 da Lei n. 9.868/99, que se refere a julgamento de hipóteses de *controle concentrado ou abstrato de constitucionalidade* (ADIn ou ADC). Com essa decisão, o STF entendeu que, em se tratando de *controle incidental* ou difuso, aquela Corte Suprema pode estender os efeitos da decisão a outras situações processuais suscetíveis de serem alcançadas pelo reconhecimento *in concreto* de inconstitucionalidade, orientando-se, nesse sentido, em nome da segurança jurídica e do excepcional interesse social, que são conceitos igualmente abrangidos pelo marco constitucional.

Essa decisão — com eficácia *erga omnes* e efeito *ex nunc* — permite que os réus, em outros processos, que ainda se encontrem em fase recursal ou executória (cuja pena ainda não tenha sido integralmente cumprida), possam igualmente ser beneficiados pelo *sistema* progressivo, desde que seus requisitos sejam examinados, casuisticamente, pelo juiz competente. Referida decisão não está, por conseguinte, limitada ao processo objeto de exame no *Habeas Corpus* 82.959, e tampouco permite que outros juízes ou tribunais recusem seu cumprimento invocando como obstáculo o disposto no inciso X do art. 52 da Constituição Federal[20]. Essa decisão, na realidade, tornou sem objeto a competência do Senado Federal, como destaca Luís Roberto Barroso: "A verdade é que, com a criação da ação genérica de inconstitucionalidade, pela EC n. 16/65, e com o contorno dado à ação direta pela Constituição de 1988, essa competência atribuída ao Senado tornou-se um anacronismo. Uma decisão do Pleno do Supremo Tribunal Federal, seja em controle incidental ou em ação direta, deve ter o mesmo alcance e produzir os mesmos efeitos. Respeitada a razão histórica da previsão constitucional, quando de sua instituição em 1934, já não há mais lógica razoável em sua manutenção"[21]. Em sentido semelhante, veja-se o magistério do constitucionalista Ministro Gilmar Mendes, *in verbis*: "A amplitude conferida ao controle abstrato de normas e a possibilidade de que se suspenda, liminarmente, a eficácia de leis ou atos normativos, com eficácia geral, contribuíram, certamente, para que se quebrantasse a crença na própria justificativa desse

---

20 ADPF 54, rel. Min. Gilmar Mendes, j. 1º-2-2007.
21 Luís Roberto Barroso, *O controle de constitucionalidade no Direito Brasileiro*, São Paulo, Saraiva, 2004, p. 92.

instituto, que se inspirava diretamente numa concepção de separação de Poderes — hoje necessária e inevitavelmente ultrapassada. Se o Supremo Tribunal pode, em ação direta de inconstitucionalidade, suspender, liminarmente, a eficácia de uma lei, até mesmo de uma Emenda Constitucional, por que haveria a declaração de inconstitucionalidade, proferida no controle incidental, valer tão somente para as partes?"[22].

Enfim, somente poderá ser negada a progressão em processos similares, cuja pena ainda não tenha sido integralmente cumprida, se o *juízo competente* constatar, *in concreto*, o não atendimento dos requisitos legais exigidos para a progressão.

Finalmente, a Lei n. 11.464, de 27 de março de 2007, seguindo a orientação consagrada pelo Supremo Tribunal Federal, minimiza os equivocados excessos da Lei n. 8.072/90, alterando os parágrafos do seu art. 2º, com as seguintes inovações:

a) o cumprimento da pena iniciará em regime fechado;

b) a progressão nos crimes hediondos ocorrerá após o cumprimento de dois quintos (2/5), sendo o apenado primário, e de três quintos (3/5), se reincidente;

c) em caso de sentença condenatória, o juiz decidirá fundamentadamente se o réu poderá apelar em liberdade.

---

22 Gilmar Ferreira Mendes, *Direitos fundamentais e controle de constitucionalidade*, 3. ed., São Paulo, Saraiva, 2004, p. 266.

ALTERAÇÃO DA NATUREZA DA AÇÃO PENAL DO ESTELIONATO — XII

Sumário: 1. Considerações preliminares 2. Retroatividade da alteração da natureza da ação penal

Estelionato

Art. 171. Obter, para si ou para outrem, vantagem ilícita, em prejuízo alheio, induzindo ou mantendo alguém em erro, mediante artifício, ardil, ou qualquer outro meio fraudulento:

(...)

§ 5º Somente se procede mediante representação, salvo se a vítima for:

I – a Administração Pública, direta ou indireta;

II – criança ou adolescente;

III – pessoa com deficiência mental; ou

IV – maior de 70 (setenta) anos de idade ou incapaz." (NR)

1. Considerações preliminares

A Lei n. 13.964/2019 transformou a ação penal do crime de estelionato para pública condicionada, ressalvando as hipóteses de crimes contra a Administração Pública, contra criança e adolescente, pessoas com deficiência, maiores de 70 anos ou incapazes. Trata-se de um exemplo contrário ao que se afirma que a lei penal não contém palavras inúteis ou desnecessárias. Teria sido suficiente, por exemplo, que do texto legal tivesse constado, "ressalvada os crimes contra a Administração Pública, maiores de 70 anos e incapazes, na medida em que incapazes abrange crianças e adolescentes, bem como pessoas com deficiência.

Pode-se questionar a possibilidade de estender, por se tratar de norma penal mais benéfica, para outros crimes contra o patrimônio similares, *verbi gracia*, como o crime de furto. Contudo, a nosso juízo, essa possibilidade não é razoável e, consequentemente, desautorizada porque o legislador poderia tê-lo feito e não o fez. O crime de estelionato tem uma peculiaridade muito particular que os demais não apresentam, qual seja, a invariável *participação da vítima* no evento que resulta no crime de estelionato. E, não raro fica difícil determinar quando a "malícia ou habilidade ultrapassa os limites do moralmente legítimo para ingressar no campo do ilícito, do proibido, do engodo ou da indução a erro". Tanto que no item n. 4 deste capítulo, anos atrás, o incluí no estudo do crime de estelionato, com a seguinte rubrica: *"Fraude civil e fraude penal: ontologicamente iguais"*. Embora na época não imaginássemos que anos depois o legislador viesse a alterar a natureza da ação penal do estelionato, e, para não tê-lo que repetir aqui, para quem interessar possa, recomenda-se que passe uma vista d'olhos naquele tópico e compreenderá melhor a natureza do crime de estelionato, o que o diferencia dos demais crimes contra o patrimônio.

2. Retroatividade da alteração da natureza da ação penal

A transformação do *crime de estelionato* de *ação pública incondicionada* para *pública condicionada à representação*, mesmo com ressalvas, é norma penal mais benéfica e, como tal, deve retroagir para aplicar a fatos anteriores. A questão controvertida, contudo, é como, o que é e até onde. Na nossa ótica, deve-se distinguir entre as investigações criminais, de qualquer natureza, e as ações penais, cujo início, propriamente, ocorre com o recebimento da denúncia.

Ninguém desconhece que toda norma penal mais benéfica sempre retroage para beneficiar o infrator e, como tal, em tese, essa retroatividade deveria incidir em todas as investigações criminais, bem como em todos os processos criminais, em qualquer estágio. Contudo, nesta hipótese, correndo sérios riscos dogmáticos, optamos por fazer a seguinte distinção:

1ª) retroage, indiscriminadamente, para todas as investigações criminais, de qualquer origem, porém, como a representação do ofendido não tem forma, pode ser realizada por qualquer meio apenas declarando sua intenção de processar o ofensor. Por isso, a nosso juízo, naquelas hipóteses em que houve registro de ocorrência policial ou eventual requerimento de instauração de investigação criminal, referida manifestação de vontade, que outra coisa não é, senão a representação do ofendido, não haverá necessidade de notificação à vítima ofendida, porque essa condição já se realizou;

2ª) no entanto, em se tratando da hipótese de já haver ocorrido o recebimento da denúncia, a nosso juízo, ignorando os fundamentos dogmáticos, optamos, por razões pragmáticas, em defender a desnecessidade de notificar a vítima (ofendido) para manifestar-se sobre o prosseguimento da referida ação penal. Ocorre que, nessas hipóteses, com o recebimento da denúncia o Estado já realizou a sua parte, o ato consumou-se e somente não houve representação à época dos fatos por falta de previsão legal. Reconhecemos, contudo, que dogmaticamente falando seria mais sustentável a recomendação de notificação do ofendido para manifestar-se sobre seu interesse no prosseguimento da ação.

Por fim, acreditamos que na hipótese de notificação da vítima o prazo de 30 dias é suficiente para sua manifestação, pois é, *mutatis mutandis*, como se fosse uma espécie *sui generis* de "plebiscito", simples, sim ou não, e, para isso, não há necessidade de prazo maior, embora reconheçamos que, regra geral, o CPP adote o prazo de seis meses para essa finalidade, com raríssimas exceções.

BIBLIOGRAFIA

ALBERGARIA, Jason. *Comentários à Lei de Execução Penal*. Rio de Janeiro, Aide, 1987.

ALTAVILLA, Enrico. *La psicologia del suicidio*. Napoli, 1910.

AMBOS, Kai. *La parte general del Derecho Penal Internacional*. Trad. Ezequiel Malarino. Montevideo, Temis, 2005.

_____. *Direito Penal Internacional; Parte General*. Montevideo, Konrad Adenauer, 2005.

AMBOS, Kai & CARVALHO, Salo de (orgs.). *O Direito Penal no Estatuto de Roma*. Rio de Janeiro, Lumen Juris, 2005.

AMBOS, Kai & JAPIASSU, Carlos Eduardo Adriano (org.). *Tribunal Penal Internacional — possibilidades e desafios*. Rio de Janeiro, Lumen Juris, 2005.

ANDREUCCI, Ricardo Antunes. *Coação irresistível por violência*. São Paulo, Bushatsky, 1973.

ANTOLISEI, Francesco. *Manual de Derecho Penal*. Buenos Aires, UTCHA, 1960.

ANTÓN ONECA, José. La prevención general y la prevención especial en la teoría de la pena. In: HIRSCH, Hans Joachim. *Obras completas*. Santa Fé/Argentina, Rubinzal-Culzoni, 2003.

ARAÚJO JUNIOR, João Marcello. *Dos crimes contra a ordem econômica*. São Paulo, Revista dos Tribunais, 1995.

_____. Os grandes movimentos da política criminal de nosso tempo — aspectos. In: *Sistema Penal para o terceiro milênio*. Rio de Janeiro, Forense, 1993.

ARZAMENDI, José L. de la Cuesta. Un deber (no obligación) y derecho de los privados de libertad: el trabajo penitenciario. In: *Lecciones de Derecho Penitenciario* (livro coletivo). Madrid, Ed. Universidad de Alcalá de Henares, 1989.

AZEVEDO, David Teixeira de. A culpabilidade e o conceito tripartido de crime. *Revista Brasileira de Ciências Criminais — IBCCrim*, n. 2, p. 46-55, 1993.

BACIGALUPO, Enrique. *Principios de Derecho Penal; Parte General*. Madrid, Akal, 1990.

BALDÓ LAVILLA, Francisco. *Estado de necesidad y legítima defensa — un estudio sobre las "situaciones de necesidad"*. Barcelona, J.M. Bosch, 1994.

BARATTA, Alessandro. *Integración-prevención — una nueva fundamentación de la pena dentro de la teoría sistémica*. Buenos Aires, Doctrina Penal, 1985.

————. Criminologia e dogmática penal. Passado e futuro do modelo integral da ciência penal. *Revista de Direito Penal*, n. 31, Rio de Janeiro, Forense, 1982.

————. Sistema penale e marginazione sociale — per la critica dell'ideologia del trattamento. *La Questione Criminale*, n. 2, 1976.

BARBERO SANTOS, Marino. Remembranza del Professor Salmantino Pedro García-Dorado Montero en el 50 aniversario de la muerte. In: *Problemas actuales de las Ciencias Penales y la Filosofía del Derecho*. Buenos Aires, Panedille, 1970.

————. *Marginalización social y Derecho repressivo*. Barcelona, Bosch, 1980.

BARROS, Flávio Augusto Monteiro de. *Direito Penal; Parte Geral*. São Paulo, Saraiva, 1999. v. 1.

————. *Crimes contra a pessoa*. São Paulo, Saraiva, 1997.

BARROSO, Luís Roberto. *O controle de constitucionalidade no Direito brasileiro*. São Paulo, Saraiva, 2004.

BATISTA, Nilo. *Introdução crítica ao Direito Penal brasileiro*. Rio de Janeiro, Revan, 1990.

————. *Temas de Direito Penal*. Rio de Janeiro, Liber Juris, 1984.

BATISTA, Nilo; ZAFFARONI, E. Raúl; ALAGIA, Alexandro & SIOKAR, Alejandro. *Direito Penal Brasileiro — I*. Rio de Janeiro, Revan, 2003.

BATISTA, Weber Martins. *O furto e o roubo no Direito e no processo penal*. 2ª ed. Rio de Janeiro, Forense, 1997.

BAUMANN, Jurgen. *Derecho Penal*. Buenos Aires, Depalma, 1981.

BECCARIA, Cesare de. *Dei delitti e delle pene, a cura de Pisapia*. s. d.

————. *De los delitos y de las penas*. Madrid, Alianza Editorial, 1968.

BELING, Ernst von. *Esquema de Derecho Penal — La doctrina del delito tipo*. Trad. Sebastian Soler. Buenos Aires, Depalma, 1944.

BENETI, Sidnei Agostinho. *Execução penal*. São Paulo, Saraiva, 1996.

BENTHAM, Jeremias. *El panóptico — el ojo del poder*. Espanha, La Piqueta, 1979.

————. *Principios de legislación y jurisprudencia*. Espanha, 1834.

————. *Teorías de las penas y las recompensas*. Paris, 1826.

BERISTAIN, Antonio. La multa penal y administrativa. *Anuario de Derecho Penal e Ciencias Penales*, n. 28, 1975.

BETTIOL, Giuseppe. *Direito Penal*, São Paulo, Revista dos Tribunais, 1977. v. 1.

————. *Direito Penal*. Trad. Paulo José da Costa Jr. e Alberto Silva Franco. São Paulo, Revista dos Tribunais, 1977. v. 3.

BIANCHINI, Alice. *Pressupostos materiais mínimos da tutela penal*. São Paulo, Revista dos Tribunais, 2002.

BITENCOURT, Cezar Roberto. *Tratado de Direito Penal; Parte Geral*. 26ª ed. São Paulo, Saraiva, 2020. v. 1.

————. *Tratado de Direito Penal — crimes contra a pessoa*. 20ª ed. São Paulo, Saraiva, 2020. v. 2.

————. *Tratado de Direito Penal — crimes contra o patrimônio*. 16ª ed. São Paulo, Saraiva, 2020. v. 3.

————. *Tratado de Direito Penal — crimes contra a administração pública*. 14ª ed. São Paulo, Saraiva, 2020. v. 5.

————. *Tratado de Direito Penal; Parte Geral*. 25ª ed. São Paulo, Saraiva, 2019. v. 1.

————. *Tratado de Direito Penal; Parte Especial*. 13ª ed. São Paulo, Saraiva, 2019. v. 4.

————. *Falência da pena de prisão — causas e alternativas*. 5ª ed. São Paulo, Saraiva, 2017.

————. *Erro de tipo e erro de proibição*. 6ª ed. São Paulo, Saraiva, 2013.

————. *Teoria geral do delito*. Lisboa, Almedina, 2007.

————. *Juizados Especiais Criminais Federais — análise comparativa das Leis n. 9.099/95 e 10.259/2001*. 2ª ed. São Paulo, Saraiva, 2005.

————. *Manual de Direito Penal; Parte Geral*. 6ª ed. São Paulo, Saraiva, 2000. v. 1.

————. *Penas pecuniárias*. *RT*, São Paulo, 619/422.

BITENCOURT, Cezar Roberto & BITENCOURT, Vania Barbosa Adorno. Em dia de terror, Supremo rasga a Constituição no julgamento de um HC. *Conjur*, 18 fev. 2016. Disponível em: <www.conjur.com.br>. Acesso em: 9 out. 2016.

BITENCOURT, Cezar Roberto & MUÑOZ CONDE, Francisco. *Teoria geral do delito* (bilíngue). 3ª ed. São Paulo, Saraiva, 2007.

BITENCOURT, Cezar Roberto & PRADO, Luiz Régis. *Código Penal anotado e legislação complementar*. 2ª ed. São Paulo, Revista dos Tribunais, 1998.

————. *Juizados Especiais Criminais e alternativas à pena de prisão*. 3ª ed. Porto Alegre, Livr. do Advogado Ed., 1997.

————. *Elementos de Direito Penal; Parte Especial*. São Paulo, Revista dos Tribunais, 1996. v. 2.

————. *Elementos de Direito Penal; Parte Geral*. São Paulo, Revista dos Tribunais, 1995. v. 1.

BITTAR, Walter Barbosa. *As condições objetivas de punibilidade e causas pessoais de exclusão da pena*. Rio de Janeiro, Lumen Juris, 2004.

————. Algumas reflexões sobre as chamadas condições objetivas de punibilidade. *Revista Jurídica*, Porto Alegre, Ed. Notadez, n. 293, p. 29-40, mar. 2002.

BOTTINI, Pierpaolo. Novas regras sobre prescrição retroativa: comentários breves à Lei 12.234/10, *Boletim IBCCRIM*, São Paulo: IBCCRIM, ano 18, n. 211, jun. 2010.

BRANDÃO, Claudio. *Introdução ao Direito Penal*. Rio de Janeiro, Forense, 2002.

————. *Teoria jurídica do crime*. Rio de Janeiro, Forense, 2000.

BRODT, Luís Augusto Sanzo. *Da consciência da ilicitude no Direito Penal brasileiro*. Belo Horizonte, Del Rey, 1996.

BRUNO, Aníbal. *Crimes contra a pessoa*. 5ª ed. Rio de Janeiro, Ed. Rio, 1979.

————. *Direito Penal; Parte Geral*. 3ª ed. Rio de Janeiro, Forense, 1967. v. 1 a 3.

BUENO ARÚS, Francisco. Panorama comparativo entre los modernos sistemas penitenciarios. In: *Problemas actuales de las ciencias penales y la filosofía del derecho*: en homenaje al profesor Luis Jiménez de Asúa. Buenos Aires, Pannedille, 1970. p. 385-416.

BUSATO, Paulo César. *Direito Penal; Parte Geral*. 2ª ed. São Paulo, Atlas, 2015.

————. *La tentativa del delito — Análisis a partir del concepto significativo de la acción*. Curitiba, Juruá, 2011.

————. Tribunal penal internacional e expansão do Direito Penal. In: BUSATO, Paulo César. *Reflexões sobre o sistema penal do nosso tempo*. Rio de Janeiro, Lumen Juris, 2011.

————. *Direito Penal e ação significativa*. Rio de Janeiro, Lumen Juris, 2005.

————. Regime Disciplinar Diferenciado como produto de um Direito Penal do inimigo. *Revista de Estudos Criminais*, Porto Alegre, Ed. Notadez/PUCRS/TEC, v. 14.

BUSATO, Paulo César & HUAPAYA, Sandro Montes. *Introdução ao Direito Penal — fundamentos para um sistema penal democrático*. Rio de Janeiro, Lumen Juris, 2003.

CABRAL, Juliana. *Os tipos de perigo e a pós-modernidade*. Rio de Janeiro, Revan, 2005.

CALHAU, Lélio Braga. *Vítima e Direito Penal*. Belo Horizonte, Mandamentos, 2002.

CANÍBAL, Carlos Roberto Lofego. Pena aquém do mínimo — uma investigação constitucional-penal. *Revista Ajuris*, Porto Alegre, v. 77.

CARRARA, Francesco. *Programa de Derecho Criminal*. Trad. Ortega Torres. Bogotá, Temis, 1971. v. 1 e v. 6.

CAFFARENA, Borja Mapelli. Sistema progresivo y tratamiento. In: *Lecciones de Derecho Penitenciario*. Madrid, 1989.

CANOTILHO, J. J. Gomes. *Direito Constitucional e teoria da Constituição*. Coimbra, Almedina, 2008.

CARVALHO, Amilton Bueno de. *Garantismo penal aplicado*. 2ª ed. Rio de Janeiro, Lumen Juris, 2006.

CARVALHO, Amilton Bueno de & CARVALHO, Salo de. *Aplicação da pena e garantismo penal*. Rio de Janeiro, Lumen Juris, 2001; recentemente a 3ª ed., 2004.

CARVALHO, Salo de. *Penas e medidas de segurança no Direito Penal brasileiro*. 2ª ed. São Paulo, Saraiva, 2015.

————. *A política criminal de drogas no Brasil — estudo criminológico e dogmático*. 4ª ed. Rio de Janeiro, Lumen Juris, 2007.

————. *Pena e garantias*. 2ª ed. Rio de Janeiro, Lumen Juris, 2003.

CAVALCANTI, Eduardo Medeiros. *Crime e sociedade complexa*. Campinas, LZN, 2005.

CEREZO MIR, José. *Estudios sobre la moderna reforma penal española*. Madrid, Tecnos, 1993.

————. *Curso de Derecho Penal español*. Madrid, Tecnos, 1990. v. 2.

CERVINI, Raúl. Macrocriminalidad económica — apuntes para una aproximación metodológica. *Revista Brasileira de Ciências Criminais — IBCCrim*, n. 11, 1995.

————. *Curso de cooperación penal internacional*. Montevideo, 1994.

CHEIM JORGE, Flávio. *O prazo decadencial da ação rescisória só se inicia quando não for cabível qualquer recurso do último pronunciamento judicial.* Disponível em: <http://www.cjar.com.br/noticias/flaviocheim-stj-sumula.html>. Acesso em: 5 jan. 2015.

CHOUKE, Fauzi Hassan. *Garantias constitucionais*. São Paulo, Revista dos Tribunais, 1995.

COBO DEL ROSAL, M. & VIVES ANTÓN, R. S. *Derecho Penal*. 3ª ed. Valencia, Tirant lo Blanch, 1991.

COHEN, Stanley. Un escenario para el sistema penitenciario futuro. *NPP*, 1975.

CÓRDOBA RODA, Juan. *Una nueva concepción del delito*. Barcelona, Ariel, 1963.

————. *El conocimiento de la antijuridicidad en la teoría del delito*. Barcelona, 1962.

COSTA JR., Paulo José da. *Curso de Direito Penal*. São Paulo, Saraiva, 1991. v. 1.

————. *Comentários ao Código Penal*. São Paulo, Saraiva, 1986. v. 1.

COSTA JUNIOR, Heitor. *Teoria dos delitos culposos*. Rio de Janeiro, Lumen Juris, 1988.

————. *Teorias acerca da omissão*. *Revista de Direito Penal*, n. 33, Rio de Janeiro, Forense, 1982.

CUELLO CALÓN, Eugenio. *La moderna penología*: represion del delito y tratamiento de los delincuentes, penas y medidas, su ejecucion. Barcelona, Bosch, 1974.

D'ÁVILA, Fábio Roberto. *Ofensividade e crimes omissivos próprios*. Coimbra, Coimbra Ed. (Universidade de Coimbra), 2005.

————. *Crime culposo e a teoria da imputação objetiva*. São Paulo, Revista dos Tribunais, 2001.

DE GROOTE. *La locura a través de los siglos*. Barcelona, 1970.

DELMANTO, Celso. *Código Penal comentado*. Rio de Janeiro, Renovar, 1988.

————. *Código Penal comentado*. Rio de Janeiro, Freitas Bastos, 1986.

DELMANTO JUNIOR, Roberto. A caminho de um Estado policialesco. *O Estado de S. Paulo*, de 2 de junho de 2010.

DELMAS MARTY, Mireille. *Pour un Droit Commune*. Librairie du XX Siècle, 1994.

DIAS, Jorge de Figueiredo. *Direito Penal português; Parte Geral*. Lisboa, Aequitas, 1993. v. 2.

————. *O problema da consciência da ilicitude em Direito Penal*. 3ª ed. Coimbra, Coimbra Ed., 1987.

————. *Liberdade, culpa, Direito Penal*. 2ª ed. Coimbra, Biblioteca Jurídica Coimbra Ed., 1983.

DÍEZ RIPOLLÉS, José Luis. *Delitos contra bienes jurídicos fundamentales*. Valencia, Tirant lo Blanch, 1993.

————. *Los elementos subjetivos del delito — bases metodológicas*. Valencia, Tirant lo Blanch, 1990.

DOTTI, René Ariel. A inconstitucionalidade da Lei 12.234/10, Aberto mais um dos caminhos em direção ao Estado policialesco. *Informativo Migalhas*. Disponível em: <http://www.migalhas.com.br>. Acesso em: 20 jun. 2010.

————. A incapacidade criminal da pessoa jurídica (uma perspectiva do Direito brasileiro). *Revista Brasileira de Ciências Criminais — IBCCrim*, n. 11, 1995.

————. *Concurso de pessoas*. In: *Reforma penal brasileira*. Rio de Janeiro, Forense, 1988.

————. *Reforma Penal brasileira*. Rio de Janeiro, Forense, 1988.

————. *Notas ao Código Penal da Forense*. Rio de Janeiro, 1986.

————. As novas linhas do livramento condicional e da reabilitação. *RT*, n. 593, p. 295-305, mar. 1985.

DUEÑAS, Angel de Sola; ARÁN, Mercedez Garciá; MALARÉE, Hernán Hormazábal. *Alternativas a la prisión*. Barcelona: PPU, 1986.

DURKHEIM, E. *Las reglas del método sociológico*. Espanha, Morata, 1978.

ESPINAR, José Miguel Zulgaldía. *Fundamentos de Derecho Penal*. Valencia, Tirant lo Blanch, 1993.

FARIA, Antonio Bento de. *Código Penal Brasileiro comentado*. 3ª ed. Rio de Janeiro, Record, 1961. 7 v.

FAYERT JUNIOR, Ney. *Do crime continuado*. Porto Alegre, Livr. do Advogado Ed., 2001.

FELDENS, Luciano. *A Constituição Penal — a dupla face da proporcionalidade no controle de normas penais*. Porto Alegre, Livr. do Advogado Ed., 2005.

FERRAJOLI, Luigi. *Direito e razão*. Trad. Ana Paula Zomer, Fauzi Hassan Choukr, Juarez Tavares e Luiz Flávio Gomes. São Paulo, Revista dos Tribunais, 2002.

————. *Derecho y razón — teoría del garantismo penal*. Madrid, Trotta, 1995.

FERRI, Enrico. *Principios de Derecho Criminal*. Madrid, Reus, 1933.

————. *Sociologia criminal*. Madrid, Reus, 1908.

FIGGIS, John Neville. *El Derecho divino de los reyes*. Trad. Edmundo O'Orgmann. México, Fondo de Cultura Económica, 1970.

FISCHER, Félix. A Lei 9.099 e o Direito Penal Militar. In: *Juizados Especiais Criminais* (livro coletivo). 2ª ed. Curitiba, Juruá, 1997.

FLETCHER, George P. *Conceptos básicos de Derecho Penal*. Valencia, Tirant lo Blanch, 1997.

FONSECA, Cezar Lima da. *Direito Penal do Consumidor*. Porto Alegre, Livr. do Advogado Ed., 1996.

FRAGOSO, Heleno Cláudio. *Lições de Direito Penal; Parte Geral*. Rio de Janeiro, Forense, 1985.

————. *Conduta punível*. São Paulo, Bushatsky, 1961.

FRANCO, Alberto Silva. *Crimes hediondos*. 3ª ed. São Paulo, Revista dos Tribunais, 1994.

————. *Temas de Direito Penal*. São Paulo, Saraiva, 1986.

FRANCO, Alberto Silva *et alii*. *Código Penal e sua interpretação jurisprudencial*. São Paulo, Revista dos Tribunais, 1993; 5ª ed. 2005.

————. O regime progressivo em face das Leis 8.072/90 e 9.455/97. *Boletim do IBCCrim*, n. 58, edição especial de setembro de 1997.

FRISCH, Wolfgang. *Comportamiento típico e imputación del resultado*. Tradução da edição alemã (Heidelberg, 1988) por Joaquín Cuello Contreras e José Luis Serrano González de Murillo. Madrid, Marcial Pons, 2004.

GARCIA, Basileu. *Instituições de Direito Penal*. 6ª ed. São Paulo, Max Limonad, 1982. v. 1.

GARCÍA ARÁN, Mercedes. *Alternativas a la prisión*. Barcelona, PPU, 1986.

————. *Los criterios de determinación de la pena en el Derecho español*. Barcelona, 1982.

GARCÍA ARÁN, Mercedes & MUÑOZ CONDE, F. *Derecho Penal; Parte General*. Valencia, Tirant lo Blanch, 1996.

GARCÍA-PABLOS, Antonio. *Derecho Penal — introducción*. Madrid, Universidad Complutense, 1995.

GARCÍA-PABLOS DE MOLINA, Antonio & GOMES, Luiz Flávio. *Direito Penal; Parte Geral*. São Paulo, Revista dos Tribunais, 2007. v. 2.

GARCÍA VALDÉS, Carlos. *Derecho Penitenciario*. Madrid, Ministerio de Justicia, 1989.

————. *Estudios de Derecho Penitenciario*. Madrid, Tecnos, 1982.

————. *Introducción a la penología*. Madrid, Universidad Compostela, 1981.

————. *Comentarios a la ley general penitenciaria*. Madrid, Civitas, 1980.

————. *Régimen penitenciario de España*: investigación histórica y sistemática. Madrid, Instituto de Criminología — Universidad de Madrid, 1975.

GARCÍA VITOR, Enrique. Planteos penales. *Coleción Jurídica* 14, Santa fé (Argentina), 1994.

GIACOMOLLI, Nereu Jose. *Reforma (?) do processo penal*. Rio de Janeiro, Lumen Juris.

GILLIN, John Lewis. *Criminology and penology*. 3ª ed. Nova Iorque, D. Appleton--Century Co., 1945.

GOMES, Alfonso Serrano. *Derecho Penal; Parte Especial*. Madrid, Dykinson, 1997.

GOMES, Luiz Flávio. *Princípio da ofensividade no Direito Penal*. São Paulo, Revista dos Tribunais, 2002.

————. CTB: primeiras notas interpretativas. *Bol. IBCCrim*, n. 61, dez. 1997.

————. *Direito de apelar em liberdade*. 2ª ed. São Paulo, Revista dos Tribunais, 1996.

————. *Suspensão condicional da pena*. São Paulo, Revista dos Tribunais, 1995.

GOMES, Luiz Flávio & BIANCHINI, Alice. *Juizados Criminais Federais, seus reflexos nos Juizados Estaduais e outros estudos*. São Paulo, Revista dos Tribunais, 2002.

GOMES, Luiz Flávio & MACIEL, Silvio. *Contagem da prescrição durante a suspensão do processo*: Súmula 415 do STJ. Disponível em: <http://www.lfg.com.br>. Acesso em: 20 jan. 2010.

GOMES, Luiz Flávio & YACOBUCCI, Guillermo. *As grandes transformações do Direito Penal tradicional*. São Paulo, Revista dos Tribunais, 2005.

GOMES, Mariângela Gama de Magalhães. *O princípio da proporcionalidade no Direito Penal*. São Paulo, Revista dos Tribunais, 2003.

GOMEZ RIVERO, Maria del Carmen. *La inducción a cometer el delito*. Valencia, Tirant lo Blanch, 1995.

GRECO, Rogério. *Código Penal comentado*. 4ª ed. Niterói, Impetus, 2010.

————. *Direito Penal; Parte Especial*. 11ª ed. Niterói Impetus, 2009.

————. *Direito Penal — lições*. Rio de Janeiro, Impetus, 2001.

GRECO FILHO, Vicente. *Interceptação telefônica*. São Paulo, Saraiva, 1996.

GRISPIGNI, Filipo. *Diritto Penale*. 2ª ed. Milano, 1947. v. 1.

GUARAGNI, Fábio André. *As teorias da conduta em Direito Penal:* um estudo da conduta humana do pré-causalismo ao funcionalismo pós-finalista. São Paulo, Revista dos Tribunais, 2005.

HABIB, Sérgio. *Brasil — quinhentos anos de corrupção*. Porto Alegre, Sergio A. Fabris, Editor, 1994.

HACKER, Friedrich. *Agresión (la brutal violencia del mundo moderno)*. Espanha, Grijalbo, 1973.

HASSEMER, Winfried. *¿Puede haber delitos que no afecten a un bien jurídico penal?* Trad. Beatriz Spínola Tártaro. In: HEFENDEHL, Roland (ed.). *La teoría del bien jurídico ¿Fundamento de legitimación del Derecho Penal o juego de abalorios dogmático?* Madrid-Barcelona, Marcial Pons, 2007.

————. *Persona, mundo y responsabilidad. Bases para una teoría de la imputación en Derecho Penal*. Valencia, Tirant lo Blanch, 1999.

————. *Três temas de Direito Penal*. Porto Alegre, Publicações Fundação Escola Superior do Ministério Público, 1993.

HASSEMER, Winfried & MUÑOZ CONDE, Francisco. *Introducción a la criminología*. Valencia, Tirant lo Blanch, 1989.

HENTIG, Hans von. *La pena*. Madrid, Espasa-Calpe, 1967.

HIBBERT, C. *Las raíces del mal — una historia social del crimen y su represión*. España, Ed. Luiz de Caralt, 1975.

HUNGRIA, Nélson. *Comentários ao Código Penal*. 5ª ed. Rio de Janeiro, Forense, 1979. v. 5.

————. *Comentários ao Código Penal*. Rio de Janeiro, Forense, 1949 e 1978. v. 1, 2 e 6.

————. *O arbítrio judicial na medida da pena*. Revista Forense, n. 90, jan. 1943.

JAKOBS, Günther. *La imputación objetiva en Derecho Penal*. Madrid, Civitas, 1996.

————. *Sociedad, normas y personas en un Derecho Penal funcional*. Trad. Cancio Meliá y Feijó Sánchez. Madrid, Civitas, 1996.

————. *Derecho Penal; Parte General — fundamentos y teoría de la imputación*. Madrid, Marcial Pons, 1995.

JAPIASSU, Carlos Eduardo Adriano. *O Tribunal Penal Internacional*. Rio de Janeiro, Lumen Juris, 2004.

JERVIS, Giovani. La tecnología de la tortura. In: *La ideologia de las drogas y la cuestión de las drogas ligeras*. Espanha, Anagrama, 1977.

JESCHECK, H. H. El Tribunal Penal Internacional. *Revista Penal*, n. 8, 2011.

————. *Tratado de Derecho Penal*. Trad. da 4ª ed. José Luis Manzanares Samaniego. Granada, Comares, 1993.

————. *Tratado de Derecho Penal*. Trad. Mir Puig e Muñoz Conde. Barcelona, Bosch, 1981. v. 1 e 2.

JESUS, Damásio E. de. *Código Penal anotado*. 5ª ed. São Paulo, Saraiva, 1995.

————. *Direito Penal*. 12ª ed. São Paulo, Saraiva, 1988.

————. *Comentários ao Código Penal*. 2ª ed. São Paulo, Saraiva, 1986.

————. *Direito Penal; Parte Especial*. São Paulo, Saraiva, 1979. v. 2.

JIMÉNEZ DE ASÚA, Luiz. *Principios de Derecho Penal — la ley y el delito*. Buenos Aires, Abeledo-Perrot, 1990.

————. *Tratado de Derecho Penal*. 3ª ed. Buenos Aires, Losada, 1964. v. 6.

KUEHNE, Maurício. *Lei de Execução Penal*. Curitiba, Juruá, 2004.

————. *Juizados Especiais Criminais.* 2ª ed. Curitiba, Juruá, 1997.

————. *Doutrina e prática da execução penal.* 2ª ed. Curitiba, Juruá, 1995.

KUEHNE, Maurício; LARENZ, Karl. *Metodologia da ciência do Direito.* Trad. José Lamego. 3ª ed. Lisboa, Calouste Gulbenkian, 1997.

————. *Metodología de la ciencia del Derecho.* Trad. Enrique Gimbernat Ordeig. España, 1966.

LARRAURI, Elena & CID, J. *Penas alternativas a la prisión.* Barcelona, Bosch, 1997.

LOGOZ, Paul. *Commentaire du Code Pénal suisse.* 2ª ed. Paris, Delachaux & Niestlé, 1976.

LOPES JR., Aury Celso. *Introdução crítica ao processo penal (fundamentos da instrumentalidade constitucional).* 4ª ed. Rio de Janeiro, Lumen Juris, 2006.

LOPES JR., Aury & BADARÓ, Gustavo Henrique. *Direito ao processo penal no prazo razoável.* Rio de Janeiro, Lumen Juris, 2006.

LÓPEZ PEREGRÍN, Carmen. *La complicidad en el delito.* Valencia, Tirant lo Blanch, 1997.

LUZÓN PEÑA, Diego-Manuel. *Curso de Derecho Penal; Parte General.* Madrid, Editorial Universitas, 1996.

————. *Aspectos esenciales de la legítima defensa.* Barcelona, Bosch, 1978.

MAGALHÃES NORONHA, E. *Tribunal do Júri.* São Paulo, Revista dos Tribunais, 2008.

————. *Individualização da pena.* 2ª ed. São Paulo, Revista dos Tribunais, 2007.

————. *Código Penal comentado.* 5ª ed. São Paulo, Revista dos Tribunais, 2006.

————. *Direito Penal; Parte Especial.* 15ª ed. São Paulo, Saraiva, 1979. v. 2.

————. *Direito Penal.* 16ª ed. São Paulo, Saraiva, 1978. v. 1.

————. *Direito Penal.* 2ª ed. São Paulo, Saraiva, 1963. v. 1; 33ª ed. São Paulo, Saraiva, 1998.

MAÑAS, Carlos Vico. *O princípio da insignificância como excludente da tipicidade no Direito Penal.* São Paulo, Saraiva, 1994.

MANZINI, Vincenzo. *Istituzioni di Diritto Penale italiano.* 9ª ed. Padova, CEDAM, 1958. v. 1.

————. *Trattato di Diritto Penale italiano.* Torino, UTET, 1952. v. 9.

————. *Trattato di Diritto Penale.* Torino, 1948. v. 1.

MAPELLI CAFFARENA, Borja. *Las consecuencias jurídicas del delito.* Madrid, Civitas, 1990.

—————. Sistema progresivo y tratamiento. In: *Lecciones de Derecho Penitenciario* (obra coletiva). 2ª ed. Madrid, Universidad de Alcalá de Henares, 1989.

—————. *Principios fundamentales del sistema penitenciario español*. Barcelona, Bosch, 1983.

MARQUES, José Frederico. *A instituição do júri*. Campinas, Bookseller, 1997.

—————. *Tratado de Direito Penal*. São Paulo, Saraiva, 1965. v. 1 e 2.

—————. *Curso de Direito Penal*. São Paulo, Saraiva, 1954.

MAURACH, Reinhart *et alii*. *Derecho Penal*. Trad. Jorge Bofill Genzsch e Enrique Aimone Gibson. Buenos Aires, Astrea, 1994. v. 1.

—————. *Tratado de Derecho Penal*. Trad. Córdoba Roda. Barcelona, Ariel, 1962. v. 1 e 2.

MAZZUOLI, Valerio de Oliveira. *O controle jurisdicional da convencionalidade das leis*. 2ª ed. São Paulo, Revista dos Tribunais, 2011.

—————. *Tribunal Penal Internacional e o Direito Brasileiro*. São Paulo, Premier, 2005.

—————. O novo § 3º do art. 5º da Constituição e sua eficácia. *Revista de Informação Legislativa*, Brasília, Senado Federal, Secretaria de Editoração e Publicações, n. 167, jul./set. 2005.

MELOSSI, Dario & PAVARINI, Massimo. *Cárcel y fábrica — los orígenes del sistema penitenciario*. 2ª ed. México, Siglos XVI-XIX, 1985.

MENDES, Gilmar Ferreira. *Direitos fundamentais e controle de constitucionalidade*. 3ª ed. São Paulo, Saraiva, 2004.

MEZGER, Edmund. *Derecho Penal; Parte General — libro de estudio*. Trad. Conrado A. Finzi. Buenos Aires, Ed. Bibliográfica Argentina, 1955.

—————. *Tratado de Derecho Penal*. Trad. José Arturo Rodriguez-Muñoz. Madrid, Revista de Derecho Privado, 1935. t. 1 e 2.

MIRABETE, Julio Fabbrini. *Execução penal*. 8ª ed. São Paulo, Atlas, 1997.

—————. *Manual de Direito Penal*. São Paulo, Atlas, 1990. v. 1.

—————. *Manual de Direito Penal; Parte Especial*. São Paulo, Atlas, 1987. v. 2.

MIR PUIG, Santiago. *Derecho Penal; Parte General*. Barcelona, PPU, 1985; 5ª ed., 1998; 6ª ed., 2002; 8ª ed., 2010.

—————. *Direito Penal — fundamentos e teoria do delito*. Trad. Claudia Viana Garcia. São Paulo, Revista dos Tribunais, 2007.

—————. *Introducción a las bases del Derecho Penal*. 2ª ed. Montevideo, Editorial B de F, 2003.

MORAES, Alexandre de. *Direito Constitucional*. 8ª ed. São Paulo, Atlas, 2000.

MORRIS, Norval. *El futuro de las prisiones — estudios sobre crimen y justicia*. 6ª ed. México D.F., Siglo XXI, 2001.

MUÑOZ CONDE, Francisco. *Derecho Penal; Parte Especial*. Valencia, Tirant lo Blanch, 2010.

————. *Edmund Mezger e o Direito Penal do seu tempo*. Rio de Janeiro, Lumen Juris, 2005.

————. *Edmund Mezger y el Derecho Penal de su tiempo — estudios sobre el derecho penal en el nacionalsocialismo*. 4ª ed. Valencia, Tirant lo Blanch, 2003.

————. *Principios político-criminales que inspiran el tratamiento de los delitos contra el orden socioeconómico en el proyecto de Código Penal Español de 1994. Revista Brasileira de Ciências Criminais — IBCCrim*, n. 11, 1995.

————. *Teoria geral do delito*. Trad. Juarez Tavares e Luiz Régis Prado. Porto Alegre, Sergio A. Fabris, Editor, 1988.

————. *Derecho Penal y control social*. Jerez, Fundación Universitaria de Jerez, 1985.

————. *Introducción al Derecho Penal*. Barcelona, Bosch, 1975.

MUÑOZ CONDE, Francisco & BITENCOURT, Cezar Roberto. *Teoria geral do delito* (bilíngue). 2ª ed. São Paulo, Saraiva, 2003.

MUÑOZ CONDE, Francisco & GARCÍA ARÁN, Mercedes. *Derecho Penal; Parte General*. 3ª ed. Valencia, Tirant lo Blanch, 1998; 8ª ed., 2010.

NEUMAN, Elías. *Evolución de la pena privativa de libertad y régimenes penitenciarios*. Buenos Aires: Ediciones Pannedille, 1971.

OCHAITA, Silvia Valamaña. *El tipo objetivo de robo con fuerza en las cosas*. Madrid, Centro de Publicaciones del Ministerio de Justicia, 1993.

PEARCE, Franck. *Los crímenes de los poderosos*. México, Siglo XXI, 1980.

PEDROSO, Fernando de Almeida. *Homicídio — participação em suicídio, infanticídio e aborto*. Rio de Janeiro, Aide, 1995.

————. *Direito Penal*. São Paulo, LEUD, 1993.

PIOVESAN, Flávia. *Direitos Humanos e o Direito Constitucional Internacional*. 7ª ed. São Paulo, Saraiva, 2006.

POLA, Giuseppe Cesare. *Commento alla legge sulla condanna condizionale*. Torino, Fratelli Bocca, 1905.

PRADO, Luiz Régis. *Curso de Direito Penal brasileiro*. 3ª ed. São Paulo, Revista dos Tribunais, 2002; 5ª ed., 2005; 6ª ed., 2006.

————. *Curso de Direito Penal brasileiro; Parte Geral*. São Paulo, Revista dos Tribunais, 1999.

PRADO, Luiz Regis & BITENCOURT, Cezar Roberto. *Código Penal anotado e legislação complementar*. 2ª ed. São Paulo, Revista dos Tribunais, 1998.

————. *Elementos de Direito Penal; Parte Especial*. São Paulo, Revista dos Tribunais, 1996.

————. *Elementos de Direito Penal; Parte Geral*. São Paulo, Revista dos Tribunais, 1995. v. 1.

QUEIROZ, Paulo. *Direito Penal*; *Parte Geral*. São Paulo, Saraiva, 2005.

————. Crítica à teoria da imputação objetiva. *Boletim do ICP*, Belo Horizonte, n. 11, dez. 2000.

————. *Do carácter subsidiário do Direito Penal*. Belo Horizonte, Del Rey, 1998.

RAMOS, Beatriz Vargas. *Do concurso de pessoas*. Belo Horizonte, Del Rey, 1996.

RANGEL, Paulo. *Direito Processual Penal*. Rio de Janeiro, Lumen Juris, 2008.

REALE, Miguel. *Lições preliminares de Direito*. São Paulo, Saraiva, 1987.

————. *Novos rumos do sistema criminal*. Rio de Janeiro, Forense, 1983.

REALE JÚNIOR, Miguel. *Instituições de Direito Penal*; *Parte Geral*. Rio de Janeiro, Forense, 2003. v. 2.

REALE JÚNIOR, Miguel; DOTTI, René Ariel; ANDREUCCI, Antunes & PITOMBO, Moraes. *Penas e medidas de segurança no novo Código*. Rio de Janeiro, Forense, 1985.

RIPOLLÉS, Antonio Quintano. *Compendio de Derecho Penal*. Madrid, Revista de Derecho Privado, 1958.

RIVACOBA Y RIVACOBA, Manuel de. *Función y aplicación de la peña*. Buenos Aires, Depalma, 1993.

————. *Evolución histórica del Derecho Penal chileno*. Valparaiso, Edeval, 1991.

————. *El correccionalismo penal*. Argentina, Ed. Córdoba, 1989.

ROCCO, Arturo. *L'oggetto del reato e della tutela giuridica penale — contributo alle teorie generali del reato della penal*. Imprenta, Milano, F. Bocca, 1913.

ROCHA, Fernando Galvão da. *Aplicação da pena*. Belo Horizonte, Del Rey, 1995.

ROXIN, Claus. ¿Es la protección de bienes jurídicos una finalidad del Derecho Penal? In: HEFENDEHL, Roland (ed.). *La teoría del bien jurídico ¿Fundamento de legitimación del Derecho Penal o juego de abalorios dogmático?* Madrid--Barcelona, Marcial Pons, 2007.

————. *Funcionalismo e imputação objetiva no Direito Penal*. Tradução e introdução de Luis Greco. Rio de Janeiro, São Paulo, Renovar, 2002.

340

————. *Autoría y dominio del hecho en Derecho Penal.* Tradução da 7ª edição alemã por Joaquín Cuello Contreras e José Luis Serrano González de Murillo. Madri, Marcial Pons, 2000.

————. *Derecho Penal — fundamentos. La estructura de la teoría del delito.* Trad. Diego-Manuel Luzón Pena, Miguel Díaz y García Conlledo y Javier de Vicente Remensal. Madrid, Civitas, 1997. t. I.

————. Sentido e limites da pena estatal. In: *Problemas fundamentais de Direito Penal.* Coimbra, Veja Universidade, 1986.

SAINZ CANTERO, José. *Lecciones de Derecho Penal; Parte General.* Barcelona, Bosch, 1979.

SALES, Sheila Jorge Selim. *Dos tipos plurissubjetivos.* Belo Horizonte, Del Rey, 1977.

SANTOS, Juarez Cirino dos. *Direito Penal; Parte Geral.* 2ª ed. Rio de Janeiro, Lumen Juris, 2007.

————. *Direito Penal; Parte Geral.* Rio de Janeiro, Lumen Juris, 2006.

————. *Direito Penal.* Rio de Janeiro, Forense, 1985.

SARAIVA, João Batista. *Adolescente em conflito com a lei — da indiferença à proteção integral.* Porto Alegre, Livr. do Advogado, 2003.

SCHECAIRA, Sérgio Salomão; CORRÊA JUNIOR, Alceu. *Teoria da Pena,* São Paulo, Revista dos Tribunais, 2002.

SCHMIDT, Andrei Zenkner. *O método do Direito Penal — perspectiva interdisciplinar.* Rio de Janeiro, Lumen Juris, 2007.

————. *Boletim do IBCCrim,* n. 134, jan. 2004.

————. *O princípio da legalidade penal no Estado Democrático de Direito.* Porto Alegre, Livr. do Advogado, 2001.

SCHÜNEMANN, Bernd. El principio de protección de bienes jurídicos como punto de fuga de los límites constitucionales de los tipos penales y de su interpretación. In: HEFENDEHL, Roland (ed.). *La teoría del bien jurídico ¿Fundamento de legitimación del Derecho Penal o juego de abalorios dogmático?* Madrid-Barcelona, Marcial Pons, 2007.

SHECAIRA, Sérgio Salomão & CORREA JUNIOR, Alceu. *Responsabilidade penal da pessoa jurídica.* São Paulo, Revista dos Tribunais, 1998.

————. *Pena e Constituição.* São Paulo, Revista dos Tribunais, 1994.

SICA, Ana Paula Zomer. *Autores de homicídio e distúrbios da personalidade.* São Paulo, Revista dos Tribunais, 2003.

SICA, Leonardo. *Direito Penal de emergência e alternativas à prisão.* São Paulo, Revista dos Tribunais, 2002.

SILVA, Pablo Rodrigo Alflen da. *Leis penais em branco e o Direito Penal do risco*. Rio de Janeiro, Lumen Juris, 2004.

SILVA SÁNCHEZ, Jesús María. *Aproximación al Derecho Penal contemporáneo*. Barcelona, Bosch, 1992, 2ª ed., Montevideo-Buenos Aires, Editorial B de F, 2010.

————. *A expansão do Direito Penal — aspectos da política criminal nas sociedades pós-industriais*. São Paulo, Revista dos Tribunais, 2002.

SOLER, Sebastian. *Derecho Penal argentino*. Buenos Aires, TEA, 1976. v. 1.

————. Causas de justificação de conduta. *Revista de Direito Penal,* n. 5, Rio de Janeiro, Forense, 1972.

————. *Derecho Penal argentino*. Buenos Aires, TEA, 1970. v. 2.

————. *Derecho Penal argentino*. Buenos Aires, TEA, 1970. v. 4.

SOUZA, Alberto Rufino Rodrigues de. Bases axiológicas da reforma penal brasileira. In: *O Direito Penal e o novo Código Penal brasileiro* (livro coletivo). Porto Alegre, Sergio A. Fabris, Editor, 1985.

————. *Estado de necessidade*. Rio de Janeiro, Forense, 1979.

STRECK, Lenio Luiz. *Hermenêutica e(em) crise*. Porto Alegre, Livr. do Advogado, 2000.

TANGERINO, Davi de Paiva Costa. *Culpabilidade*. Rio de Janeiro, 2011.

TAVARES, Juarez. *Teoria do injusto penal*. Belo Horizonte, Del Rey, 1998.

————. *As controvérsias em torno dos crimes omissivos*. Rio de Janeiro, ILACP, 1996.

TAYLOR, I.; WALTON, P. & YOUNG, J. *La nueva criminología*. Argentina, Amorrotu, 1977.

THOMPSON, Augusto. *A questão penitenciária*. 3ª ed. Rio de Janeiro, Forense, 1991.

————. *Escorço histórico do Direito Criminal luso-brasileiro*. São Paulo, Revista dos Tribunais, 1976.

TOLEDO, Francisco de Assis. *Princípios básicos de Direito Penal*. 4ª ed. São Paulo, Saraiva, 1991; 5ª ed., 1994.

————. *Ilicitude penal e causas de sua exclusão*. Rio de Janeiro, Forense, 1984.

————. Culpabilidade e a problemática do erro jurídico-penal. *RT*, 1978.

TORON, Alberto Zacarias. *Inviolabilidade penal dos vereadores*. São Paulo, Saraiva, 2004.

————. A Constituição de 1988 e o conceito de bons antecedentes para apelar em liberdade. *Revista Brasileira de Ciências Criminais,* São Paulo, n. 4, p. 70-80, 1993.

TORRES, Demóstenes. *A irresistível tentação de censurar — Impulso seduz Ministério Público — Caça algo que afronte sua ideologia*. Disponível em: <https://www.poder360.com.br/opiniao/justica/a-irresistivel-tentacao-de- censurar- -por-demostenes-torres/>. Acesso em: 29 jan. 2020.

TOURINHO FILHO, Fernando da Costa. *Manual de Processo Penal*. São Paulo, Saraiva, 2001.

TOURINHO NETO, Fernando da Costa. Prisão provisória. *Revista de Informação Legislativa*, n. 122, abr./jun. 1994.

TUCCI, Rogerio Lauria. *Persecução penal, prisão e liberdade*. São Paulo, Saraiva, 1980.

VALMAÑA OCHAITA, Silvia. *Substitutivos penales y proyectos de reforma en el Derecho Penal español*. Madrid, Ministerio de Justicia, 1990.

VELO, Joe Tennyson. *O juízo de censura penal*. Porto Alegre, Sergio A. Fabris, Editor, 1993.

VICENTE MARTINEZ, Rosario de. *El delito de robo con fuerza en las cosas*. Valencia, Tirant lo Blanch, 1999.

VIVES ANTÓN, Tomás S. *Fundamentos del sistema penal*. Valencia, Tirant lo Blanch, 1996.

VON HENTIG, Hans. *La pena*. Madrid, ESPASA-CALPE, 1967. v. 1.

VON LISZT, Franz. *La idea de fin en el Derecho Penal*. México, Universidad Autónoma de México, 1994.

—————. *Tratado de Derecho Penal*. Madrid, Reus, 1927 e 1929. t. 2.

WELZEL, Hans. *El nuevo sistema del Derecho Penal*. Trad. Cerezo Mir. Montevideo/Buenos Aires, Editorial B de F, 2004.

—————. *Estudios de Derecho Penal*. Montevideo/Buenos Aires, Editorial B de F, 2004.

—————. *Estudios de Filosofía y Derecho Penal*. Montevideo/Buenos Aires, Editorial B de F, 2004.

—————. Culpa e delitos de circulação. *Revista de Direito Penal*, Rio de Janeiro, n. 3, 1971.

—————. *Derecho Penal alemán*. Trad. Juan Bustos Ramirez e Sergio Yáñez Pérez. Santiago, Ed. Jurídica de Chile, 1970.

—————. *El nuevo sistema del Derecho Penal*. Trad. Cerezo Mir. Barcelona, Ariel, 1964.

WESSELS, Johannes. *Derecho Penal*. Trad. Conrado Finzi. Buenos Aires, 1980.

—————. *Direito Penal; Parte Geral*. Trad. Juarez Tavares. Porto Alegre, Sergio A. Fabris, Editor, 1976.

WUNDERLICH, Alexandre. O dolo eventual nos homicídios de trânsito: uma tentativa frustrada. In: BITENCOURT, Cezar Roberto (org.). *Crime e sociedade* (obra coletiva). Curitiba, Juruá, 1999. p. 15-42.

YACOBUCCI, Guillermo. *El sentido de los principios penales.* Buenos Aires, Editorial Ábaco de Rodolfo Depalma, 2002.

————. *La deslegitimación de la potestad penal.* Buenos Aires, Editorial Ábaco de Rodolfo Depalma, 2000.

ZAFFARONI, Eugenio Raúl. *Manual de Derecho Penal.* 6ª ed. Buenos Aires, Ediar, 1991.

————. *Tratado de Derecho Penal.* Buenos Aires, Ediar, 1980. t. 1 a 5.

ZAFFARONI, Eugenio Raúl & BATISTA, Nilo. *Direito Penal brasileiro — I.* Rio de Janeiro, Revan, 2003.

ZAFFARONI, Eugenio Raúl & PIERANGELI, José Henrique. *Da tentativa.* São Paulo, Revista dos Tribunais, 1992.

ZUGALDÍA ESPINAR, José Miguel. *Fundamentos de Direito Penal.* Valencia, Tirant lo Blanch, 1993.